«Man kommt an Ibsen wahrscheinlich sowieso nicht vorbei, da kann man sich drehen und wenden, wie man will», meinte Ibsens berühmter Landsmann Jon Fosse einmal. Nicht umsonst gilt Ibsen als der nach Shakespeare meistgespielte Dramatiker der Welt. Auch auf den deutschsprachigen Bühnen ist er präsenter und aktueller denn je.

Vier seiner Hauptwerke erscheinen hier erstmals gesammelt in den hoch gelobten Neuübersetzungen von Hinrich Schmidt-Henkel, die sich in Inszenierungen an der Berliner Schaubühne ebenso bewährt haben wie am Wiener Burgtheater oder am Schauspielhaus Zürich.

HENRIK IBSEN

NORA oder EIN PUPPENHAUS
HEDDA GABLER
BAUMEISTER SOLNESS
JOHN GABRIEL BORKMAN

THEATERSTÜCKE

*Neu übersetzt und mit einem
Nachwort von
Hinrich Schmidt-Henkel*

Rowohlt Taschenbuch Verlag

Originalausgabe
Veröffentlicht im Rowohlt Taschenbuch Verlag,
Reinbek bei Hamburg, Mai 2006
Copyright © 2006 by Rowohlt Verlag GmbH,
Reinbek bei Hamburg
Aufführungsrechte: Rowohlt Theater Verlag,
Hamburger Straße 17, 21465 Reinbek bei Hamburg
Umschlaggestaltung any.way, Wiebke Jacobs
gesetzt aus der Ehrhardt MT PostScript, Page One
Gesamtherstellung Clausen & Bosse, Leck
Printed in Germany
ISBN 13: 978 3 499 24234 2
ISBN 10: 3 499 24234 6

INHALT

NORA oder EIN PUPPENHAUS

Et Dukkehjem

Schauspiel in 3 Akten

ADVOKAT HELMER
NORA, seine Frau
DOKTOR RANK
FRAU LINDE
RECHTSANWALT KROGSTAD
HELMERS DREI KLEINE KINDER
ANNE-MARIE, Kindermädchen bei Helmers
DAS HAUSMÄDCHEN BEI HELMERS
EIN DIENSTBOTE

ORT

Helmers Wohnung

Die Uraufführung von *Nora oder Ein Puppenhaus* war am 21. 12. 1879 an Det Kongelige Teater in Kopenhagen.
Die Erstaufführung der Neuübersetzung war am 26. 11. 2002 an der Schaubühne am Lehniner Platz, Berlin (Regie: Thomas Ostermeier).

1. AKT

Ein gemütlich und geschmackvoll, aber nicht luxuriös eingerichtetes Wohnzimmer. Eine Tür hinten rechts führt in den Flur, eine weitere Tür hinten links in Helmers Arbeitszimmer. Zwischen diesen Türen ein Klavier. In der Mitte der linken Wand eine Tür, weiter vorn ein Fenster. Beim Fenster ein runder Tisch mit Lehnstühlen und einem kleinen Sofa. In der rechten Seitenwand, etwas zurück, eine Tür, weiter vorn vor derselben Wand ein Kachelofen, davor ein paar Lehnstühle und ein Schaukelstuhl. Zwischen dem Ofen und der Seitentür ein kleiner Tisch. Kupferstiche an den Wänden. Eine Etagere mit Porzellan und anderem Nippes; ein kleiner Bücherschrank mit Büchern in Prachteinbänden. Auf dem Boden ein Teppich; Feuer im Ofen. Ein Wintertag.

Es klingelt im Flur; kurz darauf hört man, dass geöffnet wird. Vergnügt summend kommt Nora ins Zimmer; sie trägt Winterkleidung und bringt eine Anzahl Pakete mit, die sie auf dem Tisch rechts ablegt. Sie lässt die Tür zum Flur hinter sich offen, wo man einen Dienstboten sieht, der einen Weihnachtsbaum und einen Korb trägt; beides gibt er dem Dienstmädchen, das ihnen geöffnet hat.

NORA Versteck den Weihnachtsbaum gut, Helene. Die Kinder sollen ihn erst heute Abend sehen, wenn er geschmückt ist. *(Zum Boten, nimmt das Portemonnaie heraus)* Wie viel –?

DER DIENSTBOTE Fünfzig Öre.

NORA Hier, eine Krone. Nein, nein, stimmt so.

Der Bote dankt und geht. Nora schließt die Tür. Sie lacht weiter stillvergnügt, während sie Hut, Mantel, Schal ablegt. Sie nimmt

*eine Tüte mit Makronen aus der Tasche und isst ein paar davon;
dann geht sie vorsichtig zur Tür ihres Mannes und lauscht.*

NORA Doch, er ist da. *(Summt weiter, während sie nach rechts
zu dem Tisch geht)*

HELMER *(in seinem Zimmer)* Ist das meine Lerche, die da
draußen trällert?

NORA *(macht gerade einige Pakete auf)* Ja, das ist sie.

HELMER Ist das mein Eichhörnchen, das da so raschelt?

NORA Ja!

HELMER Wann ist mein Eichhörnchen denn nach Hause gekommen?

NORA Grad eben. *(Steckt die Makronentüte in die Tasche und
wischt sich den Mund ab)* Komm raus, Torvald, schau dir
an, was ich gekauft habe.

HELMER Stör mich nicht! *(Kurz danach öffnet er die Tür und
schaut herein, die Feder in der Hand)* Gekauft, sagst du?
Das alles? Hat mein Vögelchen wieder mit Geld um sich
geworfen?

NORA Torvald, ich finde, dieses Jahr können wir uns endlich
was leisten. Das erste Weihnachten, wo wir nicht sparen
müssen.

HELMER Ja, aber verschwenden dürfen wir auch nichts.

NORA Ach, Torvald, ein bisschen Verschwendung schadet
nicht. Oder? Nur ein bisschen. Bei dem, was du jetzt ver-
dienst, haben wir doch genügend Geld.

HELMER Ja, ab Neujahr, aber ausgezahlt wird das Gehalt erst
in einem Vierteljahr.

NORA Dann leihen wir uns eben so lange was.

HELMER Nora! *(Geht zu ihr und fasst sie scherzhaft ans Ohr)* Gleich wieder so leichtsinnig? Stell dir vor, wenn ich heute ein paar tausend aufnehme – du gibst das in der Weihnachtswoche restlos aus, und Silvester kriege ich einen Dachziegel auf den Kopf und liege da –

NORA *(legt ihm die Hand auf den Mund)* Sag nicht so was.

HELMER Doch, mal angenommen, das passiert – was dann?

NORA Wenn so was Schlimmes passieren würde, wären mir Schulden auch egal.

HELMER Und die Leute, von denen ich das Geld geliehen hätte?

NORA Die? Wen kümmern die? Die kennen wir doch gar nicht.

HELMER Nora, Nora, typisch Frau! Nein, im Ernst jetzt, du weißt, was ich von so was halte. Keine Schulden machen! Kein Geld leihen! Ein Haus, auf dem Schulden und Hypotheken lasten, hat etwas Unfreies und damit auch Unschönes an sich. Wir haben es bis heute geschafft, die paar Monate halten wir auch noch durch.

NORA *(geht zum Ofen)* Ja, wie du willst, Torvald.

HELMER *(folgt ihr)* Na, na, meine kleine Lerche, jetzt lass nicht gleich die Flügel hängen. Was? Schmollt mein Eichhörnchen etwa? *(Zückt sein Portemonnaie)* Rat mal, Nora, was ich hier habe?

NORA *(dreht sich rasch um)* Geld!

HELMER Da. *(Gibt ihr ein paar Scheine)* Ich weiß ja auch, dass Weihnachten ein teurer Spaß ist.

NORA *(zählt)* Eins – zwei – drei – vier. Oh, danke, Torvald, damit komme ich erst mal aus.

HELMER Das musst du aber auch wirklich.

NORA Werd ich schon. So, jetzt komm, ich zeige dir, was ich gekauft habe. Und so günstig! Schau, hier ist was Neues zum Anziehen für Ivar – und ein Säbel. Dann ein Pferd und eine Trompete für Bob. Und für Emmy eine Puppe und ein Puppenbett; alles ganz einfach, sie macht es ja sowieso gleich wieder kaputt. Und hier noch Kleiderstoff und Tücher für die Hausmädchen; die alte Anne-Marie müsste eigentlich viel mehr kriegen.

HELMER Und was ist in dem Paket da?

NORA *(schreit auf)* Nein, Torvald, das darfst du erst heute Abend sehen!

HELMER Aha. Aber sag mal, du kleine Verschwenderin, was wünschst du dir eigentlich selber?

NORA Was ich mir wünsche? Ich brauche nichts.

HELMER Na komm, raus damit. Eine Kleinigkeit, über die du dich freuen würdest.

NORA Nein, ich weiß wirklich nichts. Das heißt doch, Torvald –

HELMER Na?

NORA *(fingert an seinen Knöpfen herum, ohne ihn anzusehen)* Wenn du mir etwas schenken willst, dann könntest du doch – du könntest –

HELMER Na, sag schon.

NORA *(rasch)* Du könntest mir Geld schenken, Torvald. Nur so viel, wie du gerade übrig hast, dann kann ich mir in den nächsten Tagen was davon kaufen.

HELMER Nein wirklich, Nora –

NORA Ach bitte, Torvald, bitte, bitte. Du, dann hänge ich das
in einem goldenen Umschlag an den Weihnachtsbaum,
wär das nicht hübsch?

HELMER Was für Tierchen sind das, die immer so flatterhaft
und verschwenderisch sind?

NORA Ja, ja, Schmetterlinge, ich weiß schon. Aber komm,
wir machen es so, wie ich gesagt habe, dann kann ich mir
überlegen, was ich am meisten brauche. Das ist doch vernünftig, oder?

HELMER *(lächelt)* Ja, wäre es, aber nur, wenn du das Geld, das
ich dir gebe, wirklich zusammenhalten und nur etwas für
dich kaufen würdest. Aber dann geht es für den Haushalt
weg und für lauter unnützes Zeug, und dann muss ich
wieder ran.

NORA Ach, Torvald –

HELMER So ist das aber, meine kleine Nora. *(Legt den Arm um
sie)* So ein Schmetterling ist zwar hübsch, aber teuer! Es
kostet einen Mann ein Vermögen, sich einen Schmetterling zu halten.

NORA Sei nicht ungerecht, Torvald, ich spare, wo ich kann.

HELMER *(lacht)* Ja, genau: wo du kannst. Du kannst nur
nicht.

NORA *(summt und lächelt stillvergnügt)* Wenn du wüsstest,
was für Ausgaben wir Lerchen und Eichhörnchen haben,
Torvald.

HELMER Du komisches kleines Ding. Ganz, wie dein Vater
war. Du nutzt jede Gelegenheit, um an Geld zu kommen,
und wenn du welches hast, zerrinnt es dir zwischen den

Fingern, und du weißt nie, wo es geblieben ist. Na, man muss dich nehmen, wie du bist. Das liegt im Blut. Doch, doch, Nora, so was ist erblich.

NORA Wenn ich nur mehr von Papas Eigenschaften geerbt hätte!

HELMER Ich will dich gar nicht anders haben, als du bist, meine süße kleine Lerche. Aber was mir gerade auffällt. Du siehst heute so – so – wie soll ich sagen? – verdächtig aus.

NORA Ich?

HELMER Ja, du. Sieh mir mal in die Augen.

NORA *(schaut ihn an)* Na?

HELMER *(droht ihr mit dem Finger)* Hat mein Naschkätzchen heute etwa in der Stadt genascht?

NORA Nein, wie kommst du darauf?

HELMER Hast du wirklich nicht einen kleinen Abstecher in die Konditorei gemacht?

NORA Nein, ich schwöre dir, Torvald –

HELMER Auch nicht ein bisschen Konfitüre genascht?

NORA Nein, wirklich nicht.

HELMER Nicht mal ein, zwei Makronen geknabbert?

NORA Nein, Torvald, glaub mir, ich –

HELMER Jetzt erschrick nicht gleich, das war nur ein Scherz, was sonst –

NORA *(geht zum Tisch rechts)* Ich würde doch nichts tun, das du nicht willst.

HELMER Nein, ich weiß schon, schließlich hast du mir dein Wort gegeben. *(Geht zu ihr)* Behalt du ruhig deine kleinen Weihnachtsgeheimnisse für dich, meine liebe Nora. Heute Abend, wenn der Weihnachtsbaum brennt, kommt sowieso alles ans Licht.

NORA Hast du Doktor Rank eingeladen?

HELMER Nein, aber das ist nicht nötig, selbstverständlich isst er bei uns. Aber ich lade ihn noch ein, er schaut heute Vormittag vorbei. Guten Wein habe ich bestellt. Du glaubst nicht, Nora, wie ich mich auf heute Abend freue.

NORA Ich mich auch. Und die Kinder erst!

HELMER Es ist wirklich ein schöner Gedanke, dass man endlich eine gute, sichere Stellung hat, die auch noch gut bezahlt wird. Es ist geradezu ein Genuss, daran zu denken, was?

NORA Ja, es ist wunderbar!

HELMER Weißt du noch, letztes Weihnachten? Schon drei Wochen vorher hast du jeden Abend hinter verschlossenen Türen bis nach Mitternacht Papierblumen für den Weihnachtsbaum gebastelt und so viele andere schöne Sachen, mit denen du uns überraschen wolltest. Uh, so wie in diesen drei Wochen habe ich mich noch nie gelangweilt!

NORA Ich mich nicht.

HELMER *(lächelt)* Und so besonders war es dann gar nicht.

NORA Hör bloß auf, mich damit aufzuziehen. Was kann ich dafür, wenn die Katze reinkommt und alles zerreißt?

HELMER Nein, dafür hast du nichts gekonnt, meine arme kleine Nora. Du hattest uns allen eine Freude machen wollen, und die Absicht zählt! Aber es ist gut, dass diese Zeiten jetzt vorbei sind.

NORA Ja, das ist wirklich wunderbar.

HELMER Jetzt muss ich nicht mehr allein hier herumsitzen und mich langweilen, und du musst deine lieben Augen und zarten Hände nicht mehr quälen –

NORA *(klatscht in die Hände)* Nein, das ist jetzt vorbei! Ach, es ist so schön, das zu hören! *(Hakt sich bei ihm unter)* Ich muss dir was erzählen, Torvald, ich habe nämlich überlegt, wie wir uns neu einrichten könnten. Gleich nach Weihnachten – *(Es klingelt im Flur.)* Oh, es klingelt. *(Räumt etwas auf)* Wir kriegen Besuch – wie schade.

HELMER Für Besuch bin ich nicht zu Hause, vergiss das nicht.

DAS HAUSMÄDCHEN *(in der Tür)* Gnädige Frau, da ist eine fremde Dame –

NORA Ja, bitte sie herein.

DAS HAUSMÄDCHEN *(zu Helmer)* Und der Herr Doktor ist auch gekommen.

HELMER Ist er gleich in mein Zimmer gegangen?

DAS HAUSMÄDCHEN Ja.

Helmer geht in sein Zimmer.
Das Mädchen führt Frau Linde, die einen Reisemantel trägt, ins Wohnzimmer und schließt die Tür hinter ihr.

FRAU LINDE *(zaghaft und etwas zögerlich)* Guten Tag, Nora.

NORA *(unsicher)* Guten Tag –

FRAU LINDE Du erkennst mich wohl nicht.

NORA Nein, ich weiß nicht – Doch, natürlich – *(Laut)* Was! Kristine! Bist du's wirklich?

FRAU LINDE Ja, ich bin's.

NORA Kristine! Und ich erkenne dich nicht wieder, also so was. Aber wie denn auch – *(Leiser)* Du hast dich so verändert, Kristine!

FRAU LINDE Ja, nicht wahr. Neun oder zehn Jahre sind auch eine lange Zeit –

NORA So lange haben wir uns nicht mehr gesehen? Tatsächlich. Ach, die letzten acht Jahre waren eine glückliche Zeit, weißt du. Und jetzt bist du in der Stadt? Hast die weite Reise gemacht, mitten im Winter? Ich muss schon sagen.

FRAU LINDE Heute früh bin ich angekommen, mit dem Dampfer.

NORA Um dir ein paar schöne Weihnachtstage zu machen, was. Ach, das freut mich. Ja, wir machen uns ein paar schöne Tage, auf jeden Fall. Aber leg doch ab. Ist dir auch nicht kalt? *(Ist ihr behilflich)* Komm, wir setzen uns gemütlich an den Ofen. Nein, setz du dich in den Lehnstuhl! Den Schaukelstuhl nehme ich. *(Ergreift ihre Hände)* Ja, jetzt erkenne ich dein Gesicht wieder, ich hab dich nur im ersten Moment nicht – Aber blass bist du geworden, Kristine – vielleicht auch ein bisschen dünn.

FRAU LINDE Und viel, viel älter, Nora.

NORA Ja, vielleicht ein bisschen, ein ganz kleines bisschen, gar nicht viel. *(Hält inne; ernst)* Aber ich rede so viel – Liebe Kristine, kannst du mir verzeihen?

FRAU LINDE Was meinst du, Nora?

NORA *(leise)* Arme Kristine, du bist doch Witwe.

FRAU LINDE Ja, seit drei Jahren.

NORA Ich habe es in der Zeitung gelesen. Glaub mir, Kristine, ich wollte dir schreiben, aber dann ist immer was dazwischengekommen, und ich habe es immer wieder aufgeschoben.

FRAU LINDE Das macht nichts, ich kann das verstehen.

NORA Nein, das war scheußlich von mir, Kristine. Du Arme, das war sicher alles furchtbar schwer. – Und er hat dir nichts hinterlassen, wovon du leben könntest?

FRAU LINDE Nein.

NORA Und hast du Kinder?

FRAU LINDE Nein.

NORA Du hast gar nichts?

FRAU LINDE Nichts, nicht mal eine Trauer oder eine Sehnsucht, von der ich zehren könnte.

NORA *(blickt sie ungläubig an)* Kann das denn sein?

FRAU LINDE *(lächelt schwermütig und streicht ihr übers Haar)* So was gibt es manchmal, Nora.

NORA Ganz allein. Das muss entsetzlich schwer für dich sein. Ich habe drei süße Kinder. Im Moment sind sie mit dem Mädchen draußen. Aber jetzt musst du mir erst mal alles erzählen –

FRAU LINDE Nein, nein, du zuerst.

NORA Nein, fang du an. Heute will ich nicht egoistisch sein, heute will ich nur an dich denken. Aber eins muss ich erst noch erzählen. Hast du gehört, was uns Wunderbares passiert ist?

FRAU LINDE Nein, was denn?

NORA Stell dir vor, mein Mann ist Direktor der Aktienbank geworden!

FRAU LINDE Dein Mann? Das ist ja großartig –!

NORA Ja, kaum zu fassen. Als Advokat ist die Lage so unsicher, vor allem wenn man nur Fälle übernehmen will, die sauber sind – darauf hat Torvald immer geachtet, und ich habe ihn dabei unterstützt. Du glaubst nicht, wie wir uns freuen! Er soll schon Neujahr in der Bank anfangen, mit einem hohen Gehalt und guter Provision. Jetzt können wir ganz anders leben als bisher – ganz nach Lust und Laune. Ach Kristine, ich bin so glücklich! Es ist einfach schön, wenn man genug Geld hat und sich keine Sorgen machen muss. Oder?

FRAU LINDE Ja, wenn man sein Auskommen hat, das muss schön sein.

NORA Nein, nicht nur das Auskommen, ich meine mehr als genug Geld!

FRAU LINDE *(lächelt)* Nora, Nora, du bist immer noch nicht vernünftig geworden. Schon in der Schule warst du eine Verschwenderin.

NORA *(lacht still)* Ja, das sagt Torvald immer noch. *(Droht mit dem Finger)* Aber «Nora, Nora» ist gar nicht so schlimm, wie ihr alle denkt. – Nein, wir hatten es wirklich nicht so üppig, dass ich etwas hätte verschwenden können. Wir haben beide arbeiten müssen.

FRAU LINDE Du auch?

NORA Ja, Kleinigkeiten, Handarbeit, Häkeln und Sticken und so – *(Wegwerfend)* Und anderes. Du weißt doch, dass

Torvald aus dem Ministerium weg ist, als wir geheiratet hatten? Er hatte dort keine Aufstiegsmöglichkeiten, und außerdem musste er von da an mehr verdienen als vorher. Aber im ersten Jahr hat er sich furchtbar überanstrengt. Er musste alle möglichen Nebentätigkeiten annehmen, weißt du, und Tag und Nacht arbeiten. Das war einfach zu viel für ihn, und er wurde todkrank. Die Ärzte meinten, er müsse in den Süden, koste es, was es wolle.

FRAU LINDE Stimmt, ihr seid ein ganzes Jahr in Italien gewesen, oder?

NORA Genau. Es war nicht leicht, hier wegzukommen, glaub mir. Ivar war gerade geboren. Aber es musste sein, ganz klar. Es war eine so wunderbare Reise. Und sie hat Torvald das Leben gerettet. Aber sie war unglaublich teuer, Kristine.

FRAU LINDE Das kann ich mir vorstellen.

NORA Zwölfhundert Taler, das sind viertausendachthundert Kronen. Viel Geld, du.

FRAU LINDE Ja, aber es ist wirklich ein Glück, wenn man es hat.

NORA Wir haben es von meinem Vater bekommen.

FRAU LINDE Aha. Der ist damals gestorben, nicht wahr?

NORA Ja, genau. Und stell dir vor, ich konnte nicht hinfahren und ihn pflegen. Ich saß hier, Ivars Geburt stand unmittelbar bevor. Und außerdem musste ich mich um meinen armen todkranken Torvald kümmern. Mein lieber, lieber Papa! Ich habe ihn nie wieder gesehen, Kristine. Das ist das Schwerste, das ich erlebt habe, seit ich verheiratet bin!

FRAU LINDE Ich weiß, wie lieb du ihn gehabt hast. Und dann seid ihr nach Italien gefahren?

NORA Ja, dann hatten wir das Geld dafür, und die Ärzte drängten uns. Einen Monat später sind wir gefahren.

FRAU LINDE Und dein Mann war hinterher wieder ganz gesund?

NORA So gesund und munter wie ein Fisch im Wasser.

FRAU LINDE Aber – der Doktor?

NORA Was für ein Doktor?

FRAU LINDE Hat das Mädchen nicht vorhin gesagt, der Herr, der zugleich mit mir ankam, sei ein Arzt?

NORA Ja, das war Doktor Rank, aber der kommt nicht zum Krankenbesuch, er ist unser bester Freund und schaut mindestens ein Mal pro Tag vorbei. Nein, Torvald ist seitdem nicht eine Stunde mehr krank gewesen. Und die Kinder sind gesund und munter, und ich auch. *(Springt auf und klatscht in die Hände)* Ach Gott, ach Gott, Kristine, ist es nicht eine Freude, zu leben und glücklich zu sein! – Oh, ich bin ja abscheulich, ich rede nur über mich. *(Setzt sich auf einen Schemel nah zu ihr und legt ihr die Arme auf die Knie)* Sei mir nicht böse, bitte! – Sag mal, stimmt es wirklich, dass du deinen Mann nicht geliebt hast? Warum hast du ihn dann geheiratet?

FRAU LINDE Meine Mutter lebte noch, sie war bettlägerig und hilflos. Außerdem musste ich für meine beiden jüngeren Brüder sorgen. Ich hätte es unverantwortlich gefunden, da nein zu sagen.

NORA Nein, nein, da hast du vielleicht Recht. Er war damals also reich?

FRAU LINDE Ziemlich wohlhabend, glaube ich. Aber das Geschäft war unsicher, Nora. Als er starb, brach alles zusammen, und es blieb nichts übrig.

NORA Und dann –?

FRAU LINDE Dann musste ich mich allein durchschlagen, mit einem kleinen Geschäft und etwas Unterricht und was es sonst noch gab. Die letzten drei Jahre habe ich ununterbrochen gearbeitet. Aber das ist jetzt vorbei, Nora. Meine arme Mutter braucht mich nicht mehr, sie ist tot, und meine Brüder auch nicht, sie haben jetzt endlich Arbeit und stehen auf eigenen Füßen.

NORA Das ist sicher eine große Erleichterung für dich?

FRAU LINDE Nein, ich fühle mich nur völlig leer. Niemand mehr, für den ich leben kann. *(Steht unruhig auf)* Darum habe ich es auch nicht mehr ausgehalten in dem kleinen Nest. Hier wird es leichter sein, etwas zu finden, dass man beschäftigt ist und abgelenkt. Wenn ich nur eine feste Stellung finden könnte, irgendeine Büroarbeit –

NORA Aber Kristine, das ist doch furchtbar anstrengend, und du siehst schon mitgenommen genug aus. Für dich wäre das Beste eine Kur.

FRAU LINDE *(geht zum Fenster)* Ich habe leider keinen Vater, der mir das Reisegeld schenken könnte, Nora.

NORA *(steht auf)* Oh, sei mir nicht böse.

FRAU LINDE *(geht zu ihr)* Nein, Nora, sei du mir nicht böse. Das Schlimmste an einer Situation wie dieser ist, dass man so bitter wird. Man hat niemanden, für den man arbeiten kann, aber man muss ja irgendwas tun. Schließlich muss man ja leben, und so wird man egozentrisch. Als du mir vorhin von Torvalds neuer Stellung erzählt hast – stell dir das vor –, da habe ich mich nicht für dich gefreut, sondern für mich.

NORA Wieso? Ach, verstehe. Du denkst, Torvald könnte vielleicht etwas für dich tun.

FRAU LINDE Stimmt, das habe ich gedacht.

NORA Ja, das soll er, Kristine. Überlass das ruhig mir, ich fädele das ein – ganz, ganz unauffällig – und denke mir was aus, so hübsch, dass er selbst begeistert sein wird. Ich will dir so gern helfen!

FRAU LINDE Das ist sehr lieb, Nora, dass du dich für mich einsetzen willst – umso mehr, als du so wenig vom Ernst des Lebens weißt.

NORA Ich? Ich weiß so wenig vom –?

FRAU LINDE *(lächelt)* Ja, Gott, die kleinen Handarbeiten und so – Du bist ein Kind, Nora.

NORA *(wirft den Kopf in den Nacken und geht durchs Zimmer)* Das solltest du nicht so überheblich sagen.

FRAU LINDE Nein?

NORA Du bist wie die anderen. Ihr denkt alle, dass ich leichtfertig bin –

FRAU LINDE Na, na.

NORA – und dass ich in dieser schwierigen Welt noch nichts geleistet habe.

FRAU LINDE Liebe Nora, du hast mir ja gerade von all deinen Schwierigkeiten erzählt.

NORA Pah, Kleinkram! *(Leise)* Das Große habe ich dir noch nicht erzählt.

FRAU LINDE Das Große? Was meinst du damit?

NORA Du schaust auf mich herab, Kristine, aber das ist falsch. Du bist stolz, dass du so hart und lange für deine Mutter gearbeitet hast.

FRAU LINDE Ich schaue auf niemanden herab. Aber du hast Recht: Ich bin stolz und froh, dass ich Mutter einen relativ sorglosen Lebensabend bieten konnte.

NORA Und du bist auch stolz darauf, was du für deine Brüder getan hast.

FRAU LINDE Das ist mein gutes Recht.

NORA Oh ja. Aber hör mir zu, Kristine. Ich habe auch etwas, auf das ich stolz und froh sein kann.

FRAU LINDE Das bezweifle ich nicht. Was denn?

NORA Leise! Wenn Torvald das hört! Um nichts in der Welt darf er – überhaupt niemand darf das erfahren, Kristine, niemand außer dir.

FRAU LINDE Was denn?

NORA Komm her. *(Zieht sie neben sich aufs Sofa)* Ja, du – ich habe Torvald das Leben gerettet.

FRAU LINDE Das Leben gerettet –? Wie gerettet?

NORA Ich hab dir doch von der Italienreise erzählt. Ohne die Torvald seine Krankheit nicht überstanden hätte.

FRAU LINDE Ja, gut, und das nötige Geld hattet ihr von deinem Vater.

NORA *(lächelt)* Ja, das denkt Torvald, genauso wie alle anderen – aber –

FRAU LINDE Aber?

NORA Papa hat uns nichts gegeben, gar nichts. *Ich* habe das Geld beschafft.

FRAU LINDE Du? Das ganze Geld?

NORA Zwölfhundert Taler. Viertausendachthundert Kronen. Was sagst du dazu?

FRAU LINDE Aber Nora, wie denn? Hast du im Lotto gewonnen?

NORA *(geringschätzig)* Im Lotto? *(Pustet)* Das wäre ja nichts Besonderes.

FRAU LINDE Woher hattest du das Geld dann?

NORA *(summt und lächelt geheimnisvoll)* Hm, tjaja.

FRAU LINDE Leihen konntest du es ja nicht.

NORA Ach nein? Warum nicht?

FRAU LINDE Weil eine Frau ohne die Genehmigung ihres Mannes kein Geld leihen kann.

NORA *(wirft den Kopf in den Nacken)* Ach, wenn diese Frau ein bisschen geschäftstüchtig ist –, eine Frau, die weiß, wie man es anstellt, dann –

FRAU LINDE Nora, ich verstehe überhaupt nichts.

NORA Das brauchst du auch nicht. Wer sagt denn, dass ich das Geld *geliehen* habe. Ich kann es auch auf andere Weise bekommen haben. *(Wirft sich im Sofa zurück)* Vielleicht habe ich es von einem Bewunderer. Wenn man ganz gut aussieht, wie ich –

FRAU LINDE Du bist ja verrückt.

NORA Jetzt bist du neugierig, was, Kristine!

FRAU LINDE Nora, du hast doch nichts Unüberlegtes getan?

NORA *(richtet sich wieder auf)* Ist es unüberlegt, seinem Mann das Leben zu retten?

FRAU LINDE Ich finde es unüberlegt, wenn du ohne sein Wissen –

NORA Er *durfte* doch nichts wissen! Herrgott, verstehst du nicht? Er durfte nicht einmal wissen, wie ernst sein Zustand war. Zu *mir* sind die Ärzte gekommen und haben gesagt, dass sein Leben in Gefahr war, dass nur noch ein Aufenthalt im Süden ihn retten konnte. Natürlich habe ich es erst mit Tricks versucht, habe ihm erzählt, wie schön ich es fände, wenn ich ins Ausland reisen könnte wie andere junge Frauen; gebettelt und geweint habe ich; ich habe gesagt, er soll daran denken, in welchen Umständen ich war, und dass er mir die Liebe tun muss; und dann habe ich ihm vorgeschlagen, ein Darlehen aufzunehmen. Aber da wurde er fast böse. Er sagte, ich sei leichtsinnig, und es sei seine Pflicht als Ehemann, auf solche Kaprizen – so nannte er das, glaube ich – gar nicht erst einzugehen. Und da dachte ich eben, na, gerettet werden musst du trotzdem; also hab ich mir was einfallen lassen –

FRAU LINDE Und dein Vater hat deinem Mann nicht erzählt, dass das Geld nicht von ihm war?

NORA Nein, nie. Vater starb ja genau in der Zeit. Ich hatte vorgehabt, ihn einzuweihen und zu bitten, dass er nichts verrät. Aber dann war er so krank –. Leider war das nicht mehr möglich.

FRAU LINDE Und deinem Mann hast du es nie erzählt?

NORA Um Himmels willen, wo denkst du hin? Er ist bei so was dermaßen streng! Außerdem – Torvald mit seinem männlichen Selbstwertgefühl – wenn er wüsste, dass er mir etwas schuldet, das wäre ihm peinlich, eine Demütigung. Das würde unsere Ehe völlig durcheinander bringen, unser schönes, glückliches Heim wäre nicht mehr, was es ist.

FRAU LINDE Willst du es ihm nie sagen?

NORA *(nachdenklich, mit halbem Lächeln)* Doch – vielleicht irgendwann mal – in vielen Jahren, wenn ich nicht mehr so hübsch bin wie heute. Lach nicht! Ich meine natürlich: wenn Torvald mich nicht mehr so gern hat wie jetzt; wenn es ihm keinen Spaß mehr macht, dass ich mich für ihn verkleide und tanze und Theater spiele. Es schadet nichts, dafür etwas in der Hinterhand zu haben – *(Bricht ab)* Unsinn, Unsinn, Unsinn! Das wird nie passieren. – Na, was sagst du zu meinem Geheimnis, Kristine? Tauge ich auch zu etwas? – Und glaub mir, die Sache hat mir viel Kummer gemacht. Es war wirklich nicht einfach, meine Verpflichtungen immer rechtzeitig zu erfüllen. Im Geschäftsleben gibt es Quartalszinsen und Tilgung, und beides ist immer elend schwer aufzutreiben. Also habe ich an allen Ecken und Enden sparen müssen. Vom Haushaltsgeld hab ich nichts abzweigen können, Torvald musste doch gut leben, und die Kinder schlecht anziehen konnte ich auch nicht. Was ich für sie bekam, musste ich auch für sie ausgeben, die süßen Kleinen!

FRAU LINDE Also hast du an deinen eigenen Sachen gespart, Nora?

NORA Ja, natürlich. Es war ja auch meine eigene Sache. Jedes Mal, wenn Torvald mir Geld für neue Kleider gab, habe ich höchstens die Hälfte ausgegeben und immer das Einfachste und Günstigste gekauft. Zum Glück sieht an mir alles so gut aus, dass Torvald nie was bemerkt hat. Aber schwer gefallen ist es mir oft, Kristine, denn es ist ja doch schön, sich hübsch anzuziehen.

FRAU LINDE Oh ja.

NORA Außerdem hatte ich auch andere Einnahmen. Letzten Winter konnte ich zum Glück eine ganze Menge Schreibarbeiten übernehmen, und dann habe ich mich jeden Abend eingeschlossen und bis spät in die Nacht geschrieben. Lieber Himmel, was war ich manchmal müde! Aber es war auch herrlich, so zu arbeiten und Geld zu verdienen. Fast als ob ich ein Mann wäre.

FRAU LINDE Und wie viel hast du auf diese Weise jetzt abbezahlt?

NORA Das kann ich nicht so genau sagen. Verstehst du, bei solchen Geschäften verliert man leicht den Überblick. Ich weiß nur, dass ich alles bezahlt habe, was ich zusammenkratzen konnte. Manchmal habe ich wirklich nicht mehr gewusst, was ich tun sollte. *(Lächelt)* Dann saß ich hier und malte mir aus, dass ein reicher alter Herr sich in mich verliebt –

FRAU LINDE Wie? Was für ein Herr?

NORA Nein, Unsinn! – dass er stirbt, und wenn man sein Testament eröffnet, steht da in großen Buchstaben «Mein gesamtes Vermögen soll umgehend bar an die liebenswürdige Frau Nora Helmer ausbezahlt werden».

FRAU LINDE Aber Nora – was war das für ein Herr?

NORA Mein Gott, verstehst du nicht? Den alten Herrn gab es doch gar nicht; den habe ich mir ausgedacht, wenn ich nicht mehr wusste, woher ich das Geld nehmen sollte. Aber das ist auch egal; der blöde alte Kerl kann mir gestohlen bleiben; was schert mich sein Testament und er selber, ich bin die Sorgen los. *(Springt auf)* Mein Gott, ist es schön, daran zu denken, Kristine! Sorglos sein können, einfach so sorglos, mit den Kindern herumspringen und spielen, ein hübsches, elegantes Zuhause haben, alles so, wie Torvald es gern möchte! Und jetzt kommt bald der Frühling mit blauem Himmel und guter Luft. Dann können wir vielleicht ein bisschen verreisen. Vielleicht kann ich das Meer wieder sehen. Oh ja, ja, es ist wirklich wunderbar, zu leben und glücklich zu sein.

Es klingelt im Flur.

FRAU LINDE *(steht auf)* Es klingelt, ich gehe wohl besser.

NORA Nein, bleib noch; hier kommt keiner her; das ist sicher für Torvald –

DAS HAUSMÄDCHEN *(in der Tür zum Flur)* Verzeihung – hier ist ein Herr, der mit dem Herrn Advokaten sprechen möchte –

NORA Mit dem Herrn Bankdirektor, meinst du.

DAS HAUSMÄDCHEN Ja, mit dem Herrn Bankdirektor; aber ich habe nicht gewusst – wo doch der Herr Doktor drinnen ist –

NORA Wer ist der Herr?

KROGSTAD *(in der Tür zum Flur)* Ich bin es, Frau Helmer.

Frau Linde stutzt, fährt zusammen und dreht sich zum Fenster.

NORA *(geht ihm einen Schritt entgegen, gespannt, halblaut)* Sie? Was bedeutet das? Worüber wollen Sie mit meinem Mann sprechen?

KROGSTAD Bankangelegenheiten – sozusagen. Ich habe eine kleine Stelle in der Aktienbank, und ich höre, dass Ihr Mann unser Chef werden soll –

NORA Also –

KROGSTAD Geschäftliches, Frau Helmer; nichts sonst.

NORA Ja, dann gehen Sie bitte ins Büro. *(Grüßt gleichgültig, während sie die Tür zum Flur schließt; dann geht sie zum Ofen und schaut nach dem Feuer.)*

FRAU LINDE Nora – wer war das?

NORA Ein gewisser Rechtsanwalt Krogstad.

FRAU LINDE Dann ist er es also wirklich.

NORA Kennst du diesen Menschen?

FRAU LINDE Ich habe ihn gekannt – vor vielen Jahren. Er war eine Zeit lang Anwaltsgehilfe bei uns in der Gegend.

NORA Stimmt, ja.

FRAU LINDE Er hat sich verändert.

NORA Soweit ich weiß, war seine Ehe sehr unglücklich.

FRAU LINDE Und jetzt ist er Witwer, oder?

NORA Und hat viele Kinder. So, jetzt brennt's wieder. *(Schließt die Ofentür und rückt den Schaukelstuhl ein wenig vom Ofen ab)*

FRAU LINDE Es heißt, er macht alle möglichen Geschäfte?

NORA Ja? Von mir aus, ich habe keine Ahnung –. Aber lass uns an was anderes denken, Geschäfte sind so langweilig.

DOKTOR RANK *(kommt aus Helmers Zimmer; noch in der Tür)* Nein, nein, du, ich will nicht stören, ich schaue lieber noch kurz bei deiner Frau vorbei. *(Schließt die Tür und bemerkt Frau Linde)* Oh Verzeihung, hier störe ich wohl auch.

NORA Nein, woher denn. *(Stellt sie einander vor)* Doktor
Rank. Frau Linde.

DOKTOR RANK Ach ja – der Name ist hier schon öfter gefallen. Ich bin doch vorhin auf der Treppe an Ihnen vorbei-
gegangen, oder?

FRAU LINDE Ja, ich bin langsam beim Treppensteigen, es fällt
mir ziemlich schwer.

DOKTOR RANK Aha, ein bisschen kränklich?

FRAU LINDE Eher überanstrengt.

DOKTOR RANK Sonst nichts? Dann sind Sie wohl in der
Stadt, um sich in netter Gesellschaft zu erholen?

FRAU LINDE Nein, um Arbeit zu suchen.

DOKTOR RANK Seit wann ist das ein Mittel gegen Überan-
strengung?

FRAU LINDE Von irgendwas muss man leben, Herr Doktor.

DOKTOR RANK Ja, das ist eine weit verbreitete Ansicht.

NORA Na, Herr Rank, Sie wollen ja auch von etwas leben.

DOKTOR RANK Und ob! So schlecht es mir auch geht, ich will
noch ein bisschen leben und mich quälen lassen. Meine
Patienten halten das auch alle so. Und die moralisch Ge-
schwächten ebenfalls. So ein Fall fürs moralische Krankenhaus ist übrigens gerade bei Helmer drinnen –

FRAU LINDE *(gedämpft)* Ah!

NORA Wen meinen Sie?

DOKTOR RANK Einen gewissen Rechtsanwalt Krogstad, einen
Menschen, den Sie nicht kennen. Dessen Charakter ist
durch und durch verdorben, meine Liebe. Aber selbst der

hat ganz wichtig getan und damit angefangen, dass er leben muss.

NORA Aha? Und worüber wollte er mit Torvald reden?

DOKTOR RANK Ich weiß nicht, es scheint etwas mit der Aktienbank zu sein.

NORA Ich wusste gar nicht, dass Krog-, dass dieser Rechtsanwalt etwas mit der Aktienbank zu tun hat.

DOKTOR RANK Doch, er hat da irgendeine Stelle. *(Zu Frau Linde)* Ich weiß nicht, ob es da, wo Sie wohnen, auch Leute gibt, die überall ganz atemlos herumstöbern, auf der Suche nach moralischer Verkommenheit, um dann den Betreffenden zur Beobachtung auf eine bessere Stelle zu befördern. Und die Gesunden müssen leider draußen bleiben.

FRAU LINDE Die Kranken brauchen aber auch am meisten Pflege.

DOKTOR RANK *(zuckt mit den Schultern)* Da haben wir's. Genau solche Ansichten machen die Gesellschaft zu einem Krankenhaus.

Nora, gedankenverloren, lässt ein halblautes Lachen hören und klatscht in die Hände.

DOKTOR RANK Worüber lachen Sie? Wissen Sie eigentlich, was die Gesellschaft ist?

NORA Die Gesellschaft interessiert mich nicht, die ist mir zu langweilig. Ich habe über etwas ganz anderes gelacht – etwas sehr Komisches. – Sagen Sie mal, Doktor Rank – jetzt sind also alle Angestellten der Aktienbank von Torvald abhängig?

DOKTOR RANK Ist es das, was Sie so erheitert?

NORA *(lächelt und summt)* Lassen Sie mich nur! Lassen Sie mich! *(Spaziert im Zimmer umher)* Ja, es ist wunderbar, dass wir – dass Torvald jetzt so viel Einfluss auf so viele Menschen hat. *(Nimmt die Makronentüte aus der Tasche)* Eine kleine Makrone, Herr Doktor?

DOKTOR RANK Schau an, Makronen. Ich dachte, die sind in diesem Haus untersagt.

NORA Ja, aber die hier hat Kristine mir mitgebracht.

FRAU LINDE Was? Ich –?

NORA Na, na, du brauchst nicht zu erschrecken. Woher sollst du wissen, dass Torvald sie verboten hat. Weißt du, er hat Angst, dass ich davon schlechte Zähne kriege. Aber was soll's – einmal ist keinmal! Was, Herr Doktor? Bitte schön! *(Steckt ihm eine Makrone in den Mund)* Du auch, Kristine. Und ich bekomme auch eine; nur eine kleine – höchstens zwei. *(Geht wieder umher)* Ja, jetzt bin ich wirklich fast rundum glücklich. Jetzt gibt es eigentlich nur noch eins, wozu ich unheimlich Lust hätte.

DOKTOR RANK Nämlich?

NORA Etwas, das ich unheimlich gern sagen würde, wenn Torvald es hört.

DOKTOR RANK Und warum sagen Sie es nicht einfach?

NORA Ich traue mich nicht, es ist so hässlich.

FRAU LINDE Hässlich?

DOKTOR RANK Dann sollten Sie es lassen. Aber uns könnten Sie es schon – was würden Sie so gern sagen, wenn Torvald es hören kann?

NORA Ich würde unheimlich gern sagen: Verfickte Scheiße.

DOKTOR RANK Also wirklich!

FRAU LINDE Nora, bitte –!

DOKTOR RANK Dann sagen Sie's, da ist er.

NORA *(versteckt die Makronentüre)* Pst, pst, pst.

Helmer kommt aus seinem Arbeitszimmer, Mantel und Hut im Arm.

NORA Na, mein lieber Torvald, bist du ihn losgeworden?

HELMER Ja, jetzt ist er weg.

NORA Darf ich vorstellen: Das ist Kristine, sie ist heute in die Stadt gekommen.

HELMER Kristine –? Verzeihung, aber ich weiß nicht –

NORA Frau Linde, Torvald, Kristine Linde.

HELMER Ah. Eine Jugendfreundin meiner Frau, nehme ich an?

FRAU LINDE Ja, wir kennen uns von früher.

NORA Und stell dir vor, jetzt hat sie die lange Reise auf sich genommen, nur um mit dir zu sprechen.

HELMER Wie meinst du das?

FRAU LINDE Nein, eigentlich nicht –

NORA Kristine ist eine hervorragende Bürokraft, und jetzt möchte sie sehr gern unter der Anleitung eines guten Chefs noch mehr dazulernen –

HELMER Sehr vernünftig, meine Dame.

NORA Und als sie erfuhr – sie hat ein Telegramm bekommen –, dass du Bankdirektor wirst – ist sie, so schnell sie konnte, hergekommen und –. Nicht wahr, Torvald, du kannst mir zuliebe etwas für Kristine tun? Ja?

HELMER Das könnte sich machen lassen. Sie sind vermutlich Witwe?

FRAU LINDE Ja.

HELMER Und mit Büroarbeiten vertraut?

FRAU LINDE Ja, durchaus.

HELMER Nun, vielleicht könnte ich Ihnen tatsächlich eine Stelle verschaffen.

NORA *(klatscht in die Hände)* Siehst du, siehst du!

HELMER Sie kommen mir eigentlich sogar gelegen, Frau Linde.

FRAU LINDE Ich weiß gar nicht, wie ich Ihnen danken soll –

HELMER Keine Ursache. *(Zieht den Mantel an)* Aber jetzt müssen Sie mich entschuldigen –

DOKTOR RANK Warte, ich komme mit. *(Holt seinen Pelz im Flur und wärmt ihn am Ofen)*

NORA Bleib nicht so lange weg, Torvald.

HELMER Nur ein Stündchen.

NORA Du willst auch gehen, Kristine?

FRAU LINDE *(zieht den Mantel an)* Ja, ich muss jetzt los und mich nach einem Zimmer umsehen.

HELMER Dann haben wir vielleicht ein Stück den gleichen Weg.

NORA *(hilft ihr)* Schade, dass wir so wenig Platz haben, wir können dich leider nicht –

FRAU LINDE Wo denkst du hin! Auf Wiedersehen, liebe Nora, und danke für alles.

NORA Bis später. Aber heute Abend kommst du natürlich zu uns. Und Sie auch, Doktor Rank. Oder? Wenn Sie sich wohl genug fühlen? Aber das werden Sie, packen Sie sich nur gut ein!

Unter allgemeinem Gespräch geht man in den Flur. Von der Treppe sind Kinderstimmen zu hören.

NORA Sie kommen! Sie kommen! *(Läuft zur Tür und schließt auf)*

Anne-Marie, das Kindermädchen, kommt mit den Kindern herein.

NORA Kommt rein, kommt rein! *(Bückt sich und küsst sie)* Meine Süßen, Lieben – Da sind sie, Kristine. Sind sie nicht entzückend?

DOKTOR RANK Nicht hier in der Zugluft herumstehen!

HELMER Kommen Sie, Frau Linde; hier halten es jetzt nur noch Mütter aus.

Doktor Rank, Helmer und Frau Linde gehen die Treppe hinunter. Das Kindermädchen geht mit den Kindern ins Wohnzimmer. Nora ebenfalls; sie zieht die Tür zum Flur zu.

NORA Ihr seht ja so frisch und gesund aus! Rote Wangen! Wie Äpfel und Rosen. *(Während des Folgenden reden die Kinder mit ihr durcheinander.)* Ihr habt so viel Spaß gehabt? Das ist schön. Du hast Emmy und Bob auf dem Schlitten gezogen? Beide auf einmal! So stark bist du schon, Ivar. Gib sie mir kurz, Anne-Marie. Mein kleines Püppchen! *(Nimmt dem Kindermädchen die kleine Emmy ab und tanzt mit ihr)* Ja, ja, gleich tanzt Mama auch mit

Bob! Was? Schneebälle habt ihr geworfen! Da hab ich ja
was verpasst. Nein, lass nur, Anne-Marie, ich ziehe sie
selber aus. Doch, bitte; das mache ich gern. Geh schon
rein, du siehst ganz durchgefroren aus. Auf dem Ofen
steht heißer Kaffee.

*Anne-Marie geht in das Zimmer links. Nora zieht den Kindern
die Mäntel aus und wirft sie ungeordnet hin, während die Kinder
weiter durcheinander erzählen.*

NORA Euch ist ein großer Hund nachgelaufen? Aber er hat
euch nicht gebissen! Nein, kein Hund beißt so süße
kleine Püppchen wie euch. Nicht in die Pakete gucken,
Ivar! Was da drin ist? Das möchtet ihr wohl wissen? Was
ganz Langweiliges! Wie? Wir sollen spielen? Verstecken?
Gut, wir spielen Verstecken. Bob versteckt sich als Erster.
Ich soll? Na gut, dann verstecke ich mich als Erste.

*Sie und die Kinder spielen unter Lachen und Jubel im Wohnzim-
mer und in dem rechts anschließenden Zimmer. Zuletzt versteckt
Nora sich unter dem Tisch; die Kinder laufen herein, suchen,
können sie nicht finden, hören ihr unterdrücktes Lachen, stürzen
zum Tisch, heben das Tischtuch hoch, sehen sie. Großer Jubel. Sie
kriecht heraus, um sie zu erschrecken. Erneuter Jubel. Unterdessen hat es an der Wohnungstür geklopft; niemand hat es bemerkt.
Jetzt wird die Tür halb geöffnet, Rechtsanwalt Krogstad ist zu
sehen, das Spiel läuft weiter.*

KROGSTAD Verzeihung, Frau Helmer –

NORA *(mit einem gedämpften Schrei, dreht sich um und springt
halb auf)* Ah! Was wollen Sie?

KROGSTAD Entschuldigen Sie. Die Wohnungstür war ange-
lehnt, jemand hat wohl vergessen, sie zuzuziehen –

NORA *(steht auf)* Mein Mann ist nicht da, Herr Krogstad.

KROGSTAD Ich weiß.

NORA Ja – was wollen Sie dann hier?

KROGSTAD Kurz mit Ihnen reden.

NORA Mit mir? *(Zu den Kindern, leise)* Geht zu Anne-Marie rein. Wie? Nein, der fremde Mann will Mama nichts tun. Wenn er weg ist, spielen wir weiter. *(Führt die Kinder in das Zimmer links und schließt die Tür hinter ihnen. Unruhig, gespannt)* Sie wollen mit mir reden?

KROGSTAD Ja.

NORA Heute –? Es ist doch noch gar nicht der Erste.

KROGSTAD Nein, heute ist Heiligabend. Und ob es ein frohes Fest wird, das hängt von Ihnen ab.

NORA Was wollen Sie? Ich kann heute wirklich nicht –

KROGSTAD Darum geht es vorläufig nicht, sondern um etwas anderes. Sie haben doch sicher kurz Zeit?

NORA Ja, natürlich, schon, obwohl –

KROGSTAD Gut. Ich habe eben drüben in Olsens Restaurant gesessen, und da kam Ihr Mann vorbei –

NORA Ja, und?

KROGSTAD Mit einer Frau.

NORA Und weiter?

KROGSTAD Darf ich fragen: War das nicht eine gewisse Frau Linde?

NORA Doch.

KROGSTAD Gerade angekommen?

NORA Ja, heute.

KROGSTAD Eine gute Freundin von Ihnen?

NORA Ja. Aber ich sehe nicht, was das –

KROGSTAD Ich habe sie auch einmal gekannt.

NORA Ich weiß.

KROGSTAD So, Sie wissen von der Sache? Das habe ich mir gedacht. Dann frage ich Sie: Wird Frau Linde eine Stelle in der Aktienbank bekommen?

NORA Was erlauben Sie sich, mich auszufragen, Herr Krogstad, Sie, als Untergebener meines Mannes! Aber bitte, da Sie fragen: Ja, Frau Linde wird in der Aktienbank angestellt. Und ich habe dafür gesorgt, Herr Krogstad. Jetzt wissen Sie es.

KROGSTAD Also habe ich richtig vermutet.

NORA *(geht im Zimmer auf und ab)* Ein Minimum an Einfluss hat man dann doch, denke ich. Eine Frau zu sein bedeutet noch lange nicht, dass –. Wenn man sich in einer untergeordneten Position befindet, Herr Krogstad, dann sollte man sich davor hüten, jemandem zu nahe zu treten, der – hm –

KROGSTAD – der über Einfluss verfügt?

NORA Genau.

KROGSTAD *(mit verändertem Tonfall)* Frau Helmer, wären Sie so gut, Ihren Einfluss zu meinen Gunsten geltend zu machen?

NORA Wie bitte? Was meinen Sie?

KROGSTAD Würden Sie dafür sorgen, dass ich meine untergeordnete Stelle bei der Bank behalte?

NORA Was soll das heißen? Wer will Ihnen Ihre Stelle nehmen?

KROGSTAD Tun Sie nicht so ahnungslos. Ich begreife, dass es Ihrer Freundin unangenehm ist, mir zu begegnen; und jetzt begreife ich auch, wem ich es verdanke, dass man mich wegjagen will.

NORA Aber ich versichere Ihnen –

KROGSTAD Ja, ja, kurz und gut: Noch ist Zeit, und ich rate Ihnen, machen Sie Ihren Einfluss geltend, um es zu verhindern.

NORA Aber, Herr Krogstad, ich habe gar keinen Einfluss.

KROGSTAD Ach nein? Eben sagten Sie noch –

NORA So war das natürlich nicht gemeint. Ich? Wie kommen Sie auf die Idee, dass ich solch einen Einfluss auf meinen Mann haben könnte?

KROGSTAD Nun, ich kenne Ihren Mann vom Studium. Der Herr Bankdirektor ist sicher genauso nachgiebig wie andere Ehemänner.

NORA Wenn Sie meinen Mann schlecht machen wollen, müssen Sie gehen!

KROGSTAD Sie sind mutig.

NORA Ich habe nicht mehr lange Angst vor Ihnen. Nach Neujahr habe ich das Ganze bald hinter mir.

KROGSTAD *(beherrschter)* Bitte hören Sie zu. Wenn es sein muss, werde ich um meinen kleinen Posten bei der Bank kämpfen wie um mein Leben.

NORA Ja, scheint so.

KROGSTAD Es geht mir nicht nur um das Geld, darum am wenigsten. Da ist noch etwas anderes –. Also, raus damit! Sie wissen bestimmt genauso wie alle anderen, dass ich vor Jahren mal eine Dummheit begangen habe.

NORA Ich habe so etwas gehört.

KROGSTAD Es gab damals keinen Prozess; aber mir sind seitdem sozusagen alle Türen verschlossen. So kam ich auch zu den Geschäften, von denen Sie wissen. Irgendwas musste ich ja tun, und ich darf wohl behaupten, dass ich keiner von den Schlimmsten war. Aber jetzt muss damit Schluss sein. Meine Söhne werden größer, um ihretwillen muss ich mir so viel gesellschaftliches Ansehen verschaffen, wie es geht. Die Stelle bei der Bank ist für mich sozusagen die erste Stufe auf der Leiter. Und jetzt will Ihr Mann mich herunterstoßen, mit einem Fußtritt, zurück in den Dreck.

NORA Um Gottes willen, Herr Krogstad, es steht absolut nicht in meiner Macht, Ihnen zu helfen.

KROGSTAD Weil Sie nicht wollen; aber ich habe Mittel, Sie dazu zu zwingen.

NORA Sie wollen meinem Mann doch nicht erzählen, dass ich Ihnen Geld schulde?

KROGSTAD Hm – und wenn?

NORA Das wäre widerlich von Ihnen! *(Den Tränen nahe)* Dies Geheimnis, mein Stolz und meine Freude, soll er auf so plumpe und hässliche Art erfahren – ausgerechnet von Ihnen? Das würde mich in furchtbare Schwierigkeiten bringen –

KROGSTAD Nur in Schwierigkeiten?

NORA *(heftig)* Bitte, nur zu, das macht es für Sie nur schlimmer; wenn mein Mann sieht, was für ein Mensch Sie sind, sind Sie den Posten erst recht los.

KROGSTAD Ich habe gefragt, befürchten Sie nur häusliche Schwierigkeiten?

NORA Wenn mein Mann davon erfährt, wird er natürlich sofort den Rest bezahlen, und dann haben wir nichts mehr mit Ihnen zu schaffen.

KROGSTAD *(tritt einen Schritt näher)* Hören Sie, Frau Helmer – entweder Ihr Gedächtnis ist nicht besonders gut, oder Sie verstehen wirklich nichts von Geschäften. Ich glaube, ich muss ein bisschen nachhelfen.

NORA Wieso?

KROGSTAD Als Ihr Mann krank war, kamen Sie zu mir, um zwölfhundert Taler zu leihen.

NORA Ich wusste sonst niemanden.

KROGSTAD Ich versprach Ihnen, den Betrag zu beschaffen –

NORA Was Sie auch taten.

KROGSTAD Unter gewissen Bedingungen. Offenbar waren Sie damals durch die Krankheit Ihres Mannes so beansprucht, dass Sie sich an gewisse Begleitumstände nicht erinnern. Nun, da kann ich weiterhelfen. Ich versprach Ihnen das Geld gegen einen Schuldschein, den ich aufsetzte.

NORA Ja, und ich habe ihn unterschrieben.

KROGSTAD Gut. Aber darunter fügte ich einige Zeilen hinzu, mit denen Ihr Vater bürgen sollte. Mit seiner Unterschrift.

NORA Und er hat unterschrieben.

KROGSTAD Das Datum hatte ich offen gelassen, Ihr Vater sollte selber angeben, wann er das Papier unterschrieb. Erinnern Sie sich daran?

NORA Ich glaube schon –

KROGSTAD Ich händigte Ihnen den Schuldschein aus, damit Sie ihn Ihrem Vater schicken konnten. War das so?

NORA Ja.

KROGSTAD Was Sie auch gleich taten, denn schon nach fünf oder sechs Tagen brachten Sie mir das Papier, von Ihrem Vater unterschrieben, und ich zahlte Ihnen das Geld aus.

NORA Ja, ja, und habe ich nicht immer pünktlich abgezahlt?

KROGSTAD Meistens, ja. Aber – um darauf zurückzukommen – das war damals sicher eine schwere Zeit für Sie?

NORA Ja, das war es.

KROGSTAD Ihr Vater war schwer krank, oder?

NORA Todkrank.

KROGSTAD Und er starb bald darauf?

NORA Ja.

KROGSTAD Sagen Sie, Frau Helmer, erinnern Sie sich an den Todestag Ihres Vaters? An das Datum?

NORA Vater starb am 29. September.

KROGSTAD Das stimmt, ich habe mich danach erkundigt. Da gibt es nämlich etwas Seltsames *(nimmt ein Papier hervor)*, das ich mir nicht erklären kann.

NORA Etwas Seltsames? Ich weiß nicht –

KROGSTAD Seltsam ist, Frau Helmer, dass Ihr Vater diesen Schuldschein drei Tage nach seinem Tod unterschrieben hat.

NORA Wie bitte? Ich verstehe nicht –

KROGSTAD Ihr Vater starb am 29. September. Aber sehen Sie mal hier. Datiert hat Ihr Vater seine Unterschrift auf den 2. Oktober. Ist das nicht seltsam?

Nora schweigt.

KROGSTAD Können Sie mir das erklären?

Nora schweigt.

KROGSTAD Auffällig ist auch, dass die Wörter «2. Oktober» und die Jahreszahl nicht mit der Handschrift Ihres Vaters geschrieben sind, sondern mit einer anderen, die mir bekannt vorkommt. Nun, das ließe sich ja erklären; Ihr Vater hat vielleicht vergessen, seine Unterschrift zu datieren, und jemand anderer hat das aufs Geratewohl nachgeholt, bevor man noch von dem Todesfall wusste. Daran wäre nichts Schlimmes. Auf die Unterschrift selbst kommt es an. Und die ist doch echt, Frau Helmer? Es war doch wirklich Ihr Vater, der hier unterschrieben hat, von eigener Hand?

NORA *(wirft nach kurzem Schweigen den Kopf in den Nacken und blickt ihn trotzig an)* Nein, das hat er nicht. Ich habe Vaters Namen geschrieben.

KROGSTAD Frau Helmer, Sie wissen doch, dass das ein riskantes Geständnis ist?

NORA Warum? Sie haben bald Ihr Geld.

KROGSTAD Eine Frage noch – warum haben Sie damals das Papier Ihrem Vater nicht geschickt?

NORA Das ging nicht. Er war so krank. Wenn ich ihn um seine Unterschrift gebeten hätte, hätte ich ihm auch sagen müssen, wofür das Geld war. Ich konnte ihm in seinem Zustand nicht erzählen, dass das Leben meines Mannes bedroht war. Unmöglich.

KROGSTAD Dann hätten Sie diese Reise besser lassen sollen.

NORA Wie denn? Die Reise sollte meinem Mann das Leben retten.

KROGSTAD Haben Sie gar nicht daran gedacht, dass Sie mich betrogen haben –?

NORA Darauf konnte ich keine Rücksicht nehmen. Um Sie konnte ich mich nicht kümmern. Außerdem konnte ich Sie nicht ausstehen, Sie waren so kalt und machten mir so viele Schwierigkeiten, obwohl Sie wussten, wie es um meinen Mann stand.

KROGSTAD Frau Helmer, offenbar ist Ihnen gar nicht klar, was Sie da getan haben. Aber ich kann Ihnen versichern, es ist kein bisschen besser als das, was ich damals getan habe.

NORA Sie? Wollen Sie mir einreden, Sie hätten etwas Mutiges getan, um das Leben Ihrer Frau zu retten?

KROGSTAD Gesetze fragen nicht nach Beweggründen.

NORA Dann sind das sehr schlechte Gesetze.

KROGSTAD Schlecht oder nicht – wenn ich diesen Schuldschein bei Gericht vorlege, werden Sie nach dem Gesetz verurteilt.

NORA Das kann ich mir nicht vorstellen. Eine Tochter soll ihren alten, todkranken Vater nicht schonen dürfen? Eine Frau soll ihrem Mann nicht das Leben retten dürfen? Ich kenne mich mit den Gesetzen nicht so aus, aber irgendwo muss stehen, dass so etwas erlaubt ist. Und Sie wissen das nicht, Sie als Rechtsanwalt? Sie sind mir ein schlechter Jurist, Herr Krogstad.

KROGSTAD Mag sein. Aber mit Geschäften – solchen Geschäften wie wir beide miteinander haben –, mit denen kenne ich mich aus, meinen Sie nicht auch? Gut. Tun Sie, was Sie wollen. Aber eins sage ich Ihnen: Wenn ich noch einmal ausgestoßen werde, dann leisten Sie mir Gesellschaft. *(Verbeugt sich und geht durch den Flur hinaus)*

NORA *(eine Weile nachdenklich, wirft dann den Kopf in den Nacken)* Ach was! – Mir Angst machen wollen! So leicht geht das nicht. *(Legt die Kleider der Kinder zusammen, hört aber bald wieder auf)* Aber –? – Nein, das ist unmöglich! Schließlich habe ich es aus Liebe getan!

DIE KINDER *(in der Tür links)* Mama, der fremde Mann ist weggegangen.

NORA Ja, ja, ich weiß. Aber erzählt niemandem von dem fremden Mann. Hört ihr? Auch Papa nicht!

DIE KINDER Nein, Mama. Kommst du jetzt spielen?

NORA Nein, nein, jetzt nicht.

DIE KINDER Aber Mama, du hast es versprochen.

NORA Ja, aber ich kann jetzt nicht. Geht rein, ich habe so viel zu tun. Geht rein, meine Süßen. *(Führt sie behutsam ins Zimmer und schließt die Tür hinter ihnen. Sie setzt sich auf das Sofa, nimmt eine Stickarbeit hervor, macht ein paar Stiche, hält aber bald inne)* Nein! *(Wirft die Stickerei beiseite, steht auf, geht zur Flurtür und ruft hinaus)* Helene! Bring den Baum rein! *(Geht zum Tisch links und öffnet dessen Schublade; hält wieder inne)* Nein, das ist völlig unmöglich!

DAS HAUSMÄDCHEN *(mit dem Weihnachtsbaum)* Wo soll ich ihn hinstellen, gnädige Frau?

NORA Dahin, mitten ins Zimmer.

DAS HAUSMÄDCHEN Soll ich sonst noch etwas bringen?

NORA Nein danke, ich habe alles, was ich brauche.

Das Hausmädchen hat den Baum hingestellt und geht hinaus. Nora beginnt den Baum zu schmücken.

NORA Hierhin eine Kerze – und hierhin Blumen. – Dieser Widerling! Bla bla bla bla! Alles ist in Ordnung. Der Weihnachtsbaum wird schön. Ich will alles tun, was du willst, Torvald – für dich singen, tanzen –

Helmer kommt von draußen, einen Stoß Papiere unter dem Arm.

NORA Oh, da bist du ja schon wieder!

HELMER Ja. Ist jemand hier gewesen?

NORA Hier? Nein.

HELMER Seltsam. Ich habe Krogstad aus der Tür kommen sehen.

NORA Ach? Ja, stimmt, Krogstad war kurz hier.

HELMER Nora, ich kann dir ansehen, dass er hier war und dich gebeten hat, ein gutes Wort für ihn einzulegen.

NORA Ja.

HELMER Und du solltest das sozusagen aus eigenem Antrieb tun und mir verschweigen, dass er hier gewesen ist. Nicht wahr?

NORA Ja, Torvald, aber –

HELMER Nora, Nora, worauf lässt du dich bloß ein? Mit so einem Menschen reden und ihm auch noch Versprechungen machen! Und dann lügst du mich an!

NORA Ich lüge –?

HELMER Du hast eben gesagt, niemand war hier. *(Droht mit dem Finger)* Das darf mein Singvögelchen nie wieder tun! Ein Vögelchen darf sich nicht den Schnabel schmutzig machen, mit dem es zwitschert, keine falschen Töne! *(Legt den Arm um sie)* So sollte es doch sein, oder? Hab ich's doch gewusst. *(Lässt sie los)* Und jetzt nichts mehr davon. *(Setzt sich vor den Ofen)* Ach, wie warm und gemütlich. *(Blättert etwas in seinen Papieren)*

NORA *(mit dem Weihnachtsbaum beschäftigt, nach einer kurzen Pause)* Torvald!

HELMER Ja.

NORA Ich freue mich wahnsinnig auf den Kostümball bei Stenborgs übermorgen.

HELMER Und ich bin wahnsinnig neugierig, womit du mich überraschen willst.

NORA Ach, lauter dummes Zeug.

HELMER Nanu?

NORA Mir fällt nichts Passendes ein, alles ist so dumm, so banal.

HELMER Ist das die neueste Erkenntnis von meiner kleinen Nora?

NORA *(hinter seinem Stuhl, die Arme auf der Rückenlehne)* Hast du sehr viel zu tun, Torvald –?

HELMER Ach –

NORA Was sind das für Papiere?

HELMER Bankangelegenheiten.

NORA Jetzt schon?

HELMER Ich habe mir vom ausscheidenden Geschäftsführer eine Vollmacht ausstellen lassen, um die nötigen Veränderungen im Personal und der Organisation vorzunehmen. Das muss ich in der Weihnachtswoche tun. Ich möchte, dass Neujahr alles geregelt ist.

NORA Darum hat dieser arme Krogstad also –

HELMER Hmhm.

NORA *(lehnt immer noch an der Rückenlehne des Stuhls, fährt ihm langsam durchs Haar)* Wenn du nicht so viel zu tun hättest, dann würde ich dich um einen Riesengefallen bitten, Torvald.

HELMER Na sag. Was denn?

NORA Keiner hat einen besseren Geschmack als du, und ich möchte auf dem Kostümball so gern gut aussehen. Kannst du mir nicht sagen, als was ich gehen und wie mein Kostüm aussehen soll?

HELMER Ach, weiß der kleine Dickkopf nicht weiter und sucht einen Retter aus der Not?

NORA Ja, Torvald, ohne deine Hilfe geht es nicht.

HELMER Gut, gut, ich denke darüber nach, uns wird schon was einfallen.

NORA Das ist lieb von dir. *(Geht wieder zum Weihnachtsbaum. Pause.)* Wie hübsch die roten Blumen aussehen. – Sag mal, hat dieser Krogstad wirklich so was Schlimmes angestellt?

HELMER Er hat Unterschriften gefälscht. Ist dir klar, was das bedeutet?

NORA Und wenn er es aus Not getan hat?

HELMER Ja, oder aus Unüberlegtheit, wie so viele andere. Ich bin nicht so herzlos, dass ich einen Mann wegen einer einzelnen Tat verurteilen würde.

NORA Nein, nicht wahr, Torvald!

HELMER Manch einer kommt wieder auf die Beine, wenn er seine Schuld eingesteht und seine Strafe abbüßt.

NORA Seine Strafe –?

HELMER Aber das gilt leider nicht für Krogstad; der hat sich mit lauter Tricks und Kniffen durchgemogelt, und das ist es, was ihn moralisch untragbar macht.

NORA Glaubst du denn, dass –?

HELMER Stell dir nur mal vor, wie so einer die ganze Zeit heucheln und lügen und sich verstellen muss, er muss sich hinter einer Maske verstecken, vor seinen nächsten Angehörigen, vor seiner Frau und seinen Kindern. Das mit den Kindern ist das Schlimmste, Nora.

NORA Warum?

HELMER Weil dieser Dunstkreis von Unaufrichtigkeit ein Zuhause vergiftet. Jeder Atemzug, den die Kinder in so einem Haus tun, ist voller gefährlicher Keime.

NORA *(dichter hinter ihm)* Bist du da sicher?

HELMER Oh, meine Liebe, das habe ich in meinem Beruf rasch erfahren. Fast alle, die es früh aus der Bahn geworfen hat, hatten verlogene Mütter.

NORA Warum ausgerechnet – Mütter?

HELMER Es kommt meist von den Müttern, obwohl, von den Vätern kann es genauso gut kommen, das weiß jeder Rechtsanwalt. Und so hat dieser Krogstad zu Hause über all die Jahre seine Kinder langsam, aber sicher durch Lüge und Verstellung vergiftet, und darum nenne ich ihn moralisch verdorben. *(Streckt die Hände nach ihr aus)* Darum muss meine süße kleine Nora mir versprechen, nichts für ihn zu tun. In die Hand! Na, was ist? Versprich es mir in die Hand. So. Abgemacht. Ich kann unmöglich mit ihm zusammenarbeiten; mir wird buchstäblich schlecht in der Nähe von so einem Menschen.

NORA *(zieht die Hand zurück und geht auf die andere Seite des Weihnachtsbaums)* Wie warm es hier ist. Und ich habe noch so viel zu tun.

HELMER *(steht auf und schiebt seine Papiere zusammen)* Ja, ich muss das hier vor dem Essen noch möglichst weit durchlesen. Und über dein Kostüm muss ich auch nachdenken. Und vielleicht habe ich sogar noch etwas vorbereitet, das man in Goldpapier an den Weihnachtsbaum hängen kann. *(Legt ihr die Hand auf den Kopf)* Ach, mein liebes Singvögelchen … *(Geht in sein Zimmer und schließt die Tür hinter sich)*

NORA *(leise, nach einer Pause)* Ach was! Das kann nicht sein! Das ist unmöglich. Es muss unmöglich sein.

DAS KINDERMÄDCHEN *(in der Tür links)* Die Kleinen betteln, sie wollen zu ihrer Mama rein.

NORA Nein, nein, nein; nicht hereinlassen! Bleib du bei ihnen, Anne-Marie.

DAS KINDERMÄDCHEN Ja, Frau Nora.

NORA *(bleich vor Angst)* Meine kleinen Kinder verderben –? Mein Zuhause vergiften? *(Kurze Pause, dann hebt sie den Kopf)* Nein, das ist nicht wahr. Nie und nimmer ist das wahr.

2. AKT

Dasselbe Wohnzimmer. Hinten in der Ecke beim Klavier steht der Weihnachtsbaum, geplündert und zerzaust, mit herunter-gebrannten Kerzen. Noras Mantel liegt auf dem Sofa. Nora ist allein; sie geht unruhig umher, bleibt schließlich beim Sofa stehen und nimmt ihren Mantel. Dann lässt sie ihn wieder fallen.

NORA Da kommt jemand! *(Geht zur Tür, horcht)* Nein, da ist niemand. Natürlich – heute kommt niemand, am ersten Weihnachtstag; – und morgen auch nicht. – Aber viel-leicht – *(Öffnet die Tür und schaut hinaus)* Nein; nichts ist im Briefkasten, ganz leer. *(Kommt nach vorn)* Ach, dum-mes Zeug! Er macht nicht Ernst. So was kann ja gar nicht sein. Unmöglich. Schließlich habe ich drei kleine Kinder.

DAS KINDERMÄDCHEN *(kommt mit einer großen Pappschachtel aus dem Zimmer links)* So, ich habe endlich die Kostüme für den Maskenball gefunden.

NORA Danke, stell sie auf den Tisch.

DAS KINDERMÄDCHEN *(tut es)* Aber sie sind nicht mehr so besonders.

NORA Am liebsten möchte ich das ganze Zeug zerreißen!

DAS KINDERMÄDCHEN Iwo, mit ein bisschen Geduld lassen die sich leicht wieder in Ordnung bringen.

NORA Gut, ich gehe Frau Linde fragen, ob sie mir helfen will.

DAS KINDERMÄDCHEN Sie wollen schon wieder raus? Bei dem scheußlichen Wetter? Nicht dass Sie sich erkälten oder richtig krank werden, Frau Nora.

NORA Es gibt Schlimmeres. – Was machen die Kinder?

DAS KINDERMÄDCHEN Die armen Kleinen spielen mit den Weihnachtsgeschenken, aber –

NORA Sie fragen viel nach mir?

DAS KINDERMÄDCHEN Sie sind eben daran gewöhnt, ihre Mama um sich zu haben.

NORA Ja, aber, Anne-Marie, ab jetzt kann ich nicht mehr so viel bei ihnen sein.

DAS KINDERMÄDCHEN Ach, kleine Kinder gewöhnen sich rasch um.

NORA Glaubst du? Denkst du, sie würden ihre Mutter vergessen, wenn sie für immer weg wäre?

DAS KINDERMÄDCHEN Um Himmels willen – für immer weg?

NORA Sag mal, Anne-Marie – ich habe mich das schon oft gefragt –, wie hast du es übers Herz gebracht, dein Kind in fremde Hände zu geben?

DAS KINDERMÄDCHEN Ich habe es tun müssen, als ich die Amme von der kleinen Nora wurde.

NORA Aber dass du es hast tun *wollen*!

DAS KINDERMÄDCHEN Für so eine gute Stelle! Ein armes Mädchen, das ins Unglück geraten ist, muss über so eine

Gelegenheit froh sein. Dem Kerl war ich doch vollkommen egal.

NORA Aber deine Tochter hat dich sicher vergessen.

DAS KINDERMÄDCHEN Nein, nein, hat sie nicht. Sie hat mir geschrieben, als sie konfirmiert wurde, und als sie geheiratet hat auch.

NORA *(umarmt sie)* Liebe alte Anne-Marie, du warst so eine gute Mutter für mich, als ich klein war.

DAS KINDERMÄDCHEN Sie Ärmste hatten ja keine andere Mutter als mich.

NORA Und wenn meine Kleinen keine andere mehr hätten, dann weiß ich, dass du –. Ach, Unsinn, Unsinn. *(Öffnet die Schachtel)* Geh zu ihnen rein. Ich muss jetzt … – Warte nur, morgen zeige ich dir, was für ein hübsches Kostüm das wird.

DAS KINDERMÄDCHEN Bestimmt sind Sie die Schönste vom ganzen Ball. *(Geht in das Zimmer links)*

NORA *(fängt an, die Schachtel zu leeren, wirft aber bald alles wieder hin)* Wenn ich mich nur aus dem Haus trauen würde. Wenn bloß niemand kommt. Wenn bloß hier zu Hause nichts passiert inzwischen. Dummes Zeug, es kommt schon keiner. Nicht so viel nachdenken. Den Muff abbürsten. Hübsche Handschuhe, hübsche Handschuhe. Nicht dran denken, nicht dran denken! Eins, zwei, drei, vier, fünf, sechs – *(Schreit)* Ah, da kommen sie – *(Will zur Tür, bleibt aber unentschlossen stehen)*

Frau Linde kommt aus dem Flur, wo sie bereits abgelegt hat.

NORA Ach, du bist das, Kristine. Sonst ist aber niemand draußen? – Wie gut, dass du kommst.

FRAU LINDE Ich habe gehört, dass du bei mir warst und nach mir gefragt hast?

NORA Ja, ich kam gerade vorbei. Kristine, du musst mir unbedingt bei etwas helfen. Komm, wir setzen uns aufs Sofa. Hier, schau mal. Morgen Abend ist ein Kostümball bei Konsul Stenborg hier über uns, und Torvald will, dass ich als neapolitanisches Fischermädchen gehe und Tarantella tanze, das habe ich auf Capri gelernt.

FRAU LINDE Ach, du sollst richtig auftreten?

NORA Ja, Torvald möchte das gern. Schau, hier ist das Kostüm; Torvald hat es mir da unten nähen lassen, aber jetzt ist es so kaputt, ich weiß gar nicht, ob –

FRAU LINDE Ach, das haben wir schnell wieder, da ist doch nur an ein paar Stellen der Besatz ab. Nähzeug? Aha, da haben wir alles, was wir brauchen.

NORA Das ist lieb von dir.

FRAU LINDE *(näht)* Du willst dich also morgen verkleiden? Weißt du was – dann schaue ich mal kurz vorbei, wie du im Kostüm aussiehst. Übrigens, ich habe ganz vergessen, dir für den schönen Abend gestern zu danken.

NORA *(steht auf und geht durchs Zimmer)* Ich fand es gar nicht so nett wie sonst. – Du hättest wirklich ein bisschen früher in die Stadt kommen sollen, Kristine. – Ja, Torvald versteht sich drauf, ein Heim hübsch und gemütlich zu machen.

FRAU LINDE Du genauso, denke ich; als Tochter deines Vaters. Aber sag mal, ist Doktor Rank immer so deprimiert wie gestern?

NORA Nein, gestern war es besonders schlimm. Er leidet an einer gefährlichen Krankheit, er hat Rückenmarksschwindsucht, der Arme. Sein Vater war ein scheußlicher Mensch, der immer Geliebte hatte und so; und darum hat Rank von klein auf gekränkelt, verstehst du.

FRAU LINDE *(lässt das Nähzeug sinken)* Aber Nora, woher weißt du denn so was?

NORA *(geht umher)* Ach – wenn man drei Kinder hat, dann bekommt man manchmal Besuch von – von Frauen, die etwas von Medizin verstehen, die haben so einiges zu erzählen.

FRAU LINDE *(näht weiter; kurze Pause)* Kommt Doktor Rank jeden Tag zu euch?

NORA Jeden Tag. Er ist Torvalds bester Freund, seit ihrer Jugend, und mein Freund ist er auch. Rank gehört irgendwie zur Familie.

FRAU LINDE Ist er eigentlich ganz ehrlich? Oder schmeichelt er gern?

NORA Nein, im Gegenteil. Wie kommst du darauf?

FRAU LINDE Gestern, als du mich ihm vorgestellt hast, hat er gesagt, er hätte meinen Namen hier im Haus schon oft gehört; aber dann hat dein Mann absolut nicht gewusst, wer ich bin. Woher kann Doktor Rank dann –?

NORA Du hast Recht, Kristine. Torvald liebt mich eben so maßlos, dass er mich ganz allein für sich haben will, wie er sagt. Am Anfang wurde er schon eifersüchtig, wenn ich einen von meinen Lieben zu Hause nur erwähnte. Da habe ich es natürlich sein lassen. Aber mit Doktor Rank kann ich über so was reden; er hört gern zu, weißt du.

FRAU LINDE Nora, du bist manchmal immer noch wie ein Kind; ich bin wesentlich älter als du und habe mehr Lebenserfahrung. Wenn ich dir einen Rat geben darf: Sieh zu, dass du aus der Sache mit Doktor Rank herauskommst.

NORA Aus was für einer Sache denn?

FRAU LINDE Na, da ist doch was, das du verschweigst. Gestern hast du noch von einem reichen Bewunderer erzählt, der dir Geld geben sollte –

NORA Ja, und den es nicht gibt – leider. Und?

FRAU LINDE Ist Doktor Rank vermögend?

NORA Ja.

FRAU LINDE Und er muss für niemanden sorgen?

NORA Nein, niemanden; aber –?

FRAU LINDE Und er kommt täglich zu euch ins Haus?

NORA Ja, sage ich doch.

FRAU LINDE Aber warum ist der vornehme Mann so aufdringlich?

NORA Ich verstehe nicht, was du meinst.

FRAU LINDE Jetzt hör auf, mir was vorzumachen, Nora. Glaubst du, ich weiß nicht, von wem du die zwölfhundert Taler geliehen hast?

NORA Bist du noch bei Trost? Du hast vielleicht Ideen! Ein Freund von uns, der jeden Tag bei uns ist! Das wäre doch entsetzlich peinlich!

FRAU LINDE Also wirklich nicht von ihm?

NORA Nein, ich schwör's dir. Daran habe ich nie gedacht, keine Sekunde lang –. Er hätte damals auch gar kein Geld gehabt, er hat erst später geerbt.

FRAU LINDE Ich glaube, das war auch dein Glück, Nora.

NORA Nein, ich würde Doktor Rank nie im Leben so was fragen –. Aber wenn ich ihn fragen würde, da bin ich ziemlich sicher, dann –

FRAU LINDE Aber das tust du natürlich nicht.

NORA Nein, natürlich nicht. Ich glaube auch nicht, dass das mal nötig werden könnte, das kann ich mir nicht vorstellen. Aber ich bin ziemlich sicher, wenn ich mit Doktor Rank darüber reden würde –

FRAU LINDE Hinter dem Rücken deines Mannes?

NORA Ich muss aus der anderen Sache raus, und die läuft *auch* hinter seinem Rücken. Ich *muss* da raus.

FRAU LINDE Ja, ja, das hab ich gestern auch gesagt; aber –

NORA *(geht auf und ab)* Ein Mann kommt mit so was einfach viel besser klar als eine Frau –

FRAU LINDE Ihr eigener Mann, ja.

NORA Blödsinn. *(Bleibt stehen)* Wenn man alles abgezahlt hat, dann kriegt man den Schuldschein doch zurück?

FRAU LINDE Natürlich.

NORA Und dann kann man ihn in hunderttausend Fetzen reißen und verbrennen – das widerliche, beschissene Papier!

FRAU LINDE *(blickt sie starr an, legt das Nähzeug weg und steht langsam auf)* Nora, du verheimlichst mir etwas.

NORA Siehst du mir das an?

FRAU LINDE Seit gestern früh ist mit dir was passiert. Was, Nora?

NORA *(blickt sie an)* Kristine! *(Horcht)* Psst! Torvald kommt nach Hause. Da, setz dich so lange zu den Kindern rein. Torvald mag keine Näharbeiten sehen. Anne-Marie soll dir helfen.

FRAU LINDE *(nimmt einen Teil der Sachen)* Ja, gut, aber ich gehe nicht weg, bevor wir nicht offen darüber gesprochen haben. *(Geht ins Zimmer links ab)*

Im selben Augenblick kommt Helmer aus dem Flur herein.

NORA *(geht ihm entgegen)* Ich hab schon so auf dich gewartet, lieber Torvald.

HELMER War das die Näherin?

NORA Nein, das war Kristine, sie hilft mir bei meinem Kostüm. Warte nur, wie gut ich darin aussehen werde!

HELMER Ja, da hatte ich eine gute Idee, oder?

NORA Eine sehr gute. Und von mir ist es doch nett, dass ich mache, was du willst, oder?

HELMER *(fasst sie am Kinn)* Nett, dass du machst, was dein Mann will? Na, du kleiner Wildfang, ich weiß schon, du hast es nicht so gemeint. Aber ich will dich nicht stören, du willst sicher anprobieren, was?

NORA Und du musst arbeiten?

HELMER Ja. *(Zeigt einen Stapel Papiere)* Hier. Ich war unten in der Bank – *(Will in sein Zimmer gehen)*

NORA Torvald.

HELMER *(bleibt stehen)* Ja?

NORA Wenn dein Eichhörnchen dich jetzt ganz, ganz dringend um etwas bitten würde?

HELMER Was dann?

NORA Würdest du es tun?

HELMER Erst mal müsste ich wissen, was es ist.

NORA Wenn du lieb bist und es tust, dann würde dein Eichhörnchen herumspringen und dich zum Lachen bringen.

HELMER Raus damit.

NORA Deine Lerche würde in allen Zimmern herumzwitschern, laut und leise –

HELMER Das tut sie ja sowieso.

NORA Ich würde als Elfe im Mondschein für dich tanzen, Torvald.

HELMER Nora, es geht doch nicht um die Sache, mit der du heute früh schon wieder angefangen hast?

NORA *(näher)* Doch, Torvald, ich bitte dich so, so sehr.

HELMER Du traust dich wirklich, das nochmal anzusprechen?

NORA Ja, ja, du musst mir den Gefallen tun, du *musst* Krogstad seine Stelle bei der Bank lassen.

HELMER Meine liebe Nora, diese Stelle habe ich für Frau Linde vorgesehen.

NORA Das ist ja auch unwahrscheinlich lieb von dir; entlass doch einfach irgendeinen anderen Angestellten.

HELMER Wie stur du bist! Bloß weil du leichtsinnigerweise versprichst, dich für ihn einzusetzen, soll ich jetzt –!

NORA Nein, nicht darum, Torvald. Um deinetwillen. Dieser Mensch schreibt in den widerlichsten Zeitungen, das hast du selbst gesagt. Er könnte dir enorm schaden. Ich habe eine solche Angst vor ihm, es bringt mich fast um –

HELMER Aha, verstehe, da kommen schlimme Erinnerungen hoch.

NORA Wie meinst du das?

HELMER Du denkst an deinen Vater.

NORA Genau. Weißt du nicht mehr, wie furchtbar diese Leute ihn in den Zeitungen verleumdet haben? Ich glaube, die hätten für seine Entlassung gesorgt, wenn das Ministerium dich nicht hergeschickt hätte, dass du die Sache untersuchst und du nicht so wohlwollend und hilfsbereit gewesen wärst.

HELMER Meine kleine Nora, zwischen deinem Vater und mir gibt es einen entscheidenden Unterschied. Dein Vater war als Beamter nicht unangreifbar. Aber ich bin das, und ich hoffe, es zu bleiben, solange ich in dieser Stellung bin.

NORA Ach, wer kann schon wissen, was gehässige Leute sich alles einfallen lassen. Ausgerechnet jetzt, wo wir es so gut haben könnten, wo wir zu Hause so ruhig und glücklich leben könnten – du und ich und die Kinder, Torvald! Nur deswegen bitte ich dich so dringend –

HELMER Und gerade weil du für ihn sprichst, machst du es mir unmöglich, ihn zu behalten. In der Bank weiß man schon, dass ich Krogstad entlassen will. Falls jetzt das Gerücht aufkommt, der neue Direktor hätte sich von seiner Frau umstimmen lassen –

NORA Ja und –?

HELMER Nein, natürlich, Hauptsache, der kleine Trotzkopf bekommt seinen Willen –. Ich soll mich vor dem gesamten Personal blamieren? Die Leute sollen denken, ich wäre von allen möglichen äußeren Einflüssen abhängig? Glaub mir, die Folgen davon würde ich bald zu spüren kriegen! Und außerdem – da gibt es noch etwas, weswegen Krogstad in der Bank untragbar ist, solange ich Direktor bin.

NORA Und was?

HELMER Seine moralischen Defizite könnte ich notfalls vielleicht noch übersehen –

NORA Ja, nicht wahr, Torvald?

HELMER Und er soll ja auch ein ganz brauchbarer Mitarbeiter sein. Aber er ist ein Jugendbekannter von mir. Eine von diesen übereilten Bekanntschaften, die einem später im Leben lästig werden. Wir sind sogar per du, stell dir vor. Und dieser taktlose Mensch macht in Gegenwart Dritter keinerlei Hehl daraus. Im Gegenteil, er erlaubt sich einen vertraulichen Ton mir gegenüber und kommt ständig mit seinem «du, du, Helmer». Das ist mir so was von peinlich! Er würde meine Stellung in der Bank unmöglich machen.

NORA Torvald, das kannst du nicht ganz ernst meinen.

HELMER Ach nein? Warum nicht?

NORA Das ist alles so kleinlich.

HELMER Was? Kleinlich? Du findest mich kleinlich?

NORA Nein, im Gegenteil, lieber Torvald, und genau darum –

HELMER Wie auch immer, du nennst meine Überlegungen kleinlich. Das kannst du haben. Kleinlich! Also wirklich!

– Na, damit ist jetzt Schluss, keine Sorge. *(Geht zur Flurtür und ruft)* Helene!

NORA Was hast du vor?

HELMER *(sucht in seinen Papieren)* Eine Entscheidung.

Das Hausmädchen kommt herein.

HELMER Hier, nimm diesen Brief, geh gleich damit runter, sieh zu, dass du einen Boten findest, der ihn zustellt. Aber schnell. Die Adresse steht auf dem Umschlag. Hier ist Geld.

DAS HAUSMÄDCHEN Sehr wohl. *(Geht mit dem Brief ab)*

NORA *(atemlos)* Torvald – was war das für ein Brief?

HELMER Krogstads Kündigung.

NORA Hol ihn zurück, Torvald! Noch ist Zeit! Oh Torvald, hol ihn zurück! Um meinetwillen – um deinetwillen, um der Kinder willen! Torvald! Du weißt nicht, was für ein Unglück das über uns alle bringen kann!

HELMER Zu spät.

NORA Ja, zu spät.

HELMER Liebe Nora, ich verzeihe dir deine Angst, obwohl sie mich eigentlich beleidigt. Doch, das tut sie! Oder ist es etwa keine Beleidigung, zu glauben, ich würde mich vor der Rache eines verkommenen Schreiberlings fürchten? Aber ich verzeihe dir trotzdem, weil das ein schöner Beweis deiner großen Liebe ist. *(Nimmt sie in die Arme)* So soll es sein, meine einzige Nora. Komme, was da will. Wenn es sein muss, glaub mir, dann habe ich Mut und Kraft genug. Ich bin stark genug, alles auf mich zu nehmen, du wirst schon sehen.

NORA *(schreckensstarr)* Was meinst du damit?

HELMER Alles, sage ich –

NORA *(gefasst)* Das sollst du nie und nimmer.

HELMER Gut, dann teilen wir es, Nora – als Mann und Frau. So soll es sein. *(Streichelt sie)* Bist du jetzt zufrieden? Na, na, warum denn diese verschreckten Taubenaugen. Das sind doch alles Hirngespinste. – So, jetzt musst du aber die Tarantella durchspielen und mit dem Tamburin üben. Ich setze mich ins hintere Büro und mache die Zwischentür zu, dann höre ich nichts, und du kannst so laut sein, wie du willst. *(Dreht sich in der Tür nochmals um)* Wenn Rank kommt, sag ihm, wo er mich finden kann. *(Nickt ihr zu, geht mitsamt seinen Papieren in sein Zimmer und schließt die Tür hinter sich)*

NORA *(außer sich vor Angst, steht wie fest genagelt da, flüstert)* Er war imstande, es zu tun. Er tut es. Er tut es, trotz allem und allem. – Nein, niemals, nur das nicht! Lieber alles andere! Rettung –! Ein Ausweg – *(Es läutet im Flur.)* Doktor Rank –! Lieber alles andere, *alles*, was es auch sein mag! *(Streicht sich übers Gesicht, fasst sich, geht zur Flurtür und öffnet sie)*

Draußen steht Doktor Rank und hängt eben seinen Pelzmantel auf. Während des Folgenden beginnt es dunkel zu werden.

NORA Guten Tag, Doktor Rank. Ich habe Sie am Klingeln erkannt. Leider können Sie nicht zu Torvald rein, ich glaube, er hat zu tun.

DOKTOR RANK Und Sie?

NORA *(während er ins Zimmer geht und sie die Tür hinter ihm schließt)* Ach, Sie wissen doch, für Sie hab ich immer Zeit.

DOKTOR RANK Danke. Das werde ich genießen, solange ich kann.

NORA Wie meinen Sie das? Solange Sie können?

DOKTOR RANK Ja. Erschreckt Sie das?

NORA Es klingt so komisch. Was ist denn los?

DOKTOR RANK Es wird etwas passieren, auf das ich seit langem vorbereitet bin. Allerdings habe ich nicht gedacht, dass es so schnell gehen würde.

NORA *(greift seinen Arm)* Was denn? Doktor Rank, Sie müssen es mir sagen!

DOKTOR RANK *(setzt sich an den Ofen)* Mit mir geht es bergab. Unaufhaltsam, endgültig.

NORA *(erleichtert)* Sie reden von sich?

DOKTOR RANK Von wem sonst? Man darf sich nichts vormachen. Ich bin der elendste von meinen Patienten, Frau Helmer. In den letzten Tagen habe ich eine Generaluntersuchung meines inneren Zustands vorgenommen. Bankrott. Vielleicht liege ich in einem Monat schon im Grab und verwese.

NORA Pfui, wie hässlich Sie reden.

DOKTOR RANK Die Sache ist ja auch verflucht hässlich. Aber das Schlimmste ist, dass dem erst noch so viel Hässliches vorausgehen wird. Jetzt fehlt nur noch eine einzige Untersuchung; wenn ich mit der fertig bin, weiß ich ungefähr, wann der endgültige Verfall beginnt. Da ist etwas, das ich Ihnen sagen möchte. Helmer in seiner feinen Art hat so einen ausgeprägten Widerwillen gegen alles Hässliche. Er soll mein Krankenzimmer nicht betreten –

NORA Aber Doktor Rank –

DOKTOR RANK Ich will ihn dort nicht haben. Auf keinen Fall. Ich verschließe ihm meine Tür. – Sobald ich endgültige Gewissheit habe, dass das Schlimmste bevorsteht, schicke ich Ihnen meine Visitenkarte mit einem schwarzen Kreuz darauf, dann wissen Sie, dass der Verfallsprozess begonnen hat.

NORA Nein, heute sind Sie wirklich unausstehlich. Und ich hatte so gehofft, dass Sie gut gelaunt sein würden.

DOKTOR RANK Mit dem Tod vor Augen? – Um für die Schuld eines anderen zu büßen? Wo bleibt da die Gerechtigkeit? In jeder Familie herrscht irgend so ein erbarmungsloses Verhängnis –

NORA *(hält sich die Ohren zu)* Unsinn! Lustig; lustig!

DOKTOR RANK Ja, schon wahr, eigentlich ist das Ganze zum Lachen. Mein armes, unschuldiges Rückgrat muss für das fröhliche Leutnantsleben meines Vaters büßen.

NORA *(am Tisch links)* Der so leidenschaftlich gern Spargel und Gänseleberpastete aß, oder?

DOKTOR RANK Ja, und Trüffel.

NORA Ja, Trüffel, ja. Und Austern auch, oder?

DOKTOR RANK Ja, Austern, Austern, versteht sich.

NORA Und dazu der ganze Portwein und der Champagner. Zu traurig, dass all diese Köstlichkeiten die Knochen so angreifen.

DOKTOR RANK Vor allem, wenn es völlig unschuldige Knochen sind, die nicht mal was davon hatten.

NORA Ja, das ist das Allertraurigste.

DOKTOR RANK *(blickt sie forschend an)* Hm –

NORA *(kurz darauf)* Warum haben Sie gelächelt?

DOKTOR RANK Nein, Sie haben gelacht.

NORA Nein, Sie haben gelächelt, Doktor Rank!

DOKTOR RANK *(steht auf)* Sie sind ja noch gerissener, als ich gedacht habe.

NORA Ich hätte heute Lust, irgendwas ganz Verrücktes zu tun.

DOKTOR RANK Sieht ganz so aus.

NORA *(legt beide Hände auf seine Schultern)* Lieber, lieber Doktor Rank, Sie dürfen Torvald und mir nicht einfach so wegsterben.

DOKTOR RANK Oh, den Schmerz werden Sie leicht überwinden. Wer weggeht, ist bald vergessen.

NORA *(blickt ihn ängstlich an)* Glauben Sie?

DOKTOR RANK Man schließt neue Freundschaften, und schon –

NORA Wer schließt neue Freundschaften?

DOKTOR RANK Sie und Helmer, wenn ich weg bin. Sie sind ja jetzt schon drauf und dran, wie es aussieht. Oder was sollte diese Frau Linde gestern Abend hier?

NORA Sie werden doch nicht auf die arme Kristine eifersüchtig sein?

DOKTOR RANK Doch, bin ich. Sie wird meine Nachfolgerin hier bei Ihnen. Wenn ich abgeschrieben bin, wird diese Frau vielleicht –

NORA Psst, nicht so laut, sie ist da drinnen.

DOKTOR RANK Heute schon wieder? Na bitte.

NORA Nur, um mein Kostüm zu flicken. Mein Gott, sind Sie empfindlich. *(Setzt sich aufs Sofa)* Seien Sie jetzt vernünftig, Doktor Rank, morgen, wenn ich so schön tanze, dann sollen Sie sich vorstellen, dass ich es ganz allein für Sie tue – und natürlich für Torvald; – das ist ja klar. *(Nimmt Verschiedenes aus der Schachtel)* Doktor Rank, setzen Sie sich zu mir, ich zeige Ihnen etwas.

DOKTOR RANK *(setzt sich)* Was denn?

NORA Schauen Sie mal. Hier!

DOKTOR RANK Seidenstrümpfe.

NORA Fleischfarbene. Sind die nicht schön? Ja, hier drin ist es jetzt dunkel, aber morgen –. Nein, nein, nein, Sie dürfen nur den Fuß sehen. Ach was, warum nicht auch den oberen Teil.

DOKTOR RANK Hm –

NORA Warum schauen Sie so kritisch? Denken Sie vielleicht, die passen nicht?

DOKTOR RANK Das kann ich nicht sagen, mangels Vertrautheit mit dem Gegenstand.

NORA *(schaut ihn einen Augenblick an)* Pfui, schämen Sie sich! *(Schlägt ihm leicht mit den Strümpfen aufs Ohr)* Hier, zur Strafe. *(Packt die Strümpfe wieder weg)*

DOKTOR RANK Und was für Herrlichkeiten bekomme ich noch zu sehen?

NORA Überhaupt nichts mehr, weil Sie so böse sind. *(Summt ein wenig und sucht in der Schachtel)*

DOKTOR RANK *(nach einer kurzen Pause)* Wenn ich so vertraut bei Ihnen sitze, dann kann ich mir kaum vorstellen – nein, ich kann mir absolut nicht vorstellen, was aus mir geworden wäre, wenn ich dieses Haus nie betreten hätte.

NORA *(lächelt)* Ich glaube auch, dass Sie sich bei uns eigentlich sehr wohl fühlen.

DOKTOR RANK *(leiser, blickt vor sich hin)* Und jetzt soll ich von alldem Abschied nehmen –

NORA Unsinn! Warum denn?

DOKTOR RANK *(wie zuvor)* – ohne etwas hinterlassen zu können, nicht einmal ein kleines Zeichen des Danks, höchstens einen flüchtigen Schmerz – einen leeren Platz, den der Erstbeste wieder ausfüllen kann.

NORA Und wenn ich Sie jetzt um etwas bitten würde –? Nein –

DOKTOR RANK Worum denn?

NORA Um einen großen Beweis Ihrer Freundschaft –

DOKTOR RANK Ja, ja?

NORA Nein, ich meine – um einen unendlich großen Gefallen –

DOKTOR RANK Würden Sie mich wirklich *ein Mal* so glücklich machen?

NORA Sie wissen ja noch gar nicht, was es ist.

DOKTOR RANK Dann sagen Sie es mir.

NORA Nein, ich kann nicht, Doktor Rank; es wäre zu viel verlangt – ein Rat und eine Hilfe und ein Gefallen, alles in einem.

DOKTOR RANK Je mehr, desto besser. Ich kann mir nicht vorstellen, was es sein soll. Sagen Sie schon. Sie werden mir
doch vertrauen?

NORA Oh ja, mehr als jedem anderen. Sie sind mein treuester
und bester Freund, das weiß ich sehr gut. Darum will ich
es Ihnen ja auch sagen. Gut, Doktor Rank, Sie müssen
mir helfen, etwas zu verhindern. Sie wissen, wie innig,
wie unbeschreiblich Torvald mich liebt; ohne jedes Bedenken würde er sein Leben für mich geben.

DOKTOR RANK *(beugt sich zu ihr)* Nora – glauben Sie denn, er
ist der Einzige, der –?

NORA *(zuckt leicht zusammen)* Der –?

DOKTOR RANK Der freudig sein Leben für Sie geben würde?

NORA *(schwer)* Ach so.

DOKTOR RANK Ich habe mir geschworen, dass Sie es erfahren
sollen, bevor ich sterbe. Eine bessere Gelegenheit wird es
nie wieder geben. – Ja, Nora, jetzt wissen Sie es. Und jetzt
wissen Sie auch, dass Sie sich mir anvertrauen können
wie keinem anderen.

NORA *(steht auf; gelassen und ruhig)* Lassen Sie mich vorbei.

DOKTOR RANK *(macht ihr Platz, bleibt aber sitzen)* Nora –

NORA *(in der Tür zum Flur)* Helene, bring die Lampe rein.
(Geht zum Ofen) Ach, lieber Doktor Rank, das war jetzt
wirklich überflüssig.

DOKTOR RANK *(steht auf)* Dass ich Sie immer ebenso innig
geliebt habe wie ein anderer? Das soll überflüssig sein?

NORA Nein, aber dass Sie es mir erzählen. Das war nun wirklich nicht nötig –

DOKTOR RANK Wie meinen Sie das? Haben Sie es etwa gewusst –?

*Das Hausmädchen kommt mit der Lampe herein, stellt sie auf den
Tisch und geht wieder hinaus.*

DOKTOR RANK Nora – Frau Helmer –, ich frage Sie, haben Sie
etwas davon gewusst?

NORA Ach, weiß ich, was ich gewusst habe oder nicht. Das
kann ich Ihnen wirklich nicht sagen –. Dass Sie so unge-
schickt sein können, Doktor Rank! Es war gerade so
schön.

DOKTOR RANK Nun, jetzt wissen Sie wenigstens ganz sicher,
dass ich Ihnen mit Leib und Seele zur Verfügung stehe.
Sagen Sie mir jetzt, worum es geht?

NORA *(blickt ihn an)* Jetzt noch?

DOKTOR RANK Ich bitte Sie, sagen Sie mir, was es ist.

NORA Nichts kann ich Ihnen jetzt mehr sagen.

DOKTOR RANK Aber ja doch. Sie dürfen mich nicht so bestra-
fen. Erlauben Sie mir, alles Menschenmögliche für Sie zu
tun.

NORA Jetzt können Sie nichts mehr für mich tun. – Außerdem brauche ich wahrscheinlich überhaupt keine Hilfe.
Sie werden sehen, das sind alles nur Hirngespinste. Ja,
ganz sicher. Natürlich! *(Setzt sich in den Schaukelstuhl,
schaut ihn an, lächelt)* Sie sind mir vielleicht ein feiner
Herr, Doktor Rank. Schämen Sie sich nicht, jetzt, wo die
Lampe da steht?

DOKTOR RANK Nein, eigentlich nicht. Aber – soll ich besser
gehen, für immer?

NORA Nein, das muss wirklich nicht sein. Natürlich kommen Sie weiter zu uns, wie bisher. Sie wissen ganz genau, dass Torvald ohne Sie nicht auskommt.

DOKTOR RANK Ja, aber *Sie?*

NORA Ach, ich freue mich immer sehr, wenn Sie hier sind.

DOKTOR RANK Genau das hat mich auf die falsche Spur gebracht. Ich weiß wirklich nicht. Oft kam es mir vor, als wären Sie fast genauso gern mit mir zusammen wie mit Helmer.

NORA Die einen liebt man eben am meisten, und mit den anderen ist man am liebsten zusammen.

DOKTOR RANK Ja, da ist was dran.

NORA Früher, zu Hause, da liebte ich natürlich meinen Vater am meisten. Aber ich freute mich immer ganz besonders, wenn ich mich nach unten in die Mädchenkammer stehlen konnte; die machten mir wenigstens keine Vorschriften, und sie erzählten sich immer so lustige Geschichten.

DOKTOR RANK Aha, also *die* habe ich abgelöst.

NORA *(springt auf und geht zu ihm)* Ach, lieber, guter Doktor Rank, so habe ich das doch nicht gemeint. Aber Sie können sich vorstellen, dass es mit Torvald irgendwie ist wie mit Papa –

DAS HAUSMÄDCHEN *(kommt aus dem Flur)* Gnädige Frau! *(Flüstert und gibt ihr eine Visitenkarte)*

NORA *(wirft einen Blick darauf)* Ah! *(Steckt die Karte in die Tasche)*

DOKTOR RANK Etwas Unangenehmes?

NORA Nein, nein, woher denn, es ist nur – wegen meinem neuen Kostüm –

DOKTOR RANK Wieso? Das liegt doch da.

NORA Ach das, ja; aber es gibt noch eins; ich habe es bestellt –; Torvald darf nichts davon wissen –

DOKTOR RANK Aha, da haben wir das große Geheimnis.

NORA Genau; gehen Sie zu ihm; er sitzt hinten; halten Sie ihn so lange auf –

DOKTOR RANK Keine Sorge, ich lasse ihn nicht heraus. *(Geht in Helmers Zimmer)*

NORA *(zum Hausmädchen)* Und er wartet in der Küche?

DAS HAUSMÄDCHEN Ja, er ist über die Hintertreppe raufgekommen –

NORA Hast du ihm nicht gesagt, dass wir Besuch haben?

DAS HAUSMÄDCHEN Ja, hat aber nichts geholfen.

NORA Er hat nicht gehen wollen?

DAS HAUSMÄDCHEN Nein, er weigert sich zu gehen, bevor er mit Ihnen gesprochen hat.

NORA Dann lass ihn herein, aber leise. Helene, du darfst niemandem etwas davon sagen; es ist eine Überraschung für meinen Mann.

DAS HAUSMÄDCHEN Ja, ja, ich verstehe – *(Geht ab)*

NORA Das Schreckliche geschieht. Es passiert trotzdem. Nein, nein, nein, es darf nicht passieren; es wird nicht passieren. *(Geht hin und legt an Helmers Tür den Riegel vor)*

Das Hausmädchen öffnet die Tür, lässt Rechtsanwalt Krogstad herein und schließt die Tür hinter ihm. Er trägt Reisepelz, Gamaschen über den Stiefeln und Pelzmütze. Nora geht ihm entgegen.

NORA Sprechen Sie leise, mein Mann ist zu Hause.

KROGSTAD Bitte, soll er.

NORA Was wollen Sie von mir?

KROGSTAD Mich nach etwas erkundigen.

NORA Dann schnell. Worum geht es?

KROGSTAD Sie wissen, dass ich meine Kündigung erhalten habe?

NORA Ich habe es nicht verhindern können, Herr Krogstad. Ich habe für Sie gekämpft bis zum Äußersten; aber es hat nichts geholfen.

KROGSTAD Liebt Ihr Mann Sie so wenig? Er weiß, was Ihnen von mir droht, und dennoch wagt er –

NORA Wie kommen Sie darauf, dass er es weiß?

KROGSTAD Ach nein, ich nehme es gar nicht an. Es würde meinem guten Torvald Helmer auch nicht ähnlich sehen, so viel Courage zu zeigen –

NORA Herr Krogstad, etwas mehr Respekt vor meinem Mann, wenn ich bitten darf!

KROGSTAD Freilich, freilich, allen schuldigen Respekt! Aber dass Sie die Sache so ängstlich verbergen, scheint mir darauf hinzudeuten, dass Sie heute besser begreifen, was Sie da eigentlich getan haben?

NORA Mehr, als *Sie* mich je lehren könnten.

KROGSTAD Tja, ein so schlechter Jurist wie ich –

NORA Was wollen Sie von mir?

KROGSTAD Nur nachschauen, wie es Ihnen geht, Frau Helmer. Ich habe den ganzen Tag an Sie gedacht. Ein Wechseleintreiber, ein Schmierant, ein – kurz, so einer wie ich hat eben auch ein bisschen Herz, wissen Sie.

NORA Dann beweisen Sie es; denken Sie an meine kleinen Kinder.

KROGSTAD Haben Sie und Ihr Mann an meine gedacht? Aber was soll's. Ich wollte Ihnen nur sagen, nehmen Sie die Sache nicht zu schwer, vorläufig werde ich keine Anzeige erstatten.

NORA Nein; nicht wahr; wusste ich's doch.

KROGSTAD Das Ganze wird sich gütlich regeln lassen; kein Mensch braucht davon zu erfahren; es kann ganz unter uns dreien bleiben.

NORA Mein Mann darf niemals davon erfahren.

KROGSTAD Wie wollen Sie das verhindern? Können sie etwa den ganzen Rest abzahlen?

NORA Nein, nicht sofort.

KROGSTAD Oder hätten Sie eine Möglichkeit, in den nächsten Tagen das Geld zu beschaffen?

NORA Es gibt eine Möglichkeit, die ich aber nicht nutzen werde.

KROGSTAD Es würde Ihnen auch nichts helfen. Sie könnten mir noch so viel Geld bringen, den Schuldschein würde ich Ihnen nicht geben.

NORA Dann sagen Sie mir, was Sie damit vorhaben.

KROGSTAD Ich will ihn behalten – in meiner Obhut. Kein Unbefugter erfährt etwas. Falls Sie also irgendwelche Verzweiflungstaten planen –

NORA Ja, das tue ich.

KROGSTAD – falls Sie planen sollten, Ihre Familie zu verlassen –

NORA Ja!

KROGSTAD – oder noch etwas Schlimmeres vorhaben –

NORA Woher können Sie das wissen?

KROGSTAD – dann lassen Sie das sein.

NORA Wie können Sie wissen, dass ich *daran* denke?

KROGSTAD Die meisten von uns denken als Erstes *daran*. Ich auch, aber ich hatte nicht den Mut –

NORA *(tonlos)* Ich auch nicht.

KROGSTAD *(erleichtert)* Nein, nicht wahr; Sie haben auch nicht den Mut dazu?

NORA Nein.

KROGSTAD Das wäre auch eine große Dummheit. Wenn der Streit erst mal vorbei ist –. Hier in der Tasche habe ich einen Brief an Ihren Mann –

NORA Und da steht alles drin?

KROGSTAD So schonungsvoll wie möglich.

NORA *(rasch)* Diesen Brief darf er nicht kriegen. Zerreißen Sie ihn. Ich werde das Geld beschaffen.

KROGSTAD Verzeihen Sie, Frau Helmer, aber ich sagte doch schon –

NORA Ich rede nicht von dem Geld, das ich Ihnen schulde. Sagen Sie mir, wie viel Sie von ihm fordern, ich beschaffe das Geld.

KROGSTAD Ich verlange von Ihrem Mann kein Geld.

NORA Was dann?

KROGSTAD Ich will wieder auf die Beine kommen, Frau Helmer, ich will nach oben, und dabei wird Ihr Mann mir helfen. Anderthalb Jahre lang habe ich mir nichts zuschulden kommen lassen; die ganze Zeit hat es hinten und vorne nicht gereicht; ich habe mich damit begnügt, mich Schritt für Schritt hochzuarbeiten. Jetzt hat man mich vor die Tür gesetzt, und ich werde mich nicht damit begnügen, in Gnaden wieder aufgenommen zu werden. Ich will nach oben, sage ich Ihnen. Ich will zurück in die Bank – und zwar in eine gehobene Stellung; Ihr Mann soll eine höhere Position für mich einrichten –

NORA Das tut er niemals!

KROGSTAD Oh doch; ich kenne ihn; er wird nicht wagen, mir zu widersprechen. Und wenn ich erst mal mit ihm da drin bin, dann werden Sie schon sehen! In einem Jahr bin ich die rechte Hand des Direktors! Dann wird Nils Krogstad die Aktienbank leiten, nicht Torvald Helmer!

NORA Das werden Sie nie erleben!

KROGSTAD Wollen Sie etwa –?

NORA Jetzt habe ich den Mut dazu.

KROGSTAD Ach, Sie machen mir keine Angst. Ein feines, verwöhntes Dämchen wie Sie –

NORA Sie werden schon sehen; Sie werden schon sehen!

KROGSTAD Unters Eis? In das kalte, schwarze Wasser? Und im Frühjahr hochkommen, hässlich, entstellt, mit ausgefallenem Haar –

NORA Das macht mir keine Angst.

KROGSTAD Mir auch nicht. So etwas tut man nicht, Frau Helmer. Was würde es auch nützen? Ich habe ihn trotzdem in der Hand.

NORA Hinterher? Wenn ich nicht mehr –?

KROGSTAD Vergessen Sie nicht, dass Ihr guter Ruf dann von mir abhängt! *(Nora starrt ihn sprachlos an.)* So, jetzt habe ich Sie vorbereitet. Machen Sie keine Dummheiten. Wenn Helmer meinen Brief bekommen hat, erwarte ich seine Nachricht. Und vergessen Sie nicht, Ihr Mann selbst zwingt mich zu solchen Maßnahmen. Das werde ich ihm nie verzeihen. Auf Wiedersehen, Frau Helmer. *(Geht durch den Flur ab)*

NORA *(geht zur Flurtür, öffnet sie ein wenig und horcht)* Er geht. Gibt den Brief nicht ab. Ach nein, nein, das wäre ja auch unmöglich! *(Öffnet die Tür immer weiter)* Was ist das? Er steht draußen. Geht nicht die Treppe runter. Denkt er nach? Sollte er –?

Ein Brief fällt in den Briefkasten; danach hört man Krogstads Schritte immer leiser die Treppe hinab.

NORA *(mit einem unterdrückten Schrei; läuft durch das Zimmer, zum Sofatisch; bleibt dort kurz stehen)* Im Briefkasten. *(Schleicht ängstlich zur Flurtür)* Da liegt er. – Torvald, Torvald – jetzt sind wir verloren!

FRAU LINDE *(kommt mit dem Kostüm aus dem Zimmer links)* Also mehr finde ich nicht zu flicken. Probier's doch mal an!

NORA *(heiser, leise)* Kristine, komm her.

FRAU LINDE *(wirft das Kostüm aufs Sofa)* Was ist los? Du siehst so verstört aus.

NORA Komm her. Siehst du den Brief? Da; – im Fensterchen vom Briefkasten.

FRAU LINDE Ja, ja, ich sehe ihn.

NORA Der Brief ist von Krogstad.

FRAU LINDE Nora – Krogstad hat dir das Geld geliehen?

NORA Ja; und jetzt wird Torvald alles erfahren.

FRAU LINDE Glaub mir, das ist auch das Beste für euch beide.

NORA Es ist schlimmer, als du denkst. Ich habe die Unterschrift gefälscht –

FRAU LINDE Um Himmels willen –!

NORA Kristine, um eins bitte ich dich, du bist jetzt meine Zeugin.

FRAU LINDE Zeugin, wieso? Was soll ich –?

NORA Falls ich den Verstand verlieren sollte – das könnte ja passieren –

FRAU LINDE Nora!

NORA Oder falls mir etwas zustößt – etwas, sodass ich nicht mehr hier wäre –

FRAU LINDE Nora, Nora, du bist ja völlig außer dir!

NORA Falls dann also jemand versuchen würde, alles auf sich zu nehmen, die ganze Schuld, verstehst du –

FRAU LINDE Ja, ja, aber wie kannst du nur denken –?

NORA Dann sollst du bezeugen, dass das nicht stimmt, Kristine. Ich bin ganz und gar nicht außer mir; ich bin vollkommen klar, und ich sage dir: Sonst hat kein Mensch etwas davon gewusst; ich allein habe das getan. Vergiss das nicht.

FRAU LINDE Keine Sorge. Aber ich verstehe das alles nicht.

NORA Wie auch? Jetzt wird ja das Wunderbare geschehen.

FRAU LINDE Das Wunderbare?

NORA Ja, das Wunderbare. Aber es ist so schrecklich, Kristine; – es *darf* nicht geschehen, um keinen Preis.

FRAU LINDE Ich werde gleich zu Krogstad gehen und mit ihm reden.

NORA Nein, geh nicht, er tut dir was!

FRAU LINDE Es gab mal eine Zeit, da hätte er alles für mich getan, und zwar mit Freuden!

NORA Er?

FRAU LINDE Wo wohnt er?

NORA Was weiß ich –? Doch *(fasst in ihre Tasche)*, hier ist seine Karte. Aber der Brief, der Brief –!

HELMER *(in seinem Zimmer, klopft an die Tür)* Nora!

NORA *(schreit voll Angst auf)* Ha! Was ist? Was willst du von mir?

HELMER Na, na, krieg nicht gleich so einen Schreck. Wir kommen nicht raus, du hast ja die Tür abgeschlossen. Probierst du gerade das Kostüm an?

NORA Ja, ja, genau. Es wird ja so hübsch, Torvald!

FRAU LINDE *(hat die Karte gelesen)* Er wohnt gleich um die Ecke!

NORA Ja, aber das hilft nichts mehr. Wir sind verloren. Der Brief liegt im Kasten.

FRAU LINDE Und den Schlüssel hat dein Mann?

NORA Ja, immer.

FRAU LINDE Krogstad muss seinen Brief ungelesen zurückverlangen, unter irgendeinem Vorwand –

NORA Aber genau um diese Tageszeit holt Torvald immer –

FRAU LINDE Halt ihn auf, geh zu ihm rein. Ich komme zurück, so schnell ich kann. *(Geht rasch durch die Flurtür ab)*

NORA *(geht zu Helmers Tür, öffnet sie und schaut hinein)* Torvald!

HELMER *(im Hinterzimmer)* Na, darf man endlich wieder in sein eigenes Wohnzimmer? Komm, Rank, jetzt wollen wir uns mal ansehen – *(In der Tür)* Was ist denn das?

NORA Was denn, lieber Torvald?

HELMER Rank hat gesagt, gleich gibt es eine großartige Verkleidungsszene.

DOKTOR RANK *(in der Tür)* So hatte ich es verstanden, aber ich habe mich wohl geirrt.

NORA Ja, vor morgen bekommt niemand das Kostüm zu sehen.

HELMER Nora, du wirkst angestrengt. Hast du's mit den Proben übertrieben?

NORA Nein, ich habe noch gar nicht geprobt.

HELMER Das solltest du aber –

NORA Oh ja, auf jeden Fall, Torvald. Aber ich brauche deine Hilfe, mir fällt allein überhaupt nichts ein; irgendwie habe ich alles vergessen.

HELMER Na, das haben wir bald wieder.

NORA Ja bitte, Torvald, hilf mir. Versprichst du mir das? Ich habe solches Lampenfieber. Die vielen Leute –. Du musst dir heute Abend für mich Zeit nehmen. Nichts Geschäftliches erledigen; keinen Stift in die Hand nehmen. Ja? Das machst du doch, lieber Torvald?

HELMER Ich versprech's dir, heute Abend bin ich ganz für dich da. – Obwohl, erst noch – *(Geht zur Flurtür)*

NORA Was willst du draußen?

HELMER Schauen, ob Post gekommen ist.

NORA Nein, nein, lass das, Torvald!

HELMER Warum denn?

NORA Torvald, bitte, es ist nichts gekommen.

HELMER Lass mich doch nachschauen. *(Will gehen)*

Nora schlägt am Klavier die ersten Takte der Tarantella an. Helmer bleibt vor der Tür stehen.

HELMER Ah!

NORA Ich kann morgen nicht tanzen, wenn ich nicht mit dir probe.

HELMER *(geht zu ihr)* Hast du wirklich solches Lampenfieber, meine liebe Nora?

NORA Ja, ganz fürchterlich. Lass uns sofort proben, vor dem Essen ist noch Zeit. Spiel du die Tarantella für mich, Torvald, korrigier mich, leite mich an, das tust du ja sonst auch immer.

HELMER Gern, sehr gern, dein Wunsch ist mir Befehl. *(Setzt sich ans Klavier)*

NORA *(nimmt aus der Schachtel das Tamburin und ein langes buntes Schultertuch, das sie sich rasch umlegt; mit einem Sprung steht sie mitten im Wohnzimmer und ruft)* Jetzt kannst du spielen! Ich will tanzen!

HELMER *(spielt und Nora tanzt; Doktor Rank steht hinter Helmer am Klavier und schaut zu)* Langsamer – langsamer.

NORA Kann nicht anders.

HELMER Nicht so stürmisch, Nora!

NORA Genau so muss es sein!

HELMER *(hält inne)* Nein, nein, so geht es wirklich nicht.

NORA *(lacht und schwingt das Tamburin)* Hab ich's dir nicht gesagt?

DOKTOR RANK Lassen Sie mich spielen.

HELMER *(steht auf)* Ja, dann kann ich besser korrigieren.

Doktor Rank setzt sich ans Klavier und spielt; Nora tanzt, immer wilder. Helmer hat sich neben den Ofen gestellt und gibt ihr während des Tanzes regelmäßig korrigierende Hinweise: Sie scheint sie nicht zu hören; ihr Haar löst sich und fällt über die Schultern; sie beachtet es nicht, sondern tanzt weiter.

FRAU LINDE *(kommt herein und steht sprachlos in der Tür)* Ah –!

NORA *(tanzt weiter)* Hier ist was los, Kristine.

HELMER Aber Nora, Nora, du tanzt ja, als ob es um dein Leben ginge.

NORA Geht's ja auch.

HELMER Rank, hör auf, das ist ja der reinste Irrsinn. Hör auf, sage ich.

Rank hört auf, Nora bleibt jäh stehen.

HELMER *(zu ihr)* Das hätte ich nie gedacht. Du hast ja alles, was ich dir beigebracht hatte, vergessen.

NORA *(wirft das Tamburin weg)* Da siehst du's selbst.

HELMER Wir müssen nochmal ganz von vorn anfangen.

NORA Siehst du. Du musst mir alles nochmal ganz genau zeigen. Versprichst du mir das, Torvald?

HELMER Ja, verlass dich auf mich.

NORA Heute und morgen darfst du an nichts anderes denken, nur an mich; keine Briefe aufmachen – nicht mal an den Briefkasten gehen –

HELMER Hast du immer noch Angst vor diesem Menschen –

NORA Oh ja, ja, das auch.

HELMER Nora, ich seh's dir an, es ist schon ein Brief von ihm da.

NORA Ich weiß nicht; ich glaube; aber du darfst so was jetzt nicht lesen; bis alles vorbei ist, darf nichts Hässliches zwischen uns sein.

DOKTOR RANK *(leise zu Helmer)* Du darfst ihr nicht widersprechen.

HELMER *(legt den Arm um Nora)* Das Kind soll seinen Willen haben. Aber morgen Nacht, wenn du getanzt hast –

NORA Dann bist du frei.

DAS HAUSMÄDCHEN *(in der Tür rechts)* Der Tisch ist gedeckt.

NORA Bring Champagner, Helene.

DAS HAUSMÄDCHEN Jawohl, sofort. *(Geht ab)*

HELMER Hoppla – ein richtiges Festessen?

NORA Champagner bis zum frühen Morgen. *(Ruft hinaus)* Und ein paar Makronen, Helene, viele – dieses eine Mal.

HELMER *(nimmt ihre Hände)* Na, na, na, nicht so wild und aufgescheucht. Sei lieber wieder meine kleine Lerche, wie sonst.

NORA Ja, gut. Geh schon mal rein, und Sie auch, Doktor Rank. Kristine, hilf mir bitte, mein Haar wieder aufzustecken.

DOKTOR RANK *(leise, im Hinausgehen)* Da wird doch nicht am Ende etwas – etwas unterwegs sein?

HELMER Ach wo, mein Lieber; das ist nur diese kindische Angst, von der ich dir erzählt habe.

Beide gehen nach rechts ab.

NORA Und!?

FRAU LINDE Aufs Land gefahren.

NORA Ich hab's dir angesehen.

FRAU LINDE Morgen Abend kommt er nach Hause. Ich habe ihm einen Zettel geschrieben.

NORA Das hättest du nicht tun sollen. Du sollst nichts verhindern. Eigentlich ist es doch herrlich, so auf das Wunderbare zu warten.

FRAU LINDE Worauf zu warten?

NORA Ach, das kannst du nicht verstehen. Geh schon rein; ich komme gleich nach.

Frau Linde geht ins Esszimmer. Nora steht kurz da, wie um sich zu sammeln, dann schaut sie auf ihre Uhr.

NORA Sieben Stunden bis Mitternacht. Dann nochmal vierundzwanzig Stunden bis morgen Mitternacht. Dann ist die Tarantella vorbei. Vierundzwanzig und sieben? Noch einunddreißig Stunden zu leben.

HELMER *(in der Tür rechts)* Wo bleibt denn meine kleine Lerche?

NORA *(mit offenen Armen auf ihn zu)* Hier kommt sie, deine Lerche!

3. AKT

Dasselbe Wohnzimmer. Der Sofatisch und um ihn herum die Stühle sind mitten ins Zimmer gerückt. Auf dem Tisch brennt eine Lampe. Die Tür zum Flur steht offen. Aus dem Stockwerk darüber ist Tanzmusik zu hören.

FRAU LINDE *(sitzt am Tisch und blättert zerstreut in einem Buch; versucht zu lesen; scheint sich aber nicht konzentrieren zu können; ein paar Mal horcht sie nach der Wohnungstür. Blickt auf ihre Uhr)* Immer noch nicht. Langsam wird es höchste Zeit. Ob er etwa –? *(Horcht wieder)* Ah, da ist er. *(Geht in den Flur und macht vorsichtig die Wohnungstür auf; von der Treppe sind leise Schritte zu hören; sie flüstert)* Komm rein. Es ist niemand da.

KROGSTAD *(in der Tür)* Ich habe zu Hause den Zettel gefunden. Was soll das bedeuten?

FRAU LINDE Wir müssen dringend miteinander reden.

KROGSTAD Ach ja? Und warum in diesem Haus?

FRAU LINDE Bei mir ist es unmöglich; mein Zimmer hat keinen eigenen Eingang. Komm rein; wir sind allein; das Mädchen schläft, und Helmers sind oben auf dem Ball.

KROGSTAD *(geht ins Wohnzimmer)* Sieh an, Helmers tanzen heute Abend? Tatsächlich?

FRAU LINDE Ja, warum nicht?

KROGSTAD Nein, warum nicht.

FRAU LINDE Also, wir müssen miteinander reden.

KROGSTAD Haben wir noch etwas zu bereden?

FRAU LINDE Wir haben viel miteinander zu reden.

KROGSTAD Ich glaube kaum.

FRAU LINDE Weil du mich nie richtig verstanden hast.

KROGSTAD Was soll es da zu verstehen geben, so was passiert andauernd. Eine herzlose Frau gibt einem Mann den Laufpass, weil sich ihr was Besseres bietet.

FRAU LINDE Hältst du mich wirklich für so herzlos? Und denkst du, dass ich leichten Herzens mit dir gebrochen habe?

KROGSTAD Etwa nicht?

FRAU LINDE Nils, hast du das wirklich gedacht?

KROGSTAD Wenn es anders war, warum hast du mir dann diesen Brief geschrieben?

FRAU LINDE Was hätte ich denn tun sollen? Ich musste doch dafür sorgen, dass du nichts mehr für mich empfandest.

KROGSTAD *(presst seine Hände zusammen)* Also darum. Und nur – nur um des Geldes willen?

FRAU LINDE Vergiss nicht, ich hatte eine hilflose Mutter und zwei kleine Brüder. Ich konnte nicht auf dich warten, Nils; du warst mit allem noch ganz am Anfang.

KROGSTAD Mag schon sein, aber trotzdem hattest du nicht das Recht, mich wegen eines anderen zu verstoßen.

FRAU LINDE Ich weiß nicht. Ich habe mich oft gefragt, ob ich das Recht dazu hatte.

KROGSTAD *(leiser)* Als ich dich verlor, war es für mich, als ob mir der Boden unter den Füßen weggezogen würde. Schau mich an, ich bin ein Schiffbrüchiger auf einem Wrack.

FRAU LINDE Vielleicht kommt ja bald Hilfe.

KROGSTAD Die war nahe, aber dann bist du gekommen und hast dich dazwischengedrängt.

FRAU LINDE Ohne mein Wissen. Ich habe heute erst erfahren, dass es deine Stelle ist, die ich bekommen soll.

KROGSTAD Gut, ich glaube dir. Und jetzt, wo du es weißt, wirst du die Stelle ablehnen?

FRAU LINDE Nein, das würde dir ja nicht das Geringste nützen.

KROGSTAD Ach, nützen, nützen –; ich würde es trotzdem tun.

FRAU LINDE Ich habe gelernt, vernünftig zu handeln. Das Leben und die bittere Notwendigkeit haben es mir beigebracht.

KROGSTAD Mir hat das Leben beigebracht, nicht an Sprüche zu glauben.

FRAU LINDE Sehr vernünftig. Aber an Taten glaubst du doch, oder?

KROGSTAD Wie meinst du das?

FRAU LINDE Du hast gesagt, du fühlst dich wie ein Schiffbrüchiger auf einem Wrack.

KROGSTAD Leider stimmt das.

FRAU LINDE Ich sitze auch wie eine Schiffbrüchige auf einem Wrack. Ich habe niemanden, für den ich sorgen kann, niemanden, um den ich mir Sorgen machen kann.

KROGSTAD Das war deine eigene Entscheidung.

FRAU LINDE Ich hatte damals keine andere Wahl.

KROGSTAD Gut, und jetzt?

FRAU LINDE Nils, wenn sich jetzt zwei Schiffbrüchige zusammentun würden?

KROGSTAD Was sagst du da?

FRAU LINDE Zwei auf einem Wrack stehen besser da als jeder allein.

KROGSTAD Kristine!

FRAU LINDE Was denkst du denn, warum ich in die Stadt gekommen bin?

KROGSTAD Doch nicht wegen mir!

FRAU LINDE Ich muss arbeiten, sonst ertrage ich das Leben nicht. Mein ganzes Leben lang, solange ich denken kann, habe ich gearbeitet, das war meine größte, meine einzige Freude. Aber jetzt bin ich ganz allein auf der Welt, alles ist unerträglich leer und einsam. Nur für sich selber zu arbeiten, das macht keine Freude. Gib du mir jemanden und etwas, wofür ich arbeiten kann.

KROGSTAD Das kann ich nicht glauben. Das ist nur überspannter weiblicher Edelmut, der sich selber aufopfern will.

FRAU LINDE Habe ich jemals überspannt auf dich gewirkt?

KROGSTAD Das würdest du tun, wirklich? Sag mal – weißt du über meine Vergangenheit Bescheid?

FRAU LINDE Ja.

KROGSTAD Und du weißt auch, wie man hier über mich denkt?

FRAU LINDE Vorhin klang es so, als ob du denken würdest, mit mir wärst du ein anderer geworden.

KROGSTAD Ganz sicher!

FRAU LINDE Vielleicht ist es dafür noch nicht zu spät.

KROGSTAD Kristine – meinst du das wirklich ernst? Ja, ich sehe es dir an. Hast du wirklich den Mut –?

FRAU LINDE Ich brauche jemanden, dem ich eine Mutter sein kann, und deine Kinder brauchen eine Mutter. Wir beide brauchen einander. Nils, ich glaube an das Gute in dir; – mit dir zusammen traue ich mir alles zu.

KROGSTAD *(ergreift ihre Hände)* Danke, danke, Kristine; – dann kann ich mir auch wieder mehr Respekt verschaffen. Ach, aber ich habe vergessen –

FRAU LINDE *(horcht)* Pst! Die Tarantella! Du musst jetzt gehen!

KROGSTAD Warum? Was ist denn?

FRAU LINDE Hörst du den Tanz oben? Wenn er vorbei ist, können sie jeden Augenblick nach Hause kommen.

KROGSTAD Ja, ich gehe. Es hat alles sowieso keinen Sinn. Du kannst natürlich nicht wissen, was ich gegen Helmers unternommen habe.

FRAU LINDE Doch, ich weiß es.

KROGSTAD Und trotzdem willst du –?

FRAU LINDE Ich kann mir gut vorstellen, wozu die Verzweiflung einen Mann in deiner Lage treiben kann.

KROGSTAD Wenn ich das nur ungeschehen machen könnte!

FRAU LINDE Kannst du; der Brief liegt noch im Kasten.

KROGSTAD Bist du sicher?

FRAU LINDE Völlig sicher; aber –

KROGSTAD *(blickt sie forschend an)* Sollte das der Grund sein? Du willst deine Freundin um jeden Preis retten? Sag es gleich, falls es so ist. Stimmt das?

FRAU LINDE Wer sich *ein Mal* für andere verkauft hat, tut das nicht nochmal.

KROGSTAD Ich werde meinen Brief zurückverlangen.

FRAU LINDE Nein, nein.

KROGSTAD Doch, natürlich; ich warte, bis Helmer herunterkommt; ich bitte ihn, dass er ihn mir wiedergibt – sage, dass es um meine Kündigung geht – dass er ihn nicht lesen soll –

FRAU LINDE Nein, Nils, verlang den Brief nicht zurück.

KROGSTAD Aber deswegen hattest du mich doch ursprünglich herbestellt?

FRAU LINDE Ja, im ersten Schreck; aber seit gestern habe ich in diesem Haus die unglaublichsten Sachen erlebt. Helmer muss alles erfahren; dieses unselige Geheimnis muss enthüllt werden; die beiden müssen sich gründlich aussprechen; es kann nicht so weitergehen, mit der ganzen Heimlichtuerei, den ganzen Ausreden.

KROGSTAD Na gut, wenn du das riskieren willst –. Eins kann ich jedenfalls tun, und das mache ich auch sofort –

FRAU LINDE *(horcht)* Schnell! Geh jetzt, geh! Der Tanz ist vorbei; wir sind hier nicht mehr sicher.

KROGSTAD Ich warte unten auf dich.

FRAU LINDE Ja, tu das; du kannst mich bis zur Haustür begleiten.

KROGSTAD So unbeschreiblich glücklich bin ich noch nie gewesen. *(Geht durch die Wohnungstür ab; die Tür zwischen Flur und Wohnzimmer bleibt geöffnet)*

FRAU LINDE *(räumt ein wenig auf und legt ihren Mantel bereit)* Was für eine Wendung! Ja, was für eine Wendung! Menschen, für die ich arbeiten kann – für die ich leben kann; denen ich ein gemütliches Zuhause schaffen kann. Da darf ich richtig zupacken –. Wenn Sie doch bald kämen – *(Horcht)* Ah, da sind sie. Schnell meine Sachen. *(Nimmt Hut und Mantel)*

Helmers und Noras Stimmen sind von draußen zu hören; ein Schlüssel dreht sich im Schloss, und Helmer zieht Nora fast mit Gewalt in den Flur. Sie trägt das italienische Kostüm und das große Schultertuch, er einen Gesellschaftsanzug mit offenem schwarzem Domino darüber.

NORA *(noch in der Tür, widerstrebend)* Nein, nein, nein, nicht hier rein. Ich will wieder hoch. Ich will nicht so früh gehen.

HELMER Aber Nora –

NORA Bitte, Torvald, bitte! Sei so lieb – nur noch ein Stündchen!

HELMER Keine Minute länger, süße Nora. Du kennst unsere Verabredung. So, jetzt ab ins Wohnzimmer, hier erkältest du dich noch. *(Führt sie trotz ihres Widerstands behutsam ins Wohnzimmer)*

FRAU LINDE Guten Abend.

NORA Kristine!

HELMER Frau Linde, so spät noch hier?

FRAU LINDE Ja, Entschuldigung; ich wollte Nora so gern im Kostüm sehen.

NORA Hast du hier gesessen und auf mich gewartet?

FRAU LINDE Ja, ich war leider zu spät, du warst schon oben; und ich wollte nicht gehen, ohne dich gesehen zu haben.

HELMER *(nimmt Nora das Schultertuch ab)* Ja, der Anblick lohnt sich, finde ich. Ist sie nicht wunderschön, Frau Linde?

FRAU LINDE Oh ja, das kann man wohl sagen –

HELMER Bemerkenswert schön! Das fanden auch alle auf dem Fest. Aber furchtbar eigensinnig ist sie – das süße kleine Ding. Was soll man da nur machen? Stellen Sie sich vor, ich musste fast Gewalt anwenden, um sie da loszueisen.

NORA Ach, Torvald, du wirst noch bereuen, dass du mir nicht noch ein halbes Stündchen gegönnt hast.

HELMER Da hören Sie's, Frau Linde. Sie tanzt ihre Tarantella, – erntet stürmischen Applaus, – wohlverdienten, – obwohl der Vortrag fast ein bisschen zu natürlich war; ich meine – etwas natürlicher, als mit den Forderungen der Kunst vereinbar. Aber was soll's! Die Hauptsache ist, dass sie Erfolg hatte, einen Riesenerfolg hatte sie. Und danach soll ich sie dort bleiben lassen? Die Wirkung abschwächen? Nein danke; ich habe mein hübsches kleines Capri-Mädchen genommen – mein kapriziöses kleines Capri-Mädchen, könnte ich sagen – hab sie untergefasst; eine rasche Runde durch den Saal; ein paar Verbeugungen nach allen Seiten, und – wie es im Roman heißt – der schöne Anblick ist verschwunden. Ein Schluss muss immer wirkungsvoll sein, Frau Linde; aber es gelingt mir einfach nicht, Nora das begreiflich zu machen. Puh, ist es hier drin warm. *(Wirft den Domino auf einen Stuhl und öffnet die Tür zu seinem Arbeitszimmer)* Was? Da drin ist es ja dunkel. Ach ja, natürlich. Entschuldigung – *(Geht hinein und zündet ein paar Kerzen an)*

NORA *(flüstert hastig und atemlos)* Und?

FRAU LINDE *(leise)* Ich habe mit ihm geredet.

NORA Und –?

FRAU LINDE Nora – du musst deinem Mann alles erzählen.

NORA *(tonlos)* Ich hab's gewusst.

FRAU LINDE Du hast von Krogstad nichts zu befürchten, aber reden musst du.

NORA Ich sage nichts.

FRAU LINDE Dann spricht der Brief.

NORA Danke, Kristine, jetzt weiß ich, was zu tun ist. Psst –!

HELMER *(kommt wieder herein)* Na, haben Sie sie bewundert?

FRAU LINDE Ja, und jetzt will ich gute Nacht sagen.

HELMER Ach, schon? Ist das Ihr Strickzeug?

FRAU LINDE *(nimmt es)* Oh ja, danke; fast hätte ich es vergessen.

HELMER Sie stricken?

FRAU LINDE Ja.

HELMER Ich finde, Sie sollten eher sticken.

FRAU LINDE Ach ja? Warum?

HELMER Das ist viel hübscher. Schauen Sie mal; man hält die Stickerei so in der Linken, und dann führt man die Nadel in der Rechten – so – in einem leichten, anmutigen Bogen, nicht wahr?

FRAU LINDE Ja, kann sein –

HELMER Stricken hingegen – das kann gar nicht schön aussehen; hier; diese angeklemmten Arme – die Stricknadeln,
die auf und ab gehen; – irgendwie chinesisch sieht das
aus. – Ach, der Champagner war wirklich ausgezeichnet!

FRAU LINDE Dann gute Nacht, Nora, und sei jetzt nicht mehr
eigensinnig.

HELMER Ihr Wort in Gottes Ohr, Frau Linde!

FRAU LINDE Gute Nacht, Herr Direktor.

HELMER *(begleitet sie zur Tür)* Gute Nacht, gute Nacht; ich
hoffe, Sie kommen gut nach Hause? Ich würde ja gern –;
aber Sie haben's ja nicht weit. Gute Nacht, gute Nacht.
*(Sie geht; er schließt die Tür hinter ihr und kommt wieder
herein.)* Na, endlich sind wir sie los. Furchtbar langweilig,
diese Person.

NORA Bist du nicht müde, Torvald?

HELMER Nein, nicht im Geringsten.

NORA Willst du nicht schlafen?

HELMER Absolut nicht; im Gegenteil, ich bin hellwach. Und
du? Ich finde, du siehst sehr müde aus.

NORA Ja, ich bin sehr müde. Jetzt werde ich bald schlafen.

HELMER Siehst du, siehst du! War es doch richtig, dass wir
nicht noch länger geblieben sind.

NORA Alles, was du tust, ist richtig.

HELMER *(küsst sie auf die Stirn)* Jetzt redet meine Lerche wie
ein vernünftiger Mensch. Ist dir eigentlich aufgefallen,
wie lustig Rank heute Abend war?

NORA Ja? War er das? Ich habe nicht mit ihm gesprochen,
ich bin gar nicht dazu gekommen.

HELMER Ich auch kaum; aber ich habe ihn lange nicht mehr so ausgelassen gesehen. *(Blickt sie eine Weile an; dann geht er näher zu ihr)* Hm – es ist so herrlich, nach Hause zu kommen; wieder mit dir allein zu sein. – Du hinreißende junge Frau!

NORA Schau mich nicht so an, Torvald!

HELMER Ich soll mein liebstes Eigentum nicht anschauen? Diese Herrlichkeit, die mir gehört, mir ganz allein?

NORA *(geht auf die andere Seite des Tischs)* Du sollst heute Nacht nicht so mit mir reden.

HELMER *(folgt ihr)* Dir sitzt noch die Tarantella im Blut, merke ich. Aber das macht dich noch verführerischer. Hör mal! Die Gäste fangen an zu gehen. *(Leiser)* Nora, bald ist es im ganzen Haus still.

NORA Ja, das hoffe ich.

HELMER Ja, nicht wahr, meine geliebte Nora? Ach – wenn ich so mit dir in Gesellschaft bin, – weißt du, warum ich so wenig mit dir rede, mich von dir fern halte, dir nur manchmal zwischendurch einen verstohlenen Blick zuwerfe, – weißt du, warum ich das tue? Weil ich mir vorstelle, du wärst meine heimliche Geliebte, meine junge heimliche Verlobte, und niemand wüsste, dass wir zusammen sind.

NORA Oh ja, ja; ich weiß, all deine Gedanken sind bei mir.

HELMER Und wenn wir gehen wollen und ich dir das Tuch um die jugendlichen Schultern lege – über dicsen wundervoll gebogenen Nacken –, dann stelle ich mir vor, du wärst meine junge Braut, wir kämen eben von der Trauung, und ich würde dich zum ersten Mal in meine Wohnung führen – ich wär zum ersten Mal mit dir allein –

ganz allein, du junge, bebende Schönheit! Den ganzen
Abend lang hab ich mich nur nach dir gesehnt. Wie du in
der Tarantella gerast und geflirtet hast – das hat mich erregt; ich hab's nicht mehr ausgehalten; – darum wollte
ich auch gleich mit dir nach unten.

NORA Geh jetzt, Torvald! Lass mich allein. Ich will das alles
nicht.

HELMER Was soll das heißen? Du machst wohl Witze, du kleiner Spaßvogel. Will; will? Bin ich nicht dein Mann?

Es klopft an der Wohnungstür.

NORA *(zuckt zusammen)* Hast du das gehört?

HELMER *(geht in den Flur)* Wer ist da?

DOKTOR RANK *(draußen)* Ich bin's. Kann ich kurz reinkommen?

HELMER *(leise, missmutig)* Was will der denn jetzt? *(Laut)*
Moment. *(Geht und schließt auf)* Na, das ist ja nett, dass
du nicht einfach so an unserer Tür vorbeigehst.

DOKTOR RANK Ich habe deine Stimme gehört, und da habe
ich gedacht, ich schaue mal kurz rein. *(Lässt den Blick
kurz herumstreifen)* Ach ja, eure schöne, vertraute Wohnung. Ihr habt es warm und gemütlich, ihr zwei.

HELMER Oben hast du dich aber auch sehr wohl gefühlt, wie's
aussah.

DOKTOR RANK Ausgesprochen. Warum auch nicht? Warum
sollte man nicht alles mitnehmen auf dieser Welt? So viel
man kann jedenfalls, und so lange man kann. Der Wein
war wirklich ausgezeichnet –

HELMER Besonders der Champagner.

DOKTOR RANK Ja, nicht wahr? Fast unglaublich, wie viel ich in mich reingeschüttet habe.

NORA Torvald hat heute Abend auch viel Champagner getrunken.

DOKTOR RANK Ach ja?

NORA Ja, dann ist er hinterher immer so unternehmungslustig.

DOKTOR RANK Na, warum soll man einen gelungenen Tag nicht angenehm ausklingen lassen?

HELMER Gelungen – das kann ich heute von mir leider nicht behaupten.

DOKTOR RANK *(haut ihm auf die Schulter)* Aber ich, siehst du!

NORA Doktor Rank, offenbar haben Sie heute eine wissenschaftliche Untersuchung vorgenommen?

DOKTOR RANK Ganz genau.

HELMER Sieh an, sieh an, die kleine Nora redet über wissenschaftliche Untersuchungen!

NORA Und darf ich Ihnen zum Ergebnis gratulieren?

DOKTOR RANK Ja, dürfen Sie.

NORA Es ist also gut ausgefallen?

DOKTOR RANK So gut, wie es für Arzt und Patient überhaupt geht: Gewissheit.

NORA *(rasch und forschend)* Gewissheit?

DOKTOR RANK Volle Gewissheit. Danach darf man sich ja wohl einen fröhlichen Abend gönnen!

NORA Ja, da haben Sie Recht, Doktor Rank.

HELMER Ganz meine Meinung; Hauptsache, du musst es morgen nicht büßen.

DOKTOR RANK Na, umsonst ist im Leben nichts.

NORA Doktor Rank – Sie mögen Maskenbälle wohl gern?

DOKTOR RANK Ja, wenn es richtig viele lustige Kostüme zu sehen gibt –

NORA Und als was werden wir zwei auf den nächsten Maskenball gehen?

HELMER Du leichtsinniges kleines Ding – denkst du schon an den nächsten!

DOKTOR RANK Wir zwei? Gut, ich werd's Ihnen verraten: Sie gehen als Glückskind –

HELMER Was für ein Kostüm soll sie denn *da* anziehen?

DOKTOR RANK Lass deine Frau einfach so hingehen, wie sie sonst auch durchs Leben geht.

HELMER Volltreffer. Weißt du auch, als was du gehst?

DOKTOR RANK Ja, mein Freund, das steht für mich bereits fest.

HELMER Na?

DOKTOR RANK Beim nächsten Maskenball werde ich unsichtbar sein.

HELMER Drollige Idee.

DOKTOR RANK Es gibt so einen großen schwarzen Hut –; hast du noch nie von der Tarnkappe gehört? Wenn man die aufsetzt, kann einen niemand sehen.

HELMER *(mit unterdrücktem Lächeln)* Da hast du Recht.

DOKTOR RANK Ich vergesse ganz, weswegen ich überhaupt hergekommen bin. Helmer, gibst du mir eine Zigarre, eine von den dunklen Havannas?

HELMER Mit dem größten Vergnügen. *(Hält ihm sein Zigarrenetui hin)*

DOKTOR RANK *(nimmt eine und schneidet die Spitze ab)* Danke.

NORA *(macht ein Streichholz an)* Darf ich Ihnen Feuer geben?

DOKTOR RANK Besten Dank. *(Nora hält das brennende Streichholz vor ihn, er zündet die Zigarre an.)* Und jetzt lebt wohl!

HELMER Lebwohl, lebwohl, mein lieber Freund!

NORA Schlafen Sie gut, Doktor Rank.

DOKTOR RANK Danke, dass Sie mir das wünschen.

NORA Wünschen Sie mir dasselbe.

DOKTOR RANK Ihnen? Na, wenn Sie wollen –. Schlafen Sie gut. Und danke fürs Feuer. *(Nickt beiden zu und geht)*

HELMER *(gedämpft)* Na, der hat ja ganz schön geladen.

NORA *(abwesend)* Kann sein.

Helmer nimmt seinen Schlüsselbund aus der Tasche und geht in den Flur.

NORA Torvald – was willst du da?

HELMER Ich muss den Briefkasten leeren; er quillt schon über; sonst ist morgen früh kein Platz für die Zeitungen.

NORA Willst du heute Nacht noch arbeiten?

HELMER Nein, das weißt du doch. – Was ist das? Jemand war hier am Schloss.

NORA Am Schloss –?

HELMER Ja, ganz sicher. Was soll das? Ich hätte nie gedacht, dass die Mädchen –? Hier liegt eine abgebrochene Haarnadel. Nora, das ist eine von deinen.

NORA *(hastig)* Dann waren es die Kinder –

HELMER Das musst du ihnen aber schleunigst abgewöhnen. Hm, hm – so, jetzt ist er auf. *(Nimmt den Inhalt heraus und ruft in die Küche)* Helene? – Helene; mach das Licht im Flur aus. *(Kommt wieder ins Zimmer und schließt die Tür zum Flur. Hat die Briefe in der Hand)* Hier, schau mal, was sich da alles angesammelt hat. *(Blättert sie durch)* Was ist denn das?

NORA *(am Fenster)* Der Brief! Oh nein, nein, Torvald!

HELMER Zwei Visitenkarten – von Rank.

NORA Von Doktor Rank?

HELMER *(schaut die Karten an)* Doktor med. Rank. Sie haben ganz oben gelegen; wahrscheinlich hat er sie eingeworfen, als er eben ging.

NORA Steht etwas auf ihnen drauf?

HELMER Ein schwarzes Kreuz überm Namen. Schau mal. Unheimliche Idee. Als würde er seinen eigenen Tod anzeigen.

NORA Das tut er ja auch.

HELMER Wie? Weißt du etwas? Hat er dir etwas erzählt?

NORA Ja. Wenn diese Karten kommen, dann ist das sein Abschiedsgruß. Er will sich einschließen und sterben.

HELMER Mein armer Freund. Ich habe zwar gewusst, dass ich ihn nicht lange behalten werde. Aber so bald –. Und jetzt verkriecht er sich wie ein wundes Tier.

NORA Wenn es denn sein *muss*, dann am besten ohne viel Worte. Oder, Torvald?

HELMER *(geht auf und ab)* Er war so eng mit uns verbunden. Ich kann mir gar nicht vorstellen, wie es ohne ihn sein soll. Er war so eine Art bewölkter Hintergrund für unser sonniges Glück mit seinen Leiden und seiner Einsamkeit. – Tja, vielleicht ist es so am besten. Jedenfalls für ihn. *(Bleibt stehen)* Und für uns vielleicht auch, Nora. Jetzt sind wir ganz allein aufeinander angewiesen. *(Umarmt sie)* Ach, meine geliebte Frau; ich glaube, ich kann dich gar nicht fest genug halten. Weißt du, Nora, manchmal wünsche ich mir, dass dir irgendeine Gefahr drohen würde, damit ich Leib und Leben und alles aufs Spiel setzen könnte, nur für dich.

NORA *(reißt sich los und spricht kräftig und entschlossen)* Lies jetzt deine Briefe, Torvald.

HELMER Nein, nein, nicht mehr heute Nacht. Ich will bei dir sein, meine geliebte Frau.

NORA Mit dem Gedanken an deinen sterbenden Freund –?

HELMER Du hast Recht. Das hat uns beide erschüttert; etwas Unschönes ist zwischen uns getreten; der Gedanke an Tod und Vergänglichkeit. Davon müssen wir uns erst befreien. Bis dahin –. Gehen wir jeder in sein Zimmer.

NORA *(an seinem Hals)* Torvald – gute Nacht! Gute Nacht!

HELMER *(küsst sie auf die Stirn)* Gute Nacht, mein Singvögelchen. Schlaf gut, Nora. Jetzt lese ich die Briefe. *(Geht mit dem Stapel in sein Zimmer und schließt die Tür hinter sich)*

NORA *(tastet mit verstörtem Blick umher, greift Helmers Domino, schlingt ihn um sich und flüstert schnell, heiser und abgehackt)* Ihn nie mehr wieder sehen. Nie. Nie. Nie.

(Wirft sich ihr Schultertuch über den Kopf) Die Kinder nie mehr wieder sehen. Sie auch nicht, nie wieder. Nie; nie. – Das eiskalte schwarze Wasser. Die Tiefe –; dies –. Wenn es nur schon vorbei wär. – Jetzt hat er ihn; jetzt liest er ihn. Oh nein, noch nicht. Torvald, leb wohl, du und die Kinder –

Sie will durch den Flur hinausstürzen; in demselben Augenblick reißt Helmer seine Tür auf und steht da, einen aufgefalteten Brief in der Hand.

HELMER Nora!

NORA *(schreit laut auf)* Ah!

HELMER Was ist das? Weißt du, was in diesem Brief steht?

NORA Ja, ich weiß es. Lass mich gehen! Lass mich raus!

HELMER *(hält sie zurück)* Wo willst du hin?

NORA *(will sich losreißen)* Du sollst mich nicht retten, Torvald!

HELMER *(taumelt zurück)* Es ist wahr! Was er schreibt, ist wahr! Schrecklich! Nein, nein; das darf einfach nicht wahr sein.

NORA Es ist wahr. Ich habe dich über alles auf der Welt geliebt.

HELMER Ach, jetzt komm mir nicht mit albernen Ablenkungsmanövern.

NORA *(geht einen Schritt auf ihn zu)* Torvald –!

HELMER Was hast du angerichtet! Wie konntest du!

NORA Lass mich gehen. Du sollst das nicht auf dich nehmen. Du sollst mir nicht die Schuld abnehmen.

HELMER Schluss mit dem Theater. *(Schließt die Tür zum Flur ab)* Du bleibst hier und stehst mir Rede und Antwort. Begreifst du, was du getan hast? Antworte! Begreifst du das?

NORA *(blickt ihn unverwandt an und spricht mit starrem Gesicht)* Ja, jetzt allmählich begreife ich es voll und ganz.

HELMER *(geht im Zimmer umher)* Was für ein furchtbares Erwachen. Die ganzen acht Jahre lang, – ich liebe sie, sie ist mein ganzer Stolz, meine Lust, – eine Heuchlerin, eine Lügnerin – schlimmer, schlimmer – eine Verbrecherin! – Oh, wie mich das alles anekelt, widerlich! Bäh, bäh! *(Nora schweigt und blickt ihn weiter unverwandt an; Helmer bleibt vor ihr stehen.)* Ich hätte ahnen müssen, dass so etwas passiert. Ich hätte es vorhersehen müssen. Dein Vater und seine leichtfertige, prinzipienlose Art – sei still! Diese leichtfertige Art, die hast du geerbt. Keine Religion, keine Moral, kein Pflichtgefühl –. Mein Gott, wie werde ich dafür bestraft, dass ich ihm gegenüber ein Auge zugedrückt habe. Deinetwegen habe ich das getan; und das ist der Lohn.

NORA Ja.

HELMER Du hast mein Glück zerstört. Meine Zukunft kaputtgemacht. Was für ein schrecklicher Gedanke. Ich bin einem gewissenlosen Menschen ausgeliefert; er kann mit mir tun, was er will, kann was auch immer von mir verlangen, kann nach Belieben mit mir umspringen; – ich darf mich nicht wehren. Ich bin erpressbar, ich gehe zugrunde wegen einer leichtfertigen Frau!

NORA Wenn ich aus der Welt bin, bist du frei.

HELMER Dummes Gerede. Solche Sprüche hatte dein Vater auch immer schnell zur Hand. Was würde es mir nützen, wenn du aus der Welt wärst, wie du es nennst? Nicht das

Geringste. Was hindert ihn, die Sache trotzdem bekannt zu machen; und dann verdächtigt man mich vielleicht, dass ich die ganze Zeit Mitwisser deines Vergehens war. Dass ich vielleicht dahinter gesteckt habe – dich angestiftet habe! Und das verdanke ich dir, die ich immer auf Händen getragen habe! Begreifst du jetzt, was du mir angetan hast?

NORA *(mit kalter Ruhe)* Ja.

HELMER Es ist so unglaublich, ich kann es gar nicht fassen. Aber jetzt müssen wir damit zurechtkommen, egal wie. Nimm das Tuch ab. Nimm es ab, sage ich! Ich muss zusehen, dass ich ihn irgendwie zufrieden stelle. Die Sache muss vertuscht werden, um jeden Preis. – Und was dich und mich angeht, muss es aussehen, als wäre alles wie immer. Natürlich nur nach außen. Du bleibst hier wohnen; das versteht sich von selbst. Aber die Kinder darfst du nicht mehr erziehen, ich wage nicht, sie dir weiter anzuvertrauen –. Oh, so was zu ihr sagen zu müssen, die ich derart geliebt habe, die ich immer noch –! Nein, Schluss, aus. Jetzt gilt nicht mehr das Glück; jetzt gilt es nur noch, die Reste zu retten, die Trümmer, den Schein.

Es läutet an der Wohnungstür, Helmer fährt zusammen.

HELMER Was ist das? So spät noch. Sollte etwa das Entsetzlichste –! Sollte er –? Versteck dich, Nora! Sag, dass du krank bist.

Nora bleibt reglos stehen. Helmer geht zur Wohnzimmertür und öffnet sie.

DAS HAUSMÄDCHEN *(steht halb angekleidet in der Flurtür)* Hier, ein Brief für die gnädige Frau.

HELMER Gib her. *(Greift den Brief und schließt die Tür)* Ja, er ist von ihm. Du kriegst ihn nicht; ich will ihn lesen.

NORA Lies du.

HELMER *(bei der Lampe)* Ich wage es kaum. Vielleicht sind wir beide schon verloren, du und ich. Nein; ich muss es wissen. *(Öffnet hastig den Brief; überfliegt einige Zeilen; schaut auf ein beigelegtes Papier; ein Freudenschrei)* Nora! *(Nora blickt ihn fragend an.)* Nora! – Nein; ich muss es erst nochmal lesen. – Doch, doch; es ist wahr. Ich bin gerettet! Nora, ich bin gerettet!

NORA Und ich?

HELMER Ja, du auch, natürlich; wir beide, du und ich. Hier. Er schickt dir den Schuldschein zurück. Er schreibt, es tut ihm Leid, er bereut –; eine glückliche Wendung in seinem Leben –; na, mir egal, was er schreibt. Wir sind gerettet, Nora! Jetzt kann dir niemand mehr schaden. Ach, Nora, Nora –; nein, erst weg mit dem ganzen scheußlichen Zeug. Mal sehen – *(Wirft einen Blick auf den Schuldschein)* Nein, ich will's nicht sehen; das Ganze war einfach nur ein böser Traum. *(Zerreißt den Schuldschein und beide Briefe, wirft alles in den Ofen und schaut zu, wie es verbrennt)* So, jetzt ist es weg. – Er schreibt, dass du seit Heiligabend –. Mein Gott, das müssen furchtbare Tage für dich gewesen sein, Nora.

NORA Ich habe an diesen drei Tagen einen schweren Kampf gekämpft.

HELMER Und hast gelitten und keinen anderen Ausweg gesehen als –. Nein, wir wollen nicht mehr an das Hässliche denken. Wir wollen uns nur noch freuen und immer wieder sagen: Es ist vorbei, es ist vorbei! Nora, du scheinst es noch gar nicht zu fassen: Es ist vorbei. Was soll denn dieses starre Gesicht? Ach, arme kleine Nora, ich verstehe schon; du kannst nicht glauben, dass ich dir verziehen habe. Aber das habe ich, Nora, ich schwöre dir, dass ich dir alles verziehen habe. Ich weiß doch, du hast alles nur aus Liebe zu mir getan.

NORA Das stimmt.

HELMER Du hast mich so geliebt, wie eine Frau ihren Mann lieben soll. Nur hat dir die nötige Einsicht gefehlt, um die Mittel richtig zu beurteilen. Aber denkst du, du bist mir weniger lieb, weil du nicht auf eigene Verantwortung handeln kannst? Nein, nein; verlass dich nur immer auf mich; ich werde dir raten; ich werde dich leiten. Ich wäre ja kein Mann, wenn diese weibliche Hilflosigkeit dich für mich nicht doppelt anziehend machen würde. Vergiss die harten Worte, die mir im ersten Schreck herausgerutscht sind, als ich dachte, alles bricht über mir zusammen. Ich habe dir verziehen, Nora; ich schwöre dir, ich habe dir verziehen.

NORA Ich danke dir für deine Verzeihung. *(Geht durch die Tür rechts ab)*

HELMER Nein, bleib hier –. *(Schaut hinein)* Was willst du denn da drin?

NORA *(drinnen)* Das Kostüm ausziehen.

HELMER *(in der offenen Tür)* Ja, mach das; du musst dich beruhigen und dein inneres Gleichgewicht wiederfinden, mein erschrockenes kleines Singvögelchen. Ruh dich aus, ich werde dich mit meinen breiten Flügeln schützen. *(Geht bei der Tür hin und her)* Unser Zuhause ist so hübsch und gemütlich, Nora. Hier bist du in Sicherheit; hier halte ich dich wie ein Täubchen, das ich unversehrt aus den Klauen des Habichts gerettet habe; ich werde dein armes klopfendes Herz zur Ruhe bringen. Nach und nach wird es sich beruhigen, Nora; glaub mir. Morgen sieht al-

les schon ganz anders für dich aus; bald ist alles wieder
wie vorher; ich werde nicht immer wiederholen müssen,
dass ich dir verziehen habe; du wirst selber spüren, dass es
so ist. Wie kannst du bloß denken, ich könnte dich verstoßen oder dir auch nur Vorwürfe machen wollen? Ach, du
weißt nicht, wie es im Herzen eines wirklichen Mannes
aussieht, Nora. Für einen Mann ist es so unbeschreiblich
süß und befriedigend, zu wissen, dass er seiner Frau verziehen hat, – dass er ihr aus tiefstem Herzen vergeben hat.
Sie gehört ihm dadurch ja im doppelten Sinne; er hat sie
sozusagen neu zur Welt gebracht; sie ist jetzt gewisserma-
ßen seine Frau und zugleich sein Kind. Das sollst du von
nun an für mich sein, du kleines ratloses, hilfloses Wesen.
Du brauchst keine Angst mehr zu haben, vor gar nichts,
Nora; sei nur immer ganz offen zu mir, dann werde ich
dein Willen und dein Gewissen sein. – Was ist das? Gehst
du nicht schlafen? Du hast dich umgezogen?

NORA *(in ihrem Alltagskleid)* Ja, Torvald, ich habe mich umgezogen.

HELMER Warum denn, jetzt, so spät –?

NORA Heute Nacht schlafe ich nicht.

HELMER Aber liebe Nora –

NORA *(schaut auf ihre Uhr)* Es ist noch gar nicht so spät. Setz
dich, Torvald; wir haben viel miteinander zu besprechen.

Sie setzt sich an eine Seite des Tisches.

HELMER Nora – was soll das? Dieses starre Gesicht –

NORA Setz dich. Es wird länger dauern. Ich habe viel mit dir
zu besprechen.

HELMER *(setzt sich ihr gegenüber an den Tisch)* Du machst mir
Angst, Nora. Und ich verstehe dich nicht.

NORA Ja, genau das ist es. Du verstehst mich nicht. Und ich habe dich auch nie verstanden – bis heute Abend. Nein, unterbrich mich nicht. Hör einfach zu, was ich zu sagen habe. – Das ist eine Abrechnung, Torvald.

HELMER Wie meinst du das?

NORA *(nach einer kurzen Pause)* Fällt dir nichts daran auf, wie wir hier sitzen?

HELMER Was denn?

NORA Wir sind jetzt seit acht Jahren verheiratet. Fällt dir gar nicht auf, dass wir beide, du und ich, Mann und Frau, zum ersten Mal ernsthaft miteinander reden?

HELMER Ernsthaft – was meinst du damit?

NORA Acht Jahre lang, – ja, länger – seit wir uns kennen, haben wir nie ernsthaft über ernste Dinge geredet.

HELMER Soll ich dich denn immer wieder mit Sorgen belasten, die du mir doch nicht abnehmen könntest?

NORA Ich rede nicht von Sorgen. Ich sage, wir haben uns nie ernsthaft hingesetzt, um gemeinsam etwas zu besprechen.

HELMER Aber liebste Nora, wäre das denn was für dich gewesen?

NORA Genau darum geht es. Du hast mich nie verstanden. – Wie habt ihr mich behandelt, Torvald. Erst Papa und dann du.

HELMER Wie? Wir beide – die dich mehr geliebt haben als sonst einen Menschen?

NORA *(schüttelt den Kopf)* Ihr habt mich nie geliebt. Es hat euch nur Spaß gemacht, in mich verliebt zu sein.

HELMER Aber Nora, was redest du da?

NORA So ist es aber, Torvald. Als ich zu Hause bei Papa gewohnt habe, da hat er mir alle seine Ansichten erzählt,
und ich hatte dieselben Ansichten; wenn ich andere hatte,
verriet ich sie nicht, denn das hätte ihm nicht gefallen. Er
nannte mich sein Puppenkind, und er spielte so mit mir
wie ich mit meinen Puppen. Dann bin ich in dein Haus
gekommen –

HELMER Was für einen Ausdruck benutzt du für unsere Ehe?

NORA *(unbeirrt)* Ich will sagen, ich ging aus Papas Händen in
deine Hände über. Du hast alles nach deinem Geschmack
eingerichtet, und mein Geschmack hat sich deinem ange-
passt; oder ich habe nur so getan, ich weiß nicht mehr –;
ich glaube, es war beides; mal so, mal so. Wenn ich jetzt zu-
rückblicke, kommt es mir vor, als hätte ich wie ein Bettler
gelebt – von der Hand in den Mund. Ich habe davon gelebt, dir Kunststückchen vorzuführen, Torvald. Aber du
hast es so gewollt. Du und Papa habt mich auf dem Gewissen. Ihr seid schuld, dass nichts aus mir geworden ist.

HELMER Nora, du bist so ungerecht und undankbar! Bist du
hier denn nicht glücklich gewesen?

NORA Nein, nie. Ich habe geglaubt, ich wäre es, aber ich bin
es nie gewesen.

HELMER Nicht – nicht glücklich –!

NORA Nein; nur lustig. Du warst immer so nett zu mir. Aber
unser Zuhause war nie mehr als eine Puppenstube. Hier
war ich deine Puppenfrau, so, wie ich zu Hause Papas
Puppenkind gewesen bin. Und die Kinder waren wieder
meine Puppen. Mir hat es Spaß gemacht, wenn du mit
mir spieltest, und ihnen hat es Spaß gemacht, wenn ich
mit ihnen spielte. Das war unsere Ehe, Torvald.

HELMER　Das mag ja zum Teil sein – so übertrieben und überspannt es auch ist. Aber das soll jetzt anders werden. Die Zeit der Spiele ist vorbei; jetzt kommt die Erziehung.

NORA　Wessen Erziehung? Meine oder die der Kinder?

HELMER　Sowohl deine als auch die der Kinder, meine geliebte Nora.

NORA　Ach, Torvald, du bist nicht der Mann, mich zu einer Frau zu erziehen, die zu dir passt.

HELMER　Und das sagst du?

NORA　Und ich – wie kann ich die Kinder erziehen?

HELMER　Nora!

NORA　Das hast du vorhin selber gesagt – du wagst nicht, mir diese Aufgabe anzuvertrauen.

HELMER　In meiner Wut! Das kannst du doch nicht ernst nehmen!

NORA　Doch, das war sehr zutreffend von dir gesagt. Diese Aufgabe überfordert mich. Es gibt eine andere Aufgabe, die zuerst gelöst werden muss. Zuerst muss ich mich erziehen. Du bist nicht der Mann, der mir dabei helfen könnte. Das muss ich allein schaffen. Und darum verlasse ich dich jetzt.

HELMER　*(springt auf)* Was sagst du da?

NORA　Ich muss allein sein, wenn ich mir über mich selber und über alles andere klar werden möchte. Darum kann ich nicht bei dir bleiben.

HELMER　Nora, Nora!

NORA　Ich werde jetzt sofort gehen. Kristine nimmt mich sicher für eine Nacht auf.

HELMER Du bist verrückt geworden! Das darfst du nicht! Ich verbiete es dir!

NORA Du kannst mir nichts mehr verbieten. Ich nehme mit, was mir gehört. Von dir will ich nichts, weder jetzt noch später.

HELMER Das ist doch Wahnsinn!

NORA Morgen fahre ich nach Hause – ich meine mein altes Zuhause. Da wird es für mich am leichtesten sein, etwas zu finden.

HELMER Du verwirrtes, unerfahrenes Geschöpf!

NORA Ich muss zusehen, dass ich Erfahrungen mache, Torvald.

HELMER Deinen Mann verlassen, dein Zuhause, deine Kinder! Denkst du gar nicht daran, was die Leute sagen werden?

NORA Darauf kann ich keine Rücksicht nehmen. Ich weiß nur, dass es für mich notwendig ist.

HELMER Das ist ungeheuerlich! Du verrätst deine heiligsten Pflichten.

NORA Was sind denn meine heiligsten Pflichten, deiner Meinung nach?

HELMER Das muss ich dir erst sagen? Die Pflichten gegenüber deinem Mann und deinen Kindern, was sonst!

NORA Ich habe andere Pflichten, die genauso heilig sind.

HELMER Nein, hast du nicht. Was soll das sein?

NORA Die Pflichten gegenüber mir selbst.

HELMER Du bist zuallererst Frau und Mutter.

NORA Daran glaube ich nicht mehr. Ich glaube, dass ich zu-allererst ein Mensch bin, ich genauso wie du, – oder dass ich jedenfalls versuchen möchte, einer zu werden. Ich weiß, die meisten werden dir Recht geben, Torvald, und so steht es wohl auch in den Büchern. Aber ich gebe mich nicht mehr damit zufrieden, was die Leute sagen und was in den Büchern steht. Ich muss selber über die Dinge nachdenken und mir meine eigene Klarheit verschaffen.

HELMER Hast du etwa keine Klarheit über deine Stellung in deinem eigenen Zuhause? Schließlich hast du in solchen Fragen einen untrüglichen Führer! Schließlich hast du den Glauben!

NORA Ach, Torvald, ich weiß ja gar nicht, was Glaube ist.

HELMER Was sagst du da?

NORA Ich weiß nur, was Pastor Hansen im Konfirmations-unterricht erzählt hat. Er hat erzählt, der Glaube wäre dies und jenes. Wenn ich all das hier hinter mir gelassen habe und allein bin, dann werde ich auch darüber nach-denken. Dann werde ich merken, ob das, was Pastor Han-sen erzählt hat, richtig ist, oder jedenfalls, ob es für *mich* richtig ist.

HELMER Unerhört, dass eine so junge Frau so etwas sagt! Aber wenn der Glaube dich nicht leiten kann, dann lass mich wenigstens an dein Gewissen appellieren. Denn ein moralisches Gefühl wirst du ja noch haben? Oder etwa nicht? Antworte mir!

NORA Tja, Torvald, das ist nicht so leicht zu beantworten. Ich weiß es einfach nicht. Ich bin mir über diese Dinge nicht im Klaren. Ich weiß nur, dass ich zu so was eine an-dere Meinung habe als du. Ich höre jetzt, dass die Gesetze etwas anderes besagen, als ich gedacht habe; aber dass

diese Gesetze richtig sein sollen, das will mir auf keinen
Fall in den Kopf. Eine Frau soll nicht das Recht haben,
ihren alten, sterbenden Vater zu schonen oder ihrem
Mann das Leben zu retten? Das kann ich nicht glauben.

HELMER Du redest wie ein Kind. Du begreifst nicht die Gesellschaft, in der du lebst.

NORA Nein, tue ich nicht. Aber jetzt will ich mich damit
beschäftigen. Ich will herausfinden, wer Recht hat, die
Gesellschaft oder ich.

HELMER Du bist ja krank, Nora; du fieberst; ich glaube fast,
du hast den Verstand verloren.

NORA Ich habe mich noch nie so klar und sicher gefühlt wie
heute Nacht.

HELMER Und klar und sicher verlässt du Mann und Kinder?

NORA Ja.

HELMER Dann gibt es nur *eine* Erklärung.

NORA Nämlich?

HELMER Du liebst mich nicht mehr.

NORA Genau so ist es.

HELMER Nora! – Das sagst du!

NORA Und es tut mir sehr, sehr weh, Torvald, denn du bist
immer so nett zu mir gewesen. Aber ich kann nicht anders. Ich liebe dich nicht mehr.

HELMER *(ringt um Fassung)* Ist das deine klare und feste
Überzeugung?

NORA Ja, vollkommen klar und fest. Darum will ich nicht
mehr hier bleiben.

HELMER Und kannst du mir erklären, wie ich deine Liebe verloren habe?

NORA Ja, das kann ich. Heute Abend war es, als das Wunderbare nicht geschehen ist; da habe ich begriffen, dass du nicht der Mann bist, für den ich dich gehalten habe.

HELMER Erklär mir das genauer; ich verstehe dich nicht.

NORA Ich habe jetzt acht Jahre lang geduldig gewartet, denn mein Gott, natürlich wusste ich, dass das Wunderbare nicht einfach so kommen würde, als etwas Alltägliches. Dann brach diese Katastrophe über mich herein; und ich war felsenfest überzeugt: Jetzt kommt das Wunderbare. Als Krogstads Brief im Kasten lag, – nie im Leben hätte ich gedacht, dass du dich diesem Menschen beugen könntest. Ich war felsenfest überzeugt, dass du sagen würdest: Erzählen Sie es ruhig aller Welt. Und wenn das geschehen würde –

HELMER Ja, was dann? Wenn ich meine eigene Frau Schimpf und Schande ausgeliefert hätte –!

NORA Wenn das geschehen würde, dann würdest du, auch da war ich felsenfest überzeugt, vortreten und alles auf dich nehmen und sagen: Hier, ich bin der Schuldige.

HELMER Nora –!

NORA Du meinst, so ein Opfer hätte ich nie von dir angenommen? Natürlich nicht. Aber was würden meine Beteuerungen gelten neben deinen? *Das* war das Wunderbare, auf das ich in meiner Angst gehofft habe. Und um es zu verhindern, wollte ich mein Leben beenden.

HELMER Ich würde mit Freuden Tag und Nacht für dich arbeiten, Nora – Kummer und Sorgen für dich tragen. Aber niemand würde seine *Ehre* opfern für die, die er liebt.

NORA Hunderttausende Frauen haben das getan.

HELMER Ach, du denkst und redest wie ein unverständiges Kind.

NORA Kann sein. Aber du denkst und redest nicht wie der Mann, bei dem ich bleiben wollte. Als dein Schrecken vorüber war, – nicht darüber, was *mir* drohte, sondern nur darüber, was dir passieren könnte, – als die Gefahr vorüber war, war es für dich, als wäre überhaupt nichts passiert. Ich war für dich wieder dein kleines Singvögelchen, deine Puppe, die du jetzt nur noch ganz besonders vorsichtig anfassen wolltest, weil sie ja so zart und zerbrechlich ist. *(Steht auf)* Torvald – in diesem Augenblick wurde mir klar, dass ich hier acht Jahre lang neben einem fremden Mann gelebt und mit ihm drei Kinder bekommen habe –. Ich kann den Gedanken nicht ertragen! Ich könnte mich selbst in Stücke reißen!

HELMER *(schwer)* Ich sehe es, ich sehe es. Wahrscheinlich klafft zwischen uns wirklich ein Abgrund. – Aber ist es denn ganz unmöglich, ihn zu überbrücken?

NORA So, wie ich jetzt bin, bin ich keine Frau für dich.

HELMER Ich habe die Kraft, ein anderer zu werden.

NORA Vielleicht – wenn man dir deine Puppe wegnimmt.

HELMER Mich trennen – von dir trennen? Nein, nein, Nora, das kann ich mir nicht vorstellen.

NORA *(geht ins Zimmer rechts)* Umso mehr muss es sein. *(Kommt zurück mit Mantel und Hut sowie einer kleinen Reisetasche, die sie auf den Stuhl am Tisch stellt)*

HELMER Nora, Nora, nicht jetzt! Warte bis morgen.

NORA *(zieht den Mantel an)* Ich kann nicht über Nacht in der Wohnung eines Fremden bleiben.

HELMER Können wir denn nicht wie Bruder und Schwester hier leben –?

NORA *(bindet ihren Hut fest)* Du weißt genau, das würde nicht lange gut gehen –. *(Legt sich das Schultertuch um)* Leb wohl, Torvald. Ich will die Kleinen nicht sehen. Ich weiß, sie sind in besseren Händen als meinen. So, wie ich jetzt bin, bin ich nicht gut für sie.

HELMER Aber irgendwann vielleicht, Nora – irgendwann –?

NORA Woher soll ich das wissen? Ich weiß ja nicht mal, was aus mir wird.

HELMER Aber du bist meine Frau, so, wie du bist, und so, wie du wirst.

NORA Hör zu, Torvald; – wenn eine Frau ihren Mann verlässt, wie ich es jetzt tue, dann hat er, soweit ich weiß, laut Gesetz ihr gegenüber keinerlei Verpflichtungen mehr. Ich spreche dich jedenfalls von jeder Verpflichtung frei. Du sollst dich an nichts gebunden fühlen, ebenso wenig wie ich. Auf beiden Seiten soll völlige Freiheit herrschen. Hier, da hast du deinen Ring zurück. Gib mir meinen.

HELMER Auch das noch?

NORA Auch das.

HELMER Hier.

NORA So. Jetzt ist das vorbei. Hier, die Schlüssel. Die Mädchen kennen sich mit dem Haushalt aus –, besser als ich. Morgen, wenn ich abgereist bin, kommt Kristine und packt ein, was ich damals von zu Hause mitgebracht habe. Sie soll es mir nachschicken.

HELMER Aus; aus! Nora, wirst du nie wieder an mich denken?

NORA Ich werde oft an dich und die Kinder und an das Haus hier denken, ganz sicher.

HELMER Darf ich dir schreiben, Nora?

NORA Nein – nie. Das darfst du nicht.

HELMER Aber ich darf dir doch was schicken –

NORA Nichts; nichts.

HELMER – dir helfen, wenn du es brauchst.

NORA Nein. Ich nehme von Fremden nichts an.

HELMER Nora – werde ich für dich immer nur ein Fremder sein?

NORA *(nimmt die Tasche)* Ach, Torvald, dann müsste das Wunderbarste geschehen. –

HELMER Was wäre das, sag es mir!

NORA Dann müssten wir beide, du und ich, uns so sehr ändern, dass –. Ach Torvald, an etwas so Wunderbares glaube ich nicht mehr.

HELMER Aber ich will daran glauben. Sag mir, was es ist! Uns so sehr ändern, dass –?

NORA Dass unser Zusammenleben eine wahre Ehe sein könnte. Leb wohl. *(Geht durch den Flur hinaus)*

HELMER *(sinkt auf einen Stuhl neben der Tür und schlägt die Hände vors Gesicht)* Nora! Nora! *(Sieht sich um und steht auf)* Leer. Sie ist weg. *(Eine Hoffnung keimt in ihm auf)* Das Wunderbarste –?!

Von unten ist eine Tür zu hören, die laut ins Schloss fällt.

*Alternativer Schluss, den Ibsen widerwillig für die deutsche Erst-
aufführung 1880 verfasste, eine, wie er schrieb, «barbarische Ge-
walttat», die er «selbst verüben» wollte, damit es wenigstens niemand anders tat. Mangels internationalen Urheberschutzes hätte
er keine Möglichkeit gehabt, eine Bearbeitung des Schlusses durch
Unbefugte zu verhindern. Dieser alternative Schluss setzt ein mit
Noras letzter Replik:*

NORA Dass unser Zusammenleben eine wahre Ehe sein
könnte. Leb wohl. *(Will gehen)*

HELMER Na gut – dann geh! *(Fasst sie am Arm)* Aber erst
musst du deine Kinder sehen, noch ein Mal!

NORA Lass mich los. Ich *will* sie nicht sehen! Ich kann nicht!

HELMER *(zieht sie zur Tür links)* Du *musst*! *(Öffnet die Tür,
leise)* Siehst du, da schlafen sie, sorglos und still. Wenn sie
morgen aufwachen, rufen sie nach ihrer Mutter, aber
dann sind sie – mutterlos!

NORA *(bebend)* Mutterlos –!

HELMER Wie du es warst.

NORA *(ringt innerlich mit sich, lässt die Reisetasche fallen)* Ich
werde schuldig an mir selbst, aber ich kann sie nicht verlassen. *(Sinkt vor der Tür halb nieder)*

HELMER *(freudig, aber leise)* Nora!

HEDDA GABLER

Schauspiel in 4 Akten

JØRGEN TESMAN, Privatdozent der Kulturgeschichte
FRAU HEDDA TESMAN, seine Frau
FRÄULEIN JULIANE TESMAN, seine Tante
FRAU ELVSTED
RICHTER BRACK
EILERT LØVBORG
BERTE, Dienstmädchen bei Tesmans

ORT

Die Tesman'sche Villa im Westteil von Christiania

Die Uraufführung von *Hedda Gabler* war am 31. 01. 1891 am Hoftheater München.
Die Erstaufführung der Neuübersetzung war am 16. 12. 2003 am Theater Basel (Regie: Stephan Müller).

1. AKT

Ein geräumiger, hübsch und geschmackvoll eingerichteter Salon, in dunklen Farben gehalten. An der Rückwand eine breite Tür- öffnung mit zurückgezogenen Türvorhängen. Dahinter ein klei- neres Zimmer, in demselben Stil eingerichtet wie der Salon. In der rechten Wand des Salons eine Flügeltür zur Diele. Links in der Wand gegenüber eine Glastür, ebenfalls mit aufgezogenen Vor- hängen. Durch die Scheiben sind ein Teil der überdachten Veranda draußen und Bäume mit Herbstlaub zu sehen. Im Vordergrund ein ovaler Tisch mit schwerer Tischdecke, um ihn herum Stühle. Rechts an der Wand ein breiter, dunkler Kachelofen, ein Lehn- stuhl mit hohem Rücken, ein Fußschemel mit Kissen und zwei kleine Hocker. Hinten rechts ein Ecksofa und ein kleiner runder Tisch. Vorn links, etwas von der Wand ab, ein weiteres Sofa. Ne- ben der Glastür ein Klavier. Zu beiden Seiten der Flügeltür hinten Etageren mit Terrakotta- und Majolikagegenständen.

An der Rückwand des hinteren Zimmers sieht man ein Sofa, einen Tisch und einige Stühle. Über diesem Sofa hängt das Porträt eines gut aussehenden älteren Mannes in Generaluniform. Über dem Tisch eine Hängelampe mit Milchglasschirm.

Überall im Salon stehen Blumen in Vasen und Gläsern, noch mehr Sträuße liegen auf den Tischen. In beiden Räumen dicke Teppiche auf dem Boden.

Morgenlicht. Die Sonne scheint durch die Glastür.

Fräulein Juliane Tesman kommt mit Hut und Sonnenschirm aus der Diele herein, gefolgt von Berte, die einen mit Papier umhüll- ten Blumenstrauß in der Hand hat. Fräulein Tesman ist eine gut aussehende, gütig wirkende Dame von ungefähr 65 Jahren in einem einfachen, aber hübschen grauen Straßenkostüm. Berte ist ein etwas angejahrtes Dienstmädchen von schlichtem, etwas länd- lichem Äußeren.

FRÄULEIN TESMAN *(bleibt in der Tür stehen, lauscht; mit gedämpfter Stimme)* Also wirklich, ich glaube, die sind immer noch nicht auf!

BERTE *(ebenfalls mit gedämpfter Stimme)* Sag ich doch, Fräulein. Na, der Dampfer ist ja erst spätnachts angekommen. Und danach, Jesses, was hat die junge Frau noch alles auspacken müssen, eh sie ins Bett gekommen ist.

FRÄULEIN TESMAN Ja, ja – jetzt sollen sie erst mal schön ausschlafen. Aber frische Morgenluft sollen sie kriegen, wenn sie kommen. *(Geht zur Glastür und öffnet sie weit)*

BERTE *(am Tisch, unschlüssig, den Strauß in der Hand)* Meine Güte, hier ist ja gar nicht mehr richtig Platz. Ich glaube, ich stelle ihn hierhin, was, gnädiges Fräulein. *(Stellt den Strauß vorn aufs Klavier)*

FRÄULEIN TESMAN So, meine liebe Berte, jetzt hast du eine neue Herrschaft. Gott weiß, wie schwer es mir gefallen ist, dich gehen zu lassen.

BERTE *(den Tränen nah)* Und mir erst, gnädiges Fräulein! Was soll ich sagen? Nach all den Jahren, die ich bei den gnädigen Fräuleins in Dienst gewesen bin.

FRÄULEIN TESMAN Nimm es nicht so schwer, Berte. Es wird schon werden. Jørgen braucht dich nun mal in seinem Haus, weißt du. Es geht nicht anders. Du hast für ihn gesorgt, seit er ein kleiner Junge war.

BERTE Ja, aber gnädiges Fräulein, ich muss so sehr an Ihre arme Schwester denken, die zu Hause liegt, so ganz hilflos. Und das neue Mädchen jetzt! Die lernt es im Leben nicht, die Kranke richtig zu pflegen.

FRÄULEIN TESMAN Das bringe ich ihr schon bei. Um das meiste kümmere ich mich selber, weißt du. Mach dir um meine Schwester keine Sorgen, meine liebe Berte.

BERTE Aber dann ist da noch was, gnädiges Fräulein. Ich hab solche Angst, dass ich es der jungen Frau nicht recht machen kann.

FRÄULEIN TESMAN Ach Gottchen – am Anfang wird es das bestimmt mal geben –

BERTE Sie ist sicher furchtbar eigen.

FRÄULEIN TESMAN Kein Wunder. General Gablers Tochter! Wie sie es zu Lebzeiten des Generals gewohnt war. Weißt du noch, wie sie mit ihrem Vater durch die Straßen geritten ist? In dem langen schwarzen Reitkleid? Und mit Federn am Hut?

BERTE Oh ja, das vergesse ich nicht. Aber wer hätte damals gedacht, dass aus ihr und dem Herrn Kandidaten mal ein Paar wird? Also ich nicht.

FRÄULEIN TESMAN Ich auch nicht. – Berte, da fällt mir ein – du darfst Jørgen nicht mehr mit «Herr Kandidat» ansprechen, ab jetzt heißt es «Herr Doktor».

BERTE Das hat die junge Frau auch gesagt – heute Nacht – kaum, dass sie zur Tür herein waren. Stimmt das denn, gnädiges Fräulein?

FRÄULEIN TESMAN Ja, natürlich. Stell dir vor, Berte, sie haben ihn im Ausland zum Doktor gemacht. Jetzt, auf der Reise, wirklich. Ich hatte nicht die geringste Ahnung – bis er es mir unten am Kai gesagt hat.

BERTE Ja, ja, der schafft eben alles, was er sich vornimmt. So ein tüchtiger Mann! Aber dass er auch noch anfängt, die Leute zu kurieren, das hätte ich nie gedacht.

FRÄULEIN TESMAN Nein, *so* ein Doktor ist er nicht. – *(Nickt bedeutungsvoll)* Wer weiß, vielleicht kannst du ihn bald mit einem noch bedeutenderen Titel anreden.

BERTE Lieber Himmel! Wie denn, gnädiges Fräulein?

FRÄULEIN TESMAN *(lächelt)* Hm – das möchtest du wohl wissen! *(Bewegt)* Ach, wenn doch mein seliger Jochum aus dem Grab aufstehen und sehen könnte, was aus seinem kleinen Jungen geworden ist! *(Sieht sich um)* Sag mal, Berte – du hast die Schonbezüge von den Möbeln genommen? Warum denn?

BERTE Die junge Frau hat es angeordnet. Sie kann Schonbezüge auf Stühlen nicht leiden.

FRÄULEIN TESMAN Wollen sie den Salon denn immer benutzen? Im Alltag?

BERTE Ja, so klang das. Von der jungen Frau. Er selber – der Herr Doktor – der hat nichts gesagt.

Jørgen Tesman tritt trällernd von rechts in das Hinterzimmer, er trägt einen offenen, leeren Handkoffer. Ein mittelgroßer, jugendlich aussehender Mann von 33 Jahren, etwas rundlich, mit einem offenen, vollen, zufriedenen Gesicht, blondem Haar und Bart. Er trägt eine Brille und einen bequemen, etwas abgetragenen Hausanzug.

FRÄULEIN TESMAN Einen schönen guten Morgen, Jørgen!

TESMAN *(in der Türöffnung)* Tante Julle! Liebe Tante Julle! *(Geht zu ihr und schüttelt ihr die Hand)* Hier draußen bei uns – in aller Herrgottsfrühe! Was?

FRÄULEIN TESMAN Ich musste einfach bei euch vorbeischauen, das versteht sich doch von selbst!

TESMAN Obwohl du gestern erst so spät ins Bett gekommen bist!

FRÄULEIN TESMAN Das macht mir überhaupt nichts aus.

TESMAN Bist du vom Hafen gut nach Hause gekommen? Was?

FRÄULEIN TESMAN Aber ja. Der Herr Richter war so nett und hat mich bis an die Tür begleitet.

TESMAN Es hat uns so Leid getan, dass wir dich nicht im Wagen mitnehmen konnten. Aber du hast ja selber gesehen – Hedda und ihre vielen Schachteln, die alle mit mussten.

BERTE *(zu Tesman)* Soll ich hineingehen und die junge Frau fragen, ob ich ihr irgendwie helfen kann?

TESMAN Nein, nicht nötig, Berte. Sie hat gesagt, sie klingelt, wenn sie dich braucht.

BERTE *(geht nach rechts)* Ja – na gut.

TESMAN Moment – hier, nimm den Koffer mit.

BERTE *(nimmt ihn)* Ich bringe ihn auf den Dachboden. *(Geht durch die Tür zur Diele hinaus)*

TESMAN Denk nur, Tante – den ganzen Koffer hatte ich randvoll mit Abschriften. Du glaubst nicht, was ich in den Archiven alles entdeckt habe. Merkwürdige alte Sachen, von denen kein Mensch was weiß –

FRÄULEIN TESMAN Da hast du die Zeit auf deiner Hochzeitsreise gut genutzt, Jørgen.

TESMAN Das kann man wohl sagen. Aber nimm doch den Hut ab, Tante. Komm! Ich binde dir die Schleife auf. Was?

FRÄULEIN TESMAN *(während er es tut)* Ach ja, jetzt ist mir, als wärst du immer noch bei uns zu Hause.

TESMAN *(dreht und wendet den Hut in der Hand)* Was für einen schönen, stattlichen Hut du dir angeschafft hast!

FRÄULEIN TESMAN Den habe ich wegen Hedda gekauft.

TESMAN Wegen Hedda? Was?

FRÄULEIN TESMAN Ja, damit Hedda sich nicht schämen muss, wenn wir zusammen unterwegs sind.

TESMAN *(tätschelt ihr die Wange)* Du denkst aber auch an alles, Tante Julle! *(Legt den Hut auf einen der Stühle beim Tisch)* So, komm, wir setzen uns aufs Sofa und plaudern ein bisschen, bis Hedda kommt.

Sie setzen sich. Fräulein Tesman stellt ihren Sonnenschirm in die Sofaecke.

FRÄULEIN TESMAN *(nimmt Tesmans Hände und schaut ihn an)* Ich bin ja so froh, dich wieder hier zu haben, in Fleisch und Blut, Jørgen – den Sohn von meinem seligen Jochum!

TESMAN Und ich erst! Tante Julle – du warst mir Mutter und Vater zugleich.

FRÄULEIN TESMAN Ja, ich weiß, du wirst deine alten Tanten immer lieb behalten.

TESMAN Und Tante Rina? Immer noch keine Besserung? Was?

FRÄULEIN TESMAN Ach nein – und es ist wohl auch keine mehr zu erwarten. Die Arme – sie liegt genauso wie all die Jahre. Ich hoffe nur, dass sie mir noch eine Zeit lang bleibt! Sonst wüsste ich nicht, was ich mit meinem Leben anfangen soll, Jørgen. Vor allem jetzt, wo ich nicht mehr für dich sorgen kann.

TESMAN *(tätschelt ihr den Rücken)* Na, na ...!

FRÄULEIN TESMAN *(wechselt plötzlich den Tonfall)* Nein, wenn man sich vorstellt, dass du jetzt ein verheirateter Mann bist, Jørgen! – Und dann noch mit Hedda Gabler! Der schönen Hedda Gabler! Denk nur! Die so viele Verehrer hatte!

TESMAN *(trällert kurz und lächelt zufrieden)* Ich glaube auch, dass ich hier in der Stadt ein paar gute Freunde habe, die mich ordentlich beneiden. Was?

FRÄULEIN TESMAN Und dass du so eine lange Hochzeitsreise machen konntest! Über fünf Monate, fast sechs –

TESMAN Na ja, für mich war das auch eine Art Studienfahrt. All die Archive durchforsten. Und eine Menge Bücher lesen, du!

FRÄULEIN TESMAN Ja, ja, so ist das wohl. *(Vertraulicher und etwas leiser)* Aber hör mal, Jørgen – hast du mir nicht – irgendwas Besonderes zu erzählen?

TESMAN Von der Reise?

FRÄULEIN TESMAN Ja.

TESMAN Nein, ich habe dir in meinen Briefen alles erzählt. Und dass ich da unten den Doktor gemacht habe – das habe ich dir gestern schon gesagt.

FRÄULEIN TESMAN Das schon. Ich meine – ob nicht – sozusagen – was in Aussicht ist –?

TESMAN In Aussicht?

FRÄULEIN TESMAN Herrgott, Jørgen – ich bin deine alte Tante!

TESMAN Ja, nun, natürlich ist was in Aussicht.

FRÄULEIN TESMAN Na also!

TESMAN Ich habe die besten Aussichten, in der nächsten Zeit Professor zu werden.

FRÄULEIN TESMAN Ja, Professor, ja –

TESMAN Oder – ich kann wohl sagen, dass ich es ganz sicher werde. Aber das weißt du doch, Tante Julle!

FRÄULEIN TESMAN *(schmunzelt)* Natürlich. Du hast Recht. *(Mit verändertem Tonfall)* Aber nochmal zu deiner Reise. – Die war sicher sehr teuer, was, Jørgen?

TESMAN Ja, schon – das große Stipendium hat aber ganz gut geholfen.

FRÄULEIN TESMAN Ich verstehe nur nicht, wie du es angestellt hast, dass es für zwei reicht?

TESMAN Das ist auch nicht so einfach zu verstehen. Was?

FRÄULEIN TESMAN Vor allem, wenn man mit einer Frau reist. Das soll ja noch um einiges teurer kommen, habe ich gehört.

TESMAN Ein bisschen teurer, ja. Aber Hedda *musste* die Reise einfach haben, Tante! Sie *musste*, wirklich. Alles andere wäre auch unpassend gewesen.

FRÄULEIN TESMAN Da hast du natürlich Recht. Eine Hochzeitsreise gehört heutzutage dazu. – Aber sag mal, hast du dich hier im Haus schon richtig umgesehen?

TESMAN Natürlich. Ich bin auf den Beinen, seit es hell ist.

FRÄULEIN TESMAN Und wie findest du alles?

TESMAN Wunderbar! Ganz wunderbar! Aber sag mal: Was sollen wir mit den beiden leeren Zimmern zwischen dem Hinterzimmer da und Heddas Schlafzimmer anfangen?

FRÄULEIN TESMAN *(schmunzelt)* Na, mein lieber Jørgen, dafür werdet ihr schon noch Verwendung finden – so mit der Zeit.

TESMAN Da hast du sicher Recht, Tante Julle! Wenn meine Bibliothek erst größer wird, dann – Was?

FRÄULEIN TESMAN Genau, mein lieber Junge. An die Bibliothek, an die habe ich gedacht.

TESMAN Am meisten freue ich mich für Hedda. Bevor wir uns verlobt haben, hat sie ja immer gesagt, sie würde am liebsten in Staatsrätin Falks Villa wohnen.

FRÄULEIN TESMAN Stell dir vor – und dann hat die zum Verkauf gestanden, als ihr noch unterwegs wart.

TESMAN Ja, Tante Julle, da hatten wir das Glück auf unserer Seite. Was?

FRÄULEIN TESMAN Aber teuer, mein lieber Jørgen! Teuer wird all das hier für dich.

TESMAN *(blickt sie etwas verzagt an)* Ja, wahrscheinlich, Tante.

FRÄULEIN TESMAN Bei Gott!

TESMAN Was glaubst du, wie viel? So ungefähr? Was?

FRÄULEIN TESMAN Das kann ich erst absehen, wenn alle Rechnungen da sind.

TESMAN Zum Glück hat Richter Brack so günstige Bedingungen für mich ausgehandelt. Das hat er Hedda selbst geschrieben.

FRÄULEIN TESMAN Mach dir darum keine Sorgen, mein Junge. – Übrigens, für die Möbel und die Teppiche habe ich selber gebürgt.

TESMAN Gebürgt? Du? Liebe Tante Julle – womit kannst *du* denn bürgen?

FRÄULEIN TESMAN Mit unserer Rente.

TESMAN *(springt auf)* Was! Mit deiner – und Tante Rinas – Rente!

FRÄULEIN TESMAN Ja, ich wusste nicht, was ich sonst hätte tun sollen.

TESMAN *(stellt sich vor sie)* Bist du denn verrückt geworden, Tante! Eure Rente – das ist das Einzige, was ihr zum Leben habt.

FRÄULEIN TESMAN Na, na – kein Grund zur Aufregung. Alles nur Formsache. Das hat Richter Brack auch gesagt. Er war so nett und hat alles für mich geregelt. Reine Formsache, hat er gesagt.

TESMAN Mag schon sein. Trotzdem –

FRÄULEIN TESMAN Ab jetzt hast du ein eigenes Gehalt und kannst die Raten davon zahlen. Und wenn wir selber auch was beisteuern, na und –? Euch am Anfang ein bisschen unter die Arme greifen –? Das freut uns doch.

TESMAN Ach, Tante – du opferst dich unermüdlich für mich auf!

FRÄULEIN TESMAN *(steht auf und legt ihm die Hände auf die Schultern)* Dir den Weg zu ebnen, mein Junge, das ist meine größte Freude auf dieser Welt! Weder Vater noch Mutter haben dir zur Seite stehen können. Und jetzt sind wir am Ziel, Jørgen! Zwischendurch sah es vielleicht mal düster aus. Aber jetzt hast du es geschafft, Gott sei Dank!

TESMAN Ja, eigentlich ist es schon seltsam, wie sich alles gefügt hat.

FRÄULEIN TESMAN Und deine Gegner – die dich klein halten wollten –, die haben verloren. Die sind erledigt, Jørgen! Der dir am gefährlichsten war – der ist am tiefsten gefallen. Jetzt liegt er, wie er sich gebettet hat – der arme, verirrte Mensch.

TESMAN Hast du was von Eilert gehört? Ich meine, während ich fort war.

FRÄULEIN TESMAN Nichts, außer dass ein neues Buch von ihm erschienen sein soll.

TESMAN Was sagst du da? Von Eilert Løvborg? Jetzt vor kurzem? Was?

FRÄULEIN TESMAN Ja, angeblich. Aber was soll da schon drin stehen. Wenn *dein* neues Buch erscheint – das wird was ganz anderes, Jørgen. Worüber schreibst du eigentlich?

TESMAN Über das mittelalterliche Kunsthandwerk in Brabant.

FRÄULEIN TESMAN Also wirklich – dass du über so was schreiben kannst!

TESMAN Aber es könnte noch ein Weilchen dauern mit diesem Buch. Ich muss erst meine umfangreichen Sammlungen ordnen, weißt du.

FRÄULEIN TESMAN Ja, sammeln und ordnen – davon verstehst du was. Du bist nicht umsonst Jochums Sohn.

TESMAN Ich freue mich schon darauf, das in Angriff zu nehmen. Vor allem jetzt, wo ich mein eigenes gemütliches Haus und Heim habe und hier arbeiten kann.

FRÄULEIN TESMAN Und vor allem, wo du jetzt sie hast, die dein Herz begehrte, lieber Jørgen!

TESMAN *(umarmt sie)* Oh ja, ja, Tante Julle! Hedda – Hedda ist das Allerschönste von allem! *(Schaut zur Tür)* Ich glaube, da kommt sie. Was?

Hedda kommt von links in das Hinterzimmer. Eine Dame von 29 Jahren. Gesicht und Figur sind edel und vornehm geformt. Ihre Haut ist von matter Blässe; ihre Augen sind stahlgrau, sie drücken kalte, klare Ruhe aus. Ihr Haar ist hübsch mittelbraun, aber nicht besonders voll. Sie trägt ein geschmackvolles, recht locker sitzendes Vormittagskleid.

FRÄULEIN TESMAN *(geht Hedda entgegen)* Guten Morgen, liebe Hedda! Von Herzen einen guten Morgen!

HEDDA *(reicht ihr die Hand)* Guten Morgen, liebes Fräulein Tesman. So früh schon zu Besuch? Wie nett.

FRÄULEIN TESMAN *(wirkt etwas verlegen)* Na – hat die junge Frau in ihrem neuen Heim gut geschlafen?

HEDDA Ach doch, danke. Ganz erträglich.

TESMAN *(lacht)* Ganz erträglich! Du bist witzig, Hedda! Als ich aufgestanden bin, hast du geschlafen wie ein Murmeltier.

HEDDA Zum Glück. Schließlich muss man sich an alles Neue erst mal gewöhnen, Fräulein Tesman. So nach und nach. *(Schaut nach links)* Uh – das Mädchen hat die Verandatür aufgemacht. Da kommt ja die Sonne ungehindert rein.

FRÄULEIN TESMAN *(geht zur Tür)* Dann machen wir sie wieder zu.

HEDDA Nein, nein, lassen Sie nur! Lieber Tesman, zieh die Vorhänge zu. Das gibt sanfteres Licht.

TESMAN *(an der Tür)* Aha – ja gut. Bitte, Hedda, jetzt hast du beides, Schatten und frische Luft.

HEDDA Ja, hier muss wirklich frische Luft rein, bei dieser Unmenge von Blumen. – Aber Liebe – wollen Sie nicht Platz nehmen, Fräulein Tesman?

FRÄULEIN TESMAN Nein, vielen Dank. Jetzt weiß ich, dass hier alles ist, wie es soll – Gott sei Dank! Ich muss auch wieder nach Hause zurück. Sie wartet so sehr auf mich, die Arme.

TESMAN Grüß sie bitte ganz lieb von mir, ja. Und sag ihr, dass ich sie heute später noch besuchen komme.

FRÄULEIN TESMAN Ja, das richte ich ihr aus. Ach so, Jørgen *(sucht in ihrer Jackentasche)*, fast hätte ich's vergessen. Ich habe noch etwas für dich.

TESMAN Was denn, Tante? Was?

FRÄULEIN TESMAN *(zieht ein flaches, in Zeitungspapier gehülltes Päckchen hervor und gibt es ihm)* Schau selbst, mein Junge.

TESMAN *(öffnet es)* Ach du liebes bisschen – du hast sie für mich aufbewahrt, Tante Julle! Hedda! Das ist wirklich rührend, wirklich! Was?

HEDDA *(an den Etageren rechts)* Ja, Lieber, was denn?

TESMAN Meine alten Hausschuhe! Die Pantoffeln!

HEDDA Aha. Stimmt, die hast du auf der Reise öfter erwähnt.

TESMAN Ich habe sie ja so vermisst! *(Geht zu ihr)* Hier, schau mal, Hedda!

HEDDA *(geht zum Ofen)* Nein danke, die interessieren mich wirklich nicht.

TESMAN *(folgt ihr)* Denk nur, die hat Tante Rina für mich bestickt, im Bett. Obwohl sie schon so krank war. Du machst dir ja keine Vorstellung, wie viele Erinnerungen daran hängen.

HEDDA *(beim Tisch)* Für mich ja eigentlich nicht.

FRÄULEIN TESMAN Da hat Hedda wohl Recht, Jørgen.

TESMAN Ja, aber ich dachte, jetzt, wo sie zur Familie gehört –

HEDDA *(unterbricht ihn)* Mit diesem Dienstmädchen werden wir bestimmt Ärger haben, Tesman.

FRÄULEIN TESMAN Mit Berte Ärger haben?

TESMAN Meine Liebe, wie kommst du *darauf?*

HEDDA *(deutet mit dem Finger)* Da! Sie hat ihren alten Hut auf dem Stuhl rumliegen lassen.

TESMAN *(lässt erschrocken die Pantoffeln fallen)* Aber Hedda!

HEDDA Stell dir vor, jemand kommt rein und sieht das!

TESMAN Aber Hedda – das ist Tante Julles Hut!

HEDDA Ach ja?

FRÄULEIN TESMAN *(nimmt den Hut)* Ja, das ist meiner. Und alt ist er übrigens auch nicht, liebe Frau Hedda.

HEDDA Ich hab ihn mir nicht so genau angeschaut, Fräulein Tesman.

FRÄULEIN TESMAN *(bindet sich den Hut fest)* Ich trage ihn heute sogar zum ersten Mal.

TESMAN Und richtig elegant ist er auch!

FRÄULEIN TESMAN Na, es geht, mein lieber Jørgen. *(Sieht sich um)* Der Sonnenschirm –? Ach ja, hier. *(Nimmt ihn)* Das ist auch meiner. *(Murmelt)* Nicht Bertes.

TESMAN Ein neuer Hut und ein neuer Sonnenschirm! Denk nur, Hedda!

HEDDA Hübsch, ganz reizend.

TESMAN Ja, nicht wahr? Was? Aber Tante, sieh dir Hedda nochmal richtig an, bevor du gehst! Schau mal, wie hübsch und reizend *sie* ist!

FRÄULEIN TESMAN Ach, mein Lieber, *das* ist ja nichts Neues. Hedda war schon immer eine Schönheit. *(Nickt und geht nach rechts ab)*

TESMAN *(geht ihr nach)* Ja, aber ist dir aufgefallen, wie rund und stattlich sie geworden ist? Sie hat auf unserer Reise ordentlich zugelegt.

HEDDA *(geht durchs Zimmer)* Ach, lass das –!

FRÄULEIN TESMAN *(bleibt stehen und dreht sich um)* Zugelegt?

TESMAN Ja, Tante Julle, du kannst es jetzt nicht sehen, weil sie das Kleid anhat. Aber ich, der ich Gelegenheit habe –

HEDDA *(an der Glastür, ungeduldig)* Du hast zu gar nichts Gelegenheit!

TESMAN Das liegt wahrscheinlich an der Tiroler Bergluft –

HEDDA *(unterbricht ihn kurz angebunden)* Ich sehe noch genauso aus wie vor der Reise.

TESMAN Ja, das behauptest du. Aber das stimmt nicht. Findest du nicht auch, Tante?

FRÄULEIN TESMAN *(mustert sie mit gefalteten Händen)* Hedda ist reizend – reizend – reizend. *(Geht zu ihr, zieht mit beiden Händen ihren Kopf zu sich und küsst sie auf die Stirn)* Gott segne und beschütze Hedda Tesman. Um Jørgens willen.

HEDDA *(macht sich sanft los)* Ach –! Lassen Sie.

FRÄULEIN TESMAN *(in stiller Rührung)* Jeden Tag, den der Herr werden lässt, komme ich euch besuchen.

TESMAN Ja, tu das, Tante. Was?

FRÄULEIN TESMAN Auf Wiedersehen – auf Wiedersehen!

Sie geht durch die Dielentür ab. Tesman begleitet sie hinaus. Die Tür bleibt halb geöffnet. Man hört Tesmans wiederholte Grüße an Tante Rina und seinen Dank für die Pantoffeln.
Zugleich geht Hedda im Zimmer umher, hebt die Arme und ballt die Fäuste wie in rasender Wut. Dann zieht sie die Vorhänge an der Glastür zurück, steht dort und schaut hinaus.
Kurz darauf kommt Tesman wieder herein und schließt die Tür hinter sich.

TESMAN *(nimmt die Pantoffeln vom Boden auf)* Was schaust du, Hedda?

HEDDA *(wieder ruhig und beherrscht)* Ich sehe mir das Laub an. Es ist so gelb. Und welk.

TESMAN *(packt die Schuhe ein und legt sie auf den Tisch)* Es ist ja auch schon September.

HEDDA *(wieder unruhig)* Ja, denk nur – es ist schon – schon September.

TESMAN Fandest du Tante Julle nicht auch ein bisschen sonderbar? Fast feierlich? Kannst du dir vorstellen, was sie hatte? Was?

HEDDA Ich kenne sie kaum. Ist sie nicht öfter so?

TESMAN Nein, nicht wie heute.

HEDDA *(tritt von der Glastür zurück)* Glaubst du, das mit dem Hut hat sie gekränkt?

TESMAN Ach, halb so schlimm. Höchstens im ersten Augenblick –

HEDDA Was sind das auch für Manieren, seinen Hut einfach so im Salon hinzuwerfen! So was tut man nicht.

TESMAN Na, das macht sie bestimmt kein zweites Mal.

HEDDA Außerdem werde ich das wieder ausbügeln.

TESMAN Ja, liebe Hedda, das wäre schön!

HEDDA Wenn du die beiden nachher besuchen gehst, dann lade doch deine Tante für heute Abend ein.

TESMAN Ja, mache ich. Und dann könntest du ihr noch eine Riesenfreude machen.

HEDDA Aha?

TESMAN Gib dir doch einen Ruck und duze sie. Mir zuliebe, Hedda? Was?

HEDDA Nein, nein, Tesman – das kannst du wirklich nicht von mir verlangen. Das habe ich dir schon mal gesagt. Ich kann versuchen, sie Tante zu nennen. Aber das muss reichen.

TESMAN Ja, ja. Ich dachte, wo du jetzt zur Familie gehörst, da –

HEDDA Hm – ich weiß nicht – *(Geht durchs Zimmer zur Flügeltür hinten)*

TESMAN *(nach kurzer Pause)* Hast du irgendwas, Hedda? Was?

HEDDA Ich schaue mir mein altes Klavier an. Es passt irgendwie nicht richtig zu den anderen Sachen.

TESMAN Sobald ich mein erstes Gehalt bekomme, kaufen wir ein neues.

HEDDA Nein, nein – kein neues. Ich will es behalten. Wir können es ja ins Hinterzimmer tun. Und hier ein anderes hinstellen. Irgendwann bei Gelegenheit, meine ich.

TESMAN *(zögerlich)* Ja – oder so, natürlich.

HEDDA *(nimmt den Blumenstrauß vom Klavier)* Diese Blumen waren noch nicht hier, als wir heute Nacht angekommen sind.

TESMAN Die sind sicher von Tante Julle für dich.

HEDDA *(schaut in den Strauß)* Eine Visitenkarte. *(Nimmt sie heraus und liest)* «Komme im Lauf des Tages wieder.» Jetzt rat mal, von wem die sind!

TESMAN Keine Ahnung. Von wem denn? Was?

HEDDA Hier steht «Frau Landrat Elvsted».

TESMAN Ach wirklich? Frau Elvsted! Fräulein Rysing, wie sie früher hieß.

HEDDA Genau. Die mit den verrückten Haaren, mit denen sie überall angegeben hat. Deine alte Flamme, wie ich gehört habe.

TESMAN *(lacht)* Na, das ist nicht lang gegangen. Außerdem war das, bevor ich dir begegnet bin, Hedda. Denk nur – ist sie in der Stadt.

HEDDA Eigenartig, dass sie uns einen Besuch abstattet. Ich kenne sie ja fast nur vom Lyzeum.

TESMAN Ja, ich habe sie auch lange nicht gesehen, seit – Gott weiß, seit wann. Ich frage mich, wie sie es da oben in diesem Nest aushält. Was?

HEDDA *(überlegt, sagt unvermittelt)* Sag mal, Tesman – ist er nicht auch irgendwo da oben – er – Eilert Løvborg?

TESMAN Doch, genau da in der Gegend.

BERTE *(erscheint in der Tür zur Diele)* Gnädige Frau, jetzt ist sie wieder da, die Dame, die vorhin die Blumen abgegeben hat. *(Deutet darauf)* Die Sie in der Hand haben.

HEDDA Ach ja? Bitten Sie sie herein.

Berte öffnet Frau Elvsted die Tür und geht selbst hinaus. – Frau Elvsted ist eine zierliche Erscheinung mit hübschen, weichen Gesichtszügen. Ihre Augen sind hellblau, groß, rund und stehen etwas hervor, mit einem verschreckten, fragenden Ausdruck. Ihr Haar ist auffällig hell, fast weißgelb, und ungewöhnlich üppig und wallend. Sie ist ein paar Jahre jünger als Hedda. Gekleidet ist sie in ein dunkles Besuchskleid, geschmackvoll, aber nicht der neuesten Mode entsprechend.

HEDDA *(geht ihr freundlich entgegen)* Guten Tag, beste Frau Elvsted. Wie nett, Sie einmal wieder zu sehen.

FRAU ELVSTED *(nervös, aber beherrscht)* Ja, wir haben uns wirklich lange nicht gesehen.

TESMAN *(gibt ihr die Hand)* Und wir uns auch nicht. Was?

HEDDA Danke für die schönen Blumen –.

FRAU ELVSTED Keine Ursache –. Ich wollte eigentlich gleich gestern Nachmittag kommen. Aber dann hörte ich, dass Sie verreist waren –

TESMAN Sind Sie vor kurzem in die Stadt gekommen? Was?

FRAU ELVSTED Gestern gegen Mittag. Ich war ganz verzweifelt, als ich hörte, dass Sie nicht zu Hause sind.

HEDDA Verzweifelt? Warum das?

TESMAN Aber beste, liebe Frau Rysing – ich meine Frau Elvsted –

HEDDA Es wird doch nichts Schlimmes passiert sein?

FRAU ELVSTED Doch. Und ich weiß sonst keinen Menschen, an den ich mich wenden könnte.

HEDDA *(legt den Blumenstrauß auf den Tisch)* Kommen Sie – wir setzen uns aufs Sofa –

FRAU ELVSTED Ach, zum Hinsetzen habe ich weder Zeit noch Ruhe!

HEDDA Doch, natürlich, kommen Sie. *(Zieht Frau Elvsted aufs Sofa und setzt sich neben sie)*

TESMAN Und? Nun –?

HEDDA Ist oben bei Ihnen etwas vorgefallen?

FRAU ELVSTED Ja – ja und nein. Ach, bitte verstehen Sie mich nicht falsch –

HEDDA Dann erzählen Sie am besten einfach mal, Frau Elvsted.

TESMAN Darum sind Sie ja hier. Was?

FRAU ELVSTED Ja, ja – stimmt. Ich muss Ihnen sagen – falls Sie es noch nicht wissen –, dass Eilert Løvborg auch in der Stadt ist.

HEDDA Løvborg –!

TESMAN Eilert Løvborg ist wieder da! Denk nur, Hedda!

HEDDA Herrgott, ich hab's gehört.

FRAU ELVSTED Er ist schon seit einer Woche hier. Stellen Sie sich nur vor – eine ganze Woche! In dieser gefährlichen

Stadt. Allein! Und es gibt hier so viel schlechte Gesellschaft.

HEDDA Aber, liebe Frau Elvsted – was kümmert er Sie überhaupt?

FRAU ELVSTED *(schaut sie erschrocken an und sagt schnell)* Er
war der Lehrer der Kinder.

HEDDA Ihrer Kinder?

FRAU ELVSTED Der Kinder meines Mannes. Ich habe keine.

HEDDA Bei Ihren Stiefkindern also.

FRAU ELVSTED Ja.

TESMAN *(sucht kurz nach Worten)* Hatte er denn einen so –
ich weiß nicht ganz, wie ich es sagen soll – einen so – ge-
regelten Lebenswandel, dass man ihn damit betrauen
konnte? Was?

FRAU ELVSTED In den letzten Jahren gab es nichts an ihm auszusetzen.

TESMAN Nein, wirklich? Denk nur, Hedda!

HEDDA Ich hab's gehört.

FRAU ELVSTED Nicht das Geringste gab es auszusetzen, glauben Sie mir! In keiner Hinsicht. Und doch –. Jetzt, wo ich
weiß, dass er hier ist – in der Stadt –. Und mit so viel
Geld in den Händen. Jetzt stehe ich Todesängste um ihn
aus.

TESMAN Aber warum ist er nicht geblieben, wo er war? Bei
Ihnen und Ihrem Mann? Was?

FRAU ELVSTED Seit sein Buch erschienen ist, hatte er bei uns
da oben keine Ruhe mehr.

TESMAN Ja, stimmt – Tante Julle hat gesagt, dass er ein neues Buch herausgebracht hat.

FRAU ELVSTED Ein großes neues Buch, es handelt von der Entwicklung der Kultur – ganz umfassend. Das ist jetzt rund zwei Wochen her. Und nachdem es so viel gekauft und gelesen wird – und so viel Aufsehen erregt hat –

TESMAN Tatsächlich? Dann hatte er das wohl noch aus seinen guten Tagen in der Schublade.

FRAU ELVSTED Von früher, meinen Sie?

TESMAN Ja, genau.

FRAU ELVSTED Nein, das hat er alles oben bei uns geschrieben. Jetzt – im Lauf des letzten Jahres.

TESMAN Das ist ja sehr erfreulich, Hedda! Denk nur!

FRAU ELVSTED Wenn es nur so bleibt!

HEDDA Haben Sie ihn hier schon gesehen?

FRAU ELVSTED Nein, noch nicht. Es war so schwierig, seine Adresse zu bekommen. Aber seit heute früh habe ich sie.

HEDDA *(sieht sie prüfend an)* Eigentlich finde ich es etwas seltsam von Ihrem Mann – hm –

FRAU ELVSTED *(zuckt nervös zusammen)* Von meinem Mann? Was?

HEDDA Dass er *Sie* in so einer Sache in die Stadt schickt. Dass er nicht selber herkommt und nach seinem Freund schaut.

FRAU ELVSTED Oh nein, nein – mein Mann hat dazu keine Zeit. Und dann sollte ich auch – einige Einkäufe erledigen.

HEDDA *(lächelt etwas)* Ach so, das ist etwas anderes.

FRAU ELVSTED *(steht rasch und unruhig auf)* Und jetzt möchte ich Sie sehr, sehr herzlich um etwas bitten, Herr Tesman – begegnen Sie Eilert Løvborg freundlich, wenn er zu Ihnen kommt! Das wird er sicher tun. Sie waren doch früher eng befreundet. Und sie verfolgen dieselben Studien. Dieselbe Wissenschaft – soweit ich das verstehe.

TESMAN Tja, jedenfalls früher.

FRAU ELVSTED Und darum möchte ich Sie inständig bitten, dass Sie – auch Sie – ein wachsames Auge auf ihn haben. Ach, Herr Tesman – das versprechen Sie mir doch, ja?

TESMAN Von Herzen gern, Frau Rysing –

HEDDA Elvsted.

TESMAN Ich werde für Eilert tun, was in meiner Macht steht. Verlassen Sie sich darauf.

FRAU ELVSTED Das ist sehr, sehr freundlich von Ihnen! *(Drückt ihm die Hände)* Danke, danke, danke! *(Erschrocken)* Ja, mein Mann hält große Stücke auf ihn!

HEDDA *(steht auf)* Du solltest ihm schreiben, Tesman. Möglicherweise kommt er gar nicht von sich aus zu dir.

TESMAN Ja, das wäre vielleicht gut, Hedda. Was?

HEDDA Je früher, desto besser. Am besten jetzt gleich.

FRAU ELVSTED *(dringend)* Ach ja, wenn Sie das tun würden!

TESMAN Ich schreibe ihm sofort. Haben Sie seine Adresse hier, Frau – Frau Elvsted?

FRAU ELVSTED Ja. *(Nimmt einen kleinen Zettel aus der Tasche und gibt ihn ihm)* Hier.

TESMAN Gut, gut. Ich gehe rüber – *(schaut sich um)* – stimmt ja – die Pantoffeln? Da. *(Nimmt das Päckchen und will gehen)*

HEDDA Schreib ihm richtig warmherzig und freundschaftlich. Und auch ausführlich genug.

TESMAN Gut, mache ich.

FRAU ELVSTED Aber bitte kein Wort davon, dass ich für ihn gesprochen habe!

TESMAN Nein, das versteht sich von selbst. Was? *(Geht durchs Hinterzimmer nach rechts ab)*

HEDDA *(geht zu Frau Elvsted, lächelt und sagt leise)* Ausgezeichnet! Jetzt haben wir zwei Fliegen mit einer Klappe geschlagen.

FRAU ELVSTED Wie meinen Sie das?

HEDDA Begreifen Sie nicht, ich wollte, dass er rausgeht.

FRAU ELVSTED Ja, um diesen Brief zu schreiben –

HEDDA Und um allein mit Ihnen zu reden.

FRAU ELVSTED *(verwirrt)* Über diese Sache?

HEDDA Ja, genau.

FRAU ELVSTED *(ängstlich)* Aber da ist nichts mehr, Frau Tesman! Wirklich nichts!

HEDDA Aber gewiss doch. Bedeutend mehr. So viel ist mir klar. Kommen Sie – machen wir es uns erst mal gemütlich. *(Zwingt Frau Elvsted auf den Lehnstuhl beim Ofen und setzt sich selbst auf einen der Hocker)*

FRAU ELVSTED *(ängstlich, mit einem Blick auf die Uhr)* Aber liebe Frau Tesman –. Ich wollte jetzt eigentlich gehen.

HEDDA Ach, damit hat es keine Eile. – Na? Erzählen Sie doch ein bisschen, wie es Ihnen zu Hause so geht.

FRAU ELVSTED Genau daran will ich möglichst nicht rühren.

HEDDA Aber meine Liebe –? Ich bitte Sie, wir waren zusammen auf dem Lyzeum.

FRAU ELVSTED Ja, aber Sie waren eine Klasse über mir. Ich hatte damals schrecklich Angst vor Ihnen!

HEDDA Angst vor mir?

FRAU ELVSTED Ja. Schrecklich Angst. Wenn wir uns auf der Treppe trafen, haben Sie mich immer an den Haaren gezogen.

HEDDA Was, das habe ich getan?

FRAU ELVSTED Ja, und einmal haben Sie gesagt, Sie würden sie mir absengen.

HEDDA Ach, das war bloß dummes Gerede.

FRAU ELVSTED Ja, aber damals war ich so einfältig. – Und danach – hatten wir – so gar nichts mehr miteinander zu tun. Unsere Kreise waren einfach zu verschieden.

HEDDA Na, dann versuchen wir doch, einander wieder näher zu kommen. Hören Sie! Auf dem Lyzeum haben wir uns doch geduzt und beim Vornamen genannt –

FRAU ELVSTED Nein, da irren Sie sich.

HEDDA Nein, ich irre mich nicht, nein! Ich weiß es noch genau. Also, halten wir es doch wie in alten Zeiten. *(Rückt mit dem Hocker näher heran)* Hier! *(Küsst sie auf die Wange)* Jetzt sagst du du zu mir und nennst mich Hedda.

FRAU ELVSTED *(drückt und streichelt ihre Hände)* Ach, so viel Güte und Freundlichkeit –! So was bin ich gar nicht gewöhnt.

HEDDA Na, na, na! Und ich sage du zu dir, wie früher, und nenne dich meine liebe Thora.

FRAU ELVSTED Thea heiße ich.

HEDDA Ach, natürlich. Ich meine Thea. *(Blickt sie mitleidig an)* Du bist Güte und Freundlichkeit nicht gewöhnt, Thea? In deinem eigenen Zuhause?

FRAU ELVSTED Wenn ich ein Zuhause hätte! Aber ich habe keins. Habe nie eins gehabt.

HEDDA *(schaut sie kurz an)* Ich habe schon geahnt, dass es so etwas ist.

FRAU ELVSTED *(starrt hilflos vor sich hin)* Ja, – ja – ja.

HEDDA Ich weiß nicht mehr genau, aber hast du beim Landrat nicht zuerst als Haushälterin gearbeitet?

FRAU ELVSTED Eigentlich hätte ich als Gouvernante arbeiten sollen. Aber seine Frau – die damalige –, die war kränklich – meist sogar bettlägerig. Also musste ich mich auch um den Haushalt kümmern.

HEDDA Und dann – zum Schluss – bist du die Hausherrin geworden.

FRAU ELVSTED *(schwer)* Ja, das bin ich.

HEDDA Sag mal – wie lange ist das jetzt ungefähr her?

FRAU ELVSTED Dass ich geheiratet habe?

HEDDA Ja.

FRAU ELVSTED Fünf Jahre inzwischen.

HEDDA Ja, genau, kommt hin.

FRAU ELVSTED Oh, diese fünf Jahre –! Vor allem die letzten zwei, drei. Sie machen sich keine Vorstellung –

HEDDA *(schlägt ihr leicht auf die Hand)* Sie? Pfui, Thea!

FRAU ELVSTED Nein, nein, ich achte drauf. – Ja also – du machst dir keine Vorstellung –

HEDDA *(beiläufig)* Eilert Løvborg ist ja auch seit rund drei Jahren da oben, oder.

FRAU ELVSTED *(blickt sie unsicher an)* Eilert Løvborg? Ja – stimmt.

HEDDA Kanntest du ihn schon aus der Stadt?

FRAU ELVSTED Kaum. Das heißt – dem Namen nach schon, natürlich.

HEDDA Und dann oben bei euch – da ist er dann in euer Haus gekommen?

FRAU ELVSTED Ja, jeden Tag kommt er zu uns. Er soll ja die Kinder unterrichten. Ich allein konnte mich nicht um alles kümmern.

HEDDA Begreiflich. – Und dein Mann –? Der ist wohl oft auf Reisen?

FRAU ELVSTED Ja. Sie – du kannst dir ja denken, als Landrat ist er viel im Landkreis unterwegs.

HEDDA *(lehnt sich auf die Armlehne des Stuhls)* Thea – meine arme liebe Thea – jetzt musst du mir alles erzählen – alles, wie es ist.

FRAU ELVSTED Gut, was willst du wissen?

HEDDA Wie ist dein Mann denn so, Thea? Ich meine – so – im Miteinander. Ist er gut zu dir?

FRAU ELVSTED *(ausweichend)* Er selbst glaubt sicher, dass er alles so gut macht, wie er kann.

HEDDA Ich denke nur, er ist eigentlich zu alt für dich. Doch mehr als zwanzig Jahre älter?

FRAU ELVSTED *(irritiert)* Das auch. Das kommt noch dazu. Alles an ihm ist mir zuwider! Uns verbindet kein einziger Gedanke. Nichts auf der Welt – ihn und mich.

HEDDA Aber er mag dich doch? Auf *seine* Art?

FRAU ELVSTED Ich weiß nicht. Wahrscheinlich ist es für ihn einfach praktisch, dass ich da bin. Und es ist nicht teuer, mich zu haben. Ich bin billig.

HEDDA Sag nicht so was Dummes.

FRAU ELVSTED *(schüttelt den Kopf)* Ich kann nicht anders. Nicht mit ihm. Wirklich mögen tut er wahrscheinlich nur sich selbst. Und die Kinder ein bisschen.

HEDDA Und Eilert Løvborg, Thea.

FRAU ELVSTED *(schaut sie an)* Eilert Løvborg? Wie kommst du darauf?

HEDDA Liebe, wenn er dich ihm hinterherschickt, in die Stadt – *(lächelt fast unmerklich)*. Außerdem hast du es selber zu Tesman gesagt.

FRAU ELVSTED *(mit nervösem Zucken)* Wie? Ja, mag sein. *(Es bricht aus ihr heraus, aber mit gedämpfter Stimme.)* Nein – was soll's, ich erzähle es dir jetzt! Früher oder später kommt es sowieso heraus.

HEDDA Aber Thea –?

FRAU ELVSTED Also, kurz und gut! Mein Mann weiß nichts davon, dass ich weggefahren bin.

HEDDA Wie? Dein Mann weiß nichts davon?

FRAU ELVSTED Nein, wie auch. Er ist gar nicht zu Hause, ist selber unterwegs. Ich hab's einfach nicht mehr ausgehalten, Hedda! Unmöglich! Ganz allein da oben von nun an.

HEDDA Und? Dann?

FRAU ELVSTED Dann habe ich ein paar Sachen gepackt. Das Nötigste. Heimlich. Und bin gegangen.

HEDDA Einfach so?

FRAU ELVSTED Ja. Und dann bin ich mit der Bahn direkt hierher gefahren.

HEDDA Aber liebe, gute Thea – was du dich traust!

FRAU ELVSTED *(steht auf und geht durchs Zimmer)* Was hätte ich sonst tun sollen?

HEDDA Was, glaubst du, wird dein Mann sagen, wenn du wieder nach Hause kommst?

FRAU ELVSTED *(beim Tisch, schaut sie an)* Da hoch, zu *ihm*?

HEDDA Ja – ja?

FRAU ELVSTED Zu ihm gehe ich nie wieder.

HEDDA *(steht auf und geht näher zu ihr)* Du hast also – unwiderruflich – das alles verlassen?

FRAU ELVSTED Ja. Ich wusste nicht mehr, was ich sonst tun soll.

HEDDA Aber so ganz offen?

FRAU ELVSTED So was lässt sich nicht verheimlichen.

HEDDA Hast du denn keine Angst, was die Leute sagen werden, Thea?

FRAU ELVSTED Sollen sie in Gottes Namen sagen, was sie wollen. *(Setzt sich erschöpft und schwer aufs Sofa)* Ich habe getan, was ich tun *musste*.

HEDDA *(nach kurzer Stille)* Und was hast du jetzt vor? Was willst du machen?

FRAU ELVSTED Ich weiß noch nicht. Ich weiß nur, dass ich hier leben *muss*, wo Eilert Løvborg lebt. Falls ich leben werde.

HEDDA *(zieht einen Stuhl vom Tisch näher zum Sofa, setzt sich vor sie und streichelt ihr die Hände)* Du, Thea – wie ist denn – diese Freundschaft zwischen dir und Eilert Løvborg entstanden?

FRAU ELVSTED So nach und nach. Ich bekam eine Art Macht über ihn.

HEDDA So?

FRAU ELVSTED Er hat seine alten Gewohnheiten abgelegt. Nicht, weil ich ihn darum gebeten hätte. Das würde ich nie wagen. Er hat wohl gespürt, dass es mir zuwider ist. Und dann hat er es sein lassen.

HEDDA *(unterdrückt ein unwillkürliches höhnisches Lächeln)* Du hast ihn also wieder aufgerichtet – wie man so sagt – du, die kleine Thea.

FRAU ELVSTED Ja, das sagt er jedenfalls selber. Und er seinerseits hat sozusagen einen wirklichen Menschen aus mir gemacht. Mir beigebracht, zu denken und alles Mögliche zu verstehen.

HEDDA Hat er dich auch unterrichtet?

FRAU ELVSTED Nein, nicht in dem Sinn. Aber geredet hat er mit mir. Über so vieles. Und dann kam die herrliche, glückliche Zeit, in der ich an seiner Arbeit teilnehmen konnte! Ihm helfen durfte!

HEDDA Das hast du gedurft?

FRAU ELVSTED Immer, wenn er etwas schrieb, mussten wir beide zusammen sein.

HEDDA Wie gute Kameraden.

FRAU ELVSTED *(lebhaft)* Kameraden! – Ja, Hedda – so hat er es auch genannt! – Eigentlich müsste ich wirklich froh sein. Aber ich kann nicht. Ich weiß nicht, ob es halten wird.

HEDDA Kannst du dich nicht auf ihn verlassen?

FRAU ELVSTED *(schwer)* Zwischen Eilert Løvborg und mir steht der Schatten einer Frau.

HEDDA *(schaut sie gespannt an)* Wer mag das sein?

FRAU ELVSTED Ich weiß nicht. Eine aus – aus seiner Vergangenheit. Eine, die er wohl nie ganz vergessen hat.

HEDDA Hat er dir von ihr erzählt?

FRAU ELVSTED Einmal hat er eine Andeutung gemacht, ganz nebenbei.

HEDDA Ach! Nämlich?

FRAU ELVSTED Er hat gesagt, als sie sich trennten, da hat sie versucht, ihn mit einer Pistole zu erschießen.

HEDDA *(kalt, beherrscht)* Ach was! So was tut man nicht.

FRAU ELVSTED Nein. Darum glaube ich auch, das war diese rothaarige Sängerin, mit der eine Zeit lang –

HEDDA Kann schon sein.

FRAU ELVSTED Angeblich hat die immer eine scharfe Waffe bei sich gehabt.

HEDDA Na – dann war's natürlich sie.

FRAU ELVSTED *(ringt die Hände)* Ja, aber denk nur, Hedda – jetzt höre ich, dass diese Sängerin – dass die auch wieder in der Stadt ist! Ich bin so verzweifelt!

HEDDA *(mit einem Blick ins Hinterzimmer)* Psst! Tesman. *(Steht auf und flüstert)* Thea, das muss alles unter uns bleiben.

FRAU ELVSTED *(springt auf)* Um Gottes willen, natürlich!

TESMAN *(kommt von rechts durchs Hinterzimmer, einen Brief in der Hand)* So, da hätten wir die Epistel.

HEDDA Gut so. Ich glaube, Frau Elvsted will auch gerade gehen. Warte du hier. Ich bringe sie zum Gartentor.

TESMAN Du, Hedda – könnte Berte den Brief wegbringen?

HEDDA *(nimmt den Brief)* Ich sage ihr Bescheid.

BERTE *(kommt durchs Hinterzimmer)* Richter Brack ist hier und möchte die Herrschaften begrüßen.

HEDDA Ja, bitte den Herrn Richter herein. Und dann, hier – bring diesen Brief zum Kasten.

BERTE *(nimmt den Brief)* Ja, gnädige Frau.

Berte öffnet Richter Brack die Tür und geht selbst hinaus. Der Richter ist ein Herr von 45 Jahren, untersetzt, aber gut gebaut, mit federnden Bewegungen. Das Gesicht rundlich mit noblem Profil. Sein Haar ist kurz geschnitten, noch fast schwarz und sorgfältig frisiert. Die Augen lebhaft, funkelnd. Die Augenbrauen dicht. Der Knebelbart ebenfalls, seine Spitzen sind gestutzt. Er trägt einen eleganten Straßenanzug, der für sein Alter aber ein wenig zu jugendlich ist, und einen Kneifer, den er dann und wann fallen lässt.

BRACK *(grüßt, den Hut in der Hand)* Ist es gestattet, so früh am Tag –?

HEDDA Aber natürlich.

TESMAN *(drückt ihm die Hand)* Sie sind uns immer willkommen. *(Macht bekannt)* Richter Brack – Fräulein Rysing –

HEDDA Oh!

BRACK *(verbeugt sich)* Ah, sehr erfreut!

HEDDA *(schaut ihn an, lacht)* Wirklich lustig, Sie mal bei Tageslicht in Augenschein zu nehmen, Herr Richter!

BRACK Finden Sie mich verändert?

HEDDA Ja, jünger.

BRACK Verbindlichsten Dank.

TESMAN Und was sagen Sie zu Hedda? Was? Sieht sie nicht fabelhaft aus? Geradezu –

HEDDA Ach, lass mich aus dem Spiel! Bedank dich lieber beim Richter für all die Umstände, die er sich gemacht hat –

BRACK Nein, nein, es war mir ein Vergnügen –

HEDDA Ja, Sie sind ein treuer Freund. Aber meine Freundin hier möchte gehen, sie hat es eilig. Auf Wiedersehen, Herr Richter. Ich bin gleich wieder da.

Gegenseitige Verabschiedungen. Frau Elvsted und Hedda gehen durch die Dielentür hinaus.

BRACK Und, ist Ihre Gattin mit allem zufrieden –?

TESMAN Ja, wir können Ihnen nicht genug danken. Na ja – die eine oder andere Änderung wird noch nötig sein, höre ich, und ein paar Kleinigkeiten müssen wir noch anschaffen.

BRACK Tatsächlich?

TESMAN Aber darum brauchen Sie sich nicht zu kümmern, das will Hedda selber tun. – Sollen wir uns nicht setzen? Was?

BRACK Danke, für einen Moment. *(Setzt sich an den Tisch)* Ich würde gern etwas mit Ihnen besprechen, lieber Tesman.

TESMAN Ja? Verstehe! *(Setzt sich)* Jetzt kommt der ernste Teil vom Fest, was?

BRACK Mit den finanziellen Angelegenheiten eilt es noch nicht. Obwohl ich persönlich finde, eine etwas bescheidenere Einrichtung hätte es auch getan.

TESMAN Ganz unmöglich! Denken Sie an Hedda, Verehrter! Sie kennen sie doch gut –! Ich kann ihr auf keinen Fall eine kleinbürgerliche Behausung bieten.

BRACK Nein, stimmt, das ist der Haken.

TESMAN Außerdem wird es mit meiner Professur zum Glück nicht mehr lange dauern.

BRACK Wissen Sie – so was kann sich manchmal hinziehen.

TESMAN Haben Sie denn etwas Näheres gehört? Was?

BRACK Nicht so genau. *(Bricht ab)* Aber stimmt, eine Neuigkeit kann ich Ihnen berichten.

TESMAN Ja?

BRACK Ihr alter Freund Eilert Løvborg ist wieder in der Stadt.

TESMAN Das weiß ich schon.

BRACK Ja? Woher denn?

TESMAN Von der Dame, die eben mit Hedda gegangen ist.

BRACK Ach so. Wie hieß sie nochmal? Ich habe es nicht ganz verstanden –

TESMAN Frau Elvsted.

BRACK Aha – die Frau vom Landrat. Ja – bei denen oben hat er wohl gelebt.

TESMAN Und denken Sie nur – ich habe zu meiner großen Freude gehört, dass er wieder richtig zuverlässig und korrekt sein soll.

BRACK Angeblich ja.

TESMAN Und ein neues Buch hat er auch herausgebracht. Was?

BRACK Allerdings!

TESMAN Das einiges Aufsehen erregt hat!

BRACK Außerordentlich viel Aufsehen sogar.

TESMAN Denken Sie nur – ist es nicht schön, das zu hören? Er mit seinen bemerkenswerten Talenten –! Ich hatte schon gedacht, er wäre ein für alle Mal erledigt.

BRACK Ja, das dachte jeder.

TESMAN Ich kann mir nur nicht vorstellen, was er jetzt vorhat? Wovon will er leben? Was?

Bei den letzten Worten ist Hedda durch die Dielentür hereingekommen.

HEDDA *(zu Brack, lacht etwas höhnisch)* Tesman sorgt sich ja immer darum, wovon man leben soll.

TESMAN Hedda! Wir reden über den armen Eilert Løvborg.

HEDDA *(schaut ihn kurz an)* Ach ja? *(Setzt sich in den Lehnstuhl beim Ofen und fragt gleichgültig)* Was soll mit ihm sein?

TESMAN Na ja, sein Erbe hat er sicher seit langem durchgebracht. Und er kann kaum jedes Jahr ein neues Buch schreiben. Was? Nein, ich frage mich im Ernst, was aus ihm werden soll.

BRACK Dazu kann ich Ihnen vielleicht ein Wörtchen sagen.

TESMAN Ja?

BRACK Vergessen Sie nicht, seine Verwandten haben einigen Einfluss.

TESMAN Ach, leider – seine Verwandten wollen nichts mehr von ihm wissen.

BRACK Früher galt er als die große Hoffnung der Familie.

TESMAN Ja, früher! Aber das hat er sich verscherzt.

HEDDA Wer weiß? *(Lächelt leicht)* Elvsteds oben haben ihn ja wieder aufgerichtet –

BRACK Und jetzt noch dieses Buch –

TESMAN Ja, gebe Gott, dass es ihm wirklich nützt. Ich habe ihm gerade geschrieben. Du, Hedda, ich habe ihn für heute Abend zu uns eingeladen.

BRACK Aber Verehrter, heute kommen Sie zu meinem Herrenabend. Das haben Sie mir gestern am Kai versprochen.

HEDDA Hast du das vergessen, Tesman?

TESMAN Ja, tatsächlich, hatte ich.

BRACK Sie können getrost davon ausgehen, dass er nicht kommt.

TESMAN Wie kommen Sie darauf? Was?

BRACK *(etwas zögerlich, steht auf, stützt sich auf die Stuhllehne)* Lieber Tesman ... Und Sie auch, liebe gnädige Frau ... Ich muss sie über etwas in Kenntnis setzen, das – das –

TESMAN Das Eilert betrifft?

BRACK Ihn und auch Sie.

TESMAN Lieber Richter, sagen Sie schon!

BRACK Sie müssen sich darauf einstellen, dass Ihre Ernennung vielleicht doch nicht so rasch erfolgt, wie Sie es erwarten und wünschen.

TESMAN *(springt besorgt auf)* Gibt es Probleme? Was?

BRACK Möglicherweise wird der Lehrstuhl erst nach einem Auswahlverfahren besetzt.

TESMAN Ein Auswahlverfahren? Denk nur, Hedda!

HEDDA *(lehnt sich weiter zurück)* Schau einer an.

TESMAN Und wer soll noch teilnehmen? Doch nicht etwa –

BRACK Doch, genau. Eilert Løvborg.

TESMAN *(schlägt die Hände zusammen)* Nein, nein – das ist völlig unvorstellbar! Unmöglich! Was?

BRACK Hm – vielleicht werden wir's trotzdem erleben.

TESMAN Aber Richter Brack – das wäre ein Riesenaffront gegen mich! *(Fuchtelt mit den Armen)* Ja, denn – vergessen Sie nicht – ich bin ein verheirateter Mann! Hedda und ich haben auf diese Aussicht hin geheiratet. Haben Schulden gemacht. Sogar bei Tante Julle Geld geliehen. Herrgott nochmal – der Lehrstuhl war mir so gut wie versprochen. Was?

BRACK Na, na, na – den Lehrstuhl werden Sie schon bekommen. Aber erst nach einem Wettstreit.

HEDDA *(unbeweglich im Lehnstuhl)* Denk nur, Tesman – fast eine Art Sport.

TESMAN Liebste Hedda, wie kannst du das so leicht nehmen?

HEDDA *(wie zuvor)* Tue ich nicht. Ich bin wirklich gespannt, wie es ausgeht.

BRACK Nun, Frau Tesman, jedenfalls ist es gut, dass sie jetzt wissen, wie die Dinge stehen. Ich meine – bevor Sie die kleinen Anschaffungen tätigen, mit denen Sie drohen, wie ich höre.

HEDDA Daran wird das nichts ändern.

BRACK Nein? Na, das ist was anderes. Auf Wiedersehen! *(Zu Tesman)* Auf meinem Nachmittagsspaziergang komme ich vorbei und hole Sie ab.

TESMAN Oh ja, ja. Ich weiß gar nicht mehr, wo mir der Kopf steht.

HEDDA *(liegend, streckt die Hand aus)* Auf Wiedersehen, Herr Richter. Besuchen Sie uns bald wieder.

BRACK Danke sehr. Auf Wiedersehen, auf Wiedersehen.

TESMAN *(bringt ihn zur Tür)* Auf Wiedersehen, lieber Herr Richter! Sie müssen mich wirklich entschuldigen –

Brack geht durch die Dielentür ab. Tesman geht im Zimmer auf und ab.

TESMAN Ach Hedda, man sollte sich eben nie auf Abenteuer einlassen. Was?

HEDDA *(schaut ihn an und lächelt)* Hast du das denn?

TESMAN Na ja, man kann nicht leugnen – es war schon abenteuerlich, zu heiraten und Haus und Hausstand anzuschaffen, aufgrund bloßer Aussichten.

HEDDA Da könntest du Recht haben.

TESMAN Na – unser gemütliches Heim haben wir jedenfalls. Hedda! Denk doch nur – das Heim, von dem wir beide geträumt haben. Geschwärmt, könnte man fast sagen. Was?

HEDDA *(steht langsam und müde auf)* So war es abgemacht – dass wir Gesellschaften geben. Ein offenes Haus führen.

TESMAN Ja, und mein Gott! Ich habe mich so darauf gefreut. Denk nur – dich als Gastgeberin zu sehen – Mittelpunkt eines ausgewählten Kreises! Was? – Ja, ja, ja – dann müssen wir vorläufig zurückgezogen leben, Hedda. Nur ab und zu Tante Julle einladen. – Ach, und du hättest es so ganz anders haben sollen!

HEDDA Den Diener in Livree kriege ich jetzt natürlich erst mal nicht.

TESMAN Nein – leider. Einen Diener einstellen – das kommt jetzt gar nicht in Frage, weißt du.

HEDDA Und das Reitpferd, das ich bekommen sollte –

TESMAN *(erschrocken)* Das Reitpferd!

HEDDA – an das wage ich jetzt gar nicht mehr zu denken.

TESMAN Nein, bloß nicht – das versteht sich wohl von selbst!

HEDDA *(geht im Zimmer auf und ab)* Na, eins habe ich jedenfalls, um mich so lange zu vergnügen.

TESMAN *(freudestrahlend)* Ach, das freut mich aber! Und was ist das, Hedda? Hedda?

HEDDA *(in der Tür, blickt ihn mit verhohlenem Hohn an)* Meine Pistolen – Jørgen.

TESMAN *(voll Angst)* Pistolen!

HEDDA *(mit kalten Augen)* General Gablers Pistolen. *(Geht durchs Hinterzimmer nach links ab)*

TESMAN *(läuft zur Doppeltür und ruft ihr hinterher)* Um Gottes willen, liebste Hedda – fass bloß diese gefährlichen Dinger nicht an! Mir zuliebe, Hedda! Was?

2. AKT

Tesmans Salon wie im ersten Akt, nur ist das Klavier nicht mehr da und durch einen eleganten kleinen Schreibtisch mit Bücherfach ersetzt. Beim Sofa links steht noch ein kleinerer Tisch. Die meisten Blumensträuße sind fort. Frau Elvsteds Strauß steht auf dem größeren Tisch im Vordergrund. – Nachmittag.
Hedda, jetzt in Gesellschaftskleidung, ist allein im Zimmer. Sie steht bei der offenen Glastür und lädt einen Revolver. Dessen Pendant liegt in einer offenen Pistolenkiste auf dem Schreibtisch.

HEDDA *(schaut in den Garten hinunter, ruft)* Da sind Sie ja wieder, Herr Richter! Guten Tag!

BRACK *(von unten aus einigem Abstand zu hören)* Gleichfalls, Frau Tesman!

HEDDA *(hebt die Pistole und zielt)* Jetzt erschieße ich Sie, Richter Brack!

BRACK *(ruft unten)* Nein – nein – nein! Zielen Sie nicht auf mich!

HEDDA Das kommt davon, wenn man sich hintenrum anschleicht! *(Schießt)*

BRACK *(näher)* Sind Sie verrückt geworden?

HEDDA Oh Gott – habe ich Sie etwa getroffen?

BRACK *(immer noch von draußen)* Lassen Sie den Unsinn!

HEDDA Kommen Sie schon herein, Herr Richter!

Richter Brack, für den Herrenabend gekleidet, kommt durch die Glastür herein. Überm Arm trägt er einen leichten Mantel.

BRACK Verdammt – treiben Sie immer noch diesen Sport? Worauf schießen Sie?

HEDDA Ich stehe nur hier und schieße ins Blaue.

BRACK *(nimmt ihr sanft die Pistole aus der Hand)* Gestatten, Gnädigste. *(Sieht sich die Pistole an)* Ach ja, die – die kenne ich gut. *(Sieht sich um)* Wo ist die Kiste? Ah, hier. *(Legt die Pistole hinein und macht den Deckel zu)* So, Schluss für heute mit dem Spaß.

HEDDA Was soll ich sonst anfangen?

BRACK Hatten Sie keinen Besuch?

HEDDA *(schließt die Glastür)* Keine Menschenseele. Unsere engeren Bekannten sind wohl noch auf dem Land.

BRACK Und Tesman ist auch nicht zu Hause?

HEDDA *(beim Schreibtisch, tut die Pistolenkiste in die Schublade)* Nein. Gleich nach dem Essen ist er zu seinen Tanten gelaufen. Mit Ihnen hat er nicht so früh gerechnet.

BRACK Hm – hätte ich mir denken können. Dumm von mir.

HEDDA *(wendet den Kopf und blickt ihn an)* Warum dumm?

BRACK Ja, sonst wäre ich noch – früher hergekommen.

HEDDA *(geht durchs Zimmer)* Dann hätten Sie überhaupt niemanden angetroffen. Nach dem Essen war ich auf meinem Zimmer und habe mich umgezogen.

BRACK Und da gibt es nicht mal einen kleinen Türspalt, durch den man verhandeln könnte?

HEDDA Sie haben vergessen, für so was zu sorgen.

BRACK Nochmal dumm von mir.

HEDDA Dann setzen wir uns so lange hierher. Und warten. Tesman kommt sicher nicht so bald wieder.

BRACK Nun gut, dann muss ich mich in Geduld üben!

Hedda setzt sich in die Sofaecke. Brack legt seinen Mantel über die Rückenlehne des nächstbesten Stuhls und setzt sich, behält den Hut aber in der Hand. Kurze Pause. Sie sehen einander an.

HEDDA Na?

BRACK *(im selben Tonfall)* Na?

HEDDA Ich hab als Erste gefragt.

BRACK *(beugt sich etwas vor)* Dann wollen wir mal ein bisschen plaudern, Frau Hedda.

HEDDA *(lehnt sich weiter zurück)* Finden Sie nicht auch, es ist eine Ewigkeit her, dass wir uns das letzte Mal unterhalten haben? Die paar Worte gestern Abend und heute früh zählen nicht.

BRACK Aber so – Sie und ich? Unter vier Augen, meinen Sie?

HEDDA So ungefähr.

BRACK Jeden Tag, den ich hier war, habe ich mir gewünscht, Sie wären wieder zurück!

HEDDA Ich habe mir die ganze Zeit dasselbe gewünscht.

BRACK Sie? Wirklich, Hedda? Und ich dachte, Sie amüsieren sich prächtig auf Ihrer Reise!

HEDDA Schön wär's!

BRACK Tesman hat es immer geschrieben.

HEDDA Ja, *der*! Der kennt nichts Schöneres, als in alten Bibliotheken rumzustöbern und aus alten Pergamentschwarten irgendwas abzuschreiben oder was er da macht.

BRACK *(etwas boshaft)* Ja, das ist eben seine Berufung. Jedenfalls zum Teil.

HEDDA Das ist schon so. Und da kann man auch kaum –. Aber *ich*! Mein lieber Richter, ich habe mich zu Tode gelangweilt!

BRACK *(teilnahmsvoll)* Wirklich? Ganz im Ernst?

HEDDA Aber das können Sie sich doch denken –! Ein halbes Jahr, ohne jemals einen Menschen zu treffen, der auch nur von fern zu *unserem* Kreis gehört. Mit dem man sich über unsere Dinge unterhalten kann.

BRACK Das würde ich auch sehr vermissen.

HEDDA Und das Allerunerträglichste –

BRACK Na?

HEDDA – immer und ewig mit ein und demselben Menschen zusammen zu sein –

BRACK *(nickt beifällig)* Von früh bis spät – ja. Man stelle sich vor – unablässig.

HEDDA Ich habe gesagt: immer und ewig.

BRACK Schon gut. Wobei ich gedacht hätte, dass man mit unserem guten Tesman ohne weiteres –

HEDDA Tesman interessiert sich einzig und allein für seine Wissenschaft, mein Lieber.

BRACK Allerdings.

HEDDA Und jemand, der sich nur für eine Sache interessiert, ist kein besonders amüsanter Reisegenosse. Jedenfalls nicht auf Dauer.

BRACK Nicht einmal ein Wissenschaftler – den man *liebt*?

HEDDA Iih, bleiben Sie mir mit diesem kitschigen Wort vom Leib!

BRACK *(stutzt)* Nanu, Frau Hedda?

HEDDA *(halb lachend, halb verärgert)* Ja, machen Sie das mal selber durch! Von früh bis spät nichts als kulturgeschichtliche Vorträge –

BRACK Immer und ewig –

HEDDA Ja-ja-ja! Und dann ausgerechnet das Kunsthandwerk des Mittelalters –! Das ist das Allerödeste!

BRACK *(blickt sie prüfend an)* Aber, sagen Sie – wenn das so ist, wie kommt es dann, dass –? Hmm –

HEDDA Dass aus Jørgen Tesman und mir ein Paar geworden ist?

BRACK Ja, nennen wir es so.

HEDDA Wundert Sie das wirklich?

BRACK Ja und nein – Frau Hedda.

HEDDA Ich hatte mich einfach müde getanzt, lieber Richter. Meine Zeit war um – *(Erschrickt leicht)* Äh nein – das will ich dann doch nicht sagen. Nicht mal denken will ich das!

BRACK Dazu haben Sie auch keinen Grund.

HEDDA Ach – einen Grund – *(Blickt ihn forschend an)* Jørgen Tesman – er ist in jeder Hinsicht ein anständiger Mann.

BRACK Anständig und grundsolide, weiß Gott.

HEDDA Und etwas wirklich Lächerliches kann ich an ihm nicht finden. Oder was meinen Sie?

BRACK Etwas Lächerliches? Nei-ein – so würde ich das nicht sagen –

HEDDA So. Aber er ist ein ausgesprochen eifriger Sammler. Gut möglich sogar, dass er es mit der Zeit tatsächlich weit bringt.

BRACK *(blickt sie etwas unsicher an)* Ich dachte, Sie haben wie alle anderen gedacht, dass mal ein bedeutender Mann aus ihm wird.

HEDDA *(mit müdem Gesicht)* Ja, habe ich. – Und als er dann ankam und um jeden Preis für mich sorgen wollte –. Warum hätte ich das ausschlagen sollen?

BRACK Nei-ein. So gesehen –

HEDDA Das war jedenfalls mehr, als alle meine anderen Verehrer tun wollten, lieber Richter.

BRACK *(lacht)* Na, für die anderen kann ich zwar nicht sprechen. Ich für mein Teil – das wissen Sie – ich habe immer einen gewissen Respekt vor dem Bund der Ehe empfunden. So ganz allgemein, Frau Hedda.

HEDDA *(scherzend)* Ach, auf Sie habe ich mir eigentlich nie Hoffnungen gemacht.

BRACK Alles, was ich mir wünsche, ist ein guter, vertrauter Kreis, in dem ich mit Rat und Tat zu Diensten stehen und ein und aus gehen kann, wie ich will – als ein bewährter Freund –

HEDDA Des Ehemanns, meinen Sie?

BRACK *(verbeugt sich)* Ehrlich gesagt – eher der Dame des Hauses. Aber daneben natürlich auch des Herrn, versteht sich. Wissen Sie, so ein – sagen wir, so ein Dreierverhältnis ist doch für alle Teile sehr angenehm.

HEDDA Ja, ich habe auf der Reise oft genug einen Dritten vermisst. Aah – ewig nur zu zweit im Zugabteil zu sitzen –!

BRACK Zum Glück ist die Hochzeitsreise nun überstanden –

HEDDA *(schüttelt den Kopf)* Die Reise wird noch lang – sehr lang. Ich bin erst bei einer Haltestelle angekommen.

BRACK Na, dann springt man eben hinaus. Und vertritt sich ein bisschen die Beine, Frau Hedda.

HEDDA Ich springe nie hinaus.

BRACK Wirklich?

HEDDA Nein. Da ist immer einer, der –

BRACK *(lachend)* – der einem auf die Beine schaut, meinen Sie?

HEDDA Ja, genau.

BRACK Aber, mein Gott –

HEDDA *(mit einer abwehrenden Geste)* Das ist nichts für mich. – Da bleibe ich lieber sitzen – wo ich nun mal bin. Zu zweit.

BRACK Na, dann steigt eben ein Dritter zum Paar dazu.

HEDDA Ja, *das* ist ganz was anderes!

BRACK Ein bewährter, verständnisvoller Freund –

HEDDA – unterhaltsam in allen Dingen des Lebens –

BRACK – und auf keinen Fall ein Fachidiot!

HEDDA *(atmet hörbar aus)* Ja, das ist wirklich eine Erleichterung.

BRACK *(hört, wie die Eingangstür auf- und wieder zugeht)* Das Dreieck ist geschlossen.

HEDDA *(halblaut)* Und der Zug fährt weiter.

Jørgen Tesman kommt in grauem Straßenanzug und mit weichem Filzhut aus der Diele herein. Er hat zahlreiche uneingebundene Bücher in den Armen und Taschen.

TESMAN *(geht zum Tisch am Ecksofa)* Puh – von dem Geschleppe wird einem ganz warm. *(Legt die Bücher hin)* Ich schwitze richtig, Hedda. Ach, sieh an – Sie sind schon da, lieber Richter? Was? Berte hat gar nichts gesagt.

BRACK *(steht auf)* Ich bin durch den Garten gekommen.

HEDDA Was bringst du da für Bücher?

TESMAN *(blättert darin)* Ein paar Fachbücher, die musste ich unbedingt haben.

HEDDA Fachbücher?

BRACK Ja, ja, Fachbücher, Frau Tesman.

Brack und Hedda wechseln ein verständnisinniges Lächeln.

HEDDA Brauchst du noch mehr Fachbücher?

TESMAN Ja, liebe Hedda, davon hat man nie genug. Man muss schließlich auf dem Laufenden bleiben.

HEDDA Mag schon sein.

TESMAN *(sucht zwischen den Büchern)* Sieh mal – Eilert Løvborgs neues Buch habe ich auch besorgt. *(Hält es ihr hin)* Willst du mal reinschauen, Hedda? Was?

HEDDA Nein danke. Obwohl – später vielleicht.

TESMAN Ich habe unterwegs ein bisschen drin geblättert.

BRACK Und, was halten Sie davon – als Fachmann?

TESMAN Ich bin überrascht, wie besonnen er schreibt. Ganz anders als früher. *(Packt die Bücher zusammen)* Jetzt bringe ich das Ganze erst mal rein. Ich freue mich schon darauf, sie aufzuschneiden –! Umziehen muss ich mich auch noch. *(Zu Brack)* Wir müssen nicht sofort los? Was?

BRACK Nein, nein, keine Eile.

TESMAN Gut, dann lasse ich mir Zeit. *(Geht mit den Büchern los, bleibt in der Türöffnung stehen und dreht sich um)* Ach, stimmt ja – Hedda, Tante Julle kommt dich heute nicht besuchen.

HEDDA Nein? Hoffentlich nicht wegen der Sache mit dem Hut?

TESMAN Woher denn. Tante Julle doch nicht. Denk nur –! Aber Tante Rina geht es heute so schlecht.

HEDDA Der geht es immer schlecht.

TESMAN Heute ganz besonders, der Armen.

HEDDA Verständlich, dass die andere dann bei ihr bleibt. Damit muss ich mich eben abfinden.

TESMAN Aber du kannst dir nicht vorstellen, wie froh Tante Julle war – weil du nach unserer Reise so großartig aussiehst!

HEDDA *(halblaut, steht auf)* Diese ewigen Tanten!

TESMAN Was?

HEDDA *(geht zur Glastür)* Nichts.

TESMAN Aha. *(Geht durchs Hinterzimmer nach rechts ab)*

BRACK Um was für einen Hut ging es eben?

HEDDA Ach, diese Sache mit Fräulein Tesman heute früh. Sie hatte ihren Hut da auf den Stuhl gelegt. *(Schaut ihn an und lächelt)* Und ich habe so getan, als würde ich denken, das ist der Hut vom Dienstmädchen.

BRACK *(schüttelt den Kopf)* Aber liebe Frau Hedda, wie konnten Sie nur! Die gute alte Dame!

HEDDA *(nervös, geht durchs Zimmer)* Ja, sehen Sie – so was überkommt mich eben manchmal. Dann *kann* ich's einfach nicht lassen. *(Wirft sich in den Lehnstuhl beim Ofen)* Ich kann es mir selber nicht erklären!

BRACK *(hinter dem Lehnstuhl)* Sie sind nicht wirklich glücklich – das ist es.

HEDDA *(schaut vor sich hin)* Ich weiß nicht, warum ich das
sein sollte – glücklich. Oder können Sie mir das sagen?

BRACK Ja – zum Beispiel, weil Sie genau das Zuhause bekommen haben, das Sie sich wünschten.

HEDDA *(schaut ihn an und lacht)* Sie glauben also auch an
diese Wunschgeschichte?

BRACK Stimmt die denn nicht?

HEDDA Ach, teilweise schon.

BRACK Na also!

HEDDA Es stimmt, dass ich Tesman letzten Sommer öfters
erlaubte, mich nach Abendgesellschaften nach Hause zu
bringen.

BRACK Leider – ich hatte einen ganz anderen Weg.

HEDDA Richtig. Sie sind letzten Sommer allerlei andere Wege
gegangen.

BRACK *(lacht)* Schämen Sie sich, Frau Hedda! Also – Tesman und Sie –?

HEDDA Eines Abends kamen wir hier vorbei. Und Tesman
hat sich gedreht und gewunden, weil er nicht wusste,
worüber er mit mir reden sollte, der Ärmste. Da hat mir
der gelehrte Mann Leid getan –

BRACK *(lächelt zweifelnd)* Ach ja? Hm –

HEDDA Ja, und um ihm aus der Klemme zu helfen, sagte ich
leichtsinnigerweise, dass ich Lust hätte, in dieser Villa zu
leben.

BRACK Sonst nichts?

HEDDA Nicht an dem Abend.

BRACK Aber später?

HEDDA Ja. Mein Leichtsinn hatte Folgen, lieber Richter.

BRACK Das haben unsere leichtsinnigen Einfälle leider oft.

HEDDA Danke! Aber sehen Sie, durch diese Schwärmerei für Staatsrätin Falks Villa hatten Jørgen Tesman und ich etwas Gemeinsames! Und das hat Verlobung, Hochzeit, Hochzeitsreise und alles nach sich gezogen. Ja, ja, Richter, wie man sich bettet, so liegt man – hätte ich fast gesagt.

BRACK Köstlich! Und eigentlich war Ihnen das hier egal.

HEDDA Weiß Gott, ja.

BRACK Tja, und jetzt? Wo wir alles so gemütlich für Sie eingerichtet haben?

HEDDA Hier riecht es überall nach Lavendel und getrockneten Rosen. – Aber den Geruch hat wahrscheinlich Tante Julle mitgebracht.

BRACK *(lacht)* Ich glaube eher, der stammt noch von der Staatsrätin selig.

HEDDA Ja, er hat was Welkes. Wie ein Tanzstrauß – am Morgen danach. *(Faltet die Hände im Nacken, lehnt sich zurück und schaut ihn an)* Ach, lieber Richter – Sie können sich nicht vorstellen, wie tödlich ich mich hier draußen langweilen werde.

BRACK Und wenn Sie sich irgendeine Aufgabe suchen, Frau Hedda?

HEDDA Eine Aufgabe – die was Verlockendes hat?

BRACK Ja, möglichst.

HEDDA Weiß der Himmel, was das sein soll. Ich denke manchmal, ob – *(Bricht ab)* Aber das geht natürlich auch nicht.

BRACK Wer weiß? Sagen Sie's.

HEDDA Ob ich Tesman dazu bringen könnte, in die Politik zu gehen.

BRACK *(lacht)* Tesman! Ausgerechnet Politik – das ist nun wirklich nichts für ihn.

HEDDA Nein, ich glaube auch. – Aber wenn ich es doch schaffen würde?

BRACK Ja – warum würde Sie das so befriedigen? Warum wollen Sie ihn dazu drängen, obwohl er gar nicht dafür geeignet ist?

HEDDA Weil ich mich langweile, deshalb! *(Kurze Pause.)* Halten Sie es wirklich für ausgeschlossen, dass Tesman Minister wird?

BRACK Hm – sehen Sie – dafür müsste er zunächst mal ziemlich reich sein.

HEDDA *(steht ungeduldig auf)* Da haben wir's! Diese ärmlichen Verhältnisse, in die ich geraten bin –! *(Geht durchs Zimmer)* Erbärmlich ist das! Ein lächerliches Dasein! – Ist doch wahr!

BRACK Ich glaube, die Schuld liegt woanders.

HEDDA Und wo?

BRACK Sie haben noch nie etwas erlebt, das Ihnen wirklich nah gegangen wäre.

HEDDA Etwas Ernstes, meinen Sie?

BRACK Ja, wenn Sie so wollen. Aber vielleicht kommt das ja jetzt.

HEDDA *(wirft den Kopf in den Nacken)* Sie denken an die Schwierigkeiten mit diesem dummen Lehrstuhl! Das ist Tesmans Sache. Darauf verschwende ich keinen Gedanken.

BRACK Nein? Dann lassen Sie's. Aber wenn das Leben nun – wie man es feierlich sagt – ernste Pflichten für Sie bereithält – verantwortungsvolle Pflichten? *(Lächelt)* Neue Pflichten, kleine Frau Hedda?

HEDDA *(wütend)* Seien Sie still! Nie im Leben!

BRACK *(behutsam)* Darüber reden wir in einem Jahr nochmal – spätestens.

HEDDA *(kurz angebunden)* Zu so was habe ich kein Talent, Herr Richter. Nichts von wegen Pflichten für mich!

BRACK Fühlen Sie sich denn nicht wie die meisten Frauen zu etwas berufen, das –?

HEDDA *(an der Glastür)* Still, habe ich gesagt! – Ich denke oft, dass ich nur zu einer einzigen Sache Talent habe.

BRACK *(geht näher zu ihr)* Und das wäre, wenn ich fragen darf?

HEDDA *(steht da und schaut hinaus)* Mich zu Tode zu langweilen. Jetzt wissen Sie's. *(Dreht sich um, blickt zum Hinterzimmer und lacht)* Sieh an, da kommt ja unser Professor!

BRACK *(leise, warnend)* Na, na, na, Frau Hedda!

Jørgen Tesman kommt von rechts durchs Hinterzimmer, im Abendanzug, Handschuhe und Hut in der Hand.

TESMAN Hedda, ist von Eilert Løvborg eine Absage gekommen? Was?

HEDDA Nein.

TESMAN Na, dann ist er bestimmt gleich hier, du wirst schon sehen.

BRACK Glauben Sie wirklich, dass er kommt?

TESMAN Ich bin so gut wie sicher. Was Sie heute Nachmittag erzählt haben, das sind doch eher Gerüchte.

BRACK Ach ja?

TESMAN Das sagt zumindest Tante Julle; sie kann nicht glauben, dass er mir Knüppel zwischen die Beine werfen will. Denken Sie!

BRACK Dann ist ja alles in schönster Ordnung.

TESMAN *(legt den Hut und darin die Handschuhe auf einen Stuhl rechts)* Ich darf doch noch eine Zeit lang auf ihn warten.

BRACK Kein Problem. Vor sieben, halb acht kommt keiner zu mir.

TESMAN Dann können wir Hedda so lange Gesellschaft leisten. Und dabei warten. Was?

HEDDA *(legt Bracks Mantel und Hut auf das Ecksofa)* Und schlimmstenfalls kann Herr Løvborg mir Gesellschaft leisten.

BRACK *(will seine Sachen selber nehmen)* Ich bitte Sie – was meinen Sie mit «schlimmstenfalls»?

HEDDA Wenn er nicht mit Ihnen und Tesman gehen will.

TESMAN *(schaut sie unsicher an)* Aber Hedda, glaubst du, das geht, also dass er bei dir bleibt? Was? Denk dran, Tante Julle kann nicht kommen.

HEDDA Nein, aber Frau Elvsted kommt. Und dann trinken wir drei zusammen eine Tasse Tee.

TESMAN Das geht natürlich!

BRACK *(lächelt)* Das wäre für ihn vielleicht auch das Gesündeste!

HEDDA Warum das?

BRACK Na, Sie haben doch selbst oft genug über meine kleinen Herrenabende gelästert und gesagt, die wären nur was für prinzipienfeste Mannsbilder.

HEDDA Aber Herr Løvborg ist das jetzt bestimmt. Ein bekehrter Sünder –

Berte erscheint in der Dielentür.

BERTE Gnädige Frau, da ist ein Herr an der Tür –

HEDDA Bitten Sie ihn herein.

TESMAN *(leise)* Das ist er sicher! Denk nur!

Eilert Løvborg kommt aus der Diele herein. Er ist schlank, ja mager, gleich alt wie Tesman, sieht aber etwas älter und verlebt aus. Haar und Bart sind rotbraun, sein Gesicht ist länglich, bleich, nur mit ein paar rötlichen Flecken auf den Jochbeinen. Er trägt einen eleganten schwarzen, recht neuen Abendanzug. In der Hand hat er dunkle Handschuhe und einen Zylinder. Er bleibt nahe bei der Tür stehen und verbeugt sich hastig. Wirkt etwas verlegen.

TESMAN *(geht zu ihm und schüttelt ihm die Hand)* Mein lieber Eilert – wie schön, dass wir uns endlich wieder sehen!

LØVBORG *(spricht mit leiser Stimme)* Danke für deinen Brief, du! *(Geht näher zu Hedda)* Darf ich, Frau Tesman?

HEDDA *(ergreift seine Hand)* Willkommen, Herr Løvborg. *(Mit einer Handbewegung)* Ich weiß nicht, ob die beiden Herren –?

LØVBORG *(mit angedeutetem Bückling)* Richter Brack, nehme ich an.

BRACK *(ebenso)* Ja, es ist ein paar Jahre her –.

TESMAN *(zu Løvborg, legt ihm die Hände auf die Schultern)* Und nun benimm dich ganz wie zu Hause, Eilert! Nicht wahr, Hedda? – Denn du willst dich ja wieder hier in der Stadt niederlassen, wie ich höre? Was?

LØVBORG Ja, das stimmt.

TESMAN Begreiflich. Hör mal – ich habe dein neues Buch gekauft. Hatte aber noch keine Zeit, darin zu lesen.

LØVBORG Das kannst du dir auch sparen.

TESMAN Wieso das?

LØVBORG Es lohnt sich nicht.

TESMAN Nein, denk nur – dass du das sagst!

BRACK Aber es wird sehr gelobt, wie ich höre.

LØVBORG Das wollte ich auch. Ich habe geschrieben, was allen gefällt.

BRACK Sehr vernünftig.

TESMAN Ja, aber lieber Eilert –!

LØVBORG Ich will mir schließlich wieder eine Position aufbauen. Neu anfangen.

TESMAN *(etwas verlegen)* Ja, sieht ganz so aus. Was?

LØVBORG *(lächelt, legt den Hut ab und zieht ein in Papier gehülltes Päckchen aus der Manteltasche)* Aber wenn das hier
herauskommt – Jørgen Tesman –, das solltest du lesen.
Denn das ist erst das Eigentliche. Darin steckt mein wahres Ich.

TESMAN Aha? Und was ist das?

LØVBORG Die Fortsetzung.

TESMAN Fortsetzung? Wovon?

LØVBORG Von dem Buch.

TESMAN Dem neuen?

LØVBORG Natürlich.

TESMAN Ja, aber Eilert – dein Buch geht doch bis in unsere
Zeit!

LØVBORG Stimmt. Und dies hier handelt von der Zukunft.

TESMAN Von der Zukunft! Aber von der können wir nichts
wissen!

LØVBORG Nein. Trotzdem kann ich das eine oder andere
über sie sagen. *(Öffnet das Päckchen)* Schau mal –

TESMAN Das ist gar nicht deine Handschrift.

LØVBORG Ich habe diktiert. *(Blättert in dem Manuskript)* Es
sind zwei Teile. Im ersten behandele ich die Kräfte, die
die Kultur bestimmen werden. Und hier im zweiten –
(blättert weiter nach hinten) – geht es um die künftige kul-
turelle Entwicklung.

TESMAN Denk nur! Ich würde im Leben nicht darauf kommen, über so was zu schreiben.

HEDDA *(an der Glastür, trommelt an die Scheibe)* Hm –. Nein, nein –

LØVBORG *(steckt das Manuskript in den Umschlag und legt ihn auf den Tisch)* Ich habe es mitgebracht, weil ich dachte, ich lese dir heute Abend ein bisschen daraus vor.

TESMAN Das ist ja wirklich nett von dir, du. Aber heute Abend –? *(Schaut Brack an)* Ich weiß nicht ganz, wie wir das hinbekommen sollen –

LØVBORG Dann ein andermal. Es eilt nicht.

BRACK Hören Sie, Herr Løvborg – bei mir findet heute Abend ein kleines Essen statt. Eigentlich Tesman zu Ehren, verstehen Sie –

LØVBORG *(schaut zu seinem Hut)* Ach so – dann will ich nicht länger –

BRACK Nein, so meine ich das nicht. Würden Sie mir die Freude machen, daran teilzunehmen?

LØVBORG *(kurz und bestimmt)* Nein, das kann ich nicht. Vielen Dank.

BRACK Ach was! Kommen Sie. Ein kleiner, ausgewählter Kreis. Ganz sicher wird es «lebendig», wie Frau Hed-Frau Tesman sagen würde.

LØVBORG Das bezweifle ich nicht. Trotzdem –

BRACK Nehmen Sie Ihr Manuskript ruhig mit und lesen Tesman bei mir daraus vor. Ich habe genug Zimmer.

TESMAN Ja, denk nur, Eilert – mach das! Was?

HEDDA *(geht dazwischen)* Aber mein Lieber, wenn Herr Løvborg nun mal nicht will! Ich bin sicher, Herr Løvborg will viel lieber hier bleiben und mit mir zu Abend essen.

LØVBORG *(schaut sie an)* Mit Ihnen, gnädige Frau?

HEDDA Und mit Frau Elvsted.

LØVBORG Ach – *(Beiläufig)* Die habe ich heute Mittag kurz gesehen.

HEDDA Aha? Ja, sie kommt her. Und das bedeutet, dass Sie hier bleiben *müssen*, Herr Løvborg. Wer soll sie sonst nach Hause bringen?

LØVBORG Das stimmt. Ja, vielen Dank, gnädige Frau – ich bliebe gern.

HEDDA Dann sage ich schnell dem Mädchen Bescheid –

Sie geht zur Dielentür und läutet. Berte kommt herein. Hedda spricht leise mit ihr und deutet aufs Hinterzimmer. Berte nickt und geht wieder hinaus.

TESMAN *(unterdessen zu Lovborg)* Hör mal, Eilert – dies neue Thema – das mit der Zukunft – ist das auch das Thema deiner Vorträge?

LØVBORG Ja.

TESMAN Ich habe beim Buchhändler gehört, dass du hier im Herbst eine Vortragsreihe halten möchtest.

LØVBORG Das habe ich vor. Du musst mir das nicht übel nehmen, Tesman.

TESMAN Nein, woher auch! Aber –?

LØVBORG Ich kann mir gut vorstellen, dass dir das ziemlich in die Quere kommt.

TESMAN *(kleinlaut)* Ich kann ja nicht verlangen, dass du mir zuliebe –

LØVBORG Ich warte, bis du deine Ernennung hast.

TESMAN Du wartest! Ja, aber – aber – willst du dich nicht bewerben? Was?

LØVBORG Nein. Ich will dich nur besiegen. In der öffentlichen Meinung.

TESMAN Lieber Gott – dann hatte Tante Julle Recht! Hab ich's doch gewusst! Hedda, denk nur! – Eilert Løvborg will uns keine Knüppel zwischen die Beine werfen!

HEDDA *(kurz angebunden)* Uns? Mich halt da raus.

Sie geht ins Hinterzimmer, wo Berte gerade ein Tablett mit Karaffen und Gläsern auf den Tisch stellt. Hedda nickt zufrieden und kommt wieder herein. Berte geht ab.

TESMAN *(unterdessen)* Und Sie, Richter Brack, was sagen Sie dazu? Was?

BRACK Tja, ich sage, dass Sieg und Erfolg – hm – etwas sehr Schönes sein können –

TESMAN Ja, sicher. Aber trotzdem –

HEDDA *(sieht Tesman mit einem kalten Lächeln an)* Du stehst da wie vom Blitz getroffen.

TESMAN Ja – so ungefähr – ich glaube fast –

BRACK Über uns war ja auch ein Unwetter aufgezogen, gnädige Frau.

HEDDA *(deutet ins Hinterzimmer)* Meine Herren, wie wäre es noch mit einem Glas kalten Punsch?

BRACK *(blickt auf die Uhr)* Als Stärkung für den Weg? Gar nicht verkehrt.

TESMAN Sehr gut, Hedda! Sehr gut! Das passt genau zu meiner heiteren Stimmung –

HEDDA Bitte sehr, Sie auch, Herr Løvborg.

LØVBORG *(abwehrend)* Nein, vielen Dank. Nicht für mich.

BRACK Ja, mein Gott – kalter Punsch ist nicht giftig, soweit ich weiß.

LØVBORG Für manche schon.

HEDDA Ich kann Herrn Løvborg so lange hier Gesellschaft leisten.

TESMAN Ja-ja, liebe Hedda, tu das.

Er geht mit Brack ins Hinterzimmer, sie setzen sich, trinken Punsch, rauchen Zigaretten und unterhalten sich im Folgenden angeregt miteinander. Lovborg bleibt am Ofen stehen. Hedda geht zum Schreibtisch.

HEDDA *(mit leicht erhobener Stimme)* Ich zeige Ihnen ein paar Fotos, wenn Sie mögen. Tesman und ich haben auf der Rückreise noch einen Abstecher durch Tirol gemacht.

Sie kommt mit einem Album, das sie auf den Tisch beim Sofa legt, und setzt sich in dessen äußerste Ecke. Eilert Lovborg geht näher, bleibt stehen und schaut sie an. Dann nimmt er einen Stuhl und setzt sich links von ihr hin, den Rücken zum Hinterzimmer gewandt. Hedda schlägt das Album auf.

HEDDA Sehen Sie diesen Gebirgszug, Herr Løvborg? Das ist das Ortler-Massiv. Tesman hat es druntergeschrieben. Hier steht es: Das Ortler-Massiv bei Meran.

LØVBORG *(schaut sie unverwandt an, spricht leise und langsam)* Hedda – Gabler!

HEDDA *(mit einem raschen Blick)* Na! Psst!

LØVBORG *(wiederholt leise)* Hedda Gabler!

HEDDA *(schaut ins Album)* Ja, so habe ich früher geheißen. Damals – als wir beide uns kannten.

LØVBORG Und jetzt muss ich fürs ganze Leben verlernen, Hedda Gabler zu sagen?

HEDDA *(blättert im Album)* Ja, müssen Sie. Und Sie sollten rechtzeitig üben. Je früher, desto besser, finde ich.

LØVBORG *(bitter)* Hedda Gabler verheiratet? Und dann noch mit – Jørgen Tesman?

HEDDA So kann's gehen.

LØVBORG Oh Hedda, Hedda – wie konntest du dich so wegwerfen!

HEDDA *(schaut ihn scharf an)* Bitte! Nicht so!

LØVBORG Wie denn?

Tesman kommt herein und geht aufs Sofa zu.

HEDDA *(hört ihn kommen und sagt gleichgültig)* Und das hier, Herr Løvborg, das ist unten im Tal von Ampezzo. Schauen Sie sich diese schroffen Gipfel an. *(Sieht freundlich zu Tesman hoch)* Du, wie heißen diese komischen Gipfel noch?

TESMAN Zeig mal. Ah, das sind die Dolomiten.

HEDDA Ja, richtig! – Das sind die Dolomiten, Herr Løvborg.

TESMAN Du, Hedda – ich wollte nur fragen, ob wir nicht doch ein bisschen Punsch rüberbringen sollen? Für dich jedenfalls. Was?

HEDDA Ja, gern. Und vielleicht ein paar Kekse.

TESMAN Keine Zigaretten?

HEDDA Nein.

TESMAN Gut. *(Geht durchs Hinterzimmer nach rechts hinaus)*

Brack sitzt hinten und schaut gelegentlich zu Hedda und Løvborg hinüber.

LØVBORG *(gedämpft, wie zuvor)* Antworte, Hedda – wie konntest du dich zu dem hier hergeben?

HEDDA *(scheinbar ins Album vertieft)* Wenn Sie mich weiter duzen, rede ich nicht mehr mit Ihnen.

LØVBORG Darf ich nicht mal du sagen, wenn wir allein sind?

HEDDA Nein. Denken dürfen Sie's. Aber nicht sagen.

LØVBORG Aha, verstehe. Wegen Ihrer Liebe – zu Jørgen Tesman.

HEDDA *(schaut ihn verstohlen an und lächelt)* Liebe? Sie sind lustig!

LØVBORG Also keine Liebe?

HEDDA Und keine Untreue! Von so was will ich nichts wissen.

LØVBORG Hedda – beantworte mir nur eine einzige Frage –

HEDDA Psst!

Tesman kommt mit einem Tablett aus dem Hinterzimmer.

TESMAN So! Hier kommt was Gutes. *(Stellt das Tablett auf den Tisch)*

HEDDA Warum servierst du selber?

TESMAN *(schenkt die Gläser voll)* Weil es mir Spaß macht, dich zu bedienen, Hedda.

HEDDA Aber jetzt hast du für zwei eingeschenkt. Herr Løvborg will doch nichts –

TESMAN Frau Elvsted kommt sicher gleich.

HEDDA Stimmt ja – Frau Elvsted –

TESMAN Hattest du sie vergessen? Was?

HEDDA Wir sind so in die Fotos vertieft. *(Zeigt ihm ein Bild)* Weißt du noch, dieses kleine Dorf?

TESMAN Ah, das ist gleich unterm Brennerpass! Da haben wir übernachtet –

HEDDA – und all die munteren Sommergäste kennen gelernt.

TESMAN Genau, da war das. Denk nur – wenn du hättest dabei sein können, Eilert! So! *(Geht wieder hinüber und setzt sich zu Brack)*

LØVBORG Beantworte mir nur eine einzige Frage, Hedda –

HEDDA Na?

LØVBORG War es mir gegenüber auch keine Liebe? Keine Spur – nicht mal ein Hauch von Liebe?

HEDDA Ja, was war es? Mir kommt es vor, als wären wir gute Kameraden gewesen. Zwei richtig vertraute Freunde. *(Lächelt)* Vor allem Sie waren sehr offenherzig.

LØVBORG Sie wollten es so.

HEDDA Wenn ich jetzt dran zurückdenke, dann war es doch etwas Schönes, Verlockendes – etwas Mutiges war daran, finde ich – an dieser heimlichen Vertrautheit – dieser Kameradschaft, von der kein Mensch etwas ahnte.

LØVBORG Ja, nicht wahr, Hedda! So war es! – Wenn ich nachmittags zu Ihrem Vater kam –. Und der General saß am Fenster und las die Zeitung – mit dem Rücken zu uns –

HEDDA Und wir zwei im Ecksofa –

LØVBORG Immer mit derselben Illustrierten vor uns –

HEDDA Mangels Fotoalbum, ja.

LØVBORG Ja, Hedda – und ich habe Ihnen gebeichtet –! Erzählte Ihnen von mir, was damals niemand sonst wusste. Ich gestand Ihnen, dass ich tage- und nächtelang getrunken hatte, bis zur Raserei. Tag für Tag. Oh Hedda – wo hatten Sie nur diese Macht her, die mich zwang, Ihnen all das zu bekennen?

HEDDA Macht, ich?

LØVBORG Ja, wie soll ich mir das sonst erklären? Und all die listigen Fragen, die Sie mir stellten –

HEDDA Und die Sie so gut verstanden –

LØVBORG Dass Sie so fragen konnten! So unbefangen!

HEDDA Listig, bitte.

LØVBORG Ja, aber auch unbefangen. Mich auszufragen – über alles Mögliche!

HEDDA Und Sie antworteten, Herr Løvborg.

LØVBORG Ja, genau das begreife ich nicht – jetzt im Nachhinein. Aber sagen Sie mir, Hedda – war da am Grunde dieser Freundschaft nicht Liebe? War es nicht so, dass Sie mich sozusagen rein waschen wollten, indem ich Ihnen alles bekannte? War das nicht so?

HEDDA Nein, eigentlich nicht.

LØVBORG Warum taten Sie es dann?

HEDDA Finden Sie es so unerklärlich, dass ein junges Mädchen – vor allem, wenn es heimlich geht – dass es –

LØVBORG Ja?

HEDDA Dass es gern in eine Welt Einblick haben möchte, von der –

LØVBORG Von der –?

HEDDA – von der es sonst nichts wissen darf?

LØVBORG Das war es also?

HEDDA Das auch. Auch – glaube ich.

LØVBORG Freundschaft aus Gier aufs Leben. Und warum konnte nicht wenigstens die bestehen bleiben?

HEDDA Daran waren Sie selber schuld.

LØVBORG Der Bruch war Ihre Entscheidung.

HEDDA Ja, weil Gefahr drohte, dass die Wirklichkeit in unsere Beziehung eindrang. Schämen Sie sich, Eilert Løvborg, dass Sie sich an Ihrer – Ihrer unbefangenen Freundin vergreifen wollten!

LØVBORG *(ringt die Hände)* Warum haben Sie es nicht getan? Warum haben Sie mich nicht erschossen, wie Sie drohten?

HEDDA Ich habe zu viel Angst vor dem Skandal.

LØVBORG Ja, Hedda, im Grunde sind Sie feige.

HEDDA Furchtbar feige. *(Mit verändertem Ton)* Aber das war Ihr Glück. Und jetzt haben Sie sich bei den Elvsteds oben wunderbar darüber wegtrösten können.

LØVBORG Ich weiß, was Thea Ihnen anvertraut hat.

HEDDA Und haben Sie ihr etwas über uns beide anvertraut?

LØVBORG Kein Sterbenswörtchen. Sie ist zu dumm, um so etwas zu verstehen.

HEDDA Zu dumm?

LØVBORG In diesen Dingen ist sie dumm.

HEDDA Und ich bin feige. *(Beugt sich näher zu ihm, ohne ihm in die Augen zu sehen, und spricht leiser)* Aber jetzt will ich *Ihnen* etwas anvertrauen.

LØVBORG *(gespannt)* Ja?

HEDDA Dass ich mich nicht getraut habe, Sie zu erschießen –

LØVBORG Ja?!

HEDDA – das war nicht meine schlimmste Feigheit – damals.

LØVBORG *(schaut sie kurz an, begreift und flüstert leidenschaftlich)* Oh Hedda! Hedda Gabler! Dann war das doch der verborgene Grund unserer Freundschaft! Du und ich –! Deine Gier nach Leben –

HEDDA *(leise, mit einem scharfen Blick)* Schluss damit! Glauben Sie das ja nicht!

Es ist langsam dunkel geworden. Berte öffnet von draußen die Dielentür.

HEDDA *(klappt das Album zu und ruft lächelnd)* Na endlich – liebste Thea – komm herein!

Frau Elvsted kommt aus der Diele. Sie trägt Gesellschaftskleidung. Die Tür wird hinter ihr geschlossen.

HEDDA *(auf dem Sofa, streckt die Arme nach ihr aus)* Meine liebe Thea – du kannst dir gar nicht vorstellen, wie ich auf dich gewartet habe!

Frau Elvsted wechselt im Vorbeigehen einen kurzen Gruß mit den Herren im Hinterzimmer, dann geht sie zum Tisch und gibt Hedda die Hand. Eilert Lovborg ist aufgestanden. Er und Frau Elvsted grüßen einander mit einem wortlosen Nicken.

FRAU ELVSTED Vielleicht sollte ich noch mit deinem Mann sprechen?

HEDDA Ach wo. Lass die zwei sitzen. Die gehen bald.

FRAU ELVSTED Sie gehen?

HEDDA Ja, zu einem Saufgelage.

FRAU ELVSTED *(rasch, zu Løvborg)* Aber *Sie* doch nicht?

LØVBORG Nein.

HEDDA Herr Løvborg – bleibt hier bei uns.

FRAU ELVSTED *(nimmt einen Stuhl und will sich neben ihn setzen)* Ach, wie schön, hier zu sein!

HEDDA Nein, Theachen! Nicht dahin! Du kommst schön hier zu mir. Ich will in der Mitte sitzen.

FRAU ELVSTED Wie du willst. *(Geht um den Tisch und setzt sich zu Heddas Rechten aufs Sofa)*

Løvborg setzt sich wieder auf den Stuhl.

LØVBORG *(nach kurzer Pause, zu Hedda)* Ist sie nicht hübsch anzusehen?

HEDDA *(streicht ihr übers Haar)* Nur anzusehen?

LØVBORG Ja. Wir beide – sie und ich – *wir* sind wirkliche Kameraden. Wir vertrauen einander ganz und gar. Wir können frei und unbefangen miteinander reden –

HEDDA Ganz ohne List, Herr Løvborg?

LØVBORG Na ja …

FRAU ELVSTED *(leise, schmiegt sich an Hedda)* Ich bin so glücklich, Hedda! Denk nur – er sagt auch, ich hätte ihn inspiriert.

HEDDA *(blickt sie lächelnd an)* Das sagt er, wirklich?

LØVBORG Und dann ihr Mut zur Tat, Frau Tesman!

FRAU ELVSTED Ach Gott – *ich* und Mut!

LØVBORG Ungeheurer Mut – wenn es um den Freund geht.

HEDDA Ja, *Mut* – ja! Wenn man den nur hätte!

LØVBORG Wie meinen Sie das?

HEDDA Dann wäre das Leben vielleicht doch erträglich. *(Plötzlich verändert)* Aber jetzt, liebe Thea, jetzt kriegst du erst mal ein Glas kalten Punsch.

FRAU ELVSTED Nein danke – ich trinke so etwas nie.

HEDDA Na, dann Sie, Herr Løvborg.

LØVBORG Danke, ich auch nicht.

FRAU ELVSTED Nein, er auch nicht!

HEDDA *(schaut ihn fest an)* Aber wenn ich es will?

LØVBORG Das hilft nichts.

HEDDA *(lacht)* Habe ich denn gar keine Macht mehr über Sie, ich Ärmste?

LØVBORG Nicht auf *dem* Gebiet.

HEDDA Im Ernst, ich finde, Sie sollten es doch annehmen. Um Ihrer selbst willen.

FRAU ELVSTED Aber Hedda –!

LØVBORG Wie meinen Sic das?

HEDDA Um der Leute willen, genauer gesagt.

LØVBORG Wie?

HEDDA Sonst kommen die Leute auf die Idee, Sie könnten – im Grunde – nicht ganz unbefangen sein – und würden nicht wirklich an sich glauben.

FRAU ELVSTED *(leise)* Hedda, nicht –!

LØVBORG Sollen die Leute denken, was sie wollen – vorerst.

FRAU ELVSTED *(froh)* Ja, nicht wahr!

HEDDA Ich habe es Richter Brack vorhin ganz deutlich angesehen.

LØVBORG Was denn?

HEDDA Er lächelte so höhnisch, dass Sie sich nicht getraut haben, mit hinüberzugehen.

LØVBORG Getraut? Ich wollte natürlich hier bleiben und mit Ihnen reden.

FRAU ELVSTED Begreiflich, Hedda, oder?

HEDDA Das konnte der Richter nicht wissen. Und ich habe gesehen, wie er Tesman zugrinste, weil Sie sich nicht trauen, zu dem kleinen Fest mitzugehen.

LØVBORG Nicht traue? Sie sagen, ich traue mich nicht?

HEDDA Ich nicht. Aber Richter Brack hat es so gesehen.

LØVBORG Soll er.

HEDDA Sie gehen also nicht mit?

LØVBORG Ich bleibe hier bei Ihnen und Thea.

FRAU ELVSTED Ja, Hedda – das hättest du dir denken können!

HEDDA *(nickt Løvborg beifällig lächelnd zu)* Also wirklich prinzipientreu. Stets und immer unerschütterlich. So soll ein Mann sein! *(Wendet sich Frau Elvsted zu und tätschelt* *ihr die Wange)* Siehst du, ich hab's dir gesagt, als du heute früh so verstört hier angekommen bist –

LØVBORG *(stutzt)* Verstört?

FRAU ELVSTED *(erschrocken)* Hedda – aber Hedda –!

HEDDA Jetzt siehst du's selbst! Deine panische Angst war völlig unbegründet! *(Bricht ab)* So! Jetzt können wir alle drei munter und vergnügt sein!

LØVBORG *(ist zusammengefahren)* Was soll das heißen, Frau Tesman?

FRAU ELVSTED Oh Gott, oh Gott, Hedda! Was sagst du? Was tust du?

HEDDA Sei still! Der eklige Richter hat dich im Auge.

LØVBORG Panische Angst also. Um mich.

FRAU ELVSTED *(leise, jammert)* Oh Hedda – jetzt hast du mich unglücklich gemacht!

LØVBORG *(schaut sie eine Weile unverwandt an; sein Gesicht ist verzerrt) So* sieht also der unerschütterliche Glaube meiner Freundin aus.

FRAU ELVSTED *(flehentlich)* Lieber Freund, hör doch erst –

LØVBORG *(nimmt das eine gefüllte Glas, hebt es hoch und spricht mit heiserer Stimme)* Auf dein Wohl, Thea! *(Leert das Glas, stellt es hin und nimmt das andere)*

FRAU ELVSTED *(leise)* Hedda, Hedda – wie konntest du nur?

HEDDA Wieso ich? Bist du verrückt?

LØVBORG Und auch auf Ihr Wohl, Frau Tesman! Danke für die Wahrheit. Sie lebe hoch! *(Trinkt aus und will das Glas erneut füllen)*

HEDDA *(legt ihm die Hand auf den Arm)* Schön langsam. Vergessen Sie nicht, Sie wollen noch auf das Fest.

FRAU ELVSTED Nein, nein, nein!

HEDDA Psst! Die schauen dich an.

LØVBORG *(stellt das Glas hin)* Thea, sei ehrlich!

FRAU ELVSTED Ja!

LØVBORG Hat der Landrat gewusst, dass du mir nachfährst?

FRAU ELVSTED *(ringt die Hände)* Oh Hedda – hörst du, was er fragt!

LØVBORG War es zwischen euch abgesprochen, dass du in die Stadt fährst und auf mich aufpasst? Hat der Landrat dich vielleicht sogar geschickt? Aha, du – er hat mich im Kontor gebraucht! Oder etwa am Kartentisch?

FRAU ELVSTED *(leise, sich windend)* Ach, Løvborg, Løvborg –!

LØVBORG *(nimmt ein Glas und will es füllen)* Und noch eins aufs Wohl des alten Landrats!

HEDDA *(abwehrend)* Nicht mehr. Sie wollen Tesman doch noch vorlesen.

LØVBORG *(ruhig, stellt das Glas hin)* Das hier war dumm von mir, Thea. Es so aufzufassen, meine ich. Sei mir nicht böse, meine liebe, liebe Freundin. Du wirst schon sehen – du und die anderen –, dass ich zwar mal am Boden lag – aber jetzt stehe ich wieder fest auf meinen Beinen. Mit *deiner* Hilfe, Thea.

FRAU ELVSTED *(freudestrahlend)* Gott sei Dank!

Brack hat unterdessen auf die Uhr geschaut. Er und Tesman stehen auf und kommen in den Salon.

BRACK *(nimmt Hut und Mantel)* Ja, Frau Tesman, nun hat uns die Stunde geschlagen.

HEDDA Sieht ganz so aus.

LØVBORG *(steht auf)* Mir auch, Herr Richter.

FRAU ELVSTED *(leise und bittend)* Løvborg, Løvborg – nicht!

HEDDA *(kneift sie in den Arm)* Sie hören dich!

FRAU ELVSTED *(ruft schwach aus)* Au!

LØVBORG *(zu Brack)* Sie waren so freundlich, mich einzuladen.

BRACK Ja, kommen Sie jetzt doch mit?

LØVBORG Ja, gern.

BRACK Freut mich außerordentlich –

LØVBORG *(nimmt das Manuskript und sagt zu Tesman)* Ich wollte dir nämlich ein paar Stellen zeigen, bevor ich es abgebe.

TESMAN Nein, denk nur – das wird sicher interessant! Hedda, wie kommt Frau Elvsted dann nach Hause? Was?

HEDDA Das findet sich.

LØVBORG *(schaut die Frauen an)* Frau Elvsted? Ich komme natürlich und hole Sie ab. *(Näher heran)* So gegen zehn Uhr, Frau Tesman? Passt das?

HEDDA Natürlich. Ausgezeichnet.

TESMAN Dann ist ja für alles gesorgt. Mich erwarte aber nicht so früh zurück, Hedda.

HEDDA Mein Lieber, bleib du so lange – so lange du willst!

FRAU ELVSTED *(mit verborgener Angst)* Herr Løvborg – ich warte also, bis Sie kommen.

LØVBORG *(den Hut in der Hand)* Selbstverständlich, gnädige Frau.

BRACK Und auf geht's ins Vergnügen! Ich hoffe, es wird recht lebendig, wie eine gewisse schöne Frau zu sagen pflegt.

HEDDA Ach, wenn die schöne Frau nur bei Ihnen Mäuschen spielen könnte –

BRACK Mäuschen?

HEDDA Um ungesehen was von Ihrer unverfälschten Lebendigkeit mitzubekommen, Herr Richter.

BRACK *(lacht)* Da würde ich der schönen Frau dann doch abraten!

TESMAN *(lacht ebenfalls)* Nein, du bist lustig, Hedda! Denk nur!

BRACK Also, adieu, die Damen, adieu!

LØVBORG *(verbeugt sich zum Abschied)* Gegen zehn Uhr also.

Brack, Løvborg und Tesman gehen durch die Dielentür hinaus. Zugleich kommt Berte mit einer brennenden Lampe, die sie auf den Salontisch stellt, durchs Hinterzimmer und geht gleich wieder hinaus.

FRAU ELVSTED *(ist aufgestanden und wandert unruhig durchs Zimmer)* Hedda – Hedda – wie wird das alles enden!

HEDDA Um zehn Uhr – dann kommt er. Ich sehe ihn schon vor mir. Mit Weinlaub bekränzt. Erhitzt und unbefangen –

FRAU ELVSTED Wenn es nur so wäre.

HEDDA Und dann, siehst du – dann hat er sich wieder in der Gewalt. Dann ist er für den Rest seines Lebens ein freier Mann.

FRAU ELVSTED Oh Gott, ja – wenn nur alles so kommt, wie du sagst.

HEDDA Genau so und nicht anders! *(Steht auf und geht näher)* Zweifle du an ihm, so viel du willst. Ich glaube an ihn. Und jetzt versuchen wir –

FRAU ELVSTED Hedda – du führst etwas im Schilde!

HEDDA Ja, stimmt. Ich will ein einziges Mal in meinem Leben Macht über das Schicksal eines Menschen haben.

FRAU ELVSTED Hast du das denn nicht?

HEDDA Nein – und nie gehabt.

FRAU ELVSTED Und über deinen Mann?

HEDDA Der? Was soll das bringen? Wenn du wüsstest, wie arm ich bin. Und *du* bist so reich! *(Umarmt sie leidenschaftlich)* Ich glaube, ich senge dir doch noch irgendwann die Haare ab.

FRAU ELVSTED Lass mich los! Lass mich los! Du machst mir Angst, Hedda!

BERTE *(in der Türöffnung)* Im Esszimmer ist der Teetisch gedeckt, gnädige Frau.

HEDDA Gut. Wir kommen.

FRAU ELVSTED Nein, nein, nein! Ich gehe lieber allein nach Hause! Sofort!

HEDDA Quatsch! Erst trinkst du mal einen Schluck Tee, du Dummchen. Und dann – um zehn – kommt Eilert Løvborg – mit Weinlaub bekränzt.

Sie zerrt Frau Elvsted fast mit Gewalt zur Türöffnung.

3. AKT

Tesmans Salon. Die Vorhänge vor der Türöffnung sind zugezogen. Ebenso vor der Glastür. Auf dem Tisch brennt unter einem Schirm die Lampe mit halb heruntergedrehtem Docht. Im Ofen, dessen Tür offen steht, hat Feuer gebrannt, das jetzt fast erloschen ist.
Frau Elvsted sitzt tief im Lehnstuhl dicht beim Ofen, in ein großes Umschlagtuch gehüllt, die Füße auf einem Schemel. Hedda liegt angezogen auf dem Sofa unter einer Decke und schläft.

FRAU ELVSTED *(richtet sich nach einiger Zeit rasch auf und lauscht gespannt; sie sinkt müde wieder zurück und klagt leise)* Immer noch nicht! – Ach Gott – ach Gott – immer noch nicht!

Berte kommt leise durch die Dielentür. Sie hat einen Brief in der Hand.

FRAU ELVSTED *(dreht sich zu ihr und fragt gespannt)* War jemand da?

BERTE *(leise)* Ja, eben hat ein Mädchen diesen Brief gebracht.

FRAU ELVSTED *(rasch, streckt die Hand aus)* Ein Brief! Geben Sie her!

BERTE Nein, er ist für den Herrn Doktor, gnädige Frau.

FRAU ELVSTED Ach so.

BERTE Es war Fräulein Tesmans Mädchen. Ich lege ihn hier auf den Tisch.

FRAU ELVSTED Ja, tun Sie das.

BERTE *(legt den Brief hin)* Ich lösche mal die Lampe. Die rußt so.

FRAU ELVSTED Ja. Es wird sowieso bald hell.

BERTE *(löscht die Lampe)* Es *ist* schon hell, gnädige Frau.

FRAU ELVSTED Tatsächlich, heller Tag! Und noch immer nicht zurück –!

BERTE Ach, Herrgott, ich hab mir gedacht, dass es so kommen wird.

FRAU ELVSTED Sie haben es sich gedacht?

BERTE Als ich gesehen habe, dass ein gewisser Mann wieder in der Stadt ist, da –. Und mit ihnen losgezogen ist. Über diesen Herrn hat man seinerzeit genug gehört.

FRAU ELVSTED Reden Sie nicht so laut. Sie wecken die gnädige Frau.

BERTE *(schaut zum Sofa und seufzt)* Ach je – sie soll ruhig noch schlafen, die Arme. – Soll ich noch ein bisschen nachfeuern?

FRAU ELVSTED Danke, wegen mir nicht.

BERTE Gut, gut. *(Geht leise zur Dielentür wieder hinaus)*

HEDDA *(wacht auf, als die Tür sich schließt, und blickt auf)* Was ist –?

FRAU ELVSTED Das war nur das Mädchen.

HEDDA *(blickt sich um)* Ja, jetzt weiß ich wieder, wo – *(Richtet sich auf, bis sie sitzt, räkelt sich und reibt sich die Augen)* Wie spät ist es, Thea?

FRAU ELVSTED *(schaut auf ihre Uhr)* Nach sieben inzwischen.

HEDDA Wann ist Tesman gekommen?

FRAU ELVSTED Er ist noch nicht da.

HEDDA Noch nicht da?

FRAU ELVSTED *(richtet sich auf)* Niemand ist gekommen.

HEDDA Und wir sitzen hier und warten bis vier Uhr früh –

FRAU ELVSTED *(ringt die Hände)* Ich habe so auf ihn gewartet!

HEDDA *(gähnt und spricht mit der Hand vorm Mund)* Tja, das hätten wir uns sparen können.

FRAU ELVSTED Hast du ein bisschen geschlafen?

HEDDA Doch. Ich glaube, sogar ganz gut. Du nicht?

FRAU ELVSTED Keinen Augenblick. Ich konnte nicht. Hedda! Ganz unmöglich.

HEDDA *(steht auf und geht auf sie zu)* Na, na, na. Kein Grund, sich so zu ängstigen. Ich kann mir genau vorstellen, wie das zusammenhängt.

FRAU ELVSTED Ja, wie denn? Sag.

HEDDA Na, beim Richter ist es furchtbar spät geworden –

FRAU ELVSTED Ach ja, sicher. Trotzdem –

HEDDA Und dann, verstehst du, dann hat Tesman nicht nach Hause kommen und mitten in der Nacht klingeln und alle aufwecken wollen. *(Lacht)* Und vielleicht auch nicht gewollt, dass man ihn sieht – nach so einem feuchtfröhlichen Gelage.

FRAU ELVSTED Aber, Liebe – wo sollte er sonst hin?

HEDDA Zu seinen Tanten natürlich, da hat er geschlafen. Er hat immer noch sein altes Zimmer dort.

FRAU ELVSTED Nein, bei denen kann er nicht sein. Vorhin ist ein Brief von Fräulein Tesman gekommen. Da.

HEDDA Aha? *(Sieht auf den Umschlag)* Tante Julles Schrift. Na, dann ist er wohl gleich beim Richter geblieben. Und Eilert Løvborg sitzt da – mit Weinlaub bekränzt – und liest ihm vor.

FRAU ELVSTED Hedda, du glaubst doch selber nicht, was du da redest.

HEDDA Du bist wirklich ein kleiner Angsthase, Thea.

FRAU ELVSTED Ja, leider, das ist so.

HEDDA Du siehst todmüde aus.

FRAU ELVSTED Bin ich auch.

HEDDA Dann tu jetzt, was ich dir sage. Geh in mein Zimmer und leg dich da ins Bett.

FRAU ELVSTED Nein, nein – ich kann nicht schlafen.

HEDDA Doch, natürlich.

FRAU ELVSTED Aber dein Mann kommt sicher bald nach Hause. Und dann will ich sofort hören –

HEDDA Wenn er kommt, sag ich dir sofort Bescheid.

FRAU ELVSTED Versprichst du mir das, Hedda?

HEDDA Verlass dich auf mich. Geh und schlaf so lange.

FRAU ELVSTED Danke. Dann will ich es mal versuchen. *(Geht durchs Hinterzimmer hinaus)*

Hedda geht zur Glastür und zieht die Vorhänge zurück. Helles Tageslicht fällt herein. Dann nimmt sie einen kleinen Handspiegel vom Schreibtisch, schaut sich darin an und richtet ihr Haar. Sie geht zur Dielentür und läutet. Berte erscheint bald darauf in der Tür.

BERTE Wünschen gnädige Frau etwas?

HEDDA Ja. Feuern Sie nach. Mir ist kalt.

BERTE Jesses, ja. Gleich wird's wieder warm. *(Scharrt die Glut zusammen und legt ein Holzscheit nach. Hält inne und lauscht)* Jetzt hat es an der Gartenpforte geläutet, gnädige Frau.

HEDDA Dann gehen Sie hin und machen auf. Nach dem Ofen schaue ich selber.

BERTE Der brennt sicher gleich wieder. *(Geht durch die Dielentür hinaus)*

Hedda kniet sich auf den Fußschemel und legt mehrere Holzscheite in den Ofen.
Jorgen Tesman kommt bald darauf aus der Diele herein. Er sieht müde und recht ernst aus. Schleicht auf Zehenspitzen zur Türöffnung und will durch den Vorhang schlüpfen.

HEDDA *(am Ofen, ohne aufzublicken)* Guten Morgen.

TESMAN *(dreht sich um)* Hedda! *(Kommt näher)* Meine Güte – du bist schon auf? So früh am Morgen? Was?

HEDDA Ja, ich war heute sehr früh auf.

TESMAN Und ich war sicher, dass du noch schläfst. Denk nur, Hedda!

HEDDA Sprich nicht so laut. Frau Elvsted liegt in meinem Zimmer.

TESMAN Ist sie die Nacht über hier geblieben!

HEDDA Es hat sie niemand abgeholt.

TESMAN Ja, stimmt wohl.

HEDDA *(schließt die Ofentür und steht auf)* Na, hast du dich beim Richter gut amüsiert?

TESMAN Hast du dir um mich Sorgen gemacht? Was?

HEDDA Nein, das würde mir nicht einfallen. Ich habe gefragt, ob du dich gut amüsiert hast.

TESMAN Oh ja. Diesmal wirklich – aber vor allem am Anfang, glaube ich. Da hat Eilert mir vorgelesen. Wir waren ja über eine Stunde zu früh – denk nur! Und Brack musste noch so viel vorbereiten. Also hat Eilert mir vorgelesen.

HEDDA *(setzt sich auf die rechte Seite des Tischs)* Und? Erzähl.

TESMAN *(setzt sich auf einen Hocker beim Ofen)* Hedda, du ahnst ja nicht, was für ein Werk das wird! Sicher eins der erstaunlichsten Bücher, die je geschrieben worden sind. Denk nur!

HEDDA Ja, ja, das interessiert mich nicht so –

TESMAN Ich muss dir etwas gestehen, Hedda. Als er fertig war – da hatte ich eine ganz hässliche Anwandlung.

HEDDA Eine hässliche Anwandlung?

TESMAN Ich war neidisch auf Eilert, dass er so etwas hat schreiben können. Denk doch nur, Hedda!

HEDDA Ja, ja, ich denke schon!

TESMAN Und dann zu wissen, dass er trotz all seiner Talente leider völlig unverbesserlich ist.

HEDDA Du meinst wohl, er hat mehr Lebensmut als andere?

TESMAN Nein, weiß Gott nicht – er kann einfach nicht Maß halten beim Vergnügen, das ist es.

HEDDA Und wie ist es ausgegangen – am Ende?

TESMAN Ja, ich glaube fast, man wird das als Bacchanal bezeichnen müssen, Hedda.

HEDDA War er mit Weinlaub bekränzt?

TESMAN Weinlaub? Nein, nicht dass ich wüsste. Aber er hielt eine lange, wirre Rede für die Frau, die ihn bei der Arbeit – inspiriert hat. Ja, so hat er sich ausgedrückt.

HEDDA Hat er gesagt, wer das war?

TESMAN Nein. Aber es kommt wohl niemand in Frage als Frau Elvsted. Wart nur ab!

HEDDA Und – wo hast du dich von ihm getrennt?

TESMAN Auf dem Heimweg. Wir gingen als Letzte – zusammen. Und Brack hat uns ein Stück begleitet, um ein bisschen frische Luft zu schnappen. Und da haben wir beschlossen, Eilert nach Hause zu bringen. Der hatte ganz schön Schlagseite!

HEDDA Das kann ich mir vorstellen.

TESMAN Aber jetzt kommt das Merkwürdige, Hedda. Oder das Traurige, sollte ich eher sagen. Ich – ich schäme mich fast – für Eilert – das zu erzählen –

HEDDA Ja, was denn –?

TESMAN Wir gingen also stadtwärts, und ich blieb ein bisschen hinter den anderen zurück. Zufällig, nur so ein kleines Stückchen – denk nur!

HEDDA Ja, Herrgott nochmal, und –?

TESMAN Und als ich mich beeile, um die anderen einzuholen – weißt du, was ich da am Straßenrand finde? Was?

HEDDA Weiß ich nicht, woher auch!

TESMAN Verrate es bloß niemandem, Hedda. Hörst du! Versprich es mir, Eilert zuliebe. *(Zieht ein Päckchen im Papierumschlag aus der Manteltasche)* Denk nur, du – das hier.

HEDDA Hatte er das nicht gestern dabei?

TESMAN Genau, du, sein kostbares Manuskript! Das hatte er unterwegs verloren – ohne es zu merken. Denk doch nur mal, Hedda! So was Furchtbares –

HEDDA Und warum hast du es ihm nicht sofort gegeben?

TESMAN Das habe ich nicht gewagt, bei seinem Zustand –

HEDDA Hast du irgendwem sonst erzählt, dass du es gefunden hast?

TESMAN Natürlich nicht. Wie würde Eilert dann dastehen.

HEDDA Also weiß niemand, dass du Eilert Løvborgs Manuskript hast?

TESMAN Nein. Und es darf auch niemand wissen.

HEDDA Worüber hast du danach mit ihm gesprochen?

TESMAN Ich habe gar nicht mehr mit ihm gesprochen. Als wir in die Stadt kamen, waren er und die anderen plötzlich verschwunden, nicht mehr zu sehen. Denk nur!

HEDDA Aha. Die haben ihn bestimmt nach Hause gebracht.

TESMAN Denke ich auch. Und Brack ging auch seiner Wege.

HEDDA Und wo hast du dich dann noch herumgetrieben?

TESMAN Na, ich bin mit ein paar von den anderen mit zu einem lustigen Kerl nach Hause gegangen, zu einem Frühstückskaffee. Na ja, wohl eher immer noch Nachtkaffee. Was? Aber wenn ich mich ein bisschen ausgeruht habe – und wenn Eilert, der Ärmste, ausgeschlafen hat, muss ich damit zu ihm.

HEDDA *(streckt die Hand nach dem Päckchen aus)* Nein – gib es nicht aus der Hand! Nicht gleich, meine ich. Lass es mich erst lesen.

TESMAN Nein, liebe Hedda, das wage ich nicht.

HEDDA Du wagst es nicht?

TESMAN Nein, stell dir vor, wie verzweifelt er ist, wenn er aufwacht und feststellt, dass das Manuskript weg ist. Er hat nämlich keine Kopie davon! Hat er selber gesagt.

HEDDA *(schaut ihn fast lauernd an)* Kann man so was nicht nochmal schreiben? Einfach nochmal?

TESMAN Nein, ich glaube nicht, dass das möglich wäre. Die Inspiration – weißt du –

HEDDA Ja, ja, die, natürlich – *(Leichthin)* Ach übrigens – da ist ein Brief für dich gekommen.

TESMAN Nein, denk nur!

HEDDA *(reicht ihm ihn)* Früh morgens.

TESMAN Von Tante Julle, du! Was mag das sein? *(Legt den Umschlag auf den anderen Hocker, öffnet den Brief, über-*

fliegt ihn und springt auf) Oh Hedda – sie schreibt, dass es mit der armen Tante Rina zu Ende geht!

HEDDA Das war ja zu erwarten.

TESMAN Und wenn ich sie noch einmal sehen will, muss ich mich beeilen. Ich laufe sofort hin!

HEDDA *(unterdrückt ein Lächeln)* Was, laufen willst du sogar?

TESMAN Liebe Hedda – willst du nicht doch mitkommen? Denk nur!

HEDDA *(steht auf und sagt müde und abweisend)* Nein, nein, verlang nicht so was von mir. Krankheit und Tod will ich nicht sehen. Ich ertrage nichts Hässliches.

TESMAN Aha, na dann –! *(Läuft hin und her)* Mein Hut –? Mein Mantel –? Ach ja, in der Diele –. Hoffentlich komme ich noch rechtzeitig, Hedda. Was?

HEDDA Dann lauf los –

BERTE *(erscheint in der Tür zur Diele)* Richter Brack ist draußen und fragt, ob es recht ist.

TESMAN Ausgerechnet jetzt! Jetzt kann ich ihn unmöglich empfangen.

HEDDA Aber ich kann. *(Zu Berte)* Bitten Sie den Richter herein. *(Berte geht. Hedda flüstert rasch)* Das Päckchen, Tesman! *(Greift es vom Hocker)*

TESMAN Ja, gib her!

HEDDA Nein, nein, ich verstecke es so lange für dich. *(Geht zum Schreibtisch und stellt es ins Bücherfach)*

Tesman fummelt hektisch herum und bekommt die Handschuhe nicht an. Richter Brack kommt aus der Diele herein. Hedda nickt ihm zu.

HEDDA Na, Sie sind ja ein richtiger Frühaufsteher.

BRACK Nicht wahr? *(Zu Tesman)* Schon wieder im Aufbruch?

TESMAN Ich muss dringend zu meinen Tanten. Denken Sie – die kranke, mit ihr geht's zu Ende, die Ärmste.

BRACK Oh Gott, wirklich? Lassen Sie sich von mir nicht aufhalten. In einem so ernsten Moment –

TESMAN Ja, ich muss wirklich laufen –. Adieu! Adieu! *(Eilt durch die Dielentür hinaus)*

HEDDA *(näher auf ihn zu)* Heute Nacht war es bei Ihnen offenbar mehr als nur lebendig, Herr Richter.

BRACK Ich bin tatsächlich nicht aus den Kleidern gekommen, Frau Hedda.

HEDDA Sie auch nicht?

BRACK Nein, wie Sie sehen. Hat Tesman von den Ereignissen der Nacht berichtet?

HEDDA Nur langweiliges Zeug. Dass sie irgendwo ganz spät noch Kaffee getrunken haben.

BRACK Ja, von dem Kaffee habe ich schon gehört. Eilert Løvborg war nicht dabei, oder?

HEDDA Nein, den hatten sie schon nach Hause gebracht.

BRACK Tesman auch?

HEDDA Nein, ein paar andere, hat er gesagt.

BRACK *(lächelt)* Jørgen Tesman ist wirklich eine treuherzige Seele, Frau Hedda.

HEDDA Ja, weiß Gott. Aber warum sagen Sie das? Ist etwas?

BRACK Ja, durchaus.

HEDDA Aha! Kommen Sie, wir setzen uns, lieber Richter. Dann erzählt sich's besser. *(Setzt sich links an den Tisch, Brack an die Längsseite in ihrer Nähe)* Und?

BRACK Ich hatte so meine Gründe, die Spuren meiner Gäste heute Nacht aufmerksam zu verfolgen – genauer gesagt, eines Teils meiner Gäste.

HEDDA Und einer davon war Eilert Løvborg?

BRACK Zugegeben – ja.

HEDDA Jetzt bin ich aber wirklich neugierig –

BRACK Wissen Sie, wo er und einige andere die restliche Nacht verbracht haben, Frau Hedda?

HEDDA Wenn sich das sagen lässt, dann tun Sie's.

BRACK Kein Problem, ohne weiteres. Ja, die Herren landeten bei einer ganz besonders animierten Soiree.

HEDDA Von der lebendigen Art?

BRACK Der allerlebendigsten.

HEDDA Mehr davon, Richter –

BRACK Løvborg war dazu schon vorher eingeladen gewesen. Wusste ich auch. Aber er hatte abgesagt. Schließlich war er ein neuer Mensch geworden, wie Sie wissen.

HEDDA Ja, oben bei Landrats. Aber dann ist er doch hingegangen?

BRACK Tja, sehen Sie, Frau Hedda, gestern Abend bei mir überkam ihn bedauerlicherweise so eine Inspiration –

HEDDA Ja, ich habe gehört, die Inspiration ist ziemlich gründlich über ihn gekommen.

BRACK Ganz gewaltig ist sie über ihn gekommen. Na, und dann hat er offenbar seine Meinung geändert. Wir Männer sind leider nicht immer so prinzipienfest, wie wir sein sollten.

HEDDA Ach, *Sie* sind sicher eine Ausnahme, Richter Brack. Und Løvborg also –?

BRACK Kurz und gut – am Ende ist er in Fräulein Dianas Salon gelandet.

HEDDA Fräulein Dianas Salon?

BRACK Fräulein Diana gab die Soiree. Für einen ausgewählten Kreis von Freundinnen und Bewunderern.

HEDDA Ist das so eine Rothaarige?

BRACK Genau.

HEDDA Eine Art – Sängerin?

BRACK Oh ja – unter anderem. Und außerdem eine sehr umtriebige Jägerin – nach Männern. Sie haben bestimmt von ihr gehört. Eilert Løvborg war einer ihrer eifrigsten Beschützer – in seinen Glanzzeiten.

HEDDA Wie ging es weiter?

BRACK Nicht so freundschaftlich, wie es scheint. Anfangs gab es von Fräulein Diana die zärtlichste Begrüßung, später Handgreiflichkeiten.

HEDDA Løvborg gegenüber?

BRACK Ja. Er beschuldigte sie und ihre Freundinnen, ihn bestohlen zu haben. Seine Brieftasche sei weg gewesen. Kurz, er hat ein Mordsspektakel veranstaltet.

HEDDA Und wie ist es ausgegangen?

BRACK Mit einer großen Schlägerei, an der sich Damen wie Herren beteiligten. Zum Glück kam dann irgendwann die Polizei.

HEDDA Sogar die Polizei?

BRACK Ja. Für Eilert Løvborg, diesen Verrückten, dürfte das ein teurer Spaß werden.

HEDDA Was!

BRACK Er soll tätlichen Widerstand geleistet, einen Polizisten geohrfeigt und dessen Uniformjacke zerrissen haben. Aufs Revier hat er auch mitgemusst.

HEDDA Woher wissen Sie das alles?

BRACK Direkt von der Polizei.

HEDDA *(blickt vor sich hin)* Ganz schön schief gegangen. Nichts von wegen mit Weinlaub bekränzt.

BRACK Weinlaub, Frau Hedda?

HEDDA *(wechselt den Tonfall)* Sagen Sie, Richter – warum spüren Sie Løvborg eigentlich so hinterher?

BRACK Erstens kann es mir nicht ganz egal sein, wenn er beim Verhör erzählt, dass er gerade von mir kam.

HEDDA Verhört worden ist er auch?

BRACK Natürlich. Na, wie auch immer. Aber ich finde, als Freund des Hauses bin ich verpflichtet, Sie und Tesman über Løvborgs nächtliche Eskapaden zu informieren.

HEDDA Warum eigentlich, Richter Brack?

BRACK Ich habe den dringenden Verdacht, dass er Sie beide als Schutzschild benutzen will.

HEDDA Wie kommen Sie auf so was?

BRACK Wir sind doch nicht blind, Frau Hedda! Schauen Sie hin! Diese Frau Elvsted wird die Stadt nicht so bald wieder verlassen.

HEDDA Na, wenn die beiden etwas miteinander haben, können sie sich überall treffen.

BRACK Bei niemandem. Kein anständiges Haus steht Løvborg ab jetzt mehr offen.

HEDDA Und meins sollte das auch nicht mehr, meinen Sie?

BRACK Ja. Ich muss zugeben, es wäre mir ausgesprochen unangenehm, wenn dieser Herr hier ein und aus gehen dürfte. Wenn er sich unwillkommener- und überflüssigerweise hineindrängen würde in –

HEDDA – in unser Dreieck?

BRACK Genau. Das wäre für mich so schlimm, wie heimatlos zu werden.

HEDDA *(schaut ihn lächelnd an)* Aha – Sie wollen der Hahn im Korb sein – das ist Ihre Absicht.

BRACK *(nickt langsam und senkt die Stimme)* Ja, das ist meine Absicht. Und dafür werde ich kämpfen – mit allen Mitteln, die mir zur Verfügung stehen.

HEDDA *(das Lächeln verschwindet)* Sie sind sicher ein gefährlicher Gegner – wenn es zum Kampf kommt.

BRACK Glauben Sie?

HEDDA So langsam glaube ich das. Und das passt mir gut – solange Sie mich nicht irgendwie in der Hand haben.

BRACK *(lacht zweideutig)* Ja, ja, Frau Hedda. – Da haben Sie vielleicht Recht. Wer weiß, wozu ich in dem Fall imstande wäre.

HEDDA Jetzt hören Sie aber auf, Richter Brack! Das klingt ja fast, als wollten Sie mir drohen.

BRACK *(steht auf)* Weit entfernt! Das Dreieck, sehen Sie – das kann nur durch freien Willen stabiler werden und bestehen.

HEDDA Das meine ich auch.

BRACK So, jetzt habe ich gesagt, was ich sagen wollte. Ich muss wieder los. Auf Wiedersehen, Frau Hedda! *(Geht zur Glastür)*

HEDDA *(steht auf)* Gehen Sie durch den Garten?

BRACK Ja, das ist eine Abkürzung für mich.

HEDDA Und eine Hintertür.

BRACK Wohl wahr. Ich habe nichts gegen Hintertüren. Manchmal können die recht pikant sein.

HEDDA Wenn scharf geschossen wird, meinen Sie?

BRACK *(in der Tür, lacht ihr zu)* Ach, auf zahme Hähne schießt man nicht!

HEDDA *(lacht ebenfalls)* Vor allem, wenn man nur einen im Korb hat –

Sie nicken einander lachend zum Abschied zu. Brack geht. Hedda schließt hinter ihm die Tür.
Eine Zeit lang steht sie da und schaut ernst hinaus. Dann geht sie zum Vorhang und schaut ins Hinterzimmer. Sie tritt an den Schreibtisch, nimmt Lovborgs Manuskript aus dem Bücherfach und will darin blättern. Bertes Stimme ist laut aus der Diele zu

hören. Hedda dreht sich um und lauscht. Dann steckt sie das Ma-
nuskript rasch in die Schublade, schließt ab und legt den Schlüssel
zum Schreibzeug.
Eilert Løvborg im Mantel, den Hut in der Hand, reißt die Die-
lentür auf. Er sieht etwas verwirrt und erregt aus.

LØVBORG *(in die Diele gewandt)* Ich sage doch, ich muss und
werde reingehen! So! *(Schließt die Tür, dreht sich um, sieht*
Hedda, beherrscht sich sofort und grüßt)

HEDDA *(am Schreibtisch)* Na, Herr Løvborg, Sie kommen
reichlich spät, um Thea abzuholen.

LØVBORG Oder reichlich früh zu Ihnen. Entschuldigen Sie
bitte.

HEDDA Woher wissen Sie, dass sie noch hier ist?

LØVBORG In ihrer Pension wurde mir gesagt, dass sie die
ganze Nacht weg war.

HEDDA *(geht zum Salontisch)* Haben Sie den Leuten etwas
angemerkt, als die Ihnen das sagten?

LØVBORG *(blickt sie fragend an)* Etwas angemerkt?

HEDDA Ich meine, ob die sich so ihren Teil dabei dachten.

LØVBORG *(begreift plötzlich)* Oh Gott, Sie haben Recht! Ich
ziehe Thea mit hinab! Aber bemerkt habe ich nichts. –
Tesman ist wohl noch nicht auf?

HEDDA Nein – ich glaube nicht –

LØVBORG Wann ist er nach Hause gekommen?

HEDDA Sehr spät.

LØVBORG Hat er Ihnen etwas erzählt?

HEDDA Ja, dass es bei Richter Brack hoch hergegangen ist.

LØVBORG Mehr nicht?

HEDDA Nein, ich glaube nicht. Außerdem war ich furchtbar verschlafen –

Frau Elvsted kommt durch den Vorhang aus dem Hinterzimmer.

FRAU ELVSTED Ach, Løvborg! – Endlich!

LØVBORG Ja, endlich. Und doch zu spät.

FRAU ELVSTED *(schaut ihn ängstlich an)* Warum zu spät?

LØVBORG Alles ist vorbei. Mit mir ist es aus.

FRAU ELVSTED Nein, nein – sag nicht so was!

LØVBORG Du wirst dasselbe sagen, du weißt ja noch nicht –

FRAU ELVSTED Ich will es nicht wissen!

HEDDA Sie möchten vielleicht lieber allein mit ihr reden? Dann gehe ich.

LØVBORG Nein, bleiben Sie. Bitte.

FRAU ELVSTED Aber ich will nichts wissen, habe ich gesagt!

LØVBORG Es geht auch nicht um heute Nacht.

FRAU ELVSTED Sondern –?

LØVBORG Dass unsere Wege sich trennen müssen.

FRAU ELVSTED Trennen?

HEDDA *(unwillkürlich)* Ich habe es gewusst!

LØVBORG Ich brauche dich nicht mehr, Thea.

FRAU ELVSTED Und das kannst du einfach so sagen? Mich nicht mehr brauchen? Ich kann dir doch weiterhelfen, wie bisher? Wir werden weiter miteinander arbeiten!

LØVBORG Ich werde ab heute nicht mehr arbeiten.

FRAU ELVSTED *(resigniert)* Was soll dann aus mir werden?

LØVBORG Du musst versuchen, so zu leben, als hättest du mich nie gekannt.

FRAU ELVSTED Aber das kann ich nicht!

LØVBORG Versuche es, Thea. Du musst nach Hause fahren –

FRAU ELVSTED *(erregt)* Nie ihm Leben! Ich will sein, wo du bist! Ich lasse mich nicht einfach so wegjagen! Ich will hier sein! Bei dir, wenn das Buch herauskommt.

HEDDA *(halblaut, gespannt)* Ah, das Buch – ja!

LØVBORG *(schaut sie an)* Unser Buch – meins und Theas. Denn *das* ist es.

FRAU ELVSTED Ja, so empfinde ich es auch. Darum habe ich auch das Recht, bei dir zu sein, wenn es erscheint! Ich will sehen, wie dir wieder Respekt und Achtung entgegengebracht werden! Und die Freude – die Freude will ich mit dir teilen.

LØVBORG Thea – unser Buch wird nie erscheinen.

HEDDA Ah!

FRAU ELVSTED Nie erscheinen?

LØVBORG Es kann nie erscheinen.

FRAU ELVSTED *(voll ängstlicher Ahnung)* Løvborg – was hast du mit den Heften getan?

HEDDA *(schaut ihn gespannt an)* Ja – mit den Heften?

FRAU ELVSTED Wo hast du sie?

LØVBORG Ach, Thea – frag mich nicht.

FRAU ELVSTED Doch, doch, ich will es wissen, sofort. Das ist mein gutes Recht.

LØVBORG Die Hefte –. Na gut – ich habe die Hefte in tausend Stücke zerrissen.

FRAU ELVSTED *(schreit auf)* Oh nein – nein!

HEDDA *(unwillkürlich)* Das ist ja gar nicht –!

LØVBORG *(schaut sie an)* Nicht wahr, meinen Sie?

HEDDA *(beherrscht sich)* Doch, schon. Wenn Sie es selber sagen. Aber es klingt so undenkbar –

LØVBORG Und doch ist es wahr.

FRAU ELVSTED *(ringt die Hände)* Oh Gott – oh Gott, Hedda – er hat sein Werk vernichtet!

LØVBORG Mein Leben habe ich vernichtet. Da konnte ich dasselbe gleich auch mit meinem Lebenswerk tun –

FRAU ELVSTED Und hast es heute Nacht getan!

LØVBORG Ja, wie gesagt. In tausend Stücke. Und sie in den Fjord gestreut. Weit draußen. Immerhin, in kühles Salzwasser. Lass es treiben, wohin Strömung und Wind es tragen. Und nach einer Zeit lang geht alles unter. Immer tiefer. Genau wie ich, Thea.

FRAU ELVSTED Løvborg, das Buch –. Bis an mein Lebensende wird das für mich sein, als hättest du ein kleines Kind umgebracht.

LØVBORG Da hast du Recht. Eine Art Kindesmord.

FRAU ELVSTED Wie konntest du –! Es war auch mein Kind.

HEDDA *(fast lautlos)* Ah, das Kind –

FRAU ELVSTED *(atmet schwer)* Vorbei also. Ja, ich gehe jetzt, Hedda.

HEDDA Aber du fährst doch nicht nach Hause?

FRAU ELVSTED Ich weiß nicht, was ich tun werde. Jetzt ist alles um mich herum schwarz. *(Geht durch die Dielentür hinaus)*

HEDDA *(steht da und wartet kurz)* Sie wollen sie also nicht nach Hause bringen, Løvborg?

LØVBORG Ich? Durch die Straßen? Sollen die Leute sie etwa mit mir sehen?

HEDDA Ich weiß ja nicht, was heute Nacht noch alles passiert ist. Lässt es sich gar nicht mehr gutmachen?

LØVBORG Es bleibt nicht bei dieser Nacht. Das ist mir nur zu klar. Aber ich *ertrage* so ein Leben nicht mehr. Nicht nochmal. Sie hat meinen Lebensmut und meinen Trotz gebrochen.

HEDDA *(schaut vor sich hin)* Das süße kleine Dummchen hat sich ins Schicksal eingemischt. *(Schaut ihn an)* Aber wie konnten Sie so herzlos zu ihr sein?

LØVBORG Sagen Sie nicht, dass das herzlos war.

HEDDA Einfach hingehen und vernichten, was so lange Zeit ihr Lebensinhalt war? Das finden Sie nicht herzlos?

LØVBORG Ich will Ihnen die Wahrheit sagen, Hedda.

HEDDA Die Wahrheit?

LØVBORG Aber versprechen Sie mir erst – geben Sie mir Ihr Wort, dass Thea nie erfährt, was ich Ihnen jetzt anvertraue.

HEDDA Sie haben mein Wort drauf.

LØVBORG Gut. Was ich vorhin erzählt habe, war nicht die Wahrheit.

HEDDA Das mit den Heften?

LØVBORG Ja. Ich habe sie nicht zerrissen. Und sie auch nicht in den Fjord geworfen.

HEDDA Nein? Aber – wo sind sie dann?

LØVBORG Ich habe sie trotzdem zerstört. Restlos, Hedda!

HEDDA Ich verstehe nicht.

LØVBORG Thea hat gesagt, es kommt ihr wie Kindesmord vor.

HEDDA Ja, das hat sie gesagt.

LØVBORG Aber sein Kind umzubringen – das ist nicht das Schlimmste, was ein Vater tun kann.

HEDDA *Das* ist nicht das Schlimmste?

LØVBORG Nein. Das Schlimmste wollte ich Thea ersparen.

HEDDA Und was soll das sein?

LØVBORG Nehmen Sie an, Hedda, ein Mann kommt – frühmorgens – nach einer wüsten, durchzechten Nacht nach Hause zur Mutter seines Kindes und sagt: Hör mal, ich war da und da. An den und den Orten. Und ich hatte unser Kind dabei. An den und den Orten. Ich habe das Kind verloren. Einfach verloren. Weiß der Teufel, wem es in die Hände gefallen ist. Wer es entführt hat.

HEDDA Ach – letzten Endes war es doch nur ein Buch –

LØVBORG Theas ganze Seele war in diesem Buch.

HEDDA Ich verstehe.

LØVBORG Dann verstehen Sie auch, dass es für Thea und mich keine Zukunft geben kann.

HEDDA Und was haben Sie jetzt vor?

LØVBORG Nichts. Nur all dem ein Ende bereiten. Je schneller, desto besser.

HEDDA *(einen Schritt näher)* Eilert Løvborg – hören Sie –. Könnten Sie nicht versuchen, dass – dass es in Schönheit geschieht?

LØVBORG In Schönheit? *(Lächelt)* Mit Weinlaub bekränzt, wie Sie schon mal gesagt haben –

HEDDA Oh nein. Weinlaub – daran glaube ich nicht mehr. Aber an Schönheit, an die ja! Dieses eine Mal! – Leben Sie wohl. Sie müssen jetzt gehen. Und dürfen nie wieder herkommen.

LØVBORG Leben Sie wohl, gnädige Frau. Und grüßen Sie Jørgen Tesman von mir. *(Will gehen)*

HEDDA Warten Sie! Ein Andenken von mir sollen Sie noch mitnehmen. *(Geht zum Schreibtisch und öffnet die Schublade und die Pistolenkiste. Kommt dann zu Løvborg zurück, eine der Pistolen in der Hand)*

LØVBORG *(schaut sie an)* Die? Das ist das Andenken?

HEDDA *(nickt langsam)* Erkennen Sie sie wieder? Sie war schon einmal auf Sie gerichtet.

LØVBORG Hätten Sie damals nur Ernst gemacht.

HEDDA Hier! Machen Sie es jetzt.

LØVBORG *(steckt sich die Pistole in die Brusttasche)* Danke!

HEDDA In Schönheit, Eilert Løvborg. Das müssen Sie mir versprechen!

LØVBORG Leben Sie wohl, Hedda Gabler. *(Geht durch die Dielentür hinaus)*

Hedda lauscht eine Zeit lang an der Tür. Dann geht sie zum Schreibtisch und nimmt das Päckchen mit dem Manuskript hervor, schaut kurz in den Umschlag, zieht einige Blätter halb heraus und schaut sie an. Dann geht sie zum Ofen und setzt sich davor in den Lehnstuhl, das Päckchen auf dem Schoß. Kurz darauf öffnet sie die Ofentür und dann auch das Päckchen.

HEDDA *(wirft eins der Hefte ins Feuer und flüstert vor sich hin)* Jetzt verbrenne ich dein Kind, Thea! – Du mit deinen Locken! *(Wirft einige weitere Hefte in den Ofen)* Dein und Eilert Løvborgs Kind. *(Wirft den Rest hinein)* Jetzt verbrenne ich – verbrenne ich das Kind.

4. AKT

Dieselben Räume bei Tesmans. Es ist Abend. Der Salon liegt im Dunkeln. Das Hinterzimmer wird von der Hängelampe über dem Tisch beleuchtet. Die Vorhänge vor der Glastür sind zu.
Hedda, schwarz gekleidet, geht in dem dunklen Salon auf und ab. Dann ins Hinterzimmer und dort nach links. Man hört ein paar Klavierakkorde. Dann kommt sie wieder heraus und geht in den Salon.
Berte kommt von rechts ins Hinterzimmer, mit einer brennenden Lampe, die sie im Salon auf den Tisch beim Ecksofa stellt. Ihre Augen sind verweint, am Häubchen hat sie schwarze Bänder. Still und behutsam geht sie nach rechts hinaus. Hedda geht zur Glastür, hebt die Vorhänge etwas beiseite und blickt hinaus ins Dunkle. Kurz darauf kommt Fräulein Tesman, in Trauerkleidung, mit

Hut und Schleier, aus der Diele herein. Hedda geht ihr entgegen und reicht ihr die Hand.

FRÄULEIN TESMAN Ja, Hedda, ich trage Trauer. Meine arme Schwester hat ihren Kampf endlich überstanden.

HEDDA Ich weiß es schon, wie Sie sehen. Tesman hat mir eine Nachricht geschickt.

FRÄULEIN TESMAN Ja, das hat er mir versprochen. Aber ich habe trotzdem gedacht, dass ich Hedda – hier in diesem lebensvollen Haus – die Todesnachricht selber überbringen muss.

HEDDA Das ist sehr freundlich von Ihnen.

FRÄULEIN TESMAN Ach, Rina hätte nicht ausgerechnet jetzt gehen dürfen. Heddas Haus sollte in dieser Zeit nicht Trauer tragen.

HEDDA *(ablenkend)* Sie ist ganz still eingeschlafen, Fräulein Tesman?

FRÄULEIN TESMAN Ach, so schön – ganz friedlich ist sie hinübergegangen. Und sie war so unsagbar glücklich, dass sie Jørgen noch ein Mal hat sehen dürfen. Und sich von ihm verabschieden konnte. – Ist er noch nicht wieder zu Hause?

HEDDA Nein. Er hat geschrieben, dass es noch eine Weile dauern wird. Setzen Sie sich doch.

FRÄULEIN TESMAN Nein danke, meine liebe – gesegnete Hedda. Ich würde gern. Aber ich habe so wenig Zeit. Jetzt werde ich meine Schwester herrichten und schmücken, so gut ich kann. Richtig schön soll sie in ihr Grab kommen.

HEDDA Kann ich mit etwas behilflich sein?

FRÄULEIN TESMAN Aber nein! Mit so etwas darf Hedda Tesman sich nicht belasten. Nicht mal daran denken. Nicht in dieser Zeit, nein.

HEDDA Ach, die Gedanken – die lassen sich nicht so einfach lenken –

FRÄULEIN TESMAN *(fährt fort)* Ja, weiß Gott, so geht es in der Welt. Jetzt müssen wir zu Hause bei mir Rinas Totenhemd nähen. Und hier gibt es wohl auch bald was zu nähen, denke ich. Aber das wird etwas anderes – Gott sei Dank!

Jørgen Tesman kommt durch die Dielentür.

HEDDA Gut, dass du endlich kommst.

TESMAN Du bist hier, Tante Julle? Bei Hedda? Denk nur!

FRÄULEIN TESMAN Ich wollte gerade gehen, mein lieber Junge. Hast du alles erledigt, worum ich dich gebeten habe?

TESMAN Nein, ich fürchte wirklich, ich habe die Hälfte vergessen. Ich komme morgen wieder zu dir. Heute bin ich ganz wirr im Kopf. Ich kann die Gedanken nicht zusammenhalten.

FRÄULEIN TESMAN Aber lieber Jørgen, du musst es dir nicht so zu Herzen nehmen.

TESMAN Nein? Was soll ich denn tun?

FRÄULEIN TESMAN Freu dich in der Trauer. Freu dich über das, was geschehen ist. Wie ich.

TESMAN Oh ja, ja. Du denkst an Tante Rina.

HEDDA Es wird jetzt einsam für Sie werden, Fräulein Tesman.

FRÄULEIN TESMAN An den ersten Tagen, ja. Aber ich hoffe doch, das wird nicht lange dauern. Rinas kleines Zimmer wird nicht lange leer stehen!

TESMAN Ja? Wer soll denn bei dir einziehen? Was?

FRÄULEIN TESMAN Leider Gottes gibt es genug arme Kranke, die Obhut und Pflege brauchen.

HEDDA Wollen Sie wirklich so ein Kreuz auf sich nehmen?

FRÄULEIN TESMAN Kreuz! Gott vergebe Ihnen, Kind – das war kein Kreuz für mich.

HEDDA Aber mit einem fremden Menschen, das –

FRÄULEIN TESMAN Ach, mit Kranken wird man bald vertraut. Und ich brauche doch auch jemanden, für den ich leben kann. Na, gottlob wird es hier im Haus für eine alte Tante ja auch bald das eine oder andere zu tun geben.

HEDDA Ach, denken Sie nicht an uns.

TESMAN Ja, denk nur, wie schön wir drei es miteinander haben können, wenn –

HEDDA Wenn –?

TESMAN *(unruhig)* Ach, nichts. Das kommt schon in Ordnung. Wollen hoffen. Was?

FRÄULEIN TESMAN Ja, ja. Ihr zwei habt sicher einiges zu bereden, denke ich mir. *(Lächelt)* Und Hedda hat dir vielleicht auch etwas zu erzählen, Jørgen. Lebt wohl! Ich muss nach Hause zu Rina. *(Wendet sich zur Tür)* Gott, welch sonderbarer Gedanke! Jetzt ist Rina sowohl bei mir als auch bei Jochum selig.

TESMAN Ja, denk nur, Tante Julle. Was?

Fräulein Tesman geht zur Dielentür hinaus.

HEDDA *(beobachtet Tesman mit kaltem, forschendem Blick)* Ich glaube fast, der Todesfall geht *dir* mehr zu Herzen als ihr.

TESMAN Es ist nicht nur der Todesfall. Ich mache mir Sorgen um Eilert.

HEDDA *(rasch)* Gibt es was Neues von ihm?

TESMAN Ich wollte heute Nachmittag zu ihm und ihm sagen, dass das Manuskript in guten Händen ist.

HEDDA Und? Hast du ihn gesprochen?

TESMAN Nein, er war nicht zu Hause. Aber hinterher habe ich Frau Elvsted getroffen, und sie hat mir erzählt, dass er heute früh hier war.

HEDDA Ja, gleich als du fort warst.

TESMAN Und er hätte gesagt, dass er das Manuskript zerrissen hat. Was?

HEDDA Ja, das hat er behauptet.

TESMAN Dann muss er völlig verwirrt gewesen sein! Und du hast dich nicht getraut, es ihm zu geben, was, Hedda?

HEDDA Nein.

TESMAN Aber du hast ihm gesagt, dass wir es haben?

HEDDA Nein. *(Rasch)* Hast du es Frau Elvsted gesagt?

TESMAN Nein, das wollte ich nicht. Aber ihm selber hättest du es sagen sollen. Denk nur, wenn er sich in seiner Verzweiflung etwas antut! Gib mir das Manuskript, Hedda! Ich laufe gleich zu ihm und bringe es. Wo hast du das Päckchen?

HEDDA *(kalt und unbewegt, auf den Lehnstuhl gestützt)* Ich habe es nicht mehr.

TESMAN Du hast es nicht mehr? Was um alles in der Welt soll das heißen?

HEDDA Ich habe es verbrannt – alles.

TESMAN *(fährt erschrocken auf)* Verbrannt! Du hast Eilerts Manuskript verbrannt!

HEDDA Schrei nicht so. Das Dienstmädchen könnte dich hören.

TESMAN Verbrannt! Bist du wahnsinnig –! Das kann ich nicht glauben!

HEDDA Ist aber so.

TESMAN Ist dir klar, was du getan hast, Hedda? Das ist Unterschlagung einer Fundsache. Denk nur! Frag Richter Brack, der wird dir was erzählen!

HEDDA Es dürfte ratsam sein, dass du nicht darüber sprichst – weder mit dem Richter noch mit sonst irgendwem.

TESMAN Wie kannst du nur so etwas Unerhörtes tun! Wie bist du darauf gekommen? Was ist in dich gefahren? Antworte mir! Was?

HEDDA *(unterdrückt ein fast unmerkliches Lächeln)* Ich habe es dir zuliebe getan, Jørgen.

TESMAN Mir zuliebe!

HEDDA Als du heute Morgen erzählt hast, dass er dir daraus vorgelesen hat –

TESMAN Ja, ja – was denn?

HEDDA Da hast du zugegeben, dass du ihn um das Werk beneidest.

TESMAN Mein Gott, das war doch nicht buchstäblich gemeint.

HEDDA Wie auch immer. Ich habe den Gedanken nicht ertragen, jemand könnte dich in den Schatten stellen.

TESMAN *(bricht aus, zwischen Freude und Zweifel hin- und hergerissen)* Hedda – ja, es stimmt, was du da sagst! – Ja aber – ja aber – so hast du mir deine Liebe noch nie gezeigt! Denk nur!

HEDDA Dann solltest du am besten auch wissen, dass – dass genau jetzt – *(Bricht ab, heftig)* Nein, nein – frag Tante Julle. Sie wird's dir erklären.

TESMAN Oh, ich glaube fast, ich verstehe, was du meinst, Hedda! *(Schlägt die Hände zusammen)* Nein, Herrgott, du – ist das denn die Möglichkeit? Was?

HEDDA Jetzt schrei nicht so. Das Mädchen kann dich hören.

TESMAN *(lacht vor Freude)* Das Mädchen! Du bist wirklich köstlich, Hedda! Das Mädchen – das Mädchen ist doch Berte! Ich werde es ihr gleich erzählen.

HEDDA *(ringt die Hände, als wäre sie verzweifelt)* Ach, es bringt mich noch um – all das hier bringt mich noch um!

TESMAN Was denn, Hedda?

HEDDA *(kalt, beherrscht)* All das – Lächerliche, Jørgen.

TESMAN Das Lächerliche? Dass ich mich so freue? Aber –. Vielleicht sollte ich es Berte doch nicht sagen.

HEDDA Ach doch – warum nicht?

TESMAN Nein, noch nicht. Aber Tante Julle muss es natürlich erfahren. Und auch, dass du endlich Jørgen zu mir sagst! Denk nur. Ach, Tante Julle wird sich so freuen!

HEDDA Wenn sie hört, dass ich Eilert Løvborgs Papiere verbrannt habe – dir zuliebe?

TESMAN Nein, du hast Recht! Das darf natürlich niemand wissen. Aber dass du für mich brennst, Hedda – das soll Tante Julle natürlich erfahren! Und, ähm, ist das üblich, dass jung verheiratete Ehefrauen so etwas empfinden, du? Was?

HEDDA Frag das auch besser Tante Julle, würde ich sagen.

TESMAN Ja, das mache ich bei Gelegenheit. *(Sieht wieder besorgt und nachdenklich aus)* Nein, aber – nein, das Manuskript! Trotzdem, für den armen Eilert ist das ganz furchtbar.

Frau Elvsted, gekleidet wie bei ihrem ersten Besuch, mit Hut und Mantel, tritt durch die Dielentür ein.

FRAU ELVSTED *(grüßt rasch und sagt aufgeregt)* Ach, liebe Hedda, sei mir nicht böse, dass ich schon wieder komme.

HEDDA Was ist denn passiert, Thea?

TESMAN Geht es wieder um Eilert Løvborg? Was?

FRAU ELVSTED Oh ja – ich habe so furchtbar Angst, dass ihm etwas zugestoßen sein könnte.

HEDDA *(greift sie beim Arm)* Glaubst du?

TESMAN Wie kommen Sie auf so etwas, Frau Elvsted?

FRAU ELVSTED Ich habe gehört, wie in der Pension über ihn geredet wurde, als ich hereinkam. In der Stadt machen die unglaublichsten Gerüchte über ihn die Runde.

TESMAN Ja, denk nur, so etwas habe ich auch gehört! Dabei kann ich bezeugen, dass er direkt nach Hause und ins Bett gegangen ist. Denk nur!

HEDDA Und – was haben die in der Pension erzählt?

FRAU ELVSTED Ich habe nichts Genaues erfahren. Entweder wussten die nichts Näheres, oder –. Als ich hereinkam, brach das Gespräch ab. Und zu fragen habe ich mich nicht getraut.

TESMAN *(wandert unruhig durchs Zimmer)* Hoffen wir – hoffen wir, Sie haben sich verhört, Frau Elvsted!

FRAU ELVSTED Nein, nein, ich bin sicher, dass es um ihn ging. Und dann habe ich etwas mit Krankenhaus gehört oder –

TESMAN Krankenhaus?

HEDDA Nein – das kann nicht sein!

FRAU ELVSTED Ich stehe Todesängste um ihn aus! Dann bin ich zu seiner Unterkunft gegangen und habe dort nach ihm gefragt.

HEDDA Das hast du auf dich genommen, Thea?

FRAU ELVSTED Was hätte ich sonst tun sollen? Ich konnte die Ungewissheit nicht mehr aushalten.

TESMAN Aber dort haben Sie ihn auch nicht angetroffen? Was?

FRAU ELVSTED Nein. Die Leute wussten nichts. Nur dass er seit gestern Nachmittag nicht mehr zu Hause gewesen ist.

TESMAN Seit gestern! Denk nur!

FRAU ELVSTED Es muss ihm etwas passiert sein!

TESMAN Du, Hedda – ob ich mal in die Stadt gehe und mich ein bisschen umhöre –?

HEDDA Nein, nein – misch du dich da nicht ein.

Richter Brack, den Hut in der Hand, kommt durch die Dielentür, die Berte ihm öffnet und hinter ihm schließt. Er sieht ernst aus und grüßt wortlos.

TESMAN Oh, Sie sind hier, lieber Richter! Was?

BRACK Ja, ich musste unbedingt noch heute Abend zu Ihnen kommen.

TESMAN Ich sehe Ihnen an, dass Sie Tante Julles Nachricht erhalten haben.

BRACK Ja, das auch, ja.

TESMAN Ist das nicht traurig! Was?

BRACK Ja, lieber Tesman, wie man's nimmt.

TESMAN *(schaut ihn unsicher an)* Ist etwa noch etwas passiert?

BRACK Ja, durchaus.

HEDDA *(gespannt)* Etwas Trauriges, Richter Brack?

BRACK Auch das, wie man's nimmt, Gnädigste.

FRAU ELVSTED *(es bricht unwillkürlich aus ihr heraus)* Eilert!

BRACK *(schaut sie kurz an)* Wie kommen Sie darauf? Wissen Sie etwa schon etwas –?

FRAU ELVSTED *(verwirrt)* Nein, nein, ganz und gar nicht, aber –

TESMAN Himmel, sagen Sie es uns!

BRACK *(zuckt mit den Schultern)* Tja – leider – Eilert Løvborg ist im Krankenhaus. Er liegt wohl schon im Sterben.

FRAU ELVSTED *(schreit auf)* Oh mein Gott! Oh mein Gott!

TESMAN Im Krankenhaus! Im Sterben!

HEDDA *(unwillkürlich)* So schnell –!

FRAU ELVSTED *(jammert)* Und wir haben uns nicht versöhnt, Hedda!

HEDDA *(flüstert)* Aber Thea – Thea!

FRAU ELVSTED *(beachtet sie nicht)* Ich muss sofort zu ihm! Ich muss ihn noch ein Mal sehen!

BRACK Das hat keinen Sinn, Frau Elvsted. Man lässt niemanden zu ihm.

FRAU ELVSTED So sagen Sie schon, was ihm passiert ist!

TESMAN Er wird doch nicht am Ende selber –! Was?

HEDDA Doch, da bin ich ziemlich sicher.

TESMAN Hedda – wie kannst du –!

BRACK *(der sie nicht aus den Augen lässt)* Sie raten leider richtig, Frau Tesman.

FRAU ELVSTED Wie schrecklich!

TESMAN Sich selbst! Denk nur!

HEDDA Erschossen!

BRACK Wieder richtig geraten, Frau Tesman.

FRAU ELVSTED *(ringt um Fassung)* Wann ist es passiert, Herr Richter?

BRACK Heute Nachmittag. Zwischen drei und vier.

TESMAN Mein Gott – wo hat er es getan? Was?

BRACK *(etwas unsicher)* Wo? Tja, mein Lieber – wohl in seiner Unterkunft.

FRAU ELVSTED Nein, das kann nicht sein. Ich war heute Abend dort.

BRACK Dann woanders. Das weiß ich nicht so genau. Ich weiß nur, dass er gefunden wurde –. Er hatte sich – in die Brust geschossen.

FRAU ELVSTED Was für eine grauenhafte Vorstellung! Dass er so enden musste!

HEDDA *(zu Brack)* In die Brust, sagen Sie?

BRACK Ja.

HEDDA Also nicht in die Schläfe?

BRACK In die Brust, Frau Tesman.

HEDDA Ja – die Brust ist auch gut.

BRACK Wie bitte?

HEDDA *(abweisend)* Nichts.

TESMAN Und die Verwundung ist lebensgefährlich, sagen Sie? Was?

BRACK Sie ist auf jeden Fall tödlich. Wahrscheinlich ist es mit ihm schon vorbei.

FRAU ELVSTED Ja, ja, ich spüre es! Es ist vorbei! Vorbei! Oh Hedda –!

TESMAN Aber – woher wissen Sie das alles?

BRACK *(kurz angebunden)* Von einem Polizisten. Einer, mit dem ich zu reden hatte.

HEDDA *(laut und vernehmlich)* Endlich eine Tat!

TESMAN *(erschrocken)* Gott bewahre – was sagst du da, Hedda?

HEDDA Ich sage, dass Schönheit darin ist.

BRACK Hm, Frau Tesman –

TESMAN Schönheit! Denk nur!

FRAU ELVSTED Oh Hedda, wie kannst du bei so etwas von Schönheit reden!

HEDDA Eilert Løvborg hat mit sich selber abgerechnet. Er hatte den Mut zu tun, was – was er tun musste.

FRAU ELVSTED Nein, denk nicht, dass er es so getan hat! Er kann das nur im Wahn getan haben!

TESMAN Aus Verzweiflung!

HEDDA Nein. Da bin ich mir sicher.

FRAU ELVSTED Doch, doch! Im Wahn! So, wie er unsere Hefte zerrissen hat.

BRACK *(stutzt)* Hefte? Das Manuskript, meinen Sie? Er hat es zerrissen?

FRAU ELVSTED Ja, heute Nacht.

TESMAN *(flüstert leise)* Hedda, wie sollen wir da nur rauskommen?

BRACK Hm, seltsam.

TESMAN *(geht hin und her)* Dass Eilert so aus dem Leben gehen musste! Und ohne das Buch zu hinterlassen, das ihm Ruhm und Ansehen verschafft hätte –

FRAU ELVSTED Wenn man es nur wieder zusammensetzen könnte!

TESMAN Denk nur, wenn man das könnte! Ich weiß nicht, was ich darum geben würde –

FRAU ELVSTED Vielleicht ist das möglich, Herr Tesman.

TESMAN Wie denn?

FRAU ELVSTED *(sucht in der Rocktasche)* Schauen Sie. Ich habe die losen Blätter aufbewahrt, die er beim Diktieren dabeihatte.

HEDDA *(einen Schritt näher)* Ah!

TESMAN Sie haben sie aufbewahrt, Frau Elvsted? Was?

FRAU ELVSTED Ja, hier. Ich habe sie mitgenommen. Und in der Tasche gelassen –

TESMAN Zeigen Sie her!

FRAU ELVSTED *(gibt ihm einen Stapel kleiner Zettel)* Aber es ist ganz durcheinander. Völlig ungeordnet.

TESMAN Denk nur, wenn wir trotzdem da durchfinden würden! Vielleicht, wenn wir es gemeinsam angehen –

FRAU ELVSTED Oh ja, lassen Sie es uns wenigstens versuchen –

TESMAN Es wird gehen! Es *muss* gehen! Ich gebe mein Leben dafür!

HEDDA Du, Jørgen? Dein Leben?

TESMAN Ja, oder besser gesagt meine Zeit. Meine eigene Arbeit kann so lange warten. Hedda – du verstehst mich doch? Was? Das bin ich Eilert schuldig.

HEDDA Mag sein.

TESMAN So, liebe Frau Elvsted, jetzt brauchen wir einen klaren Kopf. Es hilft nichts, wenn wir wegen dem, was passiert ist, verzweifeln. Wir müssen zusehen, dass wir zur Ruhe kommen, damit wir –

FRAU ELVSTED Ja, Herr Tesman, ich will es versuchen, so gut ich kann.

TESMAN Gut, dann kommen Sie. Wir müssen uns die Notizen sofort ansehen. Wohin setzen wir uns? Hierher? Nein, drüben ins Hinterzimmer. Entschuldigen Sie, lieber Richter! Kommen Sie, Frau Elvsted.

FRAU ELVSTED Oh Gott – wenn es sich machen ließe!

Tesman und Frau Elvsted gehen ins Hinterzimmer. Sie legt Hut und Mantel ab. Beide setzen sich an den Tisch unter die Hängelampe und vertiefen sich in die Papiere. Hedda geht zum Ofen und setzt sich in den Lehnstuhl. Kurz darauf geht Brack zu ihr.

HEDDA *(halblaut)* Ach, Richter – Eilert Løvborgs Tat ist wirklich eine Befreiung!

BRACK Eine Befreiung, Frau Hedda? Für ihn vielleicht –

HEDDA Ich meine für mich. Eine Befreiung zu wissen, dass in der Welt doch noch etwas Mutiges aus freiem Willen möglich ist. Etwas, das den Glanz unwillkürlicher Schönheit an sich hat.

BRACK *(lächelt)* Hm – liebe Frau Hedda –

HEDDA Ach, ich weiß schon, was Sie sagen wollen. Sie sind doch auch eine Art Fachmann, Sie auch, genau wie – na ja!

BRACK *(blickt sie fest an)* Eilert Løvborg hat Ihnen mehr bedeutet, als Sie sich selbst eingestehen wollen. Oder liege ich da falsch?

HEDDA Darauf kriegen Sie von mir keine Antwort. Ich weiß nur, dass Eilert Løvborg den Mut hatte, nach seinen eigenen Regeln zu leben. Und jetzt – dieses Große! Das so viel Schönheit hat. Dass er Kraft und Willen genug besaß, das Fest des Lebens zu verlassen – so früh.

BRACK Es schmerzt mich zwar, Frau Hedda – aber ich bin gezwungen, Ihnen diese schöne Illusion zu rauben.

HEDDA Illusion?

BRACK Die Sie sowieso bald verloren hätten.

HEDDA Und warum?

BRACK Er hat sich nicht selber erschossen – nicht freiwillig.

HEDDA Nicht freiwillig?

BRACK Nein. Das mit Eilert Løvborg ist nicht ganz so abgelaufen, wie ich es erzählt habe.

HEDDA *(gespannt)* Sie haben etwas verschwiegen? Was?

BRACK Der armen Frau Elvsted zuliebe habe ich ein paar Details nicht erwähnt.

HEDDA Nämlich?

BRACK Erstens ist er tatsächlich schon gestorben.

HEDDA Im Krankenhaus.

BRACK Ja. Er ist nicht wieder zu Bewusstsein gekommen.

HEDDA Und was haben Sie noch verschwiegen?

BRACK Dass es sich nicht in seinem Zimmer ereignet hat.

HEDDA Na, das ist wohl auch nicht so wichtig.

BRACK Wie man's nimmt. Ich muss Ihnen sagen – Eilert
Løvborg wurde erschossen aufgefunden – in Fräulein
Dianas Boudoir.

HEDDA *(will aufspringen, sinkt aber zurück)* Das ist unmöglich, Richter Brack! *Dort* kann er heute nicht nochmal
gewesen sein!

BRACK Er war heute Nachmittag dort. Er kam, um etwas zu
verlangen, das sie ihm dort weggenommen hatten. Er re-
dete verwirrt von einem Kind, das weggekommen sei –

HEDDA Ach – darum also –

BRACK Ich dachte, er könnte sein Manuskript meinen. Aber
das hat er selber vernichtet, wie ich höre. Also war wohl
doch die Brieftasche gemeint.

HEDDA Ja, wahrscheinlich –. Und dort – dort fand man ihn
also.

BRACK Mit einer abgefeuerten Pistole in der Brusttasche.
Der Schuss hatte ihn tödlich verletzt.

HEDDA In die Brust.

BRACK Nein – in den Unterleib.

HEDDA *(schaut ihn angeekelt an)* Auch das noch! Oh Gott,
alles, was ich anfasse, wird immer nur lächerlich und
gemein, es ist der reinste Fluch!

BRACK Und noch etwas, Frau Hedda. Noch etwas Gemeines.

HEDDA Ja?

BRACK Die Pistole, die er bei sich hatte –

HEDDA *(atemlos)* Ja? Was denn?

BRACK Die muss er gestohlen haben.

HEDDA *(springt auf)* Gestohlen! Das ist nicht wahr! Das hat er nicht!

BRACK Anders kann es nicht sein. Er muss sie gestohlen haben –. Psst!

Tesman und Frau Elvsted sind im Hinterzimmer vom Tisch aufgestanden und kommen in den Salon.

TESMAN *(die Papiere in beiden Händen)* Du, Hedda – ich kann drinnen unter der Hängelampe fast nichts sehen. Denk nur!

HEDDA Ja, ich denke.

TESMAN Dürfen wir uns vielleicht an deinen Schreibtisch setzen? Was?

HEDDA Von mir aus. *(Hastig)* Nein, warte! Ich muss erst etwas aufräumen.

TESMAN Das ist nicht nötig, Hedda. Es ist Platz genug.

HEDDA Nein, nein, ich will aufräumen, habe ich gesagt. Ich lege das hier so lange aufs Klavier. So!

Sie hat einen mit Notenblättern bedeckten Gegenstand unter dem Bücherfach herausgezogen, legt weitere Papiere darauf und bringt alles ins Hinterzimmer nach links. Tesman legt die Zettel auf den Schreibtisch und holt die Lampe vom Ecktisch her. Er und Frau Elvsted setzen sich und vertiefen sich wieder in die Arbeit. Hedda kommt zurück, bleibt hinter Frau Elvsteds Stuhl stehen und streicht ihr sanft übers Haar.

HEDDA Na, Thea, Liebes – geht die Arbeit an Eilert Løvborgs Denkmal voran?

FRAU ELVSTED *(schaut sie mutlos an)* Ach Gott – da ist ungeheuer schwer durchzufinden.

TESMAN Es *muss* gehen. Unbedingt. Und Ordnung in die Papiere von anderen bringen, genau das kann ich nun mal gut.

Hedda geht zum Ofen und setzt sich auf einen Hocker. Brack steht dicht bei ihr, auf den Lehnstuhl gestützt.

HEDDA *(flüsternd)* Was haben Sie von der Pistole gesagt?

BRACK *(leise)* Dass er sie gestohlen haben muss.

HEDDA Warum ausgerechnet gestohlen?

BRACK Weil sich jede andere Erklärung verbietet, Frau Hedda.

HEDDA Aha.

BRACK *(blickt sie kurz an)* Natürlich ist Eilert Løvborg heute Morgen hier gewesen. Nicht wahr?

HEDDA Ja.

BRACK Sie waren mit ihm allein?

HEDDA Ja, eine Weile.

BRACK Haben sie den Raum verlassen, solange er hier war?

HEDDA Nein.

BRACK Denken Sie gut nach. Waren Sie keinen Augenblick draußen?

HEDDA Doch, vielleicht ganz kurz – in der Diele.

BRACK Und wo war so lange Ihre Pistolenkiste?

HEDDA Unten in –

BRACK Nun, Frau Hedda?

HEDDA Die stand dort auf dem Schreibtisch.

BRACK Haben sie seitdem kontrolliert, ob noch beide Pistolen da sind?

HEDDA Nein.

BRACK Das ist auch überflüssig. Ich habe die Pistole gesehen, die Løvborg dabeihatte. Und sie sofort wiedererkannt, ich habe sie gestern erst gesehen. Und früher auch schon.

HEDDA Haben Sie sie vielleicht?

BRACK Nein. Die Polizei hat sie.

HEDDA Was will die Polizei mit der Pistole?

BRACK Den Eigentümer ermitteln.

HEDDA Glauben Sie, das ist möglich?

BRACK *(beugt sich über sie und flüstert)* Nein, Hedda Gabler – nicht solange ich schweige.

HEDDA *(blickt ihn ängstlich an)* Und wenn Sie *nicht* schweigen – was dann?

BRACK *(zuckt mit den Schultern)* Dann bleibt immer noch der Ausweg, dass die Pistole gestohlen wurde.

HEDDA *(entschlossen)* Dann lieber sterben!

BRACK *(lächelt)* So etwas *sagt* man. Aber man *tut* es nicht.

HEDDA *(geht nicht darauf ein)* Und wenn die Pistole nun gestohlen ist. Und der Eigentümer ermittelt wird. Was dann?

BRACK Ja, Hedda – dann gibt es einen Skandal.

HEDDA Einen Skandal!

BRACK Ja. Einen Skandal – vor dem Sie so eine tödliche Angst haben. Sie müssten natürlich vors Gericht. Sie und

Fräulein Diana. Die muss ja erklären, wie alles hergegangen ist. Ob es ein Unfall war oder Mord. Zog er die Pistole aus der Tasche, um sie zu bedrohen? Und dabei hat sich der Schuss gelöst? Oder hat sie ihm die Pistole aus der Hand gerissen, ihn erschossen und ihm die Waffe wieder in die Tasche gesteckt? Das wäre ihr durchaus zuzutrauen. Dieses Fräulein Diana ist eine ausgesprochen handfeste Person.

HEDDA Aber diese widerliche Geschichte hat mit *mir* doch nichts zu tun.

BRACK Nein. Eine Frage werden Sie allerdings beantworten müssen: Warum haben Sie Eilert Løvborg die Pistole gegeben? Und welche Schlüsse wird man daraus ziehen, dass Sie sie ihm gegeben haben?

HEDDA *(lässt den Kopf sinken)* Sie haben Recht. Daran habe ich nicht gedacht.

BRACK Na, zum Glück droht keine Gefahr, solange ich nichts sage.

HEDDA *(schaut zu ihm hoch)* Dann bin ich also in Ihrer Gewalt, Richter Brack. Sie haben mich in der Hand.

BRACK *(flüstert noch leiser)* Liebste Hedda – glauben Sie mir – ich werde das nicht ausnutzen.

HEDDA Trotzdem bin ich in Ihrer Gewalt. Ihren Forderungen und Ihrem Willen ausgeliefert. Unfrei! Unfrei! *(Steht jäh auf)* Nein – diesen Gedanken ertrage ich nicht. Niemals!

BRACK *(blickt sie halb spöttisch an)* Ach, früher oder später fügt man sich ins Unvermeidliche.

HEDDA *(erwidert seinen Blick)* Mag sein. *(Sie geht zum Schreibtisch hinüber. Mit unterdrücktem Lächeln, Tesmans Tonfall imitierend)* Na? Kriegt ihr's hin? Was?

TESMAN Abwarten. Aber ein paar Monate wird das auf jeden Fall dauern.

HEDDA *(wie zuvor)* Denk nur! *(Fährt mit der Hand leicht über Frau Elvsteds Haar)* Kommt dir das nicht seltsam vor, Thea? Jetzt sitzt du mit Tesman da – genau wie vorher mit Eilert Løvborg.

FRAU ELVSTED Ach, wenn ich deinen Mann nur auch inspirieren könnte.

HEDDA Das kommt schon noch – mit der Zeit.

TESMAN Ja, weißt du, Hedda – ich glaube, ich spüre tatsächlich schon so etwas. Aber setz dich doch wieder zum Richter.

HEDDA Könnt ihr mich denn zu nichts brauchen?

TESMAN Nein, zu gar nichts. *(Dreht den Kopf zu Brack)* In der nächsten Zeit müssen *Sie* wohl so nett sein und Hedda Gesellschaft leisten.

BRACK *(mit einem Seitenblick auf Hedda)* Mit dem allergrößten Vergnügen.

HEDDA Danke. Aber heute Abend bin ich müde. Ich lege mich drinnen ein bisschen aufs Sofa.

TESMAN Ja, tu das, Liebes. Was?

Hedda geht ins Hinterzimmer und zieht hinter sich die Türvorhänge zu. Kurze Pause. Plötzlich hört man sie drinnen einen wilden Tanz auf dem Klavier spielen.

FRAU ELVSTED *(fährt vom Stuhl auf)* Huh – was ist das?

TESMAN *(läuft zur Türöffnung)* Aber liebste Hedda – du kannst doch heute Abend nicht zum Tanz aufspielen! Denk an Tante Rina! Und auch an Eilert!

HEDDA *(steckt den Kopf durch den Vorhang)* Und an Tante Julle. Und an alle anderen. – Ab jetzt werde ich still sein. *(Zieht den Vorhang wieder zu)*

TESMAN *(beim Schreibtisch)* Ich glaube, es tut ihr nicht gut, uns bei dieser traurigen Arbeit zu sehen. Wissen Sie was, Frau Elvsted – Sie sollten bei Tante Julle einziehen. Dann komme ich abends hinüber, und wir können dort miteinander arbeiten. Was?

FRAU ELVSTED Ja, das wäre vielleicht das Beste –

HEDDA *(im Hinterzimmer)* Ich höre genau, was du sagst, Tesman. Und was soll ich dann abends hier allein machen?

TESMAN *(blättert in den Papieren)* Ach, Richter Brack schaut sicher gern ab und an vorbei.

BRACK *(im Lehnstuhl, ruft munter)* Gern jeden einzelnen Abend, Frau Tesman! Wir werden es uns schon gemütlich machen, wir zwei!

HEDDA *(klar und deutlich)* Genau das haben Sie sich gewünscht, was, Herr Richter? Der Hahn im Korb –

Ein Schuss ist zu hören. Tesman, Frau Elvsted und Brack springen auf.

TESMAN Jetzt spielt sie wieder mit diesen Pistolen!

Er schlägt die Vorhänge zurück und läuft hinein. Frau Elvsted ebenso. Hedda liegt leblos auf dem Sofa. Verwirrung und Schreie. Berte kommt verstört von rechts.

TESMAN *(zu Brack)* Sie hat sich erschossen! In die Schläfe geschossen! Denken Sie nur!

BRACK *(halb ohnmächtig im Lehnstuhl)* Um Gottes willen – so was *tut* man doch nicht!

BAUMEISTER SOLNESS

Bygmester Solness

Schauspiel in 3 Akten

BAUMEISTER HALVARD SOLNESS
ALINE SOLNESS, seine Frau
DOKTOR HERDAL, Hausarzt
KNUT BROVIK, früher Architekt, jetzt Solness' Assistent
RAGNAR BROVIK, sein Sohn, technischer Zeichner
KAJA FOSLI, Broviks Nichte, Buchhalterin
FRÄULEIN HILDE WANGEL

EINIGE DAMEN, LEUTE AUF DER STRASSE

[Falls die Namen norwegisch ausgesprochen werden sollen: Hállwahr Ssúlnäss – Knüht Brúwiek – Kaja Fósslih. Falls nicht: Wichtig ist, dass Solness mit scharfem S am Anfang gesprochen wird.]

ORT

Das Haus von Baumeister Solness

Die Uraufführung von *Baumeister Solness* war am 07. 12. 1892 am Haymarket Theatre, London.
Die Erstaufführung der Neuübersetzung war am 10. 06. 2004 am Burgtheater (Akademietheater) Wien in Koproduktion mit den Wiener Festwochen (Regie: Thomas Ostermeier).

1. AKT

Ein schlicht eingerichtetes Arbeitszimmer im Haus von Baumeister Solness. Eine Flügeltür geht links in den Flur. Rechts die Tür zu den Wohnräumen. An der Rückwand eine offene Tür zum Zeichenzimmer. Vorn links ein Pult mit Büchern, Papieren und Schreibzeug. Hinten neben der Flügeltür ein Ofen. In der rechten Ecke ein Sofa mit Tisch und einigen Stühlen, auf dem Tisch Wasserkaraffe und Gläser. Rechts vorn ein kleinerer Tisch, daneben ein Schaukelstuhl und ein Lehnstuhl. Brennende Arbeitsleuchten auf dem Ecktisch, dem Pult und dem Tisch im Zeichenzimmer.

Drinnen im Zeichenzimmer sitzen Knut Brovik und sein Sohn Ragnar an Bauzeichnungen und Berechnungen. Im Arbeitszimmer steht Kaja Fosli am Pult und schreibt im Hauptbuch. Knut Brovik ist ein alter, dünner Mann mit weißem Haar und Bart. Er trägt einen etwas abgewetzten, aber gepflegten Gehrock, Brille und ein weißes, etwas vergilbtes Halstuch. Ragnar Brovik, in den Dreißigern, gut gekleidet, hellhaarig, hält sich leicht gebeugt. Kaja Fosli ist ein schmächtiges junges Mädchen knapp über zwanzig, sorgfältig gekleidet, aber von kränklichem Äußeren. Sie trägt einen grünen Augenschirm. Alle drei arbeiten eine Zeit lang schweigend.

BROVIK *(steht plötzlich auf, wie von Angst getrieben, und tritt schwer atmend in die Tür)* Ah, lange halte ich das nicht mehr aus!

KAJA *(geht zu ihm)* Ist es heute Abend wieder so schlimm, Onkel?

BROVIK Ich habe das Gefühl, es wird von Tag zu Tag schlimmer.

RAGNAR *(ist aufgestanden und tritt näher)* Vielleicht solltest du nach Hause gehen, Vater. Ein bisschen schlafen.

BROVIK *(ungeduldig)* Ins Bett am Ende? Willst du, dass ich ersticke?

KAJA Dann geh wenigstens ein bisschen an die Luft.

RAGNAR Ja. Und ich komme mit.

BROVIK *(heftig)* Ich gehe nicht, bevor er da ist! Heute Abend muss ich mit ihm sprechen – *(verbittert)* – mit unserem Herrn Prinzipal.

KAJA *(ängstlich)* Nein, Onkel – warte lieber noch!

RAGNAR Ja, Vater, warte noch.

BROVIK *(atmet mühsam ein)* Viel Zeit zum Warten bleibt mir nicht.

KAJA *(lauscht)* Psst! Da ist er, auf der Treppe!

Sie gehen wieder an ihre Plätze und arbeiten weiter. Kurze Pause. Baumeister Halvard Solness kommt durch die Flurtür herein. Ein etwas älterer Mann, gesund und kräftig, mit kurz geschnittenem, krausem Haar, dunklem Schnurrbart und dunklen, dicken Augenbrauen. Er trägt eine graugrüne, zugeknöpfte Jacke mit Stehkragen und breiten Aufschlägen, auf dem Kopf hat er einen weichen grauen Filzhut, unter dem Arm ein paar Mappen.

SOLNESS *(in der Tür, deutet zum Zeichenzimmer und fragt flüsternd)* Sind sie schon weg?

KAJA *(schüttelt den Kopf; leise)* Nein. *(Nimmt den Augenschirm ab)*

Solness geht durchs Zimmer, wirft den Hut auf einen Stuhl, legt die Mappen auf den Sofatisch und nähert sich dann wieder dem Pult. Kaja schreibt ohne Pause, wirkt aber nervös und unruhig.

SOLNESS *(laut)* Was tragen Sie denn da ein, Fräulein Fosli?

KAJA *(zuckt zusammen)* Äh, nur etwas, das . . .

SOLNESS Lassen Sie mal sehen, Fräulein. *(Beugt sich über sie, tut so, als würde er ins Hauptbuch schauen und flüstert)* Kaja?

KAJA *(leise, beim Schreiben)* Ja?

SOLNESS Warum nehmen Sie immer den Schirm ab, wenn ich komme?

KAJA *(wie zuvor)* Weil ich mit dem so hässlich aussehe.

SOLNESS *(lächelt)* Und *das* wollen Sie nicht, Kaja?

KAJA *(schaut schräg zu ihm hoch)* Nein, auf gar keinen Fall. Nicht wenn Sie da sind.

SOLNESS *(streicht ihr leicht übers Haar)* Arme, arme kleine Kaja –

KAJA *(senkt den Kopf)* Psst, sie können Sie hören!

Solness geht langsam nach rechts, kehrt um und stellt sich in die Tür zum Zeichenzimmer.

SOLNESS Ist jemand hier gewesen und hat nach mir gefragt?

RAGNAR *(steht auf)* Die jungen Eheleute, die draußen in Løvstrand die Villa bauen wollen.

SOLNESS *(brummt)* Die? Die sollen sich gedulden. Ich weiß noch gar nicht, was ich von der Sache halte.

RAGNAR *(kommt zögernd näher)* Sie wollten unbedingt möglichst bald die Entwürfe sehen.

SOLNESS *(wie eben)* Ja, lieber Himmel, das wollen alle.

BROVIK *(blickt auf)* Sie möchten endlich in ihren eigenen vier Wänden wohnen.

SOLNESS Aha, aha. Das kennt man ja. Und dann nehmen sie das erste Beste. Irgendeine – Behausung! Einen Unterschlupf! Aber kein Haus. Nein danke! Dann sollen sie lieber zu einem anderen gehen. Sagt ihnen das, wenn sie wiederkommen.

BROVIK *(schiebt sich die Brille in die Stirn und schaut ihn erstaunt an)* Zu einem anderen? Wollen Sie den Auftrag abgeben?

SOLNESS *(ungeduldig)* Ja, ja, ja, verflucht nochmal! Wenn es sein muss, von mir aus. Bevor ich einfach so drauflos baue! *(Bricht aus)* Ich kenne diese Leute noch gar nicht richtig!

BROVIK Die sind solide. Ragnar kennt sie. Er verkehrt mit der Familie. Sehr solide Leute.

SOLNESS Solide – wenn ich das schon höre! *Darum* geht es mir nicht. Herrgott – verstehen Sie mich auch nicht? *(Heftig)* Ich will mit fremden Leuten nichts zu schaffen haben. Meinetwegen sollen die zu sonst wem gehen!

BROVIK *(steht auf)* Ist das Ihr Ernst?

SOLNESS *(kurz angebunden)* Ja. Ausnahmsweise. *(Geht durchs Zimmer)*

BROVIK *(wechselt einen Blick mit Ragnar, der ihn mit einer Geste warnt, dann kommt er ins Arbeitszimmer vor)* Könnte ich noch kurz mit Ihnen sprechen?

SOLNESS Bitte.

BROVIK *(zu Kaja)* Geh so lang nach drüben.

KAJA *(unruhig)* Aber, Onkel –

BROVIK Tu, was ich dir sage, Kind. Und mach die Tür zu.

Kaja geht zögernd ins Zeichenzimmer, wirft Solness verstohlen einen bittenden Blick zu und schließt die Tür hinter sich.

BROVIK *(mit etwas gedämpfter Stimme)* Die Kinder brauchen nicht zu wissen, wie es um mich steht.

SOLNESS Ja, Sie sehen wirklich schlecht aus in letzter Zeit.

BROVIK Ich habe nicht mehr lange. Meine Kräfte lassen nach, jeden Tag mehr.

SOLNESS Setzen Sie sich.

BROVIK Ja, danke, wenn ich darf.

SOLNESS *(rückt den Lehnstuhl zurecht)* Hier, bitte. Nun?

BROVIK *(setzt sich beschwerlich hin)* Das mit Ragnar macht es für mich so schwer. Was soll aus ihm werden?

SOLNESS Ihr Sohn bleibt natürlich bei mir, so lange er will.

BROVIK Das ist es ja. Er will nicht. Er findet, das geht jetzt nicht mehr.

SOLNESS Er hat hier keine schlechte Stellung, würde ich sagen. Und wenn es ihm um eine Gehaltserhöhung geht, da könnte man ja drüber reden ...

BROVIK Nein, nein! Das ist es absolut nicht. *(Ungeduldig)* Irgendwann will er auch einmal selbständig arbeiten!

SOLNESS *(ohne ihn anzusehen)* Glauben Sie, dass Ragnar dazu das Zeug hat?

BROVIK Nein, das ist ja das Schlimme. Dass ich allmählich selber an dem Jungen zweifle. Sie haben noch nie ein gutes Wort über ihn verloren. Trotzdem, es *kann* nicht anders sein, er *muss* Talent haben.

SOLNESS Tja, aber er hat nichts gelernt, nichts so richtig. Außer Zeichnen.

BROVIK *(blickt ihn mit unterdrücktem Hass an, heiser)* Sie konnten auch noch nicht viel damals, als ich Sie eingestellt habe. Aber Sie haben trotzdem zugepackt. *(Atmet schwer)* Haben sich nach oben durchgekämpft. Haben mich aus dem Feld geschlagen – und viele andere auch.

SOLNESS Na, Sie wissen ja – es hat sich für mich einfach gut gefügt.

BROVIK Da haben Sie Recht. Alles hat sich für Sie gefügt. Aber bringen Sie es wirklich übers Herz, dass ich sterben muss, ohne zu erfahren, was Ragnar wirklich kann? Und ich möchte die beiden noch so gern verheiratet sehen.

SOLNESS *(scharf)* Will *sie* das denn?

BROVIK Kaja nicht unbedingt. Aber Ragnar redet jeden Tag davon. *(Bittend)* Sie *müssen* – Sie *müssen* ihm dabei helfen, selbständig zu arbeiten! Ich muss unbedingt etwas sehen, das der Junge gemacht hat. Hören Sie!

SOLNESS *(gereizt)* Ich kann doch nichts aus dem Hut zaubern!

BROVIK Er könnte jetzt sofort einen guten Auftrag bekommen, eine große Sache.

SOLNESS *(stutzt, unruhig)* Ach ja?

BROVIK Wenn Sie es erlauben.

SOLNESS Und was soll das sein?

BROVIK *(etwas zögerlich)* Er könnte die Villa draußen in Løvstrand bauen.

SOLNESS Die soll ich doch bauen!

BROVIK Ich denke, dazu haben Sie keine Lust?

SOLNESS *(auffahrend)* Keine Lust? Wer sagt das?

BROVIK Sie selber haben das eben gesagt.

SOLNESS Hören Sie nicht auf das, was ich so – dahersage. – Könnte Ragnar den Auftrag denn bekommen?

BROVIK Ja. Er kennt die Familie, wie gesagt. Und er hat – nur so zum Spaß – schon erste Skizzen gemacht und einen Kostenvoranschlag durchgerechnet.

SOLNESS Und das gefällt den Leuten? Die da wohnen sollen?

BROVIK Ja. Und wenn Sie das jetzt befürworten würden, dann –

SOLNESS Dann würden sie Ragnar ihre Villa bauen lassen?

BROVIK Was er sich ausgedacht hat, hat ihnen zugesagt. Sehr originell fanden sie es, haben sie gesagt.

SOLNESS Ach ja! Originell! Nicht so ein altmodisches Zeug, wie ich es baue, was!

BROVIK Sie sagten, das ist mal was anderes.

SOLNESS *(mit unterdrückter Verbitterung)* Also sind die zu *Ragnar* gekommen, in meiner Abwesenheit!

BROVIK Sie sind hergekommen, um Sie zu sprechen. Um zu fragen, ob Sie vielleicht zurücktreten würden –

SOLNESS *(auffahrend)* Zurücktreten? Ich?

BROVIK Falls Sie Ragnars Entwürfe für gut befinden würden –

SOLNESS Ich! Zurücktreten, für Ihren Sohn?

BROVIK Von dem Auftrag zurücktreten.

SOLNESS Das kommt aufs selbe heraus. *(Lacht bitter)* So, so! Halvard Solness soll sich aufs Altenteil zurückziehen. Den Jüngeren Platz machen! Den Jüngsten womöglich! Mach Platz! Platz! Platz!

BROVIK Mein Gott, hier wird doch Platz für mehr als einen sein –

SOLNESS So viel Platz nun auch wieder nicht. Aber wie dem auch sei, *ich* trete nicht zurück, niemals! Ich weiche niemandem! Freiwillig nicht! Nie!

BROVIK *(steht mit Mühe auf)* Also darf ich nicht in Frieden sterben? Ohne Gewissheit? Ohne Freude? Ohne Glauben und Vertrauen in Ragnar? Ohne ein einziges Werk von ihm gesehen zu haben? Muss ich das?

SOLNESS *(wendet sich halb ab und murmelt)* Drängen Sie mich jetzt nicht mehr.

BROVIK Doch, ich verlange eine Antwort. Muss ich so elend sterben?

SOLNESS *(scheint mit sich zu ringen, spricht schließlich mit leiser, aber fester Stimme)* Sie müssen sterben, so gut Sie können.

BROVIK Dann muss es so sein. *(Geht durchs Zimmer)*

SOLNESS *(ihm hinterher, halb verzweifelt)* Ja, weil ich nicht anders *kann*, begreifen Sie doch! Ich bin, wie ich bin! Ich kann nicht aus meiner Haut!

BROVIK Nein, nein, das können Sie nicht. *(Steht schwankend beim Sofatisch)* Dürfte ich ein Glas Wasser –?

SOLNESS Bitte. *(Gießt ihm ein Glas ein und hält es ihm hin)*

BROVIK Danke. *(Trinkt und stellt das Glas ab)*

SOLNESS *(öffnet die Tür zum Zeichenzimmer)* Ragnar – kommen Sie, bringen Sie Ihren Vater nach Hause.

RAGNAR *(steht rasch auf und kommt mit Kaja ins Arbeitszimmer)* Was ist denn, Vater?

BROVIK Hak mich unter. Wir gehen.

RAGNAR Gut. Zieh dich an, Kaja.

SOLNESS Fräulein Fosli bleibt noch hier. Nur kurz. Ich muss noch einen Brief diktieren.

BROVIK *(schaut Solness an)* Gute Nacht. Schlafen Sie gut – wenn Sie können.

SOLNESS Gute Nacht.

Brovik und Ragnar gehen durch die Flurtür ab. Kaja tritt ans Pult. Solness steht mit hängendem Kopf rechts beim Lehnstuhl.

KAJA *(unsicher)* Gibt es wirklich einen Brief?

SOLNESS *(kurz)* Natürlich nicht. *(Blickt sie barsch an)* Kaja!

KAJA *(ängstlich, leise)* Ja.

SOLNESS *(deutet gebieterisch mit dem Finger vor sich auf den Boden)* Hierher!

KAJA *(zögert)* Ja.

SOLNESS *(wie eben)* Näher!

KAJA *(folgt)* Was wollen Sie?

SOLNESS *(blickt sie eine Zeit lang an)* Habe ich das dir zu verdanken?

KAJA Nein, nein, wo denken Sie hin!

SOLNESS   Aber heiraten willst du ihn, oder?

KAJA   *(leise)* Ragnar und ich sind jetzt seit vier – nein, fünf Jahren verlobt – und da –

SOLNESS   Und da findest du, es wird langsam Zeit?

KAJA   Ragnar und mein Onkel sagen, ich muss. Und dann muss ich wohl.

SOLNESS   *(milder)* Magst du Ragnar denn auch?

KAJA   Ich mochte Ragnar sehr gern. – Bis ich zu Ihnen gekommen bin.

SOLNESS   Und jetzt nicht mehr? Gar nicht mehr?

KAJA   *(leidenschaftlich, reckt ihm die gefalteten Hände entgegen)* Sie wissen genau, ich mag nur noch einen Einzigen! Ich kann keinen anderen mehr lieben, niemals!

SOLNESS   Ja, das sagst du jetzt. Und dann verlässt du mich doch irgendwann. Lässt mich hier mit allem sitzen.

KAJA   Aber ich könnte bei Ihnen bleiben, auch wenn Ragnar –?

SOLNESS   *(abweisend)* Nein, nein, das kommt nicht in Frage. Wenn Ragnar eigene Wege geht und auf eigene Rechnung arbeitet, dann braucht er dich ja selbst.

KAJA   *(händeringend)* Ich kann mir nicht vorstellen, von Ihnen wegzugehen! Das ist unmöglich, völlig unmöglich!

SOLNESS   Dann sieh zu, dass du Ragnar diese Flausen ausredest. Heirate ihn, so viel du willst – *(Schlägt einen anderen Ton an)* Ja, ja, ich meine – sorge dafür, dass er hier in dieser guten Stellung bleibt. Dann kann ich *dich* auch behalten, Kaja.

KAJA Das wäre wunderbar!

SOLNESS *(fasst ihren Kopf mit beiden Händen und flüstert)* Ich kann nämlich auch nicht ohne dich sein, weißt du. Muss dich jeden Tag bei mir haben.

KAJA *(nervös hingerissen)* Oh Gott! Oh Gott!

SOLNESS *(küsst sie aufs Haar)* Kaja – Kaja!

KAJA *(sinkt vor ihm nieder)* Sie sind so gut zu mir. So lieb und gut!

SOLNESS *(heftig)* Steh auf! Steh auf, ver…! Da kommt jemand! *(Hilft ihr auf. Sie wankt zum Pult.)*

Frau Solness kommt rechts zur Tür herein. Sie sieht abgehärmt und vergrämt aus, mit Spuren einstiger Schönheit. Blonde, hängende Locken. Elegant und ganz schwarz gekleidet. Spricht etwas langsam und mit klagender Stimme.

FRAU SOLNESS *(in der Tür)* Halvard!

SOLNESS *(dreht sich zu ihr)* Ach du, meine Liebe –?

FRAU SOLNESS *(mit einem Blick auf Kaja)* Ich komme ungelegen?

SOLNESS Ganz und gar nicht. Fräulein Fosli schreibt nur noch einen kurzen Brief.

FRAU SOLNESS Wie man sieht.

SOLNESS Was willst du denn, Aline?

FRAU SOLNESS Doktor Herdal sitzt drinnen im Eckzimmer. Willst du nicht auch kommen, Halvard?

SOLNESS *(schaut sie misstrauisch an)* Hm – will der Doktor unbedingt mit mir reden?

FRAU SOLNESS Nein, unbedingt wohl nicht. Er hat mich besucht. Aber dir will er auch gern guten Tag sagen.

SOLNESS *(lacht leise)* Kann ich mir denken, ja. Bitte ihn, noch kurz zu warten.

FRAU SOLNESS Und du kommst dann gleich?

SOLNESS Vielleicht. Gleich – gleich, Liebe. Nachher.

FRAU SOLNESS *(wieder mit einem Blick auf Kaja)* Aber vergiss es nicht, Halvard. *(Zieht sich zurück und schließt die Tür hinter sich)*

KAJA *(leise)* Oh Gott, sie denkt sicher wer weiß was.

SOLNESS Ach, nicht mehr als sonst. Trotzdem, du gehst jetzt besser, Kaja.

KAJA Ja, jetzt muss ich gehen.

SOLNESS *(streng)* Und das mit Ragnar regelst du, wie ich gesagt habe. Verstanden!

KAJA Wenn es nur von mir abhängen würde, dann –

SOLNESS Ich *will*, dass das erledigt wird, sage ich! Und zwar spätestens morgen!

KAJA *(ängstlich)* Wenn es nicht anders geht, bin ich bereit, die Verlobung zu lösen.

SOLNESS *(auffahrend)* Die Verlobung lösen! Bist du verrückt!

KAJA *(verzweifelt)* Zur Not ja. Ich *muss* – ich *muss* bei Ihnen bleiben! Ich *kann* nicht fort von Ihnen! Das ist vollkommen unmöglich.

SOLNESS *(bricht aus)* Zum Teufel nochmal – und Ragnar? Ich muss Ragnar unbedingt –

KAJA *(schaut ihn erschrocken an)* Wollen Sie nur wegen Ragnar –?

SOLNESS *(besinnt sich)* Aber nein, woher. Du begreifst gar nichts. *(Sanft)* Natürlich geht es mir um *dich*. Vor allem um dich, Kaja. Aber gerade darum musst du dafür sorgen, dass Ragnar seine Stellung bei mir nicht aufgibt. Und jetzt geh nach Hause.

KAJA Ja, ja. Gute Nacht.

SOLNESS Gute Nacht. *(Als sie gehen will)* Moment noch! Liegen drüben noch Ragnars Entwürfe?

KAJA Ich glaube, ja. Er hat sie nicht mitgenommen.

SOLNESS Hol sie her. Ich kann sie ja mal anschauen.

KAJA *(froh)* Oh ja, bitte!

SOLNESS Dir zuliebe, Kaja. Also, bring her!

KAJA *(läuft eilig ins Zeichenzimmer, wühlt ängstlich in der Schublade des Tischs, zieht eine Mappe heraus und bringt sie)* Hier, alle Entwürfe.

SOLNESS Gut. Leg sie dort auf den Tisch.

KAJA *(legt die Mappe hin)* Also, gute Nacht. *(Bittend)* Und denken Sie lieb an mich.

SOLNESS Natürlich, wie immer. Gute Nacht, liebe kleine Kaja. *(Schaut verstohlen nach rechts)* Geh jetzt!

Frau Solness und Doktor Herdal kommen rechts durch die Tür. Herdal ist ein älterer, fülliger Herr mit rundem, selbstzufriedenem Gesicht, bartlos, er hat dünnes, helles Haar und trägt eine Brille mit Goldrand.

FRAU SOLNESS *(noch in der Tür)* Halvard, ich kann den Doktor nicht länger vertrösten.

SOLNESS Na, dann kommen Sie mal.

FRAU SOLNESS *(zu Kaja, die gerade die Lampe am Schreibpult ausmacht)* Schon fertig mit dem Brief?

KAJA *(verwirrt)* Mit dem Brief –?

SOLNESS Er war ganz kurz.

FRAU SOLNESS Offenbar extrem kurz.

SOLNESS Sie können jetzt gehen, Fräulein Fosli. Bis morgen früh – pünktlich!

KAJA Natürlich. – Gute Nacht, Frau Solness. *(Geht durch die Flurtür hinaus)*

FRAU SOLNESS Schön für dich, Halvard, dass du dieses Fräulein Fosli als Hilfe hast.

SOLNESS Ja. Sie ist wirklich brauchbar.

FRAU SOLNESS Ganz offensichtlich.

HERDAL Auch als Buchhalterin?

SOLNESS Doch – in den zwei Jahren hat sie einiges dazugelernt. Und sie ist freundlich und willig, bei allem.

FRAU SOLNESS Das gefällt dir sicher besonders –

SOLNESS Ja. Wenn man in der Hinsicht nicht verwöhnt ist.

FRAU SOLNESS *(mit sanftem Vorwurf)* Halvard, was sagst du da?

SOLNESS Nichts, nichts, liebe Aline. Entschuldige.

FRAU SOLNESS Schon gut. Also, Herr Doktor, Sie kommen dann später zum Tee?

HERDAL Gern, nach meinen Hausbesuchen.

FRAU SOLNESS Schön. *(Geht nach rechts durch die Tür ab)*

SOLNESS Haben Sie es eilig, Doktor?

HERDAL Nein, gar nicht.

SOLNESS Kann ich kurz mit Ihnen reden?

HERDAL Sehr gern.

SOLNESS Setzen wir uns. *(Bietet Herdal den Schaukelstuhl an und setzt sich in den Lehnstuhl. Blickt ihn prüfend an)* Sagen Sie – ist Ihnen an Aline etwas aufgefallen?

HERDAL Meinen Sie eben, als sie hier war?

SOLNESS Ja. An ihrem Verhalten mir gegenüber, meine ich.

HERDAL *(lächelt)* Wie auch nicht, es ist wohl unübersehbar, dass Ihre Frau – hm –

SOLNESS Ja?

HERDAL – dass Ihre Frau dieses Fräulein Fosli nicht unbedingt gern sieht.

SOLNESS Sonst nichts? Das weiß ich selbst.

HERDAL Das ist ja auch nicht überraschend, oder?

SOLNESS Was?

HERDAL Dass es sie nicht gerade begeistert, wenn Sie den ganzen Tag eine andere Frau um sich haben.

SOLNESS Nein, da haben Sie vielleicht Recht. Und Aline wohl auch. Aber das wird sich nicht ändern lassen.

HERDAL Sie könnten auch einen Bürogehilfen nehmen.

SOLNESS Irgendeinen Gehilfen? Einen Wildfremden? Kommt nicht in Frage.

HERDAL Aber Ihre Frau ist – angegriffen. Wenn es ihr so zu schaffen macht?

SOLNESS Da kann ich ihr nicht helfen – so hart das klingt. Ich *brauche* Kaja Fosli. Sonst niemanden.

HERDAL Sonst niemanden?

SOLNESS *(kurz)* Nein.

HERDAL *(rückt seinen Stuhl näher heran)* Lieber Solness. Darf ich Sie etwas Persönliches fragen?

SOLNESS Bitte.

HERDAL Frauen haben ja für gewisse Dinge ein verdammt gutes Gespür –

SOLNESS Stimmt. Sicher. Und –?

HERDAL Hm. Und wenn nun Ihre Frau diese Kaja Fosli absolut nicht leiden kann –?

SOLNESS Was dann?

HERDAL – hat sie nicht vielleicht ein bisschen Grund für diesen Widerwillen?

SOLNESS *(schaut ihn an und steht auf)* Was?

HERDAL Nehmen Sie mir die Frage nicht übel. Aber hat sie einen oder nicht?

SOLNESS *(kurz und bestimmt)* Nein.

HERDAL Nicht den geringsten?

SOLNESS Keinen außer ihrem ewigen Misstrauen.

HERDAL Es hat ja einige Frauen in Ihrem Leben gegeben.

SOLNESS Stimmt.

HERDAL Und manchen haben Sie recht nahe gestanden.

SOLNESS Stimmt auch.

HERDAL Und mit diesem Fräulein Fosli – da ist nichts im Busch?

SOLNESS Nicht das Geringste. Jedenfalls nicht von mir aus.

HERDAL Aber von ihr aus?

SOLNESS Ich finde, diese Frage steht Ihnen nicht zu.

HERDAL Unser Ausgangspunkt war das Gespür Ihrer Frau.

SOLNESS War es, ja. Na – *(senkt die Stimme)* – und mit ihrem Gespür, wie Sie es nennen, liegt Aline tatsächlich nicht so ganz falsch.

HERDAL Na bitte!

SOLNESS *(setzt sich wieder)* Also Doktor, dann werde ich Ihnen mal etwas erzählen, wenn es Sie interessiert.

HERDAL Es interessiert mich sehr.

SOLNESS Gut, gut. Sie werden sich erinnern, dass ich Knut Brovik und seinen Sohn behalten habe, als ich das heruntergekommene Geschäft des Alten übernahm.

HERDAL Ja, das weiß ich noch gut.

SOLNESS Schließlich können beide wirklich was, jeder auf seine Art. Aber dann hat der Sohn sich unbedingt verloben müssen. Und jetzt will er natürlich heiraten – und sich selbständig machen. Typisch für die jungen Leute.

HERDAL *(lacht)* Tja, eine weit verbreitete Unsitte.

SOLNESS So. Aber das kommt mir absolut nicht gelegen. Ich brauche Ragnar hier. Und den Alten auch. Er ist mir un-

entbehrlich bei der Berechnung von Statik und Raum-
inhalt und all dem lästigen Zeug.

HERDAL Das aber nun mal dazugehört.

SOLNESS Eben. Aber Ragnar wollte sich damals unbedingt
selbständig machen.

HERDAL Und dann ist er doch bei Ihnen geblieben?

SOLNESS Ja, hören Sie zu. Eines Tages kam sie, also Kaja
Fosli, wegen irgendeiner Besorgung her. Sie war noch nie
hier gewesen. Und als ich sah, wie verliebt die beiden waren, da kam mir die Idee, dass ich Ragnar vielleicht halten
kann, wenn ich sie auch einstelle.

HERDAL Kein abwegiger Gedanke.

SOLNESS Ja, aber ich habe damals kein Wort darüber verloren. Ich stand nur da und sah sie an – und wünschte, dass
sie hier wäre. Also unterhielt ich mich ein bisschen
freundlich mit ihr – über Nebensächlichkeiten. Bis sie
wieder ging.

HERDAL Und?

SOLNESS Und am nächsten Tag, abends, nachdem der alte
Brovik und Ragnar nach Hause gegangen waren, kam sie
her und benahm sich, als hätten wir etwas verabredet.

HERDAL Wie denn verabredet?

SOLNESS Über das, was ich mir so gewünscht hatte. Aber ich
hatte es mit keinem Wort erwähnt.

HERDAL Merkwürdig.

SOLNESS Ja, nicht? Und jetzt wollte sie wissen, was genau sie
arbeiten sollte. Ob sie gleich am nächsten Morgen anfangen könnte. Lauter so Sachen.

HERDAL Vielleicht wollte sie einfach mit ihrem Verlobten zusammen sein?

SOLNESS Das dachte ich auch zuerst. Aber nein. Als sie erst mal hier war, da war es, als würde sie sich unmerklich von ihm wegbewegen.

HERDAL Und zu Ihnen hin?

SOLNESS Ja, und zwar ganz und gar. Ich spüre, dass sie es spürt, wenn ich sie von hinten ansehe. Sie zittert und bebt, sobald ich nur in ihre Nähe komme. Was halten Sie davon?

HERDAL Das ist wohl nicht schwer zu erklären.

SOLNESS Ja, aber das andere? Dass sie dachte, ich hätte laut gesagt, was ich mir nur gewünscht hatte – ohne ein Wort, innerlich. Was sagen Sie dazu? Können Sie mir so etwas erklären, Doktor Herdal?

HERDAL Nein, von so etwas lasse ich lieber die Finger.

SOLNESS Dachte ich mir. Darum habe ich auch nie darüber geredet. Aber auf die Dauer ist mir das ganz schön unangenehm, wissen Sie. Dass ich tagaus, tagein so tun muss, als ob ich … Ich tue ihr Unrecht damit. *(Heftig)* Aber ich *kann* nicht anders! Wenn sie geht – dann geht Ragnar auch.

HERDAL Und Ihrer Frau haben Sie diesen Zusammenhang nie erklärt?

SOLNESS Nein.

HERDAL Warum eigentlich nicht?

SOLNESS *(blickt ihn fest an und sagt gedämpft)* Weil ich es irgendwie selbstquälerisch genieße, dass Aline mich zu Unrecht verdächtigt.

HERDAL *(kopfschüttelnd)* Da komme ich nicht mit.

SOLNESS Wissen Sie – es ist wie eine winzige Wiedergutmachung einer schweren Schuld –

HERDAL Ihrer Frau gegenüber?

SOLNESS Ja. Es erleichtert mir ein wenig das Gewissen. Da kann man eine Zeit lang etwas freier atmen, verstehen Sie.

HERDAL Nein, wirklich, verstehe ich überhaupt nicht.

SOLNESS *(unterbricht ihn und steht wieder auf)* Ja, ja, ja – lassen wir das. *(Geht durchs Zimmer, kommt zurück und bleibt neben dem Tisch stehen. Blickt den Doktor leise lächelnd an)* Na, zufrieden, dass ich mich habe ausfragen lassen, Doktor?

HERDAL *(leicht verärgert)* Ausfragen? Was soll das jetzt wieder heißen, Herr Solness?

SOLNESS Sagen Sie es ruhig. Ich habe es genau bemerkt.

HERDAL Was denn bemerkt?

SOLNESS *(gedämpft, langsam)* Dass Sie mich die ganze Zeit heimlich beobachten.

HERDAL Ich? Warum sollte ich das tun?

SOLNESS Weil Sie denken, dass ich – *(Aufbrausend)* Verflucht, Sie denken genau dasselbe über mich wie Aline!

HERDAL Und was denkt sie Ihrer Meinung nach?

SOLNESS *(wieder beherrscht)* Sie glaubt seit einiger Zeit, dass ich etwas – etwas krank bin.

HERDAL Krank? Sie? Das hat sie mit keinem Wort erwähnt. Was soll Ihnen denn fehlen, mein Bester?

SOLNESS *(lehnt sich über den Stuhlrücken und flüstert)* Aline hält mich für verrückt. So.

HERDAL *(steht auf)* Aber mein lieber Solness!

SOLNESS Doch, doch, doch! Und Ihnen hat sie das auch eingeredet! Ich sehe es Ihnen an, Doktor, ganz genau sehe ich es Ihnen an! Machen Sie mir nichts vor!

HERDAL *(sieht ihn verwundert an)* Aber kein Gedanke, Solness, nie im Leben habe ich so etwas gedacht.

SOLNESS *(ungläubig lächelnd)* Wirklich nicht?

HERDAL Nein, nein! Und Ihre Frau ebenso wenig. Das kann ich beschwören!

SOLNESS Passen Sie auf, was Sie sagen. Denn irgendwie – irgendwie könnte sie ja auch ihre Gründe haben, so etwas zu denken.

HERDAL Jetzt ist es aber genug! Ich –

SOLNESS *(unterbricht ihn mit einer Handbewegung)* Ja, ja, lieber Doktor – lassen wir das. Soll sich jeder um seins kümmern. *(Unvermittelt verhalten fröhlich)* Aber hören Sie mal, Doktor –

HERDAL Ja?

SOLNESS Wenn Sie mich nun nicht für – krank – oder verrückt – oder umnachtet halten oder so –

HERDAL Dann?

SOLNESS Dann müssen Sie mich ausgesprochen glücklich finden?

HERDAL Sind Sie das denn nicht?

SOLNESS *(lacht)* Doch, doch, natürlich! Das muss man sich nur mal vorstellen – Baumeister Solness zu sein! Halvard Solness! Das ist doch großartig!

HERDAL Ja, wirklich, ich finde, Sie haben immer unwahrscheinlich viel Glück gehabt.

SOLNESS *(unterdrückt ein schwermütiges Lächeln)* Genau. Kein Grund zur Klage.

HERDAL Zuerst ist Ihnen die scheußliche alte Räuberburg abgebrannt. Wirklich schon mal ein Riesenglück!

SOLNESS *(ernst)* Das war Alines Elternhaus, vergessen Sie das nicht.

HERDAL Ja, für Ihre Frau muss das ein schwerer Schlag gewesen sein.

SOLNESS Sie hat es bis heute nicht verwunden, nach zwölf, nein, dreizehn Jahren nicht.

HERDAL Und das, was dann passiert ist, muss für sie am schlimmsten gewesen sein.

SOLNESS Das eine wie das andere.

HERDAL Aber Sie, Solness, Sie haben es als Chance genutzt, als armer Junge vom Dorf – und heute stehen Sie als der Erste Ihrer Zunft da. Doch, doch, das Glück war immer auf Ihrer Seite.

SOLNESS *(schaut ihn etwas ängstlich an)* Aber genau deswegen habe ich so schrecklich Angst.

HERDAL Angst? Sie mit Ihrem Glück?

SOLNESS Angst, den ganzen Tag lang, große Angst. Irgendwann muss es doch kippen.

HERDAL Ach was! Warum sollte es?

SOLNESS *(fest und sicher)* Durch die Jugend.

HERDAL Pfft! Die Jugend! So alt sind Sie noch nicht. Nein, nein, Sie stehen so felsenfest da wie nie zuvor.

SOLNESS Irgendwann kippt es. Ich ahne es. Ich spüre, dass es näher kommt. Irgendwer wird sagen: Weg da, lass mich ran! Und dann stürmen alle anderen hinterher und schreien: Platz da! Platz da! Platz da! Ja, passen Sie nur auf, Doktor. Irgendwann steht die Jugend vor der Tür und klopft an …

HERDAL *(lacht)* Na, Gottchen, und dann?

SOLNESS Dann? Dann ist es aus mit Baumeister Solness. *(Es klopft an der Tür links. Solness zuckt zusammen.)* Was war das? Haben Sie das gehört?

HERDAL Jemand hat geklopft.

SOLNESS *(laut)* Herein!

Hilde Wangel kommt durch die Flurtür herein. Sie ist mittelgroß, zierlich, geschmeidig. Leicht sonnengebräunt. Sie trägt Wanderkleidung mit Matrosenkragen und einem Matrosenhütchen und hat den Rock hochgebunden. Sie trägt einen Rucksack auf dem Rücken, eine Decke in einem Riemen und einen langen Bergstock.

HILDE *(geht mit freudestrahlenden Augen auf Solness zu)* Guten Abend!

SOLNESS *(blickt sie etwas verwundert an)* Guten Abend –

HILDE *(lacht)* Ich glaube fast, Sie erkennen mich nicht wieder!

SOLNESS Offen gesagt – nicht auf Anhieb –

HERDAL *(geht näher zu ihr)* Aber *ich* erkenne Sie wieder, Fräulein –

HILDE *(erfreut)* Ach Sie – haben wir uns nicht –?

HERDAL Ja, ich. *(Zu Solness)* Wir haben uns diesen Sommer auf einer von den Berghütten kennen gelernt. *(Zu Hilde)* Wo sind die anderen Damen abgeblieben?

HILDE Die sind nach Westen weitergereist.

HERDAL Denen hat wohl unser Lärm abends nicht gepasst.

HILDE Nein, stimmt.

HERDAL *(droht ihr mit dem Finger)* Und Sie haben fröhlich mit uns mitgefeiert.

HILDE Das war lustiger, als mit den alten Weibern Strümpfe zu stricken.

HERDAL *(lacht)* Da bin ich völlig Ihrer Meinung!

SOLNESS Sind Sie heute Abend angekommen?

HILDE Ja, eben gerade.

HERDAL Ganz allein, Fräulein Wangel?

HILDE Natürlich.

SOLNESS Wangel? Sie heißen Wangel?

HILDE *(schaut ihn belustigt und verwundert an)* Ja, natürlich.

SOLNESS Sind Sie die Tochter des Bezirksarztes von Lysanger?

HILDE *(wie eben)* Wessen Tochter sonst?

SOLNESS Dann sind wir uns vielleicht schon einmal begegnet, in dem Sommer, als ich da oben den neuen Kirchturm gebaut habe.

HILDE *(ernster)* Ja, das war damals.

SOLNESS Schon einige Zeit her.

HILDE *(blickt ihn fest an)* Genau zehn Jahre.

SOLNESS Dann waren Sie da noch ein Kind.

HILDE *(beiläufig)* Doch schon zwölf, dreizehn.

HERDAL Sind Sie zum ersten Mal hier in der Stadt, Fräulein Wangel?

HILDE Ja.

SOLNESS Kennen Sie hier überhaupt jemanden?

HILDE Nur Sie. Und Ihre Frau.

SOLNESS Ach, die kennen Sie auch?

HILDE Flüchtig. Wir waren ein paar Tage zusammen im Sanatorium –

SOLNESS Ach, dort oben.

HILDE Sie sagte, ich solle sie besuchen, falls ich mal in der Stadt wäre. *(Lächelt)* Das hätte sie gar nicht gebraucht.

SOLNESS Dass sie mir nichts davon gesagt hat –

Hilde stellt den Stock neben den Ofen, nimmt den Rucksack ab und legt ihn mit dem Plaid aufs Sofa. Herdal will ihr helfen. Solness steht da und sieht ihr zu.

HILDE *(geht auf ihn zu)* Und jetzt möchte ich also fragen, ob ich heute bei Ihnen übernachten könnte.

SOLNESS Das sollte sich wohl machen lassen.

HILDE Ich habe aber nichts zum Wechseln dabei. Nur Unterwäsche im Rucksack, aber die muss gewaschen werden, die ist schmutzig.

SOLNESS Da findet sich schon was. Ich sage schnell meiner Frau Bescheid.

HERDAL Und ich mache so lange meinen Krankenbesuch.

SOLNESS Tun Sie das. Danach kommen Sie ja wieder.

HERDAL *(fröhlich, mit einem Blick zu Hilde)* Worauf Sie wetten können! *(Lacht)* Dann hat sich Ihre Prophezeiung schon erfüllt, Solness!

SOLNESS Wie?

HERDAL Die Jugend hat tatsächlich schon bei Ihnen angeklopft.

SOLNESS *(lebhaft)* Aber anders als gedacht!

HERDAL Das kann man wohl sagen! *(Geht durch die Flurtür ab)*

SOLNESS *(öffnet die Tür rechts und spricht ins Nebenzimmer)* Aline! Kommst du bitte mal? Hier ist ein Fräulein Wangel, das du kennst.

FRAU SOLNESS *(tritt in die Tür)* Wer ist da, sagst du? *(Sieht Hilde)* Ach, Sie! *(Geht hin und gibt ihr die Hand)* Sind Sie also doch mal in die Stadt gekommen.

SOLNESS Eben gerade. Und sie fragt, ob sie bei uns übernachten könnte.

FRAU SOLNESS Bei uns? Ja, gern.

SOLNESS Und sie müsste ihre Sachen waschen lassen.

FRAU SOLNESS *(zu Hilde)* Ich kümmere mich um alles. Das ist ja meine Pflicht. Ihr Koffer kommt wohl nach?

HILDE Ich habe keinen Koffer.

FRAU SOLNESS Das findet sich. Erst mal müssen Sie noch mit meinem Mann vorlieb nehmen, ich mache es Ihnen in einem der Zimmer gemütlich.

SOLNESS Wir können doch eins von den Kinderzimmern nehmen? Die sind fertig eingerichtet.

FRAU SOLNESS Ja. Wir haben mehr Platz als genug. *(Zu Hilde)* Setzen Sie sich und ruhen Sie sich ein bisschen aus. *(Geht nach rechts ab)*

Hilde geht im Zimmer umher, die Hände auf dem Rücken, und schaut sich um. Solness steht vorn beim Tisch, ebenfalls die Hände auf dem Rücken, und folgt ihr mit dem Blick.

HILDE *(bleibt stehen und schaut ihn an)* Haben Sie mehrere Kinderzimmer?

SOLNESS In diesem Haus gibt es drei Kinderzimmer.

HILDE Hoppla! Wie viele Kinder haben Sie denn?

SOLNESS Keins, wir haben keine Kinder. Aber jetzt können Sie hier so lange das Kind spielen.

HILDE Für eine Nacht, ja. Ich werde auch nicht schreien. Ich werde schlafen wie ein Stein.

SOLNESS Sie sind sehr müde, was?

HILDE Ach nein. Aber trotzdem – es ist irrsinnig schön, so im warmen Bett zu liegen und zu träumen.

SOLNESS Träumen Sie immer?

HILDE Klar! Fast immer.

SOLNESS Und wovon meistens?

HILDE Das wird nicht verraten. Vielleicht ein andermal. *(Geht weiter umher, bleibt beim Pult stehen und stöbert etwas in den Papieren und Büchern herum)*

SOLNESS *(geht näher hinzu)* Suchen Sie etwas?

HILDE Nein, ich schaue mir das nur an. *(Dreht sich um)* Oder darf ich das nicht?

SOLNESS Doch, bitte.

HILDE Schreiben Sie in das dicke Buch da?

SOLNESS Nein, meine Buchhalterin.

HILDE Eine Frau?

SOLNESS *(lächelt)* Ja, natürlich.

HILDE Die hier bei Ihnen arbeitet?

SOLNESS Ja.

HILDE Und verheiratet ist?

SOLNESS Nein, ist sie nicht.

HILDE So, so.

SOLNESS Aber ich glaube, sie wird bald heiraten.

HILDE Wie schön für sie.

SOLNESS Für mich weniger schön. Dann habe ich keine Hilfe mehr.

HILDE Finden Sie niemanden, der das genauso gut kann?

SOLNESS Wollen Sie vielleicht hier bleiben – und in das dicke Buch schreiben?

HILDE *(mustert ihn von oben herab)* Das könnte Ihnen so passen. Nein danke, das ist nichts für mich. *(Wandert weiter und setzt sich in den Schaukelstuhl. Auch Solness geht zum Tisch. Wie als Fortsetzung)* – denn hier gibt es doch wohl was Besseres zu tun. *(Blickt ihn lächelnd an)* Finden Sie nicht?

SOLNESS Sicher. Wahrscheinlich machen Sie erst mal einen Bummel in der Stadt und kleiden sich neu ein?

HILDE *(lustig)* Nein, das lasse ich lieber bleiben!

SOLNESS Warum?

HILDE Ich habe schon mein ganzes Geld auf den Kopf gehauen.

SOLNESS *(lacht)* Also weder Koffer noch Geld?

HILDE Weder noch. Aber was soll's, ich pfeif drauf!

SOLNESS So gefallen Sie mir!

HILDE Nur so?

SOLNESS So und anders auch. *(Setzt sich in den Lehnstuhl)* Lebt Ihr Vater noch?

HILDE Ja, Vater lebt noch.

SOLNESS Und jetzt haben Sie vor, hier zu studieren?

HILDE Nein, woher.

SOLNESS Aber Sie bleiben schon einige Zeit, nehme ich an?

HILDE Wie's so kommt. *(Sitzt einige Zeit da und schaut ihn an, halb ernst, halb mit unterdrücktem Lächeln. Dann nimmt sie den Hut ab und legt ihn vor sich auf den Tisch.)* Baumeister Solness?

SOLNESS Ja?

HILDE Sind Sie immer so vergesslich?

SOLNESS Vergesslich? Soviel ich weiß, nicht.

HILDE Wollen Sie gar nicht mit mir über das da oben reden?

SOLNESS *(stutzt kurz)* Da oben in Lysanger? *(Gleichgültig)* Viel zu reden ist da nicht, finde ich.

HILDE *(schaut ihn vorwurfsvoll an)* Warum sagen Sie jetzt so etwas?

SOLNESS Na, dann reden Sie doch davon.

HILDE Als der Turm fertig war, feierten wir ein großes Fest im Ort.

SOLNESS Den Tag vergesse ich nicht so bald.

HILDE *(lächelt)* Ja, nicht wahr? Das ist nett von Ihnen, wirklich!

SOLNESS Nett?

HILDE Auf dem Kirchplatz spielte eine Kapelle. Und viele, viele Hundert Menschen waren da. Wir Schulmädchen auch, alle ganz in Weiß. Und wir hatten Wimpel.

SOLNESS Oh ja, die Wimpel – an die erinnere ich mich gut!

HILDE Und Sie sind auf das Gerüst geklettert. Bis ganz nach oben zur Spitze. Mit einem großen Kranz. Und den Kranz haben Sie dann an die Wetterfahne gehängt.

SOLNESS *(kurz, unterbrechend)* Ja, stimmt, damals. Das war ein alter Brauch.

HILDE Das war so irrsinnig aufregend, da unten zu stehen und zu Ihnen hochzuschauen. Was, wenn er jetzt abstürzt! Er – der Baumeister höchstpersönlich!

SOLNESS *(ablenkend)* Ja, ja, ja, das hätte leicht passieren können. Eins von diesen blöden weiß gekleideten Bälgern da unten, das machte einen Zirkus und schrie zu mir hoch –

HILDE *(freudestrahlend)* «Hurra für Baumeister Solness!» Ja!

SOLNESS – und fuchtelte derart mit seinem Wimpel herum, dass ich – dass mir fast schwindlig wurde, als ich das sah.

HILDE *(leiser, ernst)* Dieses blöde Balg – das war ich.

SOLNESS *(schaut sie starr an)* Ja, natürlich, jetzt wird mir das klar. Das *müssen* Sie gewesen sein.

HILDE *(wieder lebhafter)* Das war so irrsinnig aufregend und schön! Ich konnte gar nicht fassen, dass ein Baumeister aus Fleisch und Blut einen so unglaublich hohen Turm bauen kann. Und dann standen Sie auch noch selber ganz da oben! In Fleisch und Blut! Überhaupt nicht schwindlig. *Mir* wurde ja schon vom Hinsehen schwindlig!

SOLNESS Woher wollen Sie so genau wissen, dass mir nicht schwindlig war?

HILDE *(empört)* Na also! Das konnte ich spüren! Sonst hätten Sie da oben ja nicht singen können!

SOLNESS *(schaut sie verwundert an)* Singen? *Ich* soll gesungen haben?

HILDE Ja, klar.

SOLNESS *(schüttelt den Kopf)* Ich habe in meinem Leben noch keinen Ton gesungen.

HILDE Oh doch, damals schon. Wie Harfen klang es in der Luft.

SOLNESS *(nachdenklich)* Das ist sehr seltsam – wirklich seltsam.

HILDE *(schweigt einen Augenblick, schaut ihn an und sagt gedämpft)* Aber dann – hinterher – da kam ja erst das Tollste.

SOLNESS Das Tollste?

HILDE *(funkelnd lebhaft)* Na, daran muss ich Sie wohl nicht erst erinnern, oder?

SOLNESS Doch, bitte.

HILDE Aber Sie wissen noch, dass im Club ein großes Festessen für Sie gegeben wurde?

SOLNESS Ich denke schon. Gleich am Nachmittag, denn am nächsten Morgen bin ich abgereist.

HILDE Und danach waren Sie abends zu uns nach Hause eingeladen.

SOLNESS Ja, stimmt, Fräulein Wangel. Erstaunlich, wie Sie sich an diese Kleinigkeiten erinnern!

HILDE Kleinigkeiten? Na, Sie sind gut! War das vielleicht eine Kleinigkeit, dass ich *allein* im Wohnzimmer war, als Sie ankamen?

SOLNESS War das so?

HILDE *(geht nicht darauf ein)* Damals haben Sie mich nicht ein blödes Balg genannt.

SOLNESS Nein, wohl nicht.

HILDE Sie sagten, dass ich in dem weißen Kleid sehr hübsch aussehe. Wie eine kleine Prinzessin.

SOLNESS Das war auch sicher so, Fräulein Wangel. Außerdem – ich fühlte mich an dem Tag dermaßen leicht und frei ...

HILDE Und dann sagten Sie, wenn ich mal groß bin, dann würde ich *Ihre* Prinzessin werden.

SOLNESS *(lacht kurz)* Schau an, schau an – habe ich das gesagt?

HILDE Ja, haben Sie. Und als ich fragte, wie lange ich da warten muss, haben Sie gesagt, in zehn Jahren würden Sie wiederkommen – wie ein Troll – und mich entführen. Nach Spanien oder so. Und da würden Sie mir ein Königreich kaufen, versprachen Sie mir.

SOLNESS *(wie zuvor)* Ja, nach einem guten Essen lässt man sich nicht lumpen. Aber habe ich all das wirklich gesagt?

HILDE *(lacht still)* Ja. Und auch, wie das Königreich heißen sollte.

SOLNESS Und?

HILDE Sie haben gesagt, es sollte Apfelsinien heißen.

SOLNESS Na, das ist ja ein leckerer Name.

HILDE Aber mir gefiel er ganz und gar nicht. Der klang so, als wollten Sie sich über mich lustig machen.

SOLNESS Oh, das wollte ich ganz sicher nicht.

HILDE Nein, das hätte auch nicht gepasst. Wenn man bedenkt, was Sie danach gemacht haben –

SOLNESS Liebe Güte, was denn noch?

HILDE Jetzt fehlt noch, dass Sie das auch vergessen haben! So etwas kann man gar nicht vergessen!

SOLNESS Helfen Sie mir doch ein klein bisschen auf die Sprünge – hm?

HILDE *(schaut ihn fest an)* Sie haben mich umarmt und geküsst, Baumeister Solness.

SOLNESS *(steht mit offenem Mund aus dem Stuhl auf)* Was soll ich gemacht haben?

HILDE Oh ja, das haben Sie gemacht. Sie haben mich in beide
Arme genommen und hintübergebeugt, und dann haben
Sie mich geküsst. Viele Male.

SOLNESS Nein, aber liebes, gutes Fräulein Wangel –!

HILDE *(steht auf)* Wollen Sie das etwa leugnen?

SOLNESS Das will ich allerdings.

HILDE *(schaut ihn höhnisch an)* Ach ja? *(Dreht sich um und geht
langsam dicht an den Ofen heran, wo sie unbeweglich stehen
bleibt, die Hände auf dem Rücken. Kurze Pause.)*

SOLNESS *(tritt vorsichtig hinter sie)* Fräulein Wangel –? *(Hilde
schweigt und rührt sich nicht.)* Stehen Sie jetzt nicht da wie
eine Salzsäule. Das müssen Sie geträumt haben. *(Legt ihr
die Hand auf den Arm)* Bitte – *(Hilde macht eine ungedul-
dige Bewegung mit dem Arm. Als wäre ihm auf einmal etwas
eingefallen)* Oder –! Warten Sie! – Ja, das muss es sein!
Hören Sie – *(Hilde rührt sich nicht. Gedämpft, aber nachdrücklich)* Ich muss mir das *gedacht* haben. Ich muss es *gewollt* haben. *Gewünscht. Lust* gehabt haben. Und Sie –. So
könnte es doch gewesen sein? *(Hilde schweigt nach wie vor.
Ungeduldig)* Na gut, verflucht nochmal – dann hab ich's
eben getan!

HILDE *(dreht den Kopf ein wenig, schaut ihn aber nicht an)* Sie
geben es also zu?

SOLNESS Ja. Alles, was Sie wollen!

HILDE Dass Sie mich umarmt haben?

SOLNESS Ja doch!

HILDE Mich hintübergebeugt haben?

SOLNESS Sehr weit hintüber.

HILDE Und mich geküsst haben?

SOLNESS Ja, das habe ich.

HILDE Viele Male?

SOLNESS So oft Sie wollen.

HILDE *(dreht sich rasch zu ihm um, wieder mit den strahlenden Augen)* Sehen Sie, da habe ich es doch noch aus Ihnen rausgelockt!

SOLNESS *(lächelt schief)* Stellen Sie sich vor – dass ich so etwas vergessen konnte …

HILDE *(wieder etwas verdrossen, tritt zurück)* Kein Wunder, Sie haben wahrscheinlich seitdem so viele Frauen geküsst –

SOLNESS Nein, denken Sie das nicht von mir. *(Hilde setzt sich in den Lehnstuhl. Solness stützt sich auf die Lehne des Schaukelstuhls. Blickt sie aufmerksam an)* Fräulein Wangel?

HILDE Ja?

SOLNESS Wie – wie ging es mit uns weiter?

HILDE Es ging nicht weiter. Das wissen Sie doch. Dann sind die anderen fremden Leute gekommen, und darum – bäh!

SOLNESS Ja genau! Die anderen kamen. Wie konnte ich das vergessen.

HILDE Ach was, nichts haben Sie vergessen. Sie schämen sich nur. So etwas vergisst man nicht.

SOLNESS Nein, sollte man annehmen.

HILDE *(wieder lebhaft, schaut ihn an)* Oder haben Sie etwa auch vergessen, an welchem Tag das war?

SOLNESS An welchem Tag?

HILDE Ja, an welchem Tag haben Sie den Kranz auf die Turmspitze gehängt? Na? Raus damit!

SOLNESS Hm – ich fürchte, das genaue Datum habe ich tatsächlich vergessen. Ich weiß nur, dass es ungefähr zehn Jahre her ist. Anfang Herbst.

HILDE *(nickt mehrmals langsam)* Vor zehn Jahren. Am neunzehnten September.

SOLNESS Doch, doch, so um die Zeit. Woran Sie sich alles erinnern! *(Stutzt)* Aber – heute ist auch der neunzehnte September.

HILDE Genau. Die zehn Jahre sind rum. Und Sie sind nicht gekommen – wie Sie mir versprochen hatten.

SOLNESS Versprochen? Angst hatte ich Ihnen einjagen wollen!

HILDE Wie hätte mir *das* Angst machen sollen?

SOLNESS Na gut, auf den Arm wollte ich Sie nehmen.

HILDE Mehr wollten Sie nicht? Mich nur auf den Arm nehmen?

SOLNESS Ja, oder ein bisschen mit Ihnen spielen! Ich erinnere mich überhaupt nicht mehr daran, wirklich. Aber so ungefähr muss es gewesen sein. Sie waren ein Kind damals.

HILDE Ach, vielleicht doch nicht. Kein so blödes Gör, wie Sie dachten.

SOLNESS *(schaut sie prüfend an)* Haben Sie denn wirklich im Ernst geglaubt, ich würde wiederkommen?

HILDE *(unterdrückt ein neckisches Lächeln)* Ja natürlich! Ich habe es fest von Ihnen erwartet.

SOLNESS Dass ich zurückkomme und Sie entführe?

HILDE Genau wie ein Troll, ja.

SOLNESS Und Sie zu einer Prinzessin mache?

HILDE Das hatten Sie schließlich versprochen.

SOLNESS Und Ihnen ein Königreich schenke?

HILDE *(schaut zur Decke)* Warum nicht? Es brauchte ja kein ganz echtes Königreich zu sein.

SOLNESS Sondern etwas anderes, das genauso gut wäre?

HILDE Ja, mindestens genauso gut. *(Schaut ihn kurz an)* Wer den höchsten Kirchturm der ganzen Welt bauen kann, der muss auch irgendeine Art Königreich beschaffen können – dachte ich mir.

SOLNESS *(schüttelt den Kopf)* Ich werde nicht ganz schlau aus Ihnen, Fräulein Wangel.

HILDE Nein? Ich finde, das ist alles vollkommen klar.

SOLNESS Trotzdem, ich weiß nicht recht, ob sie das alles ernst meinen. Oder nur so zum Spaß daherreden –

HILDE *(lächelt)* Dass ich auch nur spiele?

SOLNESS Ja genau. Spielen. Mit uns beiden. *(Blickt zu ihr)* Wissen Sie schon lange, dass ich verheiratet bin?

HILDE Ja, schon immer. Warum fragen Sie?

SOLNESS *(beiläufig)* Nein, nein, das war nur so ein Gedanke. *(Schaut sie ernst an und spricht gedämpft)* Warum sind Sie hier?

HILDE Weil ich mein Königreich will. Die Frist ist um.

SOLNESS *(lacht unwillkürlich)* Sie sind gut, wirklich!

HILDE *(lustig)* Rücken Sie mein Königreich raus, Baumeister! *(Klopft auf den Tisch)* Auf den Tisch damit!

SOLNESS *(schiebt den Schaukelstuhl näher und setzt sich)* Im Ernst – warum sind Sie hier? Was wollen Sie wirklich?

HILDE Erst mal will ich nur herumgehen und mir anschauen, was Sie so alles gebaut haben.

SOLNESS Da werden Sie vollauf beschäftigt sein.

HILDE Ja, Sie haben irrsinnig viel gebaut.

SOLNESS Vor allem in den letzten Jahren.

HILDE Auch viele Kirchtürme? So hohe?

SOLNESS Nein. Ich baue keine Kirchtürme mehr. Und Gotteshäuser auch nicht.

HILDE Und was bauen Sie dann?

SOLNESS Häuser für Menschen.

HILDE *(nachdenklich)* Könnten Sie nicht auch – auf diese Häuser so etwas wie einen Kirchturm setzen?

SOLNESS *(stutzt)* Wie meinen Sie das?

HILDE Ich meine – etwas, das gen Himmel weist – frei in die Luft sozusagen. Mit einer Wetterfahne ganz weit oben, Schwindel erregend.

SOLNESS *(grübelt)* Seltsam, dass Sie das sagen. Denn ausgerechnet das würde ich am liebsten tun.

HILDE *(ungeduldig)* Und warum tun Sie's nicht?

SOLNESS *(schüttelt den Kopf)* Die Leute wollen so etwas nicht auf ihren Häusern!

HILDE Das denken Sie!

SOLNESS *(leichter)* Aber ich baue mir gerade ein neues Haus. Gleich hier gegenüber.

HILDE Für sich selber?

SOLNESS Ja. Es ist fast fertig. Und auf dem Haus ist ein Turm.

HILDE Ein hoher?

SOLNESS Ja.

HILDE Sehr hoch?

SOLNESS Die Leute werden sicher sagen, zu hoch. Für ein Menschenhaus.

HILDE Den Turm will ich gleich morgen früh sehen!

SOLNESS *(hat das Kinn in die Hand gestützt und starrt sie an)* Sagen Sie, Fräulein Wangel – wie heißen Sie? Mit Vornamen, meine ich.

HILDE Hilde, das wissen Sie doch.

SOLNESS *(wie eben)* Hilde? Ach ja?

HILDE Sie haben selber Hilde zu mir gesagt. Damals, als Sie sich so schlecht benommen haben.

SOLNESS Tatsächlich?

HILDE Damals sagten Sie Hildchen. Und das mochte ich nicht.

SOLNESS Nein, Hilde?

HILDE Nein. Übrigens – «Prinzessin Hilde» –. Das klingt auch ganz gut, finde ich.

SOLNESS Aha. Prinzessin Hilde von – von –. Wie sollte das Königreich nochmal heißen?

HILDE Von diesem dämlichen Königreich will ich nichts wissen. *Ich* will ein ganz anderes!

SOLNESS *(hat sich zurückgelehnt und blickt sie weiterhin an)* Ist das nicht merkwürdig? Je länger ich darüber nachdenke, desto mehr ist mir, als hätte ich mich all die langen Jahre damit abgequält – hm –

HILDE Womit denn?

SOLNESS Mich an etwas zu erinnern – etwas, das ich *erlebt* und dann wieder vergessen habe. Aber ich habe es nie zu fassen gekriegt.

HILDE Sie hätten einen Knoten in Ihr Taschentuch machen sollen, Herr Baumeister.

SOLNESS Dann hätte ich die ganze Zeit überlegt, was der Knoten bedeuten soll.

HILDE Stimmt, *solche* Trolle gibt es ja auch!

SOLNESS *(steht langsam auf)* Es ist wirklich sehr, sehr gut, dass Sie jetzt zu mir gekommen sind.

HILDE *(schaut ihn tief an)* Wirklich sehr gut?

SOLNESS Ich habe hier ganz einsam gesessen. Und alles ratlos angestarrt. *(Leiser)* Wissen Sie – ich habe neuerdings solche Angst – so wahnsinnig Angst vor der Jugend.

HILDE *(prustet)* Pfff! Wieso soll man vor der Jugend Angst haben?

SOLNESS Doch, doch. Darum habe ich mich hier so verkrochen. *(Geheimnisvoll)* Und irgendwann wird die Jugend herkommen und an meine Tür donnern! Bei mir einbrechen!

HILDE Dann sollten Sie vorher hingehen und der Jugend aufmachen.

SOLNESS Aufmachen?

HILDE Ja. Damit die Jugend einfach hereinkommt. Im Guten.

SOLNESS Nein, nein, nein! Die Jugend – die will sich rächen! Sie ist die Speerspitze der Umwälzung. Sie kommt mit einer neuen Fahne.

HILDE *(steht auf, schaut ihn an und spricht mit bebendem Mund)* Können Sie *mich* zu etwas gebrauchen, Baumeister?

SOLNESS Ja, ja! Und ob! Sie kommen auch – mit einer neuen Fahne, finde ich. Jugend gegen Jugend also!

Herdal kommt durch die Flurtür herein.

HERDAL Na – sind Sie immer noch hier mit dem Fräulein?

SOLNESS Ja. Wir haben uns unterhalten.

HILDE Über alte Zeiten – und über neue.

HERDAL Aha?

HILDE Ja, das war irrsinnig lustig. Denn Baumeister Solness, der hat wirklich ein unglaubliches Gedächtnis. An alle möglichen Kleinigkeiten erinnert er sich, haargenau!

Frau Solness kommt von rechts durch die Tür.

FRAU SOLNESS So, Fräulein Wangel, Ihr Zimmer ist fertig.

HILDE Ach, das ist so nett von Ihnen!

SOLNESS *(zu seiner Frau)* Ein Kinderzimmer?

FRAU SOLNESS Ja. Das mittlere. Aber erst mal sollten wir etwas essen.

SOLNESS *(nickt Hilde zu)* Hilde schläft also im Kinderzimmer.

FRAU SOLNESS *(schaut ihn an)* Hilde?

SOLNESS Ja, Fräulein Wangel heißt Hilde. Ich kannte sie als Kind.

FRAU SOLNESS Ach wirklich, Halvard? Also, ich bitte. Das Essen steht auf dem Tisch. *(Nimmt Herdals Arm und geht mit ihm nach rechts hinaus)*

Hilde hat unterdessen ihre Sachen zusammengesucht.

HILDE *(leise und rasch zu Solness)* Ist das wahr, was Sie eben gesagt haben? Können Sie mich wirklich zu etwas gebrauchen?

SOLNESS *(nimmt ihr die Sachen ab)* Nach Ihnen habe ich mich gesehnt, mehr als nach sonst irgendwem.

HILDE *(schaut ihn froh und erstaunt an, schlägt die Hände zusammen)* Ach, das ist doch irrsinnig schön, dann –

SOLNESS *(gespannt)* Was dann?

HILDE Dann *habe* ich ja mein Königreich!

SOLNESS *(unwillkürlich)* Hilde –!

HILDE *(wieder mit bebendem Mund)* Fast – hätte ich beinahe gesagt. *(Geht nach rechts hinaus. Solness folgt ihr.)*

2. AKT

*Ein hübsch eingerichteter kleiner Salon bei Baumeister Solness.
An der Rückwand eine Glastür zur Veranda und zum Garten.
Rechts eine Rundung mit Erker, großem Fenster und Blumen-
etageren. Links ebenfalls eine Rundung, darin eine kleine Tapetentür. An beiden Seitenwänden je eine normale Tür. Vorn rechts
eine Konsole mit großem Spiegel. Viele Blumen und Grünpflan-
zen. Vorn links ein Sofa und Stühle. Weiter hinten ein Bücherschrank. Vor dem Erker ein kleiner Tisch und einige Stühle. Früher Vormittag.*

*Baumeister Solness sitzt an dem kleinen Tisch, Ragnar Broviks
Mappe aufgeschlagen vor sich. Er blättert in den Entwürfen und
studiert einige davon eingehend. Frau Solness geht geräuschlos
mit einer kleinen Gießkanne umher und versorgt die Blumen. Sie
trägt Schwarz wie zuvor. Ihr Hut, Mantel und Sonnenschirm
liegen auf einem Stuhl beim Spiegel. Solness folgt ihr einige Male
unbemerkt mit dem Blick. Keiner von beiden sagt etwas.*
Kaja Fosli kommt leise durch die linke Tür herein.

SOLNESS *(dreht den Kopf zu ihr und wirft desinteressiert hin)*
Ach, Sie sind das?

KAJA Ich wollte nur Bescheid sagen, dass ich da bin.

SOLNESS Ja, ja, gut. Ragnar nicht?

KAJA Nein, noch nicht. Er muss noch auf den Arzt warten.
Aber dann will er kommen und sich erkundigen, was Sie –

SOLNESS Wie geht es dem Alten heute?

KAJA Schlecht. Er bittet sehr um Entschuldigung, aber er
muss im Bett bleiben.

SOLNESS Schon gut. Soll er. An die Arbeit jetzt.

KAJA Ja. *(Bleibt in der Tür stehen)* Möchten Sie vielleicht mit Ragnar reden, wenn er kommt?

SOLNESS Ich wüsste nicht, worüber.

Kaja geht wieder links hinaus. Solness blättert weiter in den Entwürfen.

FRAU SOLNESS *(bei den Pflanzen)* Der wird jetzt wohl auch bald sterben.

SOLNESS *(schaut sie an)* Auch? Wer denn noch?

FRAU SOLNESS *(ohne zu antworten)* Ja, ja, der alte Brovik – der stirbt jetzt wohl auch, Halvard. Du wirst schon sehen.

SOLNESS Aline, wolltest du nicht Besorgungen machen?

FRAU SOLNESS Ja, müsste ich eigentlich. *(Versorgt weiter die Pflanzen)*

SOLNESS *(über die Entwürfe gebeugt)* Schläft sie noch?

FRAU SOLNESS *(schaut ihn an)* Fräulein Wangel?

SOLNESS *(gleichgültig)* Ist mir gerade eingefallen.

FRAU SOLNESS Fräulein Wangel ist schon lange auf.

SOLNESS Ach ja?

FRAU SOLNESS Als ich reingeschaut habe, saß sie da und hat ihre Sachen in Ordnung gebracht. *(Geht vor den Spiegel und setzt sich langsam den Hut auf)*

SOLNESS *(nach kurzer Pause)* Da benutzen wir doch mal eins von den Kinderzimmern, was, Aline.

FRAU SOLNESS Ja.

SOLNESS Ich finde das besser, als wenn alles die ganze Zeit leer steht.

FRAU SOLNESS Diese Leere ist fürchterlich. Du hast ganz Recht.

SOLNESS *(schließt die Mappe, steht auf und geht näher)* Du wirst schon sehen, Aline, ab jetzt wird alles besser. Viel gemütlicher. Einfacher. – Vor allem für dich.

FRAU SOLNESS *(schaut ihn an)* Ab jetzt?

SOLNESS Ja, glaub mir, Aline –

FRAU SOLNESS Meinst du – weil *sie* jetzt hier ist?

SOLNESS *(reißt sich zusammen)* Ich meine natürlich – wenn wir in dem neuen Haus wohnen.

FRAU SOLNESS *(nimmt den Mantel)* Glaubst du, Halvard?

SOLNESS Natürlich. Du nicht?

FRAU SOLNESS Ich verspreche mir überhaupt nichts von dem neuen Haus.

SOLNESS *(verstimmt)* Es ist schlimm für mich, das zu hören, Aline. Ich habe es vor allem um deinetwillen gebaut. *(Will ihr in den Mantel helfen)*

FRAU SOLNESS *(entzieht sich)* Eigentlich tust du viel zu viel um meinetwillen.

SOLNESS *(mit einer gewissen Heftigkeit)* Nein, nein, das darfst du nicht sagen! So etwas will ich nicht hören!

FRAU SOLNESS Dann sage ich es nicht mehr, Halvard.

SOLNESS Ich bleibe dabei. Du wirst schon sehen, drüben in dem neuen Haus wird es dir besser gehen.

FRAU SOLNESS Ach Gott – mir –

SOLNESS *(eifrig)* Glaub mir! *Dort*, weißt du – *dort* wird dich so viel an dein Zuhause erinnern –

FRAU SOLNESS An das Zuhause von Vater und Mutter. – Das abgebrannt ist – ganz und gar –

SOLNESS *(gedämpft)* Ja, ja, arme Aline. Das war ein furchtbarer Schlag für dich.

FRAU SOLNESS *(bricht in Klage aus)* Du kannst so viel bauen, wie du willst, Halvard – mir kannst du kein echtes Zuhause mehr schaffen!

SOLNESS *(geht durchs Zimmer)* Gut, dann lass uns nicht mehr darüber reden.

FRAU SOLNESS Sonst reden wir ja auch nie darüber. Du vermeidest das Thema immer –

SOLNESS *(bleibt jäh stehen und schaut sie an)* Ach ja? Warum sollte ich es vermeiden?

FRAU SOLNESS Ich verstehe dich, Halvard. Du willst mich schonen. Und mir verzeihen – so gut es geht.

SOLNESS *(erstaunt)* Dir verzeihen? Dir – redest du von dir, Aline?

FRAU SOLNESS Von wem sonst.

SOLNESS *(unwillkürlich, für sich)* Auch *das* noch!

FRAU SOLNESS Denn das mit dem alten Haus – das ist nicht das Schlimmste. Ein Unfall – so etwas passiert eben immer wieder mal –

SOLNESS Da hast du Recht. Vor Unheil ist keiner gefeit, wie es heißt.

FRAU SOLNESS Aber das Schreckliche, das nach dem Brand kam –! Das ist es! Das, das, das!

SOLNESS *(heftig)* Denk einfach nicht daran, Aline!

FRAU SOLNESS Doch, *genau* daran muss ich denken. Und endlich einmal darüber reden. Ich ertrage es nicht mehr. Und dass ich mir selber nie vergeben darf –!

SOLNESS *(bricht aus)* Dir selber –!

FRAU SOLNESS Ja, ich hatte Verpflichtungen nach zwei Seiten. Gegenüber dir – und den Kleinen. Ich hätte mich beherrschen müssen. Hätte mich von dem Schrecken nicht so überwältigen lassen dürfen. Nicht von dem Kummer, dass mein Zuhause abgebrannt war. *(Händeringend)* Wenn ich das doch nur geschafft hätte, Halvard!

SOLNESS *(leise, erschüttert, geht näher)* Aline, du musst mir versprechen, dass du das nie wieder denkst. – Versprich es mir, jetzt gleich!

FRAU SOLNESS Ach, versprechen! Versprechen! Versprechen kann man alles –

SOLNESS *(presst die Hände zusammen und geht durchs Zimmer)* Es ist zu schrecklich! Kein Sonnenstrahl! Kein Licht fällt jemals in unser Zuhause!

FRAU SOLNESS Es ist ja auch kein Zuhause, Halvard.

SOLNESS Nein, da hast du Recht. *(Schwer)* Und wer weiß, vielleicht bekommst du auch Recht damit, dass es uns im neuen Haus nicht besser gehen wird.

FRAU SOLNESS Nie wird es das. Immer gleich leer. Gleich einsam. Dort wie hier.

SOLNESS *(heftig)* Und warum haben wir es dann gebaut? Kannst du mir das verraten?

FRAU SOLNESS Das wirst du selber beantworten müssen.

SOLNESS *(schaut sie misstrauisch an)* Was meinst du damit, Aline?

FRAU SOLNESS Was ich meine?

SOLNESS Ja, verflucht –! Du sagst das so merkwürdig, als hättest du einen Hintergedanken.

FRAU SOLNESS Nein, ich versichere dir –

SOLNESS *(geht näher)* Ach, ich danke – ich weiß, was ich weiß! Außerdem bin ich weder blind noch taub, Aline. Verlass dich drauf!

FRAU SOLNESS Was ist denn?

SOLNESS *(baut sich vor ihr auf)* Egal, was ich sage, in jedem noch so harmlosen Wort von mir findest du etwas Heimliches, Böses!

FRAU SOLNESS Ich, sagst du?

SOLNESS *(lacht)* Das ist ja auch ganz berechtigt, Aline! Schließlich musst du mit einem kranken Mann leben.

FRAU SOLNESS *(ängstlich)* Krank? *Du* bist krank, Halvard?

SOLNESS *(bricht aus)* Mit einem Halbverrückten! Einem Irren! Nenn mich, wie du willst.

FRAU SOLNESS *(tastet nach dem Stuhlrücken und setzt sich)* Halvard – um Himmels willen –!

SOLNESS Aber ihr irrt euch, ihr irrt euch beide! Du und der Doktor. *(Geht im Zimmer auf und ab. Frau Solness folgt ihm ängstlich mit den Blicken. Geht wieder zu ihr. Ruhig)* Mir fehlt überhaupt nichts.

FRAU SOLNESS Ja! Aber was hast du?

SOLNESS Diese fürchterlichen Schuldgefühle bedrücken mich oft.

FRAU SOLNESS Schuldgefühle? Du hast doch niemandem etwas getan, Halvard!

SOLNESS *(leise, bewegt)* Namenlose Schuld gegenüber dir – dir, Aline.

FRAU SOLNESS *(steht langsam auf)* Was steckt dahinter? Sag es mir offen, jetzt gleich.

SOLNESS Nichts steckt dahinter! Ich habe dir nie etwas Böses getan. Jedenfalls nicht wissentlich oder willentlich. Und trotzdem – trotzdem fühle ich mich wie unter einer schrecklichen Gewissenslast.

FRAU SOLNESS Meinetwegen?

SOLNESS Vor allem deinetwegen.

FRAU SOLNESS Dann bist du – doch krank, Halvard.

SOLNESS *(schwer)* Wahrscheinlich. Oder etwas Ähnliches. *(Blickt zur Tür rechts, die aufgeht)* Es wird hell.

Hilde Wangel kommt herein. Sie hat einiges an ihrer Kleidung geändert. Der Rock ist nicht mehr gerafft.

HILDE Guten Morgen, Baumeister!

SOLNESS *(nickt)* Gut geschlafen?

HILDE Wunder-, wundergut! Wie in einer Wiege. Ah – ich habe dagelegen und mich geräkelt wie – wie eine Prinzessin!

SOLNESS *(lächelt ein wenig)* Wie passend.

HILDE Ja, nicht wahr.

SOLNESS Und geträumt?

HILDE Ja. Aber das war scheußlich.

SOLNESS Aha?

HILDE Ja, ich habe geträumt, dass ich von einer schrecklich steilen, hohen Felsklippe abstürze. Träumen Sie nie so etwas?

SOLNESS Doch – manchmal schon –

HILDE Irrsinnig aufregend, wenn man so runterfliegt –

SOLNESS Mir wird davon eiskalt.

HILDE Ziehen Sie dabei auch die Beine an?

SOLNESS Ja, so hoch es geht.

HILDE Ich auch.

FRAU SOLNESS *(nimmt den Sonnenschirm)* Ich muss dann mal in die Stadt, Halvard. *(Zu Hilde)* Und sehen, ob ich etwas für Sie finde.

HILDE *(will ihr um den Hals fallen)* Ach, liebste, beste Frau Solness! Sie sind ja so nett zu mir! Irrsinnig nett –

FRAU SOLNESS *(macht sich los)* Ach woher. Das ist meine Pflicht, mehr nicht. Und ich tue es gern.

HILDE *(vertraulich, mit gespitzten Lippen)* Ich denke, ich könnte auch so auf die Straße gehen – so, wie ich mich jetzt zurecht gemacht habe. Oder etwa nicht?

FRAU SOLNESS Offen gesagt, ich fürchte, einige Blicke werden Sie immer noch auf sich ziehen.

HILDE *(prustet)* Pff! Mehr nicht? Das ist doch lustig.

SOLNESS *(verhohlen böse)* Ja, aber die Leute könnten denken, Sie wären auch verrückt.

HILDE Auch? Gibt es hier so viele Verrückte?

SOLNESS *(deutet auf seine Stirn)* Hier sehen Sie schon mal einen.

HILDE Sie – Baumeister?

FRAU SOLNESS Also wirklich, Halvard! Muss das sein?

SOLNESS Ist Ihnen das noch nicht aufgefallen?

HILDE Nein, absolut nicht. *(Besinnt sich und lacht kurz)* Obwohl, in einer Hinsicht vielleicht doch.

SOLNESS Da hörst du's, Aline.

FRAU SOLNESS Und was soll das sein, Fräulein Wangel?

HILDE Nein, das verrate ich nicht.

SOLNESS Doch, sagen Sie's!

HILDE Auf keinen Fall – dazu bin *ich* nicht verrückt genug.

FRAU SOLNESS Wenn du mit Fräulein Wangel allein bist, wird sie es dir sicher sagen, Halvard.

SOLNESS Aha – glaubst du?

FRAU SOLNESS Aber ja. Du kennst sie doch so gut, von früher. Als sie noch ein Kind war – hast du erzählt. *(Geht zur linken Tür hinaus)*

HILDE *(kurz darauf)* Kann Ihre Frau mich denn gar nicht leiden?

SOLNESS Merken Sie ihr so etwas an?

HILDE Sie etwa nicht?

SOLNESS *(weicht aus)* Aline ist in den letzten Jahren sehr menschenscheu geworden.

HILDE Sie auch?

SOLNESS Aber wenn Sie sie erst besser kennen –. Sie ist wirklich lieb – und sehr gutmütig – durch und durch –

HILDE *(ungeduldig)* Aber wenn sie das ist – warum redet sie dann von Pflicht?

SOLNESS Pflicht?

HILDE Ja, sie hat doch gesagt, sie geht etwas für mich besorgen, weil es ihre Pflicht sei – hat sie gesagt! Äh, ich kann dieses Wort nicht ausstehen! Scheußlich!

SOLNESS Warum nicht?

HILDE Weil es so kalt und spitz und stachlig klingt. Pflicht – Pflicht – Pflicht. Finden Sie nicht auch? Dass es einen irgendwie piekst?

SOLNESS Hm – der Gedanke ist mir neu.

HILDE Doch! Und wenn sie so lieb ist – wie Sie behaupten – warum redet sie dann von Pflicht?

SOLNESS Mein Gott, was hätte sie denn sagen sollen?

HILDE Sie hätte sagen können, dass sie es tut, weil sie mich irrsinnig gut leiden kann. So was in der Art. Etwas Warmes und Herzliches, ja?

SOLNESS *(schaut sie an)* So hätten Sie es gern?

HILDE Ja. *(Geht durchs Zimmer, bleibt vorm Bücherschrank stehen und betrachtet die Bücher)* Ganz schön viele Bücher haben Sie.

SOLNESS Im Lauf der Zeit kommt einiges zusammen.

HILDE Haben Sie die auch alle gelesen?

SOLNESS Früher habe ich das versucht. Lesen Sie gern?

HILDE Nein! Nie, bloß nicht! Jetzt nicht mehr. Ich verstehe
sowieso nie, wie alles zusammenhängt.

SOLNESS Geht mir auch so.

HILDE *(wandert etwas umher, bleibt bei dem kleinen Tisch stehen,
öffnet die Mappe und blättert darin)* Haben Sie das ge-
zeichnet?

SOLNESS Nein, ein junger Mann, mein Angestellter.

HILDE Der es von Ihnen gelernt hat?

SOLNESS Ja, einiges hat er von mir gelernt.

HILDE *(setzt sich)* Er ist bestimmt sehr talentiert? *(Schaut sich
einen Entwurf an)* Oder?

SOLNESS Schon. Für meine Zwecke –

HILDE Doch! Er muss furchtbar talentiert sein.

SOLNESS Finden Sie, das kann man den Zeichnungen ansehen?

HILDE Pff – diesem Gekritzel? Aber wenn er bei Ihnen gelernt hat, dann –

SOLNESS Ach, darum –. Hier gibt es viele, die bei mir gelernt
haben. Und aus denen trotzdem nichts geworden ist.

HILDE *(schaut ihn an und schüttelt den Kopf)* Also, ich begreife
ums Verrecken nicht, wie Sie so dumm sein können.

SOLNESS Dumm? Sie finden mich dumm?

HILDE Ja, wirklich. Dass Sie versuchen, diesen ganzen
Dummköpfen etwas beizubringen –

SOLNESS *(stutzt)* Und? Warum nicht?

HILDE *(steht auf, halb ernst, halb lachend)* Ssss, nicht doch, Baumeister! Wozu soll das gut sein? Nur Sie sollten bauen dürfen. Sie ganz allein, sonst keiner. Alles selber machen. Jetzt wissen Sie's.

SOLNESS *(unwillkürlich)* Hilde –!

HILDE Ja?

SOLNESS Wie kommen Sie nur auf so etwas?

HILDE Finden Sie diesen Gedanken abwegig?

SOLNESS Nein, das ist es nicht. Aber wissen Sie was?

HILDE Nein?

SOLNESS Ich schlage mich insgeheim mit genau demselben Gedanken herum, ich kann ihn nicht abschütteln.

HILDE Das ist vollkommen begreiflich.

SOLNESS *(blickt sie etwas forschend an)* Und Sie wollen das schon bemerkt haben.

HILDE Nein, habe ich nicht.

SOLNESS Aber vorhin, da haben Sie gesagt, Sie finden – ich bin nicht ganz richtig im Kopf? So in der Art?

HILDE Oh, da habe ich an ganz was anderes gedacht.

SOLNESS Und woran?

HILDE Das geht Sie nichts an, Baumeister.

SOLNESS *(geht durchs Zimmer)* Aha – wie Sie meinen. *(Bleibt am Erker stehen)* Kommen Sie, ich zeige Ihnen etwas.

HILDE *(geht näher)* Was denn?

SOLNESS Sehen Sie – da hinterm Garten –?

HILDE Ja?

SOLNESS *(zeigt)* Gleich hinter dem großen Steinbruch?

HILDE Meinen Sie das neue Haus?

SOLNESS Ja, das gerade in Bau ist. Fast fertig.

HILDE Es hat einen ziemlich hohen Turm, finde ich.

SOLNESS Das Gerüst steht noch.

HILDE Ist das Ihr neues Haus?

SOLNESS Ja.

HILDE Das, in das Sie bald einziehen?

SOLNESS Ja.

HILDE *(schaut ihn an)* Sind in *dem* Haus auch Kinderzimmer?

SOLNESS Drei, genau wie hier.

HILDE Und keine Kinder?

SOLNESS Und es kommen auch keine.

HILDE *(halb lächelnd)* Es ist also doch, wie ich gesagt habe.

SOLNESS Nämlich?

HILDE Dass Sie – ein bisschen verrückt sind.

SOLNESS Daran haben Sie also gedacht?

HILDE Ja, all diese leeren Kinderzimmer –

SOLNESS *(senkt die Stimme)* Wir *hatten* Kinder, Aline und ich.

HILDE *(schaut ihn gespannt an)* Sie hatten –?

SOLNESS Zwei kleine Jungen. Genau gleich alt.

HILDE Also Zwillinge.

SOLNESS Ja, Zwillinge. Es ist jetzt elf, zwölf Jahre her.

HILDE *(vorsichtig)* Und beide sind –? Sie haben die Zwillinge nicht mehr?

SOLNESS *(leise, bewegt)* Wir hatten sie nicht lange. Keine drei Wochen. *(Bricht aus)* Ach Hilde, es tut mir so unglaublich gut, dass Sie gekommen sind! Endlich kann ich mit jemandem reden!

HILDE Können Sie das mit – mit *ihr* denn nicht?

SOLNESS Nicht über dieses Thema. Nicht so, wie ich will und muss. *(Schwer)* Und über so vieles andere auch nicht.

HILDE *(gedämpft)* Haben Sie nur das gemeint, als Sie sagten, Sie brauchen mich?

SOLNESS Mehr oder weniger schon. Gestern. Heute weiß ich nicht mehr so recht – *(Bricht ab)* Kommen Sie, wir setzen uns, Hilde. Hier aufs Sofa – mit Blick auf den Garten. *(Hilde setzt sich in die Sofaecke. Er rückt einen Stuhl heran.)* Möchten Sie es hören?

HILDE Ja, ich möchte Ihnen sehr gern zuhören.

SOLNESS *(setzt sich)* Dann werde ich Ihnen alles erzählen.

HILDE Jetzt habe ich den Garten und Sie im Blick, Baumeister. So, erzählen Sie! Fangen Sie an!

SOLNESS *(deutet auf das Erkerfenster)* Da drüben auf der Anhöhe – wo Sie jetzt das neue Haus sehen –

HILDE Ja?

SOLNESS – da wohnten Aline und ich in den ersten Jahren. In einem alten Haus, dem ihrer Mutter. Wir hatten es geerbt. Und den ganzen großen Garten mit.

HILDE War auf dem Haus auch ein Turm?

SOLNESS Keine Spur. Von außen war das nichts als ein großer, hässlicher, dunkler Holzkasten. Aber drinnen war es trotzdem gemütlich.

HILDE Und, haben Sie die alte Bude abgerissen?

SOLNESS Nein, sie ist abgebrannt.

HILDE Vollständig?

SOLNESS Ja.

HILDE Wie furchtbar.

SOLNESS Einerseits ja. Aber als Baumeister hat mich dieses Feuer enorm vorangebracht.

HILDE Ja, aber –?

SOLNESS Wir hatten damals gerade die beiden Jungen bekommen –

HILDE Die armen Zwillinge, ja.

SOLNESS Sie waren so gesund und kräftig. Und wurden täglich größer, man konnte fast zusehen.

HILDE Kleine Kinder wachsen sehr schnell in den ersten Tagen.

SOLNESS Man kann sich nichts Schöneres vorstellen als Aline und die beiden Kinder im Bett. – Aber dann kam die Brandnacht –

HILDE Und was passierte? Sagen Sie's! Ist jemand umgekommen?

SOLNESS Nein, das nicht. Alle konnten aus dem Haus gerettet werden.

HILDE Aber?

SOLNESS Aber der Schock nahm Aline entsetzlich mit. Der Brandalarm – die Flucht – Hals über Kopf – und draußen war es eiskalt –. Man musste sie raustragen, wie sie dalagen. Sie und die Kleinen.

HILDE Und das haben sie nicht überstanden?

SOLNESS Doch, schon. Aber Aline bekam ein Fieber. Und das verdarb ihre Milch. Sie wollte sie selber stillen. Das hielt sie für ihre Pflicht. Und unsere kleinen Jungen, die – *(presst die Hände zusammen)* – die – oh!

HILDE Die haben es nicht überlebt.

SOLNESS Sie haben es nicht überlebt. So haben wir sie verloren.

HILDE Das muss für Sie ganz furchtbar gewesen sein.

SOLNESS Ja. Und für Aline noch viel schlimmer. *(Ringt die Hände in unterdrückter Wut)* Dass Gott so etwas zulässt! *(Kurz und fest)* Seit dem Tag, an dem ich sie verloren habe, wollte ich keine Kirchen mehr bauen.

HILDE Und der Kirchturm bei uns oben?

SOLNESS Widerwillig habe ich ihn gebaut. Ich war froh und erleichtert, als er endlich stand.

HILDE Ich weiß, daran erinnere ich mich.

SOLNESS Und jetzt baue ich so etwas nie – nie! – wieder. Weder Kirchen noch Kirchtürme.

HILDE *(nickt langsam)* Nur Häuser für Menschen.

SOLNESS Menschenhäuser, Hilde.

HILDE Aber Häuser mit hohen Türmen und Spitzen.

SOLNESS Möglichst. *(Schlägt einen leichteren Ton an)* Ja, und dieser Brand, der hat also meine Karriere gefördert. Als Baumeister.

HILDE Warum nennen Sie sich eigentlich nicht Architekt wie andere?

SOLNESS Weil ich es nicht gründlich genug gelernt habe. Was ich kann, habe ich mir zum größten Teil selbst beigebracht.

HILDE Trotzdem, Sie sind ganz oben.

SOLNESS Dank des Brandes, ja. Fast den halben Garten habe ich zu Villengrundstücken umgewandelt. Und da konnte ich genau so bauen, wie ich es wollte. Ab da lief alles wie geschmiert.

HILDE *(blickt ihn forschend an)* Sie müssen doch ein sehr, sehr glücklicher Mann sein. So, wie Ihnen alles gelungen ist.

SOLNESS *(düster)* Glücklich? Sagen Sie das auch? Wie alle?

HILDE Ja, ich finde, so müsste es sein. Wenn es Ihnen gelingt, nicht an die beiden Kleinen zu denken, dann –

SOLNESS *(langsam)* Die beiden Kleinen – so leicht kommt man über etwas Derartiges nicht weg, Hilde.

HILDE *(etwas unsicher)* Ist es immer noch so schlimm? Nach so vielen Jahren?

SOLNESS *(blickt sie fest an, ohne zu antworten)* Ein glücklicher Mann, sagen Sie?

HILDE Ja, finden Sie nicht – trotz alledem?

SOLNESS *(schaut sie unverwandt an)* Als ich Ihnen von dem Brand erzählt habe – hm –

HILDE Sagen Sie!

SOLNESS Ist Ihnen da nicht etwas klar geworden?

HILDE *(denkt vergeblich nach)* Nein. Was denn?

SOLNESS *(mit beherrschtem Nachdruck)* Ich verdanke es einzig und allein diesem Brand, dass ich Menschen ihr Zuhause baue. Gemütliche, behagliche, helle Häuser, wo Vater, Mutter und Kinder mit dem sicheren und glücklichen Gefühl leben können, wie wunderschön es ist, auf der Welt zu sein. Und vor allem, wie schön es ist, beieinander zu sein – die Kleinen und Großen.

HILDE *(eifrig)* Ja, aber ist es nicht auch schön für Sie, dass dieses Glück in dem zu Hause ist, was Sie bauen?

SOLNESS Aber der Preis, Hilde. Der furchtbare Preis, den ich dafür bezahlen musste.

HILDE Werden Sie denn nie darüber wegkommen können?

SOLNESS Unmöglich. Um für andere ein Zuhause zu bauen, musste ich darauf verzichten – für alle Zeit darauf verzichten, selber wieder ein Zuhause zu haben. Ich meine, eines für Kinder. Für Kinder, Vater und Mutter.

HILDE *(vorsichtig)* Ging das nicht anders? Für alle Zeit, sagen Sie?

SOLNESS *(nickt langsam)* Das war der Preis für das Glück, das alle Leute sehen. *(Seufzt tief)* Dieses Glück – hm – dieses Glück war für keinen geringeren Preis zu haben, Hilde.

HILDE *(wie eben)* Kann es denn nicht irgendwann wieder gut werden?

SOLNESS Niemals. Das ist auch eine Folge des Brandes. Von Alines Krankheit.

HILDE *(schaut ihn mit unbestimmbarem Ausdruck an)* Und trotzdem bauen Sie immer noch diese Kinderzimmer.

SOLNESS *(ernst)* Ist Ihnen noch nie aufgefallen, Hilde, dass das Unmögliche – dass es einen irgendwie lockt und ruft?

HILDE *(denkt nach)* Das Unmögliche? *(Lebhaft)* Ja klar! Geht es *Ihnen* auch so?

SOLNESS Oh ja.

HILDE Dann sind Sie auch – so ein Troll?

SOLNESS Troll, warum?

HILDE Wie wollen Sie das sonst nennen?

SOLNESS *(steht auf)* Ja, mag sein. *(Heftig)* Wie soll man da auch nicht zum Troll werden – so, wie es mir mit allem immer und immer wieder geht! Mit allem!

HILDE Wie meinen Sie das?

SOLNESS *(gedämpft, in innerer Erregung)* Hören Sie gut zu, was ich Ihnen jetzt sage, Hilde. All das, was ich erreicht habe, was ich gebaut habe, all die Schönheit, Sicherheit, Geborgenheit – all das Großartige – *(presst die Hände zusammen)* – oh, es ist so grauenhaft!

HILDE Was denn?

SOLNESS Für all das muss ich bezahlen. Nicht mit Geld. Sondern mit menschlichem Glück. Nicht nur meinem eigenen. Auch mit dem anderer. Ja, da sehen Sie, Hilde! Das ist der Preis für meine Stellung als Künstler, den ich bezahle, und andere zahlen ihn auch! Und jeden Tag muss ich sehen, wie dieser Preis neu gefordert wird. Immer wieder – immer, immer wieder!

HILDE *(steht auf und schaut ihn unverwandt an)* Jetzt denken Sie bestimmt an – an *sie*.

SOLNESS Ja. Vor allem an Aline. Aline hatte auch ihre Berufung, genau wie ich. *(Mit bebender Stimme)* Aber ihre Berufung musste sie aufgeben, unterdrücken, in Grund und Boden stampfen – damit meine sich erfüllen konnte – in einer Art großem Sieg. Denn das will ich Ihnen sagen, Aline hatte auch ein Talent zum Bauen.

HILDE Wie? Zum Bauen?

SOLNESS *(schüttelt den Kopf)* Keine Häuser und Türme und Spitzen – nicht so was wie ich –

HILDE Sondern?

SOLNESS *(weich und bewegt)* Kinderseelen, Hilde. Kinderseelen aufbauen, damit sie harmonisch heranwachsen können zu erwachsenen Menschenseelen. Darin lag Alines Begabung. Und all das liegt in Trümmern. Ungebraucht – und dadurch unbrauchbar geworden. Zu nichts mehr nütze. – Wie verkohlte Trümmer nach einem Brand.

HILDE Selbst wenn es so wäre –

SOLNESS Aber es ist so! Es ist so! Ich weiß es.

HILDE Daran sind Sie doch nicht schuld!

SOLNESS *(blickt sie an und nickt langsam)* Sehen Sie, das ist die große, furchtbare Frage. Das ist der Zweifel, der mich quält – Tag und Nacht.

HILDE Ach so.

SOLNESS Ja, denn so kann man es sehen. Dass ich schuld war. Sozusagen.

HILDE Sie! Am Brand?

SOLNESS An allem. Schuld an alldem. – Und zugleich vielleicht – vollkommen unschuldig.

HILDE *(schaut ihn bekümmert an)* Ach, Baumeister – wenn Sie
so etwas sagen, dann sind Sie vielleicht wirklich – krank.

SOLNESS Hm. Was das angeht, werde ich wohl nie im Leben
wieder ganz gesund.

*Ragnar Brovik öffnet vorsichtig die kleine Tür in der linken
Ecke. Hilde geht durchs Zimmer.*

RAGNAR *(als er Hilde sieht)* Oh –. Entschuldigen Sie, Herr
Solness – *(Will sich zurückziehen)*

SOLNESS Nein, nein, bleiben Sie. Dann ist das erledigt.

RAGNAR Oh ja – das wäre gut!

SOLNESS Ihrem Vater geht es nicht besser, wie ich höre.

RAGNAR Mit ihm geht es schnell bergab. Und darum möchte
ich Sie bitten – schreiben Sie mir ein paar gute Worte auf
eins der Blätter! Etwas, das mein Vater lesen kann, bevor
er –

SOLNESS *(heftig)* Lassen Sie mich mit Ihren Entwürfen in
Ruhe! Ich will nichts mehr davon hören!

RAGNAR Haben Sie sie angesehen?

SOLNESS Ja – habe ich.

RAGNAR Und Sie finden, sie taugen nichts? Und ich auch
nicht?

SOLNESS *(ausweichend)* Bleiben Sie einfach hier bei mir,
Ragnar. Sie sollen alles so haben, wie Sie möchten. Dann
können Sie Kaja heiraten. Sorglos leben. Vielleicht so-

gar glücklich. Aber vergessen Sie alle Pläne, selber zu bauen.

RAGNAR Aha. Dann muss ich jetzt nach Hause gehen und es meinem Vater sagen. Das habe ich ihm versprochen. – *Muss* ich ihm das sagen – bevor er stirbt?

SOLNESS *(stöhnend)* Sagen Sie ihm – sagen Sie ihm meinetwegen, was Sie wollen. Am besten, Sie sagen gar nichts! *(Bricht aus)* Ich *kann* nicht anders, Ragnar!

RAGNAR Darf ich dann meine Entwürfe mitnehmen?

SOLNESS Ja, nehmen Sie, nehmen Sie. Sie liegen da auf dem Tisch.

RAGNAR *(geht hin)* Danke.

HILDE *(legt die Hand auf die Mappe)* Nein, nein, lassen Sie sie liegen.

SOLNESS Warum?

HILDE Ich will sie mir ansehen.

SOLNESS Aber Sie haben doch – *(Zu Ragnar)* – Gut, dann lassen Sie sie noch da.

RAGNAR Gern.

SOLNESS Und jetzt schnell nach Hause zu Ihrem Vater.

RAGNAR Wie Sie meinen.

SOLNESS *(wie verzweifelt)* Ragnar – Sie dürfen nichts von mir verlangen, das ich nicht tun kann! Hören Sie, Ragnar! Das dürfen Sie nicht!

RAGNAR Nein, nein. Entschuldigen Sie – *(Verbeugt sich und geht durch die Tapetentür in der Ecke ab)*

HILDE *(geht durchs Zimmer und setzt sich auf einen Stuhl beim Spiegel; schaut Solness wütend an)* Das war richtig gemein von Ihnen.

SOLNESS Finden Sie das auch?

HILDE Ja. Wirklich hässlich und gemein. Hart, böse und grausam.

SOLNESS Oh, Sie begreifen nicht, wie es in mir aussieht.

HILDE Egal –. Nein, so sollten Sie sich nicht verhalten.

SOLNESS Sie haben vorhin selber gesagt, nur ich sollte bauen dürfen.

HILDE Ich darf so etwas sagen. Sie nicht.

SOLNESS Ich am ehesten. So teuer, wie ich es erkauft habe.

HILDE Ja, ja – mit etwas, das Sie häusliche Gemütlichkeit nennen – und so.

SOLNESS Und außerdem mit meinem Seelenfrieden.

HILDE *(steht auf)* Seelenfrieden! *(Innig)* Ja, ja, da haben Sie Recht. Armer Baumeister! – Sie bilden sich ja ein, dass –

SOLNESS *(mit leisem Glucksen)* Jetzt setzen Sie sich mal wieder hin, Hilde. Dann erzähle ich Ihnen etwas Lustiges.

HILDE *(gespannt, setzt sich)* Ja?

SOLNESS Es hört sich eigentlich lächerlich an. Die ganze große Geschichte hat mit einem Riss im Schornstein angefangen.

HILDE Aha?

SOLNESS Ja, das war der Anfang, mehr nicht. *(Zieht einen Stuhl zu Hilde heran und setzt sich)*

HILDE *(schlägt sich ungeduldig aufs Knie)* Also – ein Riss im Schornstein, und dann?

SOLNESS Den hatte ich schon lange vor dem Brand bemerkt. Jedes Mal, wenn ich auf dem Dachboden war, schaute ich nach, ob er noch da war.

HILDE Und das war er.

SOLNESS Ja. Niemand sonst wusste davon.

HILDE Und Sie haben niemandem davon erzählt?

SOLNESS Nein.

HILDE Und hatten Sie vor, den Riss zu reparieren?

SOLNESS Vor hatte ich es schon, aber ich habe es nie getan. Jedes Mal, wenn ich mich daranmachen wollte, war es, als würde sich eine Hand dazwischenlegen. Gut, heute nicht, dachte ich dann. Morgen. Und so wurde nie was daraus.

HILDE Wie gedankenlos!

SOLNESS Nein, nachgedacht habe ich schon viel darüber. *(Langsam und gedämpft)* Ich dachte, durch den kleinen schwarzen Riss im Schornstein könnte ich Karriere machen – als Baumeister.

HILDE *(schaut vor sich hin)* Das muss spannend gewesen sein.

SOLNESS Unwiderstehlich spannend. Ich dachte, es wäre ganz leicht und einfach. Es sollte irgendwann im Winter passieren, während Aline und ich mit dem Schlitten spazieren fahren. Unser Hausmädchen würde ordentlich einheizen –

HILDE Weil es ein besonders kalter Tag wäre?

SOLNESS Eiskalt, ja. Und Aline sollte es schön warm haben,
wenn sie wiederkommt.

HILDE Weil sie so leicht friert.

SOLNESS Genau. Und auf dem Heimweg würden wir dann
den Rauch sehen.

HILDE Nur Rauch?

SOLNESS Zunächst. Aber wenn wir an die Gartentür kämen,
würde der ganze alte Holzkasten in hellen Flammen stehen. – Sehen Sie, so hatte ich mir das vorgestellt.

HILDE Und dann kam es ganz anders.

SOLNESS Ja, Hilde.

HILDE Hören Sie mal, Baumeister. Ist es denn sicher, dass
dieser kleine Riss den Brand verursacht hat?

SOLNESS Nein, alles andere als sicher. Ich denke eigentlich
sogar, dass er nicht die Ursache war.

HILDE Sondern was?

SOLNESS Die Untersuchungen haben eindeutig ergeben,
dass das Feuer in einer Kleiderkammer ausgebrochen ist
– an einer ganz anderen Stelle im Haus.

HILDE Und warum reden Sie dann die ganze Zeit von diesem
gerissenen Schornstein?

SOLNESS Darf ich Ihnen noch etwas erzählen, Hilde?

HILDE Wenn Sie wieder vernünftig reden, dann ja –

SOLNESS Ich werd's versuchen. *(Rückt seinen Stuhl näher)*

HILDE Also, raus mit der Sprache, Baumeister.

SOLNESS *(vertraulich)* Glauben Sie nicht auch, Hilde, dass es Menschen gibt, wenige, ausgewählte, die über die Gabe und die Macht verfügen, dass sie sich etwas wünschen, etwas begehren, es wollen – so leidenschaftlich und so – erbarmungslos –, dass es irgendwann tatsächlich passiert?

HILDE *(mit einem unbestimmbaren Ausdruck im Blick)* Falls das so ist, dann werden wir eines Tages sehen – ob ich auch dazugehöre.

SOLNESS Man bewirkt solche großen Dinge nicht allein, es braucht auch Helfer und Diener dazu. Aber ganz von selber passiert so etwas nicht. Man muss es fest, ganz fest wollen. Innerlich, verstehen Sie.

HILDE Was für Helfer und Diener sollen das sein?

SOLNESS Darüber können wir ein andermal reden. Bleiben wir bei diesem Brand.

HILDE Glauben Sie nicht, dass es den Brand sowieso gegeben hätte – auch ohne Ihre Wünsche?

SOLNESS Hätte das Haus dem alten Knut Brovik gehört, dann wäre es nie und nimmer in so einem passenden Moment abgebrannt, da bin ich absolut sicher. Er versteht sich nicht darauf, die Helfer zu rufen, die Diener. *(Steht unruhig auf)* Sehen Sie, Hilde, ich trage doch die Schuld daran, dass unsere kleinen Jungen sterben mussten. Und bin ich etwa nicht schuld daran, dass Aline nicht das geworden ist, was sie gekonnt und gesollt hätte? Und gewollt auch.

HILDE Und wenn es nur die Helfer und Diener gewesen wären?

SOLNESS Wer soll sie denn gerufen haben? Das war ich, wer sonst? Meinem Willen haben sie sich gefügt. *(Mit wach-*

sender Erregung) Und da sagen die Leute dann, man hätte das Glück auf seiner Seite. Aber ich werde Ihnen sagen, wie es sich anfühlt, dieses Glück! Wie eine große hautlose Stelle mitten auf der Brust. Und dann reißen die Helfer und Diener anderen Menschen Hautfetzen ab, um meine Wunde zu flicken! – Aber die Wunde heilt nicht zu. Nie – niemals! Wenn Sie wüssten, wie weh das manchmal tut.

HILDE *(schaut ihn aufmerksam an)* Sie sind doch krank, Baumeister. Sehr krank, denke ich.

SOLNESS Sagen Sie ruhig verrückt. Das meinen Sie doch, oder?

HILDE Nein, ich glaube, dass Sie völlig bei Verstand sind.

SOLNESS Sondern? Sagen Sie schon!

HILDE Ich frage mich, ob Sie nicht vielleicht ein etwas überreiztes Gewissen mitbekommen haben.

SOLNESS Was soll das heißen?

HILDE Ihr Gewissen ist zu empfindlich. Es hält nichts aus. Kann nichts Schweres tragen.

SOLNESS *(brummt)* Hm. Und was wäre Ihrer Meinung nach besser?

HILDE Mir wäre lieber, Sie hätten ein – ein richtig robustes Gewissen.

SOLNESS Aha? Robust? Na. Haben Sie vielleicht ein robustes Gewissen?

HILDE Ich glaube schon. Bis jetzt sieht es so aus.

SOLNESS Wahrscheinlich ist es noch gar nicht richtig auf die Probe gestellt worden.

HILDE *(mit bebenden Lippen)* Es war zum Beispiel gar nicht leicht, meinen Vater zu verlassen, den ich so liebe.

SOLNESS Ach je – für ein, zwei Monate –

HILDE Ich gehe wahrscheinlich nie wieder nach Hause.

SOLNESS Nie wieder? Warum sind Sie weggefahren?

HILDE *(halb ernst, hab scherzhaft)* Haben Sie schon wieder vergessen, dass die zehn Jahre um sind?

SOLNESS Ach, Unfug. Gab es zu Hause irgendwelche Probleme? Hm?

HILDE *(ganz ernst)* Etwas in mir drin hat mich hergetrieben. Gelockt und gezogen.

SOLNESS *(eifrig)* Da haben wir's! Da haben wir's, Hilde! In Ihnen wohnt auch ein Troll. Genau wie in mir. Denn der Troll in einem, wissen Sie – der ruft die äußeren Mächte herbei. Und dann muss man einfach folgen – ob man will oder nicht.

HILDE Ich glaube fast, Sie haben Recht, Baumeister.

SOLNESS *(geht durchs Zimmer)* Ach, Hilde, es gibt so viele unsichtbare Teufel auf der Welt!

HILDE Auch noch Teufel?

SOLNESS *(bleibt stehen)* Gute Teufel und böse. Blonde und dunkle. Wenn man nur immer wüsste, ob einen gerade die blonden am Wickel haben oder die dunklen! *(Geht weiter)* Ha! Dann wäre alles ganz einfach!

HILDE *(folgt ihm mit den Blicken)* Oder wenn man so ein richtig kerngesundes, robustes Gewissen hätte. Dass man auch wagt, was man tun will.

SOLNESS *(bleibt bei der Konsole stehen)* Ich glaube, in der Hinsicht sind die meisten Leute auch nicht robuster als ich.

HILDE Das kann schon sein.

SOLNESS *(lehnt sich an den Konsoltisch)* In den alten Sagas – haben Sie mal in den alten Sagas gelesen?

HILDE Ja! Als ich noch Bücher gelesen habe –

SOLNESS In den Sagas wird von den Wikingern erzählt, die in fremde Länder fuhren, plünderten, brandschatzten und mordeten –

HILDE Und Frauen entführten –

SOLNESS – und sie nicht wieder freiließen –

HILDE – sie auf ihren Schiffen mitnahmen –

SOLNESS – und sie verschleppten wie – wie die schlimmsten Trolle.

HILDE *(schaut mit halb verschleiertem Blick vor sich hin)* Das muss irrsinnig aufregend gewesen sein.

SOLNESS *(mit kurzem, brummigem Lachen)* Auf Frauenfang zu gehen, ja?

HILDE Nein, gefangen zu werden!

SOLNESS *(blickt sie kurz an)* Schau an.

HILDE *(als würde sie ihn unterbrechen)* Worauf wollen Sie mit diesen Wikingern hinaus, Baumeister?

SOLNESS Na ja, diese Kerle hatten sicher ein robustes Gewissen! Wenn sie nach Hause kamen, konnten sie essen und trinken, so fröhlich und unbefangen wie Kinder! Und die Frauen wollten oft gar nicht wieder weg. Können Sie sich das vorstellen, Hilde?

HILDE Diese Frauen kann ich irrsinnig gut verstehen.

SOLNESS Aha? Vielleicht könnten Sie das selber auch?

HILDE Warum nicht?

SOLNESS Freiwillig mit so einem Gewaltmenschen zusammenleben?

HILDE Wenn ich diesen Gewaltmenschen lieben würde –

SOLNESS So einen könnten Sie lieben?

HILDE Kann man denn selber entscheiden, in wen man sich verliebt?

SOLNESS *(schaut sie nachdenklich an)* Hm, nein – das entscheidet wohl der Troll in einem.

HILDE *(mit halbem Lachen)* Und diese ganzen Teufelchen, mit denen Sie sich so gut auskennen. Die blonden und die dunklen.

SOLNESS *(warm und leise)* Dann will ich hoffen, dass die Teufelchen klug für Sie entscheiden, Hilde.

HILDE Für mich haben sie schon entschieden. Ein für alle Mal.

SOLNESS *(schaut sie tief an)* Hilde – Sie sind wie ein wilder Vogel aus dem Wald.

HILDE Ach woher. Ich verstecke mich nicht im Gebüsch.

SOLNESS Nein, nein. Ich meine eher ein Raubvogel.

HILDE Ja, vielleicht schon eher. *(Sehr heftig)* Warum kein Raubvogel? Warum soll ich nicht auch räubern? Die Beute an mich reißen, die ich will? Wenn ich sie in die Klauen kriegen und festhalten kann?

SOLNESS Hilde – wissen Sie, was Sie sind?

HILDE Na ja, ein seltsamer Vogel wahrscheinlich.

SOLNESS Nein. Sie sind der junge Tag. Wenn ich Sie ansehe –
dann ist mir, als würde ich in den Sonnenaufgang
schauen.

HILDE Sagen Sie, Baumeister – sind Sie sicher, dass Sie nie
nach mir gerufen haben – so innerlich?

SOLNESS *(langsam und leise)* Ich glaube fast, das muss ich getan haben.

HILDE Und was wollten Sie von mir?

SOLNESS Sie sind die Jugend, Hilde.

HILDE *(lächelt)* Die Jugend, vor der Sie sich so fürchten?

SOLNESS *(nickt langsam)* Und nach der ich mich eigentlich so
sehne.

*Hilde steht auf, geht zu dem kleinen Tisch und nimmt Ragnar
Broviks Mappe.*

HILDE *(hält Solness die Mappe hin)* Also, hier sind diese Entwürfe –

SOLNESS *(kurz, abweisend)* Weg damit! Ich kenne sie.

HILDE Sie sollen doch etwas für ihn da reinschreiben.

SOLNESS Im Leben nicht!

HILDE Aber der arme alte Mann liegt im Sterben! Können
Sie nicht ihm und seinem Sohn die Freude tun, bevor sie
Abschied nehmen müssen? Und vielleicht kann er dann
sogar nach den Plänen bauen –

SOLNESS Ja, genau so hat er das eingefädelt, der feine Herr!

HILDE Mein Gott – und wenn schon – können Sie nicht ihm zuliebe ein bisschen lügen?

SOLNESS Lügen? *(Rasend wütend)* Hilde – lassen Sie mich mit den verfluchten Entwürfen in Ruhe!

HILDE *(zieht die Mappe etwas an sich)* Na, na, na – wer wird denn gleich beißen. – Sie reden von Trollen, ausgerechnet. Ich finde, Sie führen sich selber wie ein Troll auf. *(Sieht sich um)* Wo haben Sie was zum Schreiben?

SOLNESS Hier drin nicht.

HILDE *(geht zur Tür)* Aber draußen bei Ihrer Bürohilfe –

SOLNESS Hier geblieben, Hilde! – Lügen soll ich, sagen Sie. Na ja, dem Alten zuliebe könnte ich das schon. Den habe ich damals überrollt. Ruiniert.

HILDE Den auch?

SOLNESS Ich brauchte Platz für mich. Aber dieser Ragnar – der darf auf keinen Fall hochkommen.

HILDE Das würde der Ärmste wohl kaum schaffen. Wenn er nichts taugt, dann –

SOLNESS *(näher heran, schaut sie an und flüstert)* Wenn Ragnar Brovik hochkommt, dann wirft er mich zu Boden. Ruiniert mich – wie ich damals seinen Vater.

HILDE Sie ruinieren? Kann er denn was?

SOLNESS Worauf Sie sich verlassen können! Er ist die Jugend, die bereitsteht, um bei mir anzuklopfen. Und Baumeister Solness zu erledigen.

HILDE *(schaut ihn still und vorwurfsvoll an)* Und deswegen wollen Sie ihn aussperren. Pfui, Baumeister!

SOLNESS Die Kämpfe, die ich ausgefochten habe, haben mich genügend Herzblut gekostet! – Und ich habe Angst, dass die Helfer und Diener mir nicht mehr gehorchen.

HILDE Dann müssen Sie eben allein weitermachen. Anders geht es nicht.

SOLNESS Hoffnungslos, Hilde. Die Wende kommt – früher oder später. Die Vergeltung kommt, unerbittlich.

HILDE *(hält sich ängstlich die Ohren zu)* Reden Sie nicht so! Wollen Sie mich umbringen? Mir das nehmen, was mir lieber ist als das Leben?

SOLNESS Nämlich?

HILDE Sie groß zu sehen. Sie mit dem Kranz in der Hand zu sehen. Hoch, hoch oben auf einem Kirchturm. *(Wieder ruhig)* Also, her mit dem Stift. Sie werden doch einen Stift bei sich haben?

SOLNESS *(nimmt seine Brieftasche heraus)* Hier.

HILDE *(legt die Mappe auf den Sofatisch)* Gut. Und jetzt setzen wir uns hier hin, Baumeister.

Solness setzt sich an den Tisch. Hilde, hinter ihm, lehnt sich über die Rückenlehne des Stuhls.

HILDE Und jetzt schreiben wir etwas auf einen Entwurf. Etwas richtig Freundliches. Für diesen hässlichen Roar – oder wie er heißt.

SOLNESS *(schreibt einige Zeilen, wendet den Kopf und schaut sie an)* Sagen Sie mir eins, Hilde.

HILDE Ja?

SOLNESS Wenn Sie zehn Jahre lang auf mich gewartet haben –

HILDE Was dann?

SOLNESS Warum haben Sie mir dann nie geschrieben? Ich hätte Ihnen antworten können.

HILDE *(schnell)* Nein, nein, nein, auf keinen Fall! Das wollte ich nicht!

SOLNESS Warum nicht?

HILDE Ich hatte Angst, dass es mir dann kaputtgeht. – Aber wir wollten etwas auf den Entwurf schreiben, Baumeister.

SOLNESS Wollten wir.

HILDE *(beugt sich vor und liest mit, während er schreibt)* So herzensgut und warm. Ach, wie ich diesen – diesen Roar hasse!

SOLNESS *(schreibend)* Haben Sie eigentlich niemals jemanden wirklich gern gehabt, Hilde?

HILDE *(heftig)* Was sagen Sie?

SOLNESS Ob Sie mal jemanden wirklich gern gehabt haben?

HILDE Jemand anderen, meinen Sie?

SOLNESS *(schaut zu ihr auf)* Jemand anderen, ja. Haben Sie? In diesen zehn Jahren?

HILDE Doch, schon, so zwischendurch. Wenn ich richtig wütend auf Sie war, weil Sie nicht kamen.

SOLNESS Dann haben Sie sich für jemand anderen interessiert?

HILDE Ein bisschen, für eine Woche oder so. Gott, Baumeister, Sie wissen doch, wie so was ist.

SOLNESS Hilde – warum sind Sie hier?

HILDE Vergeuden Sie jetzt keine Zeit mit Gerede. Der arme alte Mann stirbt uns womöglich weg.

SOLNESS Antworten Sie, Hilde. Was wollen Sie von mir?

HILDE Mein Königreich will ich.

SOLNESS Hm – *(Schaut flüchtig zur Tür links und schreibt weiter)*

Frau Solness kommt herein. Sie hat einige Päckchen dabei.

FRAU SOLNESS Hier, ich bringe Ihnen etwas mit, Fräulein Wangel. Die großen Pakete werden später geliefert.

HILDE Oh, das ist lieb von Ihnen!

FRAU SOLNESS Nur meine Pflicht und Schuldigkeit. Mehr nicht.

SOLNESS *(liest das Geschriebene durch)* Aline!

FRAU SOLNESS Ja?

SOLNESS Hast du – die Buchhalterin draußen gesehen?

FRAU SOLNESS Ja, natürlich.

SOLNESS *(legt das Blatt zurück in die Mappe)* Hm –

FRAU SOLNESS Sie stand am Schreibpult, wie immer – wenn *ich* durchs Zimmer gehe.

SOLNESS *(steht auf)* Dann gehe ich mal rüber. Und sage ihr –

HILDE *(nimmt ihm die Mappe weg)* Nein, lassen Sie mir die Freude! *(Geht zur Tür, dreht sich aber um)* Wie heißt sie?

SOLNESS Fräulein Fosli.

HILDE Das klingt so kalt! Mit Vornamen, meine ich!

SOLNESS Kaja – glaube ich.

HILDE *(öffnet die Tür und ruft hinaus)* Kaja! Kommen Sie herein! Schnell! Der Baumeister will mit Ihnen reden!

KAJA *(kommt herein und schaut ihn furchtsam an)* Ja –?

HILDE *(hält ihr die Mappe hin)* Hier, Kaja! Nehmen Sie das. Jetzt hat der Baumeister etwas hineingeschrieben.

KAJA Ach, endlich!

SOLNESS Bringen Sie das dem Alten, sofort.

KAJA Ich gehe sofort hin.

SOLNESS Ja. Dann kann Ragnar endlich bauen.

KAJA Darf er denn herkommen und Ihnen für alles danken?

SOLNESS *(hart)* Keinen Dank! Grüßen Sie ihn und bestellen ihm das von mir!

KAJA Ja, ich werde –

SOLNESS Und sagen Sie ihm auch, dass ich ab jetzt keine Verwendung mehr für ihn habe. Und für Sie auch nicht.

KAJA *(leise und bebend)* Für mich auch nicht!

SOLNESS Sie müssen jetzt an anderes denken. Für anderes sorgen. Und das ist nur gut so. Gehen Sie mit den Entwürfen nach Hause, Fräulein Fosli. Schnell! Hören Sie!

KAJA *(wie zuvor)* Ja, Herr Solness. *(Geht hinaus)*

FRAU SOLNESS Mein Gott, hat die einen heimtückischen Blick.

SOLNESS Die? Das arme Ding.

FRAU SOLNESS Halvard, ich sehe, was ich sehe. Entlässt du die beiden tatsächlich?

SOLNESS Ja.

FRAU SOLNESS Die Fosli auch?

SOLNESS Das wolltest du doch, oder?

FRAU SOLNESS Dass du sie entbehren kannst, wundert mich –? Du hast sicher jemanden in der Hinterhand.

HILDE *(lustig)* Ja, also *ich* tauge jedenfalls nicht dazu, hinterm Schreibpult zu stehen.

SOLNESS Na, na, Aline, das findet sich schon noch. Denk du nur an den Umzug in das neue Zuhause – so bald wie möglich. Heute Abend setzen wir den Kranz auf – *(wendet sich zu Hilde)* – ganz oben auf die Turmspitze. Was sagen Sie dazu, Fräulein Hilde?

HILDE *(starrt ihn mit funkelnden Augen an)* Das wird irrsinnig schön, Sie wieder da oben zu sehen.

SOLNESS Mich!

FRAU SOLNESS Um Himmels willen, Fräulein Wangel, denken Sie nicht an so was! Mein Mann –! Dem so schnell schwindlig wird!

HILDE Der und schwindlig? Das glaube ich nicht.

FRAU SOLNESS Ist er aber.

HILDE Ich habe ihn selber ganz oben auf einem Kirchturm gesehen!

FRAU SOLNESS Das habe ich auch schon gehört. Aber das ist völlig unmöglich –

SOLNESS *(heftig)* Unmöglich – unmöglich, ja! Aber ich habe trotzdem da oben gestanden, dass du's nur weißt!

FRAU SOLNESS Wie kannst du das sagen, Halvard? Du kannst ja nicht mal hier im ersten Stock auf den Balkon gehen. So warst du schon immer.

SOLNESS Heute Abend kriegst du vielleicht was anderes zu sehen.

FRAU SOLNESS *(ängstlich)* Nein, nein! Das möchte ich nie sehen, um Gottes willen! Ich lasse sofort Doktor Herdal holen, damit er dich davon abbringt.

SOLNESS Aline –!

FRAU SOLNESS Du musst krank sein, Halvard! Anders lässt sich das nicht erklären! *(Eilt nach rechts hinaus)*

HILDE *(schaut ihn gespannt an)* Stimmt das oder nicht?

SOLNESS Dass ich nicht schwindelfrei bin?

HILDE Dass *mein* Baumeister es nicht wagt – so hoch zu steigen, wie er baut?

SOLNESS So sehen Sie das?

HILDE Ja.

SOLNESS Ich glaube bald, keine Faser von mir ist mehr vor Ihnen sicher.

HILDE *(schaut aus dem Erkerfenster)* Da oben hinauf. Ganz bis nach oben –

SOLNESS *(geht näher)* Im obersten Turmzimmer könnten Sie wohnen, Hilde. – Wie eine Prinzessin.

HILDE *(unbestimmbar, zwischen Ernst und Scherz)* Das haben Sie mir schließlich versprochen.

SOLNESS Habe ich das wirklich?

HILDE Pfui, Baumeister! Sie haben gesagt, ich werde eine Prinzessin. Und dass Sie mir ein Königreich schenken werden. Und dann haben Sie mich genommen und – na!

SOLNESS *(vorsichtig)* Sind Sie ganz sicher, dass das nicht vielleicht ein Traum war – eine Einbildung, die sich in Ihnen festgesetzt hat?

HILDE *(scharf)* Weil Sie es vielleicht *nicht* getan haben?

SOLNESS Ich weiß es selber nicht richtig –. *(Leiser)* Aber eins weiß ich genau, und zwar, dass ich –

HILDE Dass Sie – sagen Sie schnell!

SOLNESS – dass ich es hätte tun *sollen.*

HILDE *(keck)* Ich glaube im Leben nicht, dass Ihnen schwindlig wird!

SOLNESS Heute Abend setzen wir also den Kranz auf – Prinzessin Hilde.

HILDE *(mit einem bitteren Zug um den Mund)* Ihrem neuen Zuhause, ja.

SOLNESS Dem neuen Haus. Das für mich nie ein Zuhause sein wird. *(Geht durch die Gartentür ab)*

HILDE *(schaut verschleiert vor sich hin und flüstert im Selbstgespräch. Man hört nur die Worte)* – – irrsinnig spannend! – –

3. AKT

*Die große, breite Veranda von Solness' Haus. Ein Teil des Hauses
mit der Verandatür ist links zu sehen. Rechts das Geländer. Im
Hintergrund, an der Querseite der Veranda, führt eine Treppe in
den tiefer liegenden Garten. Die Äste von großen, alten Bäumen
reichen auf die Veranda bis ans Haus heran. Ganz rechts ist zwischen den Ästen der untere Teil des neuen Hauses zu erkennen,
mitsamt dem Gerüst am Turm. Im Hintergrund begrenzt ein alter Lattenzaun den Garten. Dahinter, auf der anderen Straßen-
seite, niedrige, verfallene Häuschen.*
Abendhimmel, sonnenbeschienene Wolken.
*Auf der Veranda steht an der Hauswand eine Gartenbank, davor
ein länglicher Tisch. Auf der anderen Seite des Tischs ein Lehnstuhl und ein paar Hocker. Alles Korbmöbel.*

*Frau Solness, in ein breites Schultertuch aus weißem Crêpestoff
gehüllt, ruht in dem Lehnstuhl und starrt nach rechts.*
*Nach kurzer Zeit kommt Hilde Wangel die Treppe vom Garten
herauf. Sie ist gekleidet wie im vorigen Akt, sie trägt ihren Hut,
auf der Brust hat sie einen kleinen Strauß aus Wiesenblumen.*

FRAU SOLNESS *(dreht den Kopf ein wenig)* Sie waren im Garten, Fräulein Wangel?

HILDE Ja, ich habe mich da hinten umgesehen.

FRAU SOLNESS Und Blumen gepflückt, wie ich sehe.

HILDE Oh ja! Zwischen den Büschen wachsen jede Menge.

FRAU SOLNESS Tatsächlich? Jetzt noch? Na, ich komme da so
gut wie nie hin.

HILDE *(näher)* Wie? Sie schwirren nicht jeden Tag im Garten herum?

FRAU SOLNESS *(müde lächelnd)* Ich «schwirre» nirgends herum. Nicht mehr.

HILDE Na, aber gehen Sie nicht manchmal hindurch und schauen die ganzen hübschen Blumen an?

FRAU SOLNESS Das ist mir alles fremd geworden. Ich fürchte mich fast davor.

HILDE Vor dem eigenen Garten!

FRAU SOLNESS Ich habe nicht mehr das Gefühl, dass es mein eigener ist.

HILDE Wieso denn das nun wieder?

FRAU SOLNESS Nein, nein, er ist nicht mehr meiner. Nicht mehr der Garten meiner Kinderzeit, als Mutter und Vater noch da waren. Er ist so sehr verstümmelt worden, Fräulein Wangel. Stellen Sie sich bloß vor – man hat unseren Garten aufgeteilt – und Häuser für fremde Leute gebaut. Leute, die ich nicht kenne. Die mich jetzt durch die Fenster in meinem Haus sehen können.

HILDE *(begeistert)* Frau Solness?

FRAU SOLNESS Ja?

HILDE Darf ich mich ein bisschen zu Ihnen setzen?

FRAU SOLNESS Gern, wenn Sie möchten.

HILDE *(zieht einen Hocker zum Lehnstuhl und setzt sich)* Aah – hier kann man sitzen und sich in der Sonne wärmen wie eine Katze.

FRAU SOLNESS *(legt ihr die Hand in den Nacken)* Es ist lieb von Ihnen, dass Sie bei mir sitzen wollen. Ich dachte, Sie wollten zu meinem Mann hinein.

HILDE Was soll ich bei ihm?

FRAU SOLNESS Ihm helfen, dachte ich.

HILDE Nein, danke. Außerdem ist er gar nicht drinnen, sondern drüben bei den Arbeitern. Aber er hat so griesgrämig geschaut, dass ich mich nicht getraut habe, ihn anzusprechen.

FRAU SOLNESS Eigentlich ist er ganz lieb und sanft.

HILDE Er?

FRAU SOLNESS Sie kennen ihn noch nicht richtig, Fräulein Wangel.

HILDE *(schaut sie warm an)* Freuen Sie sich, dass Sie in das neue Haus ziehen?

FRAU SOLNESS Ich *müsste* mich freuen. Halvard will ja, dass –

HILDE Nein, nicht darum, meine ich.

FRAU SOLNESS Doch, doch, Fräulein Wangel. Es ist einfach meine Pflicht, ihm zu folgen. Auch wenn es manchmal wirklich nicht leicht ist, gehorsam zu sein.

HILDE Ja, es muss schwer für Sie sein!

FRAU SOLNESS Weiß Gott. Wenn man so ein schwacher Mensch ist wie ich, dann –

HILDE Und so viel durchgemacht hat –

FRAU SOLNESS Woher wissen Sie das?

HILDE Ihr Mann hat es mir erzählt.

FRAU SOLNESS Mit mir spricht er nie darüber. – Ja, Sie haben Recht, ich habe mehr als genug durchgemacht.

HILDE *(blickt sie teilnahmsvoll an und nickt langsam)* Arme Frau Solness. Erst brennt Ihnen das Haus ab –

FRAU SOLNESS *(seufzt)* Ja – und alles, was ich hatte.

HILDE Und dann noch das Schreckliche ...

FRAU SOLNESS *(schaut sie fragend an)* Das Schreckliche?

HILDE Ja, das Schlimmste.

FRAU SOLNESS Was meinen Sie?

HILDE Sie haben Ihre beiden kleinen Jungen verloren.

FRAU SOLNESS Ach die. Ja, das war höhere Fügung. Dem muss man sich beugen. Und dankbar sein.

HILDE Wie? Sie sind dankbar?

FRAU SOLNESS Leider nicht immer. Ich weiß nur zu gut, dass das meine Pflicht wäre. Aber ich *kann* es einfach nicht.

HILDE Das finde ich vollkommen verständlich.

FRAU SOLNESS Ich sage mir auch immer wieder, dass das eine wohlverdiente Strafe war –

HILDE Warum das denn?

FRAU SOLNESS Weil ich bei dem Unglück nicht standhaft genug war.

HILDE Ich verstehe nicht, wie –

FRAU SOLNESS Nein, Fräulein Wangel – reden wir nicht mehr von den beiden Kleinen. Freuen wir uns für sie. Ihnen geht es gut da, wo sie sind. Nein, es sind die kleinen Verluste im Leben, die so ins Herz schneiden. Das zu verlieren, was in den Augen der anderen Kleinkram ist.

HILDE *(stützt die Arme auf die Knie und schaut warm zu ihr auf)* Liebe Frau Solness – was für Verluste meinen Sie?

FRAU SOLNESS Wie gesagt. Kleinkram. All die alten Porträts an den Wänden sind verbrannt. Und die alten seidenen Trachten, alter Familienbesitz. Und Mutters und Großmutters sämtliche Spitzen – verbrannt. Und denken Sie – der Schmuck! *(Schwer)* Und all meine Puppen.

HILDE Puppen?

FRAU SOLNESS *(tränenerstickt)* Ich hatte neun wunderschöne Puppen.

HILDE Und die sind auch verbrannt?

FRAU SOLNESS Restlos. Oh, das war so furchtbar für mich, so furchtbar.

HILDE Hatten Sie die alle aufbewahrt?

FRAU SOLNESS Nicht nur aufbewahrt. Ich habe mit ihnen gelebt.

HILDE Auch, als Sie erwachsen waren?

FRAU SOLNESS Ja, noch lange.

HILDE Auch als Ehefrau?

FRAU SOLNESS Oh ja. Wenn er es nicht sehen konnte, dann –. Aber sie sind auch verbrannt, die armen kleinen Dinger. Kein Mensch kam auf die Idee, sie zu retten. Eine furchtbar traurige Vorstellung. Lachen Sie nicht über mich, Fräulein Wangel.

HILDE Ich lache ganz und gar nicht.

FRAU SOLNESS Auf eine Weise lebten sie nämlich auch. Ich trug sie unter meinem Herzen. Wie kleine, ungeborene Kinder.

Doktor Herdal, den Hut in der Hand, kommt zur Tür heraus und erblickt die beiden.

HERDAL Na, Frau Solness, Sie sitzen draußen und erkälten sich?

FRAU SOLNESS Es ist heute so schön warm, finde ich.

HERDAL Ja, ja. Aber was gibt es? Sie haben mich rufen lassen.

FRAU SOLNESS *(steht auf)* Ich muss etwas mit Ihnen besprechen.

HERDAL Gut. Dann gehen wir vielleicht rein. *(Zu Hilde)* Immer noch in Wanderkluft, Fräulein?

HILDE *(fröhlich, steht auf)* Ja, ja. In voller Montur! Aber heute will ich nicht hoch hinauf und mir den Hals brechen. Wir beide bleiben schön unten und schauen zu, Herr Doktor.

HERDAL *Wobei* schauen wir zu?

FRAU SOLNESS *(leise, erschrocken zu Hilde)* Psst, psst, um Himmels willen. Er kommt! Versuchen Sie bloß, ihm das auszureden. Und lassen Sie uns Freundinnen sein. Ja?

HILDE *(wirft sich ihr stürmisch um den Hals)* Ach, das wäre schön!

FRAU SOLNESS *(macht sich behutsam los)* Langsam, langsam! Da kommt er, Doktor! Kommen Sie, ich muss mit Ihnen reden.

HERDAL Geht es um ihn?

FRAU SOLNESS Ja, natürlich. Kommen Sie mit herein.

Beide gehen hinein. Im nächsten Augenblick kommt Solness die Treppe aus dem Garten herauf. Ein ernster Zug legt sich über Hildes Gesicht. Solness schaut kurz zur Haustür, die von innen behutsam zugezogen wird.

SOLNESS Haben Sie das bemerkt, Hilde, sie geht weg, sobald ich auftauche?

HILDE Ich habe bemerkt, dass Sie sie vertreiben, sobald Sie auftauchen.

SOLNESS Kann sein. Aber daran kann ich nichts ändern. *(Sieht sie aufmerksam an)* Frieren Sie, Hilde? Sie sehen so aus.

HILDE Ich komme gerade aus einer Grabkammer.

SOLNESS Wie meinen Sie das?

HILDE Dass ich friere bis in die Knochen.

SOLNESS *(langsam)* Ich glaube, ich verstehe –

HILDE Was wollen Sie jetzt hier?

SOLNESS Ich habe Sie von drüben gesehen.

HILDE Aber Ihre Frau auch, oder?

SOLNESS Ich wusste, dass sie sofort geht, wenn ich komme.

HILDE Ist es sehr schlimm für Sie, dass sie Ihnen so aus dem Weg geht?

SOLNESS Auf eine Weise ist es auch eine Erleichterung.

HILDE Sie nicht immer vor Augen zu haben?

SOLNESS Ja.

HILDE Nicht ununterbrochen sehen zu müssen, wie sehr sie sich den Verlust der beiden Kleinen zu Herzen nimmt?

SOLNESS Ja. Vor allem das. *(Hilde geht über die Veranda, die Hände im Rücken, stellt sich ans Geländer und schaut über den Garten. Nach einer kleinen Pause.)* Haben Sie lange mit ihr gesprochen? *(Hilde steht reglos da und antwortet nicht.)* Lange, frage ich? *(Hilde schweigt weiterhin.)* Worüber haben Sie mit ihr gesprochen, Hilde? *(Hilde schweigt immer noch.)* Arme Aline! Wahrscheinlich über die beiden Kleinen. *(Hilde zuckt nervös und nickt dann mehrmals heftig.)* Dass sie es nicht verwindet. Nie im Leben wird sie es schaffen. *(Geht näher)* Jetzt stehen Sie wieder da wie eine Salzsäule. Genau wie gestern Abend.

HILDE *(dreht sich zu ihm um und schaut ihn mit großen, ernsten Augen an)* Ich will hier weg.

SOLNESS *(scharf)* Hier weg?

HILDE Ja.

SOLNESS Das dürfen Sie nicht!

HILDE Was soll ich denn hier?

SOLNESS Einfach nur hier sein, Hilde!

HILDE *(von oben herab)* Na, danke. Dabei bleibt es doch nicht.

SOLNESS *(unüberlegt)* Umso besser!

HILDE *(heftig)* Ich kann niemandem etwas Böses tun, den ich *kenne*! Kann ihr nichts wegnehmen, das ihr gehört.

SOLNESS Aber wer sagt denn das?

HILDE Einer Fremden, ja! Das ist etwas ganz anderes! Einer, die ich nie gesehen habe. Aber ihr, der ich näher gekommen bin –! Nein! Auf keinen Fall!

SOLNESS Ich sage doch gar nichts anderes.

HILDE Ach, Baumeistcr, Sie wissen nur zu gut, was passieren würde. Und darum fahre ich wieder.

SOLNESS Und was soll aus mir werden, wenn Sie weg sind? Wofür soll ich dann leben?

HILDE *(mit unbestimmbarem Augenausdruck)* Um *Sie* ist mir nicht bange. Sie haben Ihre Pflichten ihr gegenüber. Leben Sie für diese Pflichten.

SOLNESS Zu spät. Diese Mächte – diese – diese –

HILDE – Teufel –

SOLNESS Ja, die Teufel! Und der Troll in mir auch. Die haben ihr alle Lebenswärme ausgesogen. *(Lacht verzweifelt)* Um meines Glückes willen! Ja! *(Schwer)* Und nun ist sie tot – wegen mir. Und ich lebe an diese Tote gefesselt. *(In wilder Angst) Ich* – ich, der ich nicht ohne Freude leben *kann*!

Hilde geht um den Tisch herum, setzt sich auf die Bank, die Ellbogen auf den Tisch, das Gesicht in die Hände gestützt.

HILDE *(sitzt eine Weile da und schaut ihn an)* Und was wollen Sie als Nächstes bauen?

SOLNESS *(schüttelt den Kopf)* Ich glaube kaum, dass da noch groß was kommt.

HILDE Kein gemütliches, helles Zuhause mehr für Mama und Papa und die ganze Kinderschar?

SOLNESS Wer weiß, ob so etwas überhaupt noch gebraucht wird.

HILDE Armer Baumeister! Und dafür haben Sie diese zehn Jahre lang gelebt, nur dafür?

SOLNESS Ja, so ist das wohl.

HILDE *(bricht aus)* Ah, das ist alles so idiotisch! So was von idiotisch!

SOLNESS Was denn?

HILDE Dass man es nicht wagt, sein Glück zu packen. Sein Leben! Nur weil da wer im Weg steht, den man kennt!

SOLNESS Jemand, an dem man nicht vorbeigehen darf.

HILDE Wer weiß, vielleicht dürfte man das ja? Aber egal –. Wenn man nur schlafen und das alles vergessen könnte! *(Legt die Arme flach auf den Tisch, die linke Wange auf die Hände, und schließt die Augen)*

SOLNESS *(dreht den Lehnstuhl um und setzt sich an den Tisch)* Hatten Sie ein gemütliches, helles Zuhause – oben bei Ihrem Vater, Hilde?

HILDE *(reglos, antwortet wie im Schlaf)* Einen Vogelkäfig hatte ich, mehr nicht.

SOLNESS Und da wollen Sie doch nicht mehr rein?

HILDE *(wie zuvor)* Kein Waldvogel will in einen Käfig.

SOLNESS Lieber durch die freie Luft jagen –

HILDE *(immer noch wie zuvor)* Raubvögel, die jagen –

SOLNESS *(lässt den Blick auf ihr ruhen)* Ja, wenn man Wikingerblut im Leib hätte –

HILDE *(mit gewöhnlicher Stimme, öffnet die Augen, bewegt sich aber nicht)* Und was noch? Sagen Sie's!

SOLNESS Ein robustes Gewissen.

HILDE *(richtet sich lebhaft auf, ihre Augen haben wieder den freudigen Glanz; nickt ihm zu)* Ich weiß, was Sie als Nächstes bauen werden, ich weiß es!

SOLNESS Dann wissen Sie mehr als ich, Hilde.

HILDE Ja, Baumeister können ganz schön dumm sein.

SOLNESS Und was ist es?

HILDE *(nickt wieder)* Das Schloss.

SOLNESS Was für ein Schloss?

HILDE Mein Schloss natürlich.

SOLNESS Jetzt wollen Sie Ihr Schloss haben?

HILDE Schließlich schulden Sie mir ein Königreich, oder haben Sie das wieder mal vergessen?

SOLNESS Wenn Sie es sagen.

HILDE So, Sie schulden mir also ein Königreich. Und zu einem Königreich gehört ja wohl ein Schloss, oder etwa nicht!

SOLNESS *(immer fröhlicher)* Ja, in aller Regel schon.

HILDE Gut, dann bauen Sie's mir! Jetzt sofort!

SOLNESS *(lacht)* Jetzt gleich auf der Stelle?

HILDE Klar! Jetzt sind die zehn Jahre um. Und ich will nicht mehr warten. Also – her mit meinem Schloss, Baumeister!

SOLNESS Es ist ganz schön ungemütlich, wenn man Ihnen etwas schuldet, Hilde.

HILDE Das hätten Sie früher bedenken müssen. Jetzt ist es zu spät. Also – *(haut auf den Tisch)* – das Schloss auf den Tisch! *Mein* Schloss! Ich will es *sofort*!

SOLNESS *(ernster, beugt sich näher zu ihr, die Arme auf dem Tisch)* Was haben Sie sich vorgestellt, wie soll Ihr Schloss aussehen, Hilde?

Hildes Blick verschleiert sich nach und nach, gleichsam nach innen gerichtet.

HILDE *(langsam)* Mein Schloss muss weit oben liegen. Sehr weit oben. Frei nach allen Seiten. Damit ich weit schauen kann, ganz weit.

SOLNESS Und einen hohen Turm soll es wohl auch haben?

HILDE Einen irrsinnig hohen Turm! Und ganz oben auf dem Turm muss ein Ausguck sein, auf dem will ich dann stehen –

SOLNESS *(greift sich unwillkürlich an die Stirn)* Dass Sie so Schwindel erregend weit oben stehen können!

HILDE Ja klar! Genau da will ich stehen und auf die anderen runterschauen – die, die Kirchen bauen. Und Häuser für Papa und Mama und die ganze Kinderschar. Und dann dürfen Sie auch hochkommen und runterschauen.

SOLNESS *(gedämpft)* Der Baumeister soll zur Prinzessin kommen dürfen?

HILDE Wenn der Baumeister will.

SOLNESS *(leiser)* Ich glaube, dann kommt der Baumeister.

HILDE *(nickt)* Der Baumeister – er kommt.

SOLNESS Aber er darf nie wieder bauen – der arme Baumeister.

HILDE *(lebhaft)* Aber klar doch! Wir beide bauen zusammen! Und zwar das Schönste – das Allerschönste, das es auf der Welt gibt.

SOLNESS *(gespannt)* Hilde – und was ist das?

HILDE *(schaut ihn lächelnd an, schüttelt den Kopf, spitzt den Mund und redet wie mit einem Kind)* Baumeister – das sind sehr, sehr dumme Menschen.

SOLNESS Natürlich, sie sind dumm, ja. Aber jetzt sagen Sie mir, was es ist! Was ist das Schönste auf der Welt? Das wir zusammen bauen werden?

HILDE *(schweigt kurz und sagt mit unbestimmbarem Augenausdruck)* Luftschlösser.

SOLNESS Luftschlösser?

HILDE *(nickt)* Luftschlösser, ja! Wissen Sie, was das ist, ein Luftschloss?

SOLNESS Das Schönste auf der Welt, sagen Sie.

HILDE *(steht heftig auf und macht eine wegwerfende Bewegung)* Ja natürlich! Luftschlösser – da kann man sich so gut drin verkriechen. Und leicht zu bauen sind sie auch – *(schaut ihn höhnisch an)* – für Baumeister – deren Gewissen nicht ganz schwindelfrei ist.

SOLNESS *(steht auf)* Von heute an bauen wir gemeinsam, Hilde.

HILDE *(mit halb zweifelndem Lächeln)* So ein richtiges Luftschloss?

SOLNESS Ja. Eins mit festen Fundamenten.

Ragnar Brovik kommt aus dem Haus. Er trägt einen großen Kranz mit Blumen und Seidenbändern.

HILDE *(in einem Freudenausbruch)* Der Kranz! Oh, das wird irrsinnig schön!

SOLNESS *(verwundert)* Sie bringen den Kranz, Ragnar?

RAGNAR Ja, das hatte ich dem Polier versprochen.

SOLNESS *(erleichtert)* Dann geht es Ihrem Vater besser?

RAGNAR Nein.

SOLNESS Hat das, was ich geschrieben habe, ihn nicht gefreut?

RAGNAR Es kam zu spät.

SOLNESS Zu spät!

RAGNAR Als sie damit kam, war er nicht mehr ansprechbar. Ein Schlaganfall.

SOLNESS Gehen Sie zu ihm nach Hause! Stehen Sie Ihrem Vater bei!

RAGNAR Er braucht mich nicht mehr.

SOLNESS Aber Sie müssen bei ihm sein.

RAGNAR *Sie* sitzt an seinem Bett.

SOLNESS *(etwas unsicher)* Kaja?

RAGNAR *(schaut ihn finster an)* Ja – Kaja.

SOLNESS Gehen Sie nach Hause, Ragnar. Zu ihm und zu ihr. Ich kümmere mich um den Kranz.

RAGNAR *(unterdrückt ein spöttisches Lächeln)* Sie wollen doch nicht etwa selber –?

SOLNESS Ich will ihn selber hinbringen, ja. *(Nimmt ihm den Kranz ab)* Sie gehen jetzt nach Hause. Wir haben heute keine Verwendung für Sie.

RAGNAR Ich weiß, dass Sie von nun an keine Verwendung mehr für mich haben. Aber heute bleibe ich.

SOLNESS Dann bleiben Sie eben, wenn Sie unbedingt wollen.

HILDE *(am Geländer)* Baumeister – ich will Sie so gerne sehen.

SOLNESS Mich!

HILDE Das wird irrsinnig aufregend.

SOLNESS *(gedämpft)* Darüber reden wir noch, Hilde. *(Geht mit dem Kranz die Treppe hinab und durch den Garten fort)*

HILDE *(blickt ihm nach; dann dreht sie sich zu Ragnar um)* Sie hätten ihm wenigstens danken können.

RAGNAR Ihm danken? Ich ihm danken?

HILDE Ja, hätten Sie.

RAGNAR Ich müsste mich wohl eher bei Ihnen bedanken.

HILDE Wie kommen Sie darauf?

RAGNAR *(ohne zu antworten)* Aber passen Sie auf sich auf, Fräulein! Sie kennen ihn noch nicht richtig.

HILDE *(feurig)* Oh, niemand kennt ihn so gut wie ich!

RAGNAR *(lacht verbittert)* Ihm danken, der mich all die Jahre klein gehalten hat? Dafür gesorgt hat, dass Vater an mir zweifelt? Dass ich selber zweifle –. Und alles nur, um –

HILDE *(als würde sie etwas ahnen)* Um –? Schnell, sagen Sie!

RAGNAR Um sie bei sich zu behalten.

HILDE *(macht einen Satz auf ihn zu)* Das Mädchen am Pult!

RAGNAR Ja.

HILDE *(droht mit geballten Fäusten)* Das ist nicht wahr! Sie lügen!

RAGNAR Ich wollte es selber nicht glauben, bis heute, wo sie es mir erzählt hat.

HILDE *(wie außer sich)* Was hat sie gesagt? Ich will es wissen! Sofort! Sofort!

RAGNAR Sie hat gesagt, dass sie wie von ihm besessen ist, dass ihm alle ihre Gedanken gehören. Sie sagt, sie kann nie von ihm lassen. Sie will hier bleiben, hier bei ihm –

HILDE *(mit funkelnden Augen)* Das darf sie nicht!

RAGNAR *(aufmerksam)* Wer will ihr das verbieten?

HILDE *(schnell)* Er zum Beispiel!

RAGNAR Aha – jetzt ist mir alles klar. Jetzt wäre sie nur noch Ballast für ihn.

HILDE Nichts verstehen Sie – wie können Sie so etwas sagen! Nein, ich werde Ihnen erzählen, warum er sie hier gehalten hat.

RAGNAR Warum?

HILDE Um *Sie* zu halten.

RAGNAR Hat er das zu Ihnen gesagt?

HILDE Nein, aber es ist so! Es muss so sein! *(Wild)* Weil ich es will! Ich will, dass es so ist!

RAGNAR Und kaum sind Sie hier, lässt er Kaja gehen.

HILDE *Sie* hat er gehen lassen! Denken Sie, er schert sich um irgendwelche fremden Bürohilfen?

RAGNAR *(denkt nach)* Sollte er etwa die ganze Zeit vor mir Angst gehabt haben?

HILDE Er und Angst? Was bilden Sie sich ein?

RAGNAR Er muss schon lange gemerkt haben, dass ich auch etwas kann. Aber ängstlich – das ist er, da können Sie sagen, was Sie wollen.

HILDE Er! Das lasse ich mir nicht erzählen!

RAGNAR Doch, doch, er hat Angst. Der große Baumeister. Das Lebensglück anderer Menschen zu zerstören – wie bei meinem Vater und mir –, davor fürchtet er sich nicht. Aber wenn es darum geht, auf ein ganz gewöhnliches Gerüst zu klettern – dann kriegt er es mit der Angst!

HILDE Sie hätten ihn mal sehen sollen hoch da oben – schwindelnd hoch, wie ich ihn mal gesehen habe!

RAGNAR Sie haben das gesehen?

HILDE Ja. Frei und stolz stand er dort ganz oben und hängte den Kranz an die Wetterfahne.

RAGNAR Ich habe gehört, dass er es ein Mal in seinem Leben gewagt hat. Ein einziges Mal. Wir jungen Leute haben öfter darüber geredet. Aber keine Macht der Welt kriegt ihn dazu, das noch einmal zu tun.

HILDE Heute tut er es noch einmal!

RAGNAR *(höhnisch)* Von wegen.

HILDE Sie werden schon sehen.

RAGNAR Weder ich noch Sie werden das sehen.

HILDE *(wild, ungestüm)* Ich will das sehen! Ich *will* und ich *muss* es sehen!

RAGNAR Er tut es aber nicht. Weil er sich nicht traut. Er hat nun mal diese schwache Seite – der große Baumeister.

FRAU SOLNESS *(kommt aus dem Haus auf die Veranda; schaut sich um)* Ist er nicht hier? Wo ist er hingegangen?

RAGNAR Der Baumeister ist drüben bei den Arbeitern.

HILDE Er hat den Kranz rübergebracht.

FRAU SOLNESS *(erschrocken)* Den Kranz! Oh Gott – oh Gott! Brovik – Sie müssen zu ihm gehen! Er soll sofort herkommen!

RAGNAR Soll ich sagen, dass Sie mit ihm reden möchten?

FRAU SOLNESS Ja, tun Sie das. Oder nein – nein – sagen Sie nicht, dass ich etwas von ihm will. Sagen Sie einfach, jemand ist hier, und er soll gleich herkommen.

RAGNAR Gut, wird gemacht. *(Geht die Treppe hinab und durch den Garten davon)*

FRAU SOLNESS Ach, Fräulein Wangel, Sie können sich nicht vorstellen, was für eine Angst ich ausstehe.

HILDE Ist das denn etwas, wovor man so Angst haben muss?

FRAU SOLNESS Aber ja. Wenn er tatsächlich auf das Gerüst steigt!

HILDE *(gespannt)* Glauben Sie, er tut es?

FRAU SOLNESS Man kann nie wissen, auf was für Ideen er kommt. Er ist zu allem Möglichen fähig.

HILDE Aha, Sie glauben auch, er ist – so ein bisschen –?

FRAU SOLNESS Ich weiß nicht mehr, was ich von ihm halten soll. Auch der Doktor hat mir Verschiedenes erzählt. Und wenn ich das zu dem rechne, was er selber gesagt hat –

DOKTOR HERDAL *(kommt heraus)* Kommt er bald?

FRAU SOLNESS Ich glaube schon. Ich habe nach ihm geschickt.

HERDAL *(näher)* Aber Sie sollten hineingehen, Frau Solness –

FRAU SOLNESS Nein, nein. Ich bleibe hier und warte auf Halvard.

HERDAL Da sind ein paar Damen zu Besuch gekommen –

FRAU SOLNESS Auch das noch! Ausgerechnet jetzt!

HERDAL Sie sagen, sie wollen sich endlich mal die ganze Pracht anschauen.

FRAU SOLNESS Gut, dann muss ich wohl reingehen. Es ist schließlich meine Pflicht.

HILDE Können Sie die Damen nicht wegschicken?

FRAU SOLNESS Nein, das geht auf keinen Fall. Sie sind zu uns gekommen, und es ist meine Pflicht, sie zu empfangen. Aber bleiben Sie doch hier und warten auf ihn, ja?

HERDAL Und halten Sie ihn so lange im Gespräch fest, wie es geht.

FRAU SOLNESS Ja bitte, Fräulein Wangel!

HILDE Sollten Sie das nicht besser selber tun?

FRAU SOLNESS Ja, stimmt – das wäre *meine* Pflicht. Aber wenn man eben rechts und links gebraucht wird –

HERDAL *(schaut in den Garten)* Da kommt er!

FRAU SOLNESS Und ausgerechnet jetzt muss ich rein!

HERDAL *(zu Hilde)* Verraten Sie ihm nicht, dass ich hier bin.

HILDE Nein, keine Sorge. Ich muss über andere Sachen mit ihm reden.

FRAU SOLNESS Und halten Sie ihn ja bloß fest. Ich glaube, Sie können das am besten.

Frau Solness und Herdal gehen ins Haus. Hilde bleibt auf der Veranda stehen. Baumeister Solness kommt die Treppe herauf.

SOLNESS Hier soll jemand auf mich warten, höre ich?

HILDE Ja, ich, Baumeister.

SOLNESS Ach Sie, Hilde. Ich hatte schon Angst, es wären Aline und der Doktor.

HILDE Sie haben sowieso ganz schön viel Angst!

SOLNESS Glauben Sie?

HILDE Ja. Die Leute sagen, Sie fürchten sich auch, auf ein Gerüst zu steigen.

SOLNESS Na ja, das ist so eine Sache.

HILDE Also haben Sie wirklich Angst davor?

SOLNESS Ja.

HILDE Angst davor abzustürzen?

SOLNESS Nein, das nicht.

HILDE Sondern?

SOLNESS Ich habe Angst vor der Vergeltung, Hilde.

HILDE Vor der Vergeltung? *(Schüttelt den Kopf)* Das verstehe ich nicht.

SOLNESS Setzen Sie sich, ich erzähle es Ihnen.

HILDE Ja, gern. Sofort! *(Setzt sich auf einen Hocker beim Geländer und schaut ihn erwartungsvoll an)*

SOLNESS *(wirft seinen Hut auf den Tisch)* Sie wissen, dass ich früher, ganz am Anfang, Kirchen gebaut habe.

HILDE *(nickt)* Ja.

SOLNESS Ich stamme aus einer frommen Familie vom Lande. Darum dachte ich, Kirchen zu bauen wäre das Würdigste, was ich tun könnte.

HILDE Ja–ja.

SOLNESS Und ich darf wohl sagen, ich baute diese schlichten, kleinen Kirchlein mit so aufrichtigem und wahrem Glauben, dass – dass –

HILDE Dass –? Ja?

SOLNESS Dass er mit mir zufrieden sein konnte.

HILDE Er? Wer er?

SOLNESS Der, für den die Kirchen waren. Dessen Ruhm und Ehre sie verkünden sollten.

HILDE Ach so! Aber Sie denken, dass er – nicht so ganz zufrieden mit Ihnen war?

SOLNESS *(höhnisch)* Er mit mir zufrieden? Wie kommen Sie darauf, Hilde? Er, der den Troll in mir losgelassen hat? Er, der all diese, diese –

HILDE Teufel.

SOLNESS Ja, die Teufel gerufen hat, damit sie mir Tag und Nacht dienen? Nein, ich konnte genau spüren, dass er nicht mit mir zufrieden war. *(Geheimnisvoll)* Wissen Sie, eigentlich hat er darum das alte Haus abbrennen lassen.

HILDE Aha?

SOLNESS Verstehen Sie denn nicht? Er wollte mir Gelegenheit geben, ein wahrer Meister meiner Kunst zu werden – und noch viel prächtigere Kirchen für ihn zu bauen. Erst begriff ich nicht, worauf er hinauswollte. Aber dann war es mir auf einmal klar.

HILDE Wann war das?

SOLNESS Als ich oben in Lysanger den Kirchturm baute.

HILDE Dachte ich mir.

SOLNESS Sehen Sie, Hilde, da oben an dem fremden Ort konnte ich viel nachdenken. Ich sah ganz klar, warum Gott mir meine Kinder genommen hatte: Damit ich vollkommen ungebunden sein konnte. Ohne die Fesseln von Liebe und Glück, verstehen Sie. Ich sollte nur noch Baumeister sein. Sonst nichts. Und mein Leben lang für ihn bauen. *(Lacht)* Aber daraus ist dann nichts geworden!

HILDE Was taten Sie dann?

SOLNESS Erst ging ich genau mit mir zu Rate –

HILDE Und dann?

SOLNESS Dann tat ich das *Unmögliche*. Ich genauso wie er.

HILDE Das Unmögliche!

SOLNESS Ich hatte noch nie hoch steigen können. Aber an *dem* Tag, da konnte ich es!

HILDE *(springt auf)* Ja, ja, da konnten Sie's!

SOLNESS Und als ich ganz oben stand und den Kranz an die Wetterfahne hängte, sagte ich zu ihm: Hör her, du Mächtiger! Ab heute werde ich nur noch freier Baumeister sein. Auf meinem Gebiet. Wie du auf deinem. Ich werde nie wieder Kirchen für dich bauen. Nur noch Häuser für Menschen.

HILDE *(mit großen, funkelnden Augen) Das* war der Gesang, den ich in der Luft gehört habe!

SOLNESS Aber er hat seine Revanche bekommen.

HILDE Wie meinen Sie das?

SOLNESS *(schaut sie resigniert an)* Häuser für Menschen bauen – das ist keinen Heller wert, Hilde.

HILDE Das sagen *Sie*?

SOLNESS Ja, denn heute erkenne ich, dass den Menschen diese Häuser gar nichts helfen. Nicht, um glücklich zu sein. Mir hätte es auch nicht geholfen. Wenn ich denn etwas besessen hätte. *(Mit leisem, verbittertem Lachen)* So sieht das im Rückblick aus. Eigentlich habe ich nichts gebaut. Und nichts geopfert, um bauen zu können. All das ist – nichts, nichts.

HILDE Und jetzt wollen Sie auch nie wieder etwas bauen?

SOLNESS *(lebhaft)* Doch, jetzt will ich damit anfangen!

HILDE Und was? Was? Sagen Sie schnell!

SOLNESS Ich will das Einzige bauen, das Einzige, in dem Menschen glücklich sein können.

HILDE *(schaut ihn fest an)* Baumeister – jetzt reden Sie von unserem Luftschloss.

SOLNESS Dem Luftschloss, ja.

HILDE Muss ich Angst haben, dass Ihnen schwindlig wird, bevor wir halb oben sind?

SOLNESS Nicht, wenn wir beide Hand in Hand gehen, Hilde.

HILDE *(unterdrückt misstrauisch)* Nur wir beide? Niemand sonst?

SOLNESS Wen meinen Sie?

HILDE Ach, diese – Kaja am Schreibpult. Die Arme – soll die nicht dabei sein?

SOLNESS Aha – hat Aline mit Ihnen über sie gesprochen?

HILDE Ist es so oder nicht?

SOLNESS *(heftig)* Solche Fragen beantworte ich nicht! Sie sollen ganz und gar an mich glauben!

HILDE Zehn Jahre lang habe ich so fest an Sie geglaubt, so fest.

SOLNESS Dann glauben Sie weiter!

HILDE Dann will ich Sie frei und stolz ganz oben sehen!

SOLNESS *(schwer)* Ach, Hilde – so etwas kann ich nicht alle Tage.

HILDE *(leidenschaftlich)* Ich will es! Ich will es! *(Bittend)* Nur noch ein einziges Mal, Baumeister! Tun Sie das Unmögliche noch ein Mal!

SOLNESS *(blickt sie tief an)* Falls ich das tue, Hilde, werde ich dort oben stehen und mit ihm reden, wie das letzte Mal.

HILDE *(immer gespannter)* Und was sagen Sie dann zu ihm?

SOLNESS Ich werde sagen: Hör her, allmächtiger Herr – du magst über mich urteilen, wie immer du willst. Doch von nun an werde ich nur noch das Schönste bauen, das es auf der Welt gibt –

HILDE *(hingerissen)* Ja – ja – ja!

SOLNESS – es bauen gemeinsam mit der Prinzessin, die ich liebe –

HILDE Ja, sagen Sie das! Sagen Sie's!

SOLNESS Ja. Und dann werde ich sagen: Jetzt steige ich hinunter und umarme sie und küsse sie –

HILDE – immer wieder! Immer wieder! Sagen Sie's!

SOLNESS Immer wieder, werde ich sagen.

HILDE Und dann?

SOLNESS Dann werde ich meinen Hut schwenken – und zur Erde hinabsteigen – und tun, was ich gesagt habe.

HILDE *(mit ausgestreckten Armen)* Jetzt sehe ich Sie wieder wie damals, als ich den Gesang in der Luft hörte!

SOLNESS *(schaut sie mit gesenktem Kopf an)* Wie sind Sie zu der geworden, die Sie sind?

HILDE Wie haben Sie mich zu der gemacht, die ich bin?

SOLNESS *(kurz und fest)* Meine Prinzessin soll ihr Schloss bekommen!

HILDE *(klatscht jubelnd in die Hände)* Oh, Baumeister –! Mein schönes, schönes Schloss! Unser Luftschloss!

SOLNESS Mit festen Fundamenten.

Durch die Äste sieht man undeutlich eine Menschenmenge, die sich auf der Straße versammelt hat. Fern, hinter dem neuen Haus, ist Blasmusik zu hören.
Frau Solness, einen Pelzkragen um den Hals, Doktor Herdal, ihr weißes Schultertuch überm Arm, und einige Damen kommen auf die Veranda heraus. Ragnar Brovik kommt zugleich vom Garten hoch.

FRAU SOLNESS *(zu Ragnar)* Auch noch Musik?

RAGNAR Ja. Das ist die Kapelle des Bauarbeitervereins. *(Zu Solness)* Ich soll vom Polier bestellen, dass er jetzt bereit ist, mit dem Kranz hochzusteigen.

SOLNESS *(nimmt seinen Hut)* Gut. Ich komme.

FRAU SOLNESS *(ängstlich)* Was willst du dort, Halvard?

SOLNESS *(kurz)* Ich muss bei den Leuten sein.

FRAU SOLNESS Bei den Leuten, ja. *Bei* ihnen.

SOLNESS Wie immer. Wie jeden Tag. *(Geht die Treppe hinunter und durch den Garten weg)*

FRAU SOLNESS *(ruft ihm übers Geländer nach)* Aber sag dem Mann, er soll vorsichtig sein, wenn er hochsteigt! Versprich mir das, Halvard!

HERDAL *(zu Frau Solness)* Sehen Sie, ich hatte Recht. Er hat sich diese Verrücktheiten aus dem Kopf geschlagen.

FRAU SOLNESS Ich bin so erleichtert! Zweimal schon ist uns jemand abgestürzt, und beide waren auf der Stelle tot. *(Dreht sich zu Hilde um)* Danke, Fräulein Wangel, dass Sie ihn so lange festgehalten haben. Ich hätte das ganz sicher nicht geschafft.

HERDAL *(fröhlich)* Ja, ja, Fräulein Wangel, Sie verstehen es, einen festzuhalten, wenn Sie's wirklich wollen!

Frau Solness und Doktor Herdal treten zu den Damen, die bei der Treppe stehen und über den Garten schauen. Hilde bleibt vorn am Geländer. Ragnar geht zu ihr.

RAGNAR *(mit unterdrücktem Lachen, halblaut)* Na, sehen Sie die jungen Leute unten auf der Straße?

HILDE Ja.

RAGNAR Das sind meine Freunde, die den Meister sehen wollen.

HILDE Warum wollen sie ihn sehen?

RAGNAR Sie wollen sehen, dass er sich nicht traut, auf sein eigenes Haus zu steigen.

HILDE Ach ja?

RAGNAR *(böse, höhnisch)* Er hat uns so lange klein gehalten. Jetzt wollen wir sehen, wie er nicht hochkommt.

HILDE Das werden Sie nicht sehen. Diesmal nicht.

RAGNAR *(lächelt)* Ach ja? Was denn?

HILDE Sie werden ihn oben sehen, ganz oben auf der Spitze!

RAGNAR *(lacht)* Den! Was Sie nicht sagen!

HILDE Er *will* nach oben. Also werden Sie ihn oben sehen.

RAGNAR Er will, ja, das glaube ich gern. Aber er kann nicht. Weil sich ihm alles vor den Augen dreht, lange bevor er die Hälfte geschafft hat. Und dann muss er auf allen vieren wieder runterkrabbeln!

HERDAL *(deutet hinüber)* Da! Der Polier steigt die Leiter hoch.

FRAU SOLNESS Er trägt den Kranz. Wenn er bloß aufpasst!

RAGNAR *(starrt ungläubig hin und ruft)* Aber das ist ja –!

HILDE *(bricht in Jubel aus)* Das ist der Baumeister selbst!

FRAU SOLNESS *(schreit entsetzt auf)* Ja, das ist Halvard! Großer Gott! Halvard! Halvard!

HERDAL Psst! Nicht schreien!

FRAU SOLNESS *(halb von Sinnen)* Ich muss zu ihm! Ihn da runterholen!

HERDAL *(hält sie zurück)* Niemand bewegt sich! Und keinen Ton!

HILDE *(steht starr da, folgt Solness mit den Augen)* Er steigt immer höher. Immer höher! Schaut! Schaut nur!

RAGNAR *(atemlos)* Jetzt *muss* er umkehren. Es geht nicht anders.

HILDE Er steigt immer höher. Jetzt ist er bald oben.

FRAU SOLNESS Ich halte das nicht aus! Ich kann nicht hinsehen!

HERDAL Dann sehen Sie nicht hin.

HILDE Da, er steht auf der höchsten Planke! Ganz oben!

HERDAL Dass sich niemand rührt! Hören Sie!

HILDE *(still begeistert)* Endlich! Endlich! Jetzt sehe ich ihn wieder groß und frei!

RAGNAR *(fast sprachlos)* Aber das ist ja –

HILDE So habe ich ihn die ganzen zehn Jahre lang vor mir gesehen. Wie sicher er steht! Trotzdem, irrsinnig aufregend. Schaut ihn euch an! Jetzt legt er den Kranz um die Spitze!

RAGNAR Das ist unmöglich.

HILDE Ja, es ist das Unmögliche, und er tut es! *(Mit unbestimmbarem Augenausdruck)* Können Sie noch jemanden bei ihm erkennen?

RAGNAR Da ist niemand.

HILDE Doch, da ist einer, mit dem er streitet.

RAGNAR Sie irren sich.

HILDE Hören Sie denn nicht den Gesang in der Luft?

RAGNAR Das muss der Wind in den Bäumen sein.

HILDE *Ich* höre Gesang! Machtvollen Gesang! *(Ruft in wildem Jubel und Freude)* Seht! Seht! Er schwenkt seinen

Hut! Er winkt uns! Winkt zurück, winkt alle zurück! Er hat es vollbracht! *(Reißt Herdal das weiße Schultertuch weg, schwenkt es und ruft laut)* Hurra für Baumeister Solness!

HERDAL Nein! Lassen Sie das! Um Gottes willen –!

Die Damen auf der Veranda winken mit ihren Taschentüchern, und auf der Straße schließt man sich den Hurrarufen an. Plötzlich verstummen alle, dann bricht die Menge in einen Entsetzensschrei aus. Undeutlich sieht man durch die Bäume einen menschlichen Körper, Bretter und Äste herabstürzen.

FRAU SOLNESS & DIE DAMEN *(zugleich)* Er fällt! Er fällt!

Frau Solness schwankt, ohnmächtig fällt sie rücklings um, die Damen fangen sie verwirrt rufend auf.
Die Menge rennt den Zaun nieder und stürmt in den Garten. Doktor Herdal eilt ebenfalls hinunter. Kurze Pause.

HILDE *(starrt unverwandt nach oben und sagt wie versteinert)* *Mein* Baumeister.

RAGNAR *(sucht zitternd am Geländer Halt)* Das kann er nicht überlebt haben.

EINE DAME *(während Frau Solness ins Haus getragen wird)* Schnell, den Doktor –

RAGNAR Ich kann mich nicht rühren.

ANDERE DAME Dann rufen Sie wenigstens!

RAGNAR *(versucht zu rufen)* Wie steht es? Lebt er?

EINE STIMME *(unten im Garten)* Baumeister Solness ist tot!

ANDERE STIMMEN *(näher)* Den Kopf ganz zerschmettert. – Direkt in den Steinbruch gestürzt.

HILDE *(dreht sich zu Ragnar um)* Ich kann ihn gar nicht mehr sehen da oben.

RAGNAR Schrecklich. Hat er es doch nicht geschafft.

HILDE *(wie in stillem, irrem Triumph)* Aber er ist bis ganz nach oben gekommen! Und ich habe Harfen gehört in der Luft! *(Schwenkt das Schultertuch durch die Luft und schreit in wilder Ekstase)* Mein – mein Baumeister!

JOHN GABRIEL BORKMAN

Schauspiel in 4 Akten

Die Uraufführung von *John Gabriel Borkman* war am 10. 01. 1897 in Helsinki.
Die Erstaufführung der Neuübersetzung war am 15. 09. 2005 am Schauspielhaus Zürich (Regie: Barbara Frey).

Frau Borkmans Wohnzimmer. Die Einrichtung ist von verbliche-ner, altmodischer Pracht. Eine offene Schiebetür führt in ein Gartenzimmer mit Fenstern und Glastür im Hintergrund, durch die man in den Garten und wirbelnden Schneefall in der Dämmerung sieht. An der rechten Seitenwand die Eingangstür von der Diele her. Weiter vorn ein großer, alter Eisenofen, in dem Feuer brennt. Links etwas zurückgesetzt eine schlichte, etwas niedrigere Tür. Vorn auf derselben Seite ein Fenster hinter schweren Vorhängen. Zwischen Tür und Fenster ein mit Rosshaarstoff bezogenes Kanapee, davor ein Tisch mit Decke. Auf dem Tisch eine brennende Schirmlampe. Beim Ofen ein hochrückiger Lehnstuhl.

Frau Gunhild Borkman sitzt mit ihrem Häkelzeug auf dem Kanapee. Sie ist eine ältere Dame von kaltem, vornehmem Äußeren, steifer Haltung und starren Gesichtszügen. Ihr üppiges Haar ist stark ergraut. Die Hände sind fein, durchsichtig. Sie trägt ein schweres, dunkles Seidenkleid, das einst elegant war, jetzt aber verschlissen und abgenutzt ist. Über ihren Schultern liegt ein wollenes Tuch. Sie sitzt eine Weile aufrecht und regungslos da, die Häkelarbeit in den Händen. Dann hört man von draußen die Glöckchen eines vorbeifahrenden Schlittens.

FRAU BORKMAN *(horcht auf, ihre Augen glänzen freudig, sie flüstert unwillkürlich)* Erhart! Endlich!

Sie steht auf und schaut durch den Vorhang. Wirkt enttäuscht und setzt sich zurück aufs Kanapee, wo sie das Häkelzeug wieder zur Hand nimmt. Kurz darauf kommt das Zimmermädchen von der Diele herein, eine Visitenkarte auf einem kleinen Tablett.

FRAU BORKMAN *(rasch)* Ist mein Sohn doch gekommen?

LENE Nein, gnädige Frau. Draußen ist eine Dame –

FRAU BORKMAN *(legt das Häkelzeug hin)* Wahrscheinlich Frau Wilton –

LENE *(tritt näher)* Nein, eine Fremde –

FRAU BORKMAN *(greift nach der Visitenkarte)* Zeigen Sie. *(Liest, steht rasch auf und blickt das Mädchen steif an)* Sind Sie sicher, dass sie zu mir will?

LENE Ja, so habe ich sie verstanden.

FRAU BORKMAN Hat sie gesagt, sie möchte *Frau* Borkman sprechen?

LENE Ja.

FRAU BORKMAN *(kurz und entschlossen)* Gut. Dann lassen Sie sie herein.

Lene öffnet dem Besuch die Tür und geht selbst hinaus.
Ella Rentheim tritt ein. Äußerlich ähnelt sie ihrer Schwester, nur wirkt ihr Gesicht, dem man noch Spuren früherer großer, charaktervoller Schönheit ansieht, eher leidend als hart. Silbernes, volles, in natürlichen Wellen aus der Stirn gekämmtes Haar. Gekleidet in schwarzen Samt, Hut und pelzgefütterten Mantel aus demselben Stoff.
Beide Schwestern stehen eine Weile stumm da und blicken einander prüfend an. Offensichtlich warten beide, dass die andere das Wort ergreift.

ELLA RENTHEIM *(bei der Tür stehen geblieben)* Ja, Gunhild, jetzt staunst du.

FRAU BORKMAN *(steht reglos zwischen Kanapee und Tisch, die Fingerspitzen auf die Tischdecke gestützt)* Ist das kein Irrtum? Der Verwalter wohnt im Seitengebäude, das weißt du.

ELLA RENTHEIM Ich bin heute nicht wegen des Verwalters hier.

FRAU BORKMAN Du willst tatsächlich zu *mir*?

ELLA RENTHEIM Ja, ich möchte etwas mit dir besprechen.

FRAU BORKMAN *(kommt hinter dem Tisch hervor)* Dann – dann setz dich.

ELLA RENTHEIM Danke, ich kann gern so lange stehen.

FRAU BORKMAN Wie du willst. Den Mantel kannst du aber wenigstens aufknöpfen.

ELLA RENTHEIM *(knöpft ihn auf)* Hier ist es wirklich sehr warm –

FRAU BORKMAN Ich friere immer.

ELLA RENTHEIM *(legt die Hände auf die Lehne des Sessels und betrachtet sie eine Weile)* Ja – Gunhild, jetzt haben wir uns seit bald acht Jahren nicht mehr gesehen.

FRAU BORKMAN *(kalt)* Nicht mehr *gesprochen* jedenfalls.

ELLA RENTHEIM Ja, stimmt, nicht mehr gesprochen. – Gesehen hast du mich sicher manchmal – ein Mal im Jahr muss ich ja hier zum Verwalter.

FRAU BORKMAN Ein, zwei Mal habe ich dich gesehen, mag sein.

ELLA RENTHEIM Ich habe auch manchmal deinen Schatten gesehen. Da am Fenster.

FRAU BORKMAN Wahrscheinlich hinterm Vorhang. Ja, du hast gute Augen. *(Hart, scharf)* Aber als wir uns letztes Mal *gesprochen* haben – das war hier in meinem Wohnzimmer –

ELLA RENTHEIM *(abwehrend)* Ja, ja, ich weiß, Gunhild!

FRAU BORKMAN – in der Woche vor – vor seiner Entlassung.

ELLA RENTHEIM *(geht durch den Raum)* Sprich nicht davon!

FRAU BORKMAN *(gedämpft, aber unverändert scharf)* In der Woche, bevor er – der Bankdirektor – wieder auf freien Fuß kam.

ELLA RENTHEIM *(weiter durchs Zimmer)* Ja, ja, ja! Keine Sorge, das vergesse ich nicht. Aber es ist so – niederschmetternd, daran zu denken. Auch nur für einen Augenblick!

FRAU BORKMAN *(dumpf)* Und trotzdem kreisen die Gedanken ständig darum, ununterbrochen! *(Bricht aus, schlägt die Hände zusammen)* Ich verstehe es einfach nicht! Ich kann nicht fassen, dass etwas so – so Schreckliches eine Familie treffen kann! *Unsere* Familie, ausgerechnet! Eine so gute Familie!

ELLA RENTHEIM Ach, Gunhild, das war für viele Familien ein schwerer Schlag, nicht nur für uns.

FRAU BORKMAN Kann sein, kann sein, aber für die ging es bloß um ein bisschen Geld – oder um ein paar Aktien. Für uns hingegen –! Für mich! Und für Erhart! Er war damals erst ein Kind! *(In steigender Erregung)* Diese Schande! Diese fürchterliche, grässliche Schande! Und noch dazu vollkommen ruiniert!

ELLA RENTHEIM *(behutsam)* Sag mal, Gunhild – wie kommt er damit zurecht?

FRAU BORKMAN Erhart?

ELLA RENTHEIM Nein, er selbst. Wie kommt er damit zurecht?

FRAU BORKMAN *(prustet höhnisch)* Denkst du, danach frage ich?

ELLA RENTHEIM Fragen? Du brauchst doch nicht zu fragen –

FRAU BORKMAN *(blickt sie erstaunt an)* Glaubst du etwa, dass ich ihn sehe? Mit ihm spreche?

ELLA RENTHEIM Nicht mal das!

FRAU BORKMAN *(wie eben)* Nachdem er im Gefängnis war? Fünf Jahre lang? *(Schlägt die Hände vors Gesicht)* Diese Schande! *(Fährt auf)* Wenn man bedenkt, was der Name John Gabriel Borkman vorher für einen Klang hatte! – Nein, nein, nein – nicht wieder sehen – nie wieder!

ELLA RENTHEIM *(blickt sie eine Weile an)* Du bist hart, Gunhild.

FRAU BORKMAN Ihm gegenüber, ja.

ELLA RENTHEIM Er ist immer noch dein Mann.

FRAU BORKMAN Der vor Gericht gesagt hat, sein Ruin hätte wegen mir begonnen. Weil ich zu viel Geld ausgegeben hätte!

ELLA RENTHEIM *(vorsichtig)* War daran nichts Wahres?

FRAU BORKMAN Er selbst wollte es so! Alles musste so sinnlos prachtvoll sein –

ELLA RENTHEIM Ich weiß. Darum hättest du es in vernünftige Bahnen lenken müssen. Und das hast du nicht getan.

FRAU BORKMAN Wie denn? Ich wusste ja nicht, dass es gar nicht sein Geld war, mit dem ich so um mich werfen sollte. Und er genauso. Zehnmal schlimmer als ich!

ELLA RENTHEIM *(leise)* Nun, ich denke, das brachte seine Stellung mit sich. Wenigstens zu einem großen Teil.

FRAU BORKMAN *(höhnisch)* Ja, es hieß immer, wir müssten «repräsentieren»! Was er dann ja gründlich tat. Mit dem Vierspänner herumfahren! Ließ die Leute vor sich buckeln und dienern, als wäre er ein König. *(Lacht)* Und alle nannten ihn beim Vornamen – im ganzen Land –, als wäre er der König. «John Gabriel», «John Gabriel». Alle wussten, was für ein großer Mann dieser «John Gabriel» war!

ELLA RENTHEIM *(fest und mit Wärme)* Er *war* damals eine Größe, oder.

FRAU BORKMAN Ja, das schien so. Aber er hat mit keiner Silbe angedeutet, wie es wirklich aussah. Wo er die Mittel hernahm.

ELLA RENTHEIM Nein, nein – aber das hat niemand geahnt.

FRAU BORKMAN Die anderen sind mir egal. *Mir* hätte er die Wahrheit sagen müssen! Stattdessen hat er immer nur gelogen – hat mich so bodenlos belogen –

ELLA RENTHEIM *(unterbricht sie)* Nein, Gunhild, das hat er nicht! Verschwiegen hat er dir viel. Aber belogen hat er dich ganz sicher nicht.

FRAU BORKMAN Nenn es, wie du willst. Es läuft auf dasselbe hinaus. – Und dann ist ja auch alles zusammengebrochen. Alles. Die ganze Herrlichkeit.

ELLA RENTHEIM *(für sich)* Ja, alles brach zusammen – für ihn – und für andere.

FRAU BORKMAN *(richtet sich drohend auf)* Aber eins sage ich dir, Ella – ich gebe noch nicht auf! Ich werde mir Genugtuung verschaffen. Verlass dich drauf!

ELLA RENTHEIM *(gespannt)* Genugtuung? Wie meinst du das?

FRAU BORKMAN Genugtuung für den Verlust von Namen und Ansehen und Vermögen! Genugtuung für mein ganzes verpfuschtes Leben, das meine ich! Ich weiß auch schon, wer mir die verschaffen wird, glaub mir.

ELLA RENTHEIM Gunhild! Gunhild!

FRAU BORKMAN *(immer erregter)* Es gibt einen Rächer, Ella! Der alles wieder gutmachen wird, was sein Vater an mir verbrochen hat.

ELLA RENTHEIM Erhart.

FRAU BORKMAN Ja, Erhart – mein wunderbarer Sohn! Er wird unsere Familie wieder rein waschen, die Familie, den Namen, das Haus. Alles, was man rein waschen *kann*. – Und vielleicht noch mehr.

ELLA RENTHEIM Und wie soll das gehen?

FRAU BORKMAN *Wie*, weiß ich nicht. Ich weiß nur, *dass* es eines Tages geschehen wird und muss. *(Blickt sie fragend an)* Ella, hast du das nicht auch immer gedacht, schon als er klein war?

ELLA RENTHEIM Nein, eigentlich nicht.

FRAU BORKMAN Nein? Warum hast du dich dann um ihn gekümmert? Damals, als – als die Katastrophe über uns hereinbrach?

ELLA RENTHEIM Du konntest damals nicht, Gunhild.

FRAU BORKMAN Das stimmt. Und sein Vater hatte eine gute Entschuldigung, schließlich befand er sich in sicherem Gewahrsam –

ELLA RENTHEIM *(empört)* Dass du so reden kannst! Gunhild!

FRAU BORKMAN *(giftig)* Und dass *du* dich um das Kind eines
– eines John Gabriel kümmern konntest! Ganz, als wäre
es dein eigenes –. Es mir wegnehmen, mit ihm wegfahren, zu dir nach Hause. Und es behalten, Jahr um Jahr.
Bis der Junge fast erwachsen war. *(Blickt sie misstrauisch
an)* Warum hast du das eigentlich getan, Ella? Warum
hast du ihn bei dir behalten?

ELLA RENTHEIM Ich hatte ihn so lieb gewonnen –

FRAU BORKMAN Mehr als ich – seine Mutter!

ELLA RENTHEIM *(weicht aus)* Das weiß ich nicht. Außerdem
war Erhart ja etwas schwächlich –

FRAU BORKMAN Erhart – schwächlich?

ELLA RENTHEIM Ja, das fand ich – jedenfalls damals. Und die
Luft an der Westküste ist viel milder als hier, das weißt
du.

FRAU BORKMAN *(lächelt bitter)* Ach ja? *(Bricht ab)* Ja, du hast
wirklich viel für Erhart getan. *(In verändertem Tonfall)*
Nun, kein Wunder, du konntest es dir leisten. *(Lächelt)*
Du hattest Glück, Ella. Du hast alles retten können, was
dir gehörte.

ELLA RENTHEIM *(gekränkt)* Dafür habe ich selber nichts getan
– das schwöre ich dir. Ich wusste nicht einmal – bis lange,
lange danach –, dass die Papiere, die ich auf der Bank liegen hatte, nicht verloren waren.

FRAU BORKMAN Ja, ja, von so was verstehe ich nichts! Ich sage
auch nur, dass du Glück hattest. *(Blickt sie fragend an)*
Aber als du damals so ganz von dir aus beschlossen hast,
Erhart an meiner statt großzuziehen – was war dabei
eigentlich deine Absicht?

ELLA RENTHEIM *(schaut sie an)* Meine Absicht?

FRAU BORKMAN Ja. Du wirst doch eine Absicht gehabt haben. Was hattest du mit dem Jungen vor? Ich meine – was wolltest du aus ihm machen?

ELLA RENTHEIM *(langsam)* Ich wollte alles dafür tun, dass Erhart ein glücklicher Mensch werden kann.

FRAU BORKMAN *(prustet)* Pah – Leute in unserer Situation haben andere Sorgen als das Glücklichwerden.

ELLA RENTHEIM Nämlich?

FRAU BORKMAN *(schaut sie groß und ernst an)* Vor allem muss Erhart es so weit bringen und so hell strahlen, dass kein Mensch mehr den Schatten sieht, den sein Vater über mich geworfen hat – und über meinen Sohn.

ELLA RENTHEIM *(forschend)* Sag mal, Gunhild – sieht Erhart das auch so? Ist das sein Anspruch an sich?

FRAU BORKMAN *(stutzt)* Das will ich doch hoffen!

ELLA RENTHEIM – ist das nicht eher *dein* Anspruch an ihn?

FRAU BORKMAN *(kurz)* Ich und Erhart stellen immer dieselben Ansprüche an uns.

ELLA RENTHEIM *(schwer und langsam)* Du bist dir deines Sohnes sehr sicher, Gunhild.

FRAU BORKMAN *(heimlich triumphierend)* Ja, das bin ich, Gott sei Dank. Verlass dich drauf!

ELLA RENTHEIM Dann müsstest du doch glücklich sein. Trotz allem.

FRAU BORKMAN Bin ich auch. Eigentlich. Aber dann kommt wieder diese andere Geschichte – immer wieder, verstehst du – und bricht über mich herein.

ELLA RENTHEIM *(in verändertem Tonfall)* Sag mal – gerade-
heraus – deswegen bin ich nämlich in Wahrheit zu dir
gekommen –

FRAU BORKMAN Ja?

ELLA RENTHEIM Ich muss mit dir über etwas reden. Erhart lebt
ja nicht hier mit – mit euch.

FRAU BORKMAN *(hart)* Das *kann* er nicht. Er muss in der
Stadt wohnen.

ELLA RENTHEIM Das hat er mir geschrieben.

FRAU BORKMAN Allein schon wegen seines Studiums. Aber
er kommt jeden Abend her und besucht mich, jeden
Abend.

ELLA RENTHEIM Gut, könnte ich ihn dann bitte sehen? Und
gleich mit ihm reden?

FRAU BORKMAN Er ist noch nicht da. Aber er müsste jeden
Moment eintreffen.

ELLA RENTHEIM Doch, Gunhild – er muss schon da sein. Ich
kann ihn oben hören.

FRAU BORKMAN *(mit einem flüchtigen Blick)* Oben im Saal?

ELLA RENTHEIM Ja, ich höre die ganze Zeit seine Schritte.

FRAU BORKMAN *(sieht weg)* Das ist nicht Erhart, Ella.

ELLA RENTHEIM *(stutzt)* Nein? *(Ahnt es)* Wer dann?

FRAU BORKMAN Der Herr Bankdirektor.

ELLA RENTHEIM *(leise, mit unterdrücktem Schmerz)* Borkman.
John Gabriel Borkman!

FRAU BORKMAN Er geht da oben immer auf und ab. Hin und
her. Tag für Tag. Von morgens bis abends.

ELLA RENTHEIM Weißt du, ich habe so etwas gehört –

FRAU BORKMAN Das glaube ich dir gern. Die Leute reden alles Mögliche über uns.

ELLA RENTHEIM Erhart hat Andeutungen gemacht. In seinen Briefen. Dass sein Vater meistens allein bleibt – dort oben. Und du hier unten.

FRAU BORKMAN Ja, Ella. So halten wir es. Seitdem sie ihn freigelassen und hierher geschickt haben. Seit acht langen Jahren.

ELLA RENTHEIM Ich habe das nie ganz glauben wollen. Ist das möglich?

FRAU BORKMAN *(nickt)* Ja, ist es. Und es wird nie anders sein.

ELLA RENTHEIM *(blickt sie an)* Das muss doch ein furchtbares Leben sein, Gunhild.

FRAU BORKMAN Mehr als furchtbar, wirklich. Kaum auszuhalten eigentlich.

ELLA RENTHEIM Das verstehe ich gut.

FRAU BORKMAN Ständig diese Schritte da oben. Von morgens früh bis spät in die Nacht. – Sie hallen so laut hier unten!

ELLA RENTHEIM Ja, wirklich sehr laut.

FRAU BORKMAN Oft kommt es mir vor, als würde da oben ein eingesperrter, kranker Wolf auf und ab laufen. Direkt über meinem Kopf! *(Lauscht, flüstert)* Hör nur! Hör! Hin und her – hin und her geht der Wolf.

ELLA RENTHEIM *(behutsam)* Lässt sich denn nichts daran ändern, Gunhild?

FRAU BORKMAN *(abweisend)* Er hat nie einen Schritt auf mich zu gemacht.

ELLA RENTHEIM Kannst du nicht den ersten Schritt machen?

FRAU BORKMAN *(auffahrend)* Ich? Nach allem, was er mir angetan hat? – Nein danke! Da soll der Wolf lieber da oben herumhumpeln.

ELLA RENTHEIM Jetzt wird es mir zu warm. Darf ich –

FRAU BORKMAN Ja, ich hatte doch schon vorhin –

ELLA RENTHEIM *(legt Mantel und Hut auf einen Stuhl neben der Eingangstür)* Begegnest du ihm nie außerhalb des Hauses?

FRAU BORKMAN *(lacht bitter)* Bei anderen Leuten, meinst du?

ELLA RENTHEIM Nein, wenn er an der frischen Luft ist. Im Wald, oder –

FRAU BORKMAN Der Herr Bankdirektor geht nie raus.

ELLA RENTHEIM Nicht mal, wenn es dunkel ist?

FRAU BORKMAN Nie.

ELLA RENTHEIM *(bewegt)* Er bringt es nicht über sich?

FRAU BORKMAN Offenbar. Sein großer Wettermantel und sein Filzhut hängen im Wandschrank – hier in der Diele, du weißt schon –

ELLA RENTHEIM *(für sich)* – dem Wandschrank, in dem wir als Kinder gespielt haben –

FRAU BORKMAN *(nickt)* Und manchmal – spätabends – höre ich, dass er herunterkommt – um Hut und Mantel zu nehmen und rauszugehen. Aber dann bleibt er auf halber Treppe stehen – kehrt um und geht wieder hoch.

ELLA RENTHEIM *(leise)* Kommt ihn denn nie einer von seinen alten Freunden besuchen?

FRAU BORKMAN Er *hat* keine alten Freunde.

ELLA RENTHEIM Er hatte doch so viele – damals.

FRAU BORKMAN Die hat er gründlich vertrieben. Er war ihnen ein wirklich *teurer* Freund, der John Gabriel.

ELLA RENTHEIM Da hast du wohl Recht, Gunhild.

FRAU BORKMAN *(heftig)* Trotzdem, ich muss sagen, ich finde es lumpig – erbärmlich, kleinlich, schäbig –, sich so anzustellen wegen dieses kleinen Verlustes, den er ihnen verursacht hat. Es war doch nur Geld. Sonst nichts.

ELLA RENTHEIM *(geht nicht darauf ein)* Und jetzt lebt er ganz allein da oben vor sich hin. Ganz allein.

FRAU BORKMAN Ja. Gut, wie ich höre, kommt manchmal ein alter Kopist oder Hilfsschreiber zu ihm.

ELLA RENTHEIM Das ist sicher Foldal. Die beiden waren Jugendfreunde.

FRAU BORKMAN Ja, ich glaube, der ist es. Aber ich kenne ihn nicht. Er gehörte nicht zu unseren Kreisen. Als wir noch gesellschaftliche Kontakte hatten –

ELLA RENTHEIM Aber *jetzt* besucht er Borkman?

FRAU BORKMAN Ja, es scheint ihn nicht zu stören. Er kommt natürlich erst, wenn es dunkel ist.

ELLA RENTHEIM Foldal hat doch auch etwas verloren, als die Bank Bankrott ging.

FRAU BORKMAN *(wegwerfend)* Ja, ich glaube, etwas Geld. Aber bestimmt nur wenig, nur eine Kleinigkeit –

ELLA RENTHEIM *(etwas nachdrücklich)* Es war alles, was er hatte.

FRAU BORKMAN *(lächelt)* Na, mein Gott – was *der* hatte, das kann nicht viel gewesen sein. Kaum der Rede wert.

ELLA RENTHEIM Er hat auch tatsächlich nicht darüber geredet – beim Prozess.

FRAU BORKMAN Außerdem kann ich dir sagen, Erhart hat ihn für das bisschen mehr als entschädigt.

ELLA RENTHEIM *(erstaunt)* Erhart? Konnte er das?

FRAU BORKMAN Er hat sich um Foldals jüngste Tochter gekümmert. Hat mit ihr gelernt – sodass vielleicht mal was aus ihr werden und sie für sich sorgen kann. Ihr Vater hätte das nicht tun können.

ELLA RENTHEIM Ja, ihr Vater lebt in bescheidenen Verhältnissen, das glaube ich gern.

FRAU BORKMAN Außerdem hat Erhart dafür gesorgt, dass sie Klavierunterricht erhält. Sie ist mittlerweile so gut, dass sie herkommt und – dem da oben etwas vorspielt.

ELLA RENTHEIM Also liebt er immer noch Musik?

FRAU BORKMAN Oh ja, sicher. Er hat oben das Klavier, das du hast herbringen lassen – als er hier erwartet wurde.

ELLA RENTHEIM Und darauf spielt sie ihm etwas vor?

FRAU BORKMAN Ja, dann und wann. Abends. Auch dafür hat Erhart gesorgt.

ELLA RENTHEIM Das arme Mädchen muss den ganzen Weg aus der Stadt herkommen – und wieder zurück?

FRAU BORKMAN Nein, das braucht sie nicht. Dank Erhart kann sie bei einer Dame hier in der Nähe wohnen. Frau Wilton –

ELLA RENTHEIM *(lebhaft)* Frau Wilton!

FRAU BORKMAN Sie ist sehr wohlhabend. Du kennst sie nicht.

ELLA RENTHEIM Ich habe den Namen gehört. Fanny Wilton, oder –

FRAU BORKMAN Ja, genau.

ELLA RENTHEIM Erhart hat sie mehrmals in seinen Briefen erwähnt. – Sie wohnt jetzt hier draußen?

FRAU BORKMAN Ja, sie hat hier eine Villa gemietet und ist vor einiger Zeit aus der Stadt hergezogen.

ELLA RENTHEIM *(etwas zögernd)* Es heißt, sie wäre geschieden?

FRAU BORKMAN Der Mann ist vor einigen Jahren gestorben, glaube ich.

ELLA RENTHEIM Ja, aber sie waren geschieden. – Er hatte sich scheiden lassen.

FRAU BORKMAN Er hat sie verlassen. Sie war wohl nicht schuld.

ELLA RENTHEIM Kennst du sie näher, Gunhild?

FRAU BORKMAN Ein wenig. Sie wohnt ganz in der Nähe. Manchmal schaut sie bei mir herein.

ELLA RENTHEIM Und du siehst sie gern bei dir?

FRAU BORKMAN Sie ist sehr verständnisvoll. Und hat ein bemerkenswert klares Urteilsvermögen.

ELLA RENTHEIM Was Menschen angeht, meinst du?

FRAU BORKMAN Ja, vor allem das. Meinen Sohn hat sie regelrecht studiert. Von Grund auf – seine Seele. Sie vergöttert ihn geradezu – begreiflicherweise.

ELLA RENTHEIM *(etwas lauernd)* Dann kennt sie Erhart noch besser als dich?

FRAU BORKMAN Ja, Erhart hat sie oft in der Stadt getroffen. Bevor sie hier herauszog.

ELLA RENTHEIM *(unüberlegt)* Und da ist sie trotzdem aus der Stadt weggezogen?

FRAU BORKMAN *(stutzt und schaut sie scharf an)* Trotzdem? Was soll das heißen?

ELLA RENTHEIM *(ausweichend)* Gott, das soll gar nichts heißen.

FRAU BORKMAN Du hast es in so einem seltsamen Ton gesagt. Als würdest du etwas Bestimmtes damit meinen.

ELLA RENTHEIM *(sieht ihr fest in die Augen)* Allerdings, Gunhild. Ich meine etwas Bestimmtes damit.

FRAU BORKMAN Dann sag es doch klar und deutlich!

ELLA RENTHEIM Erst möchte ich dir etwas anderes sagen, Gunhild, und zwar dass ich finde, ich habe auch ein gewisses Recht auf Erhart. Meinst du nicht?

FRAU BORKMAN *(schaut ins Zimmer)* Ach Gott, ja. Wo du so viel Geld für ihn ausgegeben hast –

ELLA RENTHEIM Nein, nicht darum, Gunhild. Sondern weil ich ihn liebe. So sehr, wie ich überhaupt jemanden lieben kann. In meinem Alter.

FRAU BORKMAN Na, na, mag schon sein; aber –

ELLA RENTHEIM Und darum mache ich mir Sorgen, wenn ich merke, dass ihn etwas bedroht.

FRAU BORKMAN Ihn etwas bedroht? Was bedroht ihn denn? Oder wer?

ELLA RENTHEIM Zunächst ja wohl mal du – auf eine Art –

FRAU BORKMAN *(bricht aus)* Ich?

ELLA RENTHEIM – und diese Frau Wilton auch, fürchte ich.

FRAU BORKMAN *(sieht sie eine Zeit lang sprachlos an)* So etwas kannst du von Erhart denken? Von meinem Jungen? Der seine große Mission zu erfüllen hat?

ELLA RENTHEIM *(wegwerfend)* Ach, Mission –!

FRAU BORKMAN *(erregt)* Was fällt dir ein, das so spöttisch zu sagen?

ELLA RENTHEIM Du glaubst doch nicht im Ernst, dass ein junger Mensch wie Erhart – gesund und munter – dass sich so jemand für eine «Mission» opfert?

FRAU BORKMAN *(überzeugt)* Oh ja! Das weiß ich ganz sicher!

ELLA RENTHEIM *(schüttelt den Kopf)* Du weißt das nicht, und du glaubst es auch nicht, Gunhild.

FRAU BORKMAN Ich soll es nicht glauben?

ELLA RENTHEIM Du träumst davon, das ist alles. Du klammerst dich daran fest, um nicht zu verzweifeln.

FRAU BORKMAN Ja, sonst müsste ich wirklich verzweifeln. *(Heftig)* Vielleicht wäre dir das nur lieb, Ella!

ELLA RENTHEIM *(mit erhobenem Kopf)* Ja, in der Tat – falls du dir nur auf Erharts Kosten zu helfen weißt.

FRAU BORKMAN *(drohend)* Du willst dich zwischen uns drängen! Zwischen Mutter und Sohn! Du!

ELLA RENTHEIM Ich will ihn aus deiner Macht befreien – aus deiner Gewalt, deiner Herrschaft.

FRAU BORKMAN *(triumphierend)* Das kannst du nicht mehr! Du hast ihn lange genug vereinnahmt – bis er fünfzehn war. Aber jetzt habe ich ihn wiedergewonnen!

ELLA RENTHEIM Dann gewinne ich ihn zurück. *(Heiser, fast flüsternd)* Wir beide haben schon einmal um einen Menschen gekämpft, Gunhild!

FRAU BORKMAN *(schaut sie schadenfroh an)* Und ich habe gewonnen.

ELLA RENTHEIM *(höhnisch)* Findest du immer noch, dass dieser Sieg ein Gewinn für dich war?

FRAU BORKMAN *(finster)* Nein – da hast du furchtbar Recht.

ELLA RENTHEIM Diesmal wirst du auch nicht gewinnen.

FRAU BORKMAN Es soll kein Gewinn sein, Erhart zu behalten?

ELLA RENTHEIM Nein, denn dir geht es nur um die Macht, nicht um ihn.

FRAU BORKMAN Ach, und dir?

ELLA RENTHEIM *(warm)* Mir geht es um seine Zuneigung – seine Seele – sein ganzes Herz!

FRAU BORKMAN *(bricht aus)* Das wird dir nicht gelingen, nie im Leben!

ELLA RENTHEIM *(schaut sie an)* Hast du dafür etwa schon gesorgt?

FRAU BORKMAN *(lächelt)* Ja, das habe ich mir erlaubt. Hast du das nicht in seinen Briefen lesen können?

ELLA RENTHEIM *(nickt langsam)* Ja. Aus seinen Briefen hast irgendwann nur noch du gesprochen.

FRAU BORKMAN *(stichelnd)* Ich habe diese acht Jahre zu nutzen gewusst – seit ich ihn wieder hier hatte.

ELLA RENTHEIM *(beherrscht)* Was hast du Erhart über mich erzählt? Kannst du mir das sagen?

FRAU BORKMAN Natürlich, ohne weiteres.

ELLA RENTHEIM Also?

FRAU BORKMAN Ich habe ihm nichts gesagt als die Wahrheit.

ELLA RENTHEIM Ja?

FRAU BORKMAN Ich habe ihm immer wieder gesagt, er solle bitte nie vergessen, dass wir es dir zu verdanken haben, wenn wir so leben können, wie wir leben. Dass wir überhaupt leben *können.*

ELLA RENTHEIM Sonst nichts?

FRAU BORKMAN Oh, so etwas tut weh, weißt du. Das spüre ich selbst.

ELLA RENTHEIM Aber das wusste Erhart sowieso.

FRAU BORKMAN Als er wieder zu mir kam, dachte er, du hättest das alles nur aus Güte getan. *(Sieht sie schadenfroh an)* Aber das denkt er jetzt nicht mehr.

ELLA RENTHEIM Sondern?

FRAU BORKMAN Jetzt kennt er die Wahrheit. Ich habe ihn gefragt, warum uns seiner Meinung nach Tante Ella nie mal besucht –

ELLA RENTHEIM *(unterbricht sie)* Auch das wusste er!

FRAU BORKMAN Dann weiß er es jetzt besser. Du hast ihm erzählt, du wolltest mich nur schonen, mich und – und ihn, der da oben hin und her geht –

ELLA RENTHEIM So war es ja auch.

FRAU BORKMAN Das glaubt er jetzt absolut nicht mehr.

ELLA RENTHEIM Was hast du ihm eingeredet?

FRAU BORKMAN Er glaubt – was ja auch zutrifft –, dass du dich unserer schämst – uns verachtest. Ist es etwa nicht so? Hast du nicht versucht, ihn mir ganz wegzunehmen? Denk nach, Ella. Du weißt es sicher noch.

ELLA RENTHEIM *(abweisend)* Nur am Anfang, als der Skandal noch ganz frisch war. Während des Prozesses. – Jetzt nicht mehr.

FRAU BORKMAN Das würde dir auch nichts nutzen. Was würde auch sonst aus seiner Mission werden! Nein, nein danke! *Mich* braucht Erhart, nicht dich. Darum ist er für dich so gut wie gestorben! Und du für ihn!

ELLA RENTHEIM *(kalt, entschlossen)* Wir werden ja sehen. Denn jetzt bleibe ich hier.

FRAU BORKMAN *(starrt sie an)* Hier auf dem Gut?

ELLA RENTHEIM Ja, hier.

FRAU BORKMAN Hier – bei uns? Die ganze Nacht?

ELLA RENTHEIM Wenn nötig, bleibe ich für den Rest meiner Tage.

FRAU BORKMAN *(fasst sich)* Das Gut gehört ja dir.

ELLA RENTHEIM Ja!

FRAU BORKMAN Alles gehört dir. Der Stuhl, auf dem ich sitze. Das Bett, in dem ich mich schlaflos wälze. Was bei uns auf den Tisch kommt, alles gehört dir!

ELLA RENTHEIM Weil es nicht anders geht. Borkman darf nichts besitzen, sonst würde es ihm sofort jemand wegnehmen.

FRAU BORKMAN Ich weiß, ich weiß. Wir müssen uns damit abfinden, dass wir auf deine Barmherzigkeit angewiesen sind.

ELLA RENTHEIM *(kalt)* Wenn du es so sehen willst, Gunhild, kann ich dich nicht daran hindern.

FRAU BORKMAN Nein, das kannst du in der Tat nicht. – Wann sollen wir ausziehen?

ELLA RENTHEIM *(sieht sie an)* Ausziehen?

FRAU BORKMAN *(erregt)* Du nimmst doch nicht im Ernst an, dass ich unter einem Dach mit dir leben will! – Dann schon lieber im Armenhaus oder auf der Straße!

ELLA RENTHEIM Gut. Gib mir Erhart.

FRAU BORKMAN Erhart! Meinen Sohn! Mein Kind!

ELLA RENTHEIM Dann fahre ich sofort wieder nach Hause.

FRAU BORKMAN *(überlegt kurz)* Erhart soll sich selbst zwischen uns entscheiden.

ELLA RENTHEIM *(sieht sie zweifelnd und unsicher an)* Er soll sich entscheiden? Ja – *das* wagst du, Gunhild?

FRAU BORKMAN *(hart auflachend)* Ob ich das wage? Meinen Jungen zwischen dir und seiner Mutter wählen zu lassen? Ja, das wage ich allerdings.

ELLA RENTHEIM *(lauscht)* Kommt da jemand? Ich glaube, ich höre –

FRAU BORKMAN Dann ist es Erhart –

Es klopft kurz an der Tür, die sofort geöffnet wird. Frau Wilton kommt herein, in Abendkleidung und Mantel. Hinter ihr Lene, das Zimmermädchen, ratlos, denn sie hatte keine Gelegenheit, den Besuch zu melden. Die Tür bleibt halb geöffnet. Frau Wilton ist eine auffallend attraktive, üppige Dreißigerin. Breiter Mund, rote, lächelnde Lippen. Lebhafte Augen. Volles dunkles Haar.

FANNY WILTON Guten Abend, liebe Frau Borkman!

FRAU BORKMAN *(recht trocken)* Guten Abend, Frau Wilton. *(Zu Lene, ins Gartenzimmer deutend)* Bringen Sie die Lampe dort rein und machen Sie sie an!

Lene geht mit der Lampe hinaus.

FANNY WILTON *(sieht Ella Rentheim)* Oh, Verzeihung – Sie haben Besuch –

FRAU BORKMAN Das ist nur meine Schwester, sie ist vorhin gekommen.

Erhart Borkman macht die halb offen stehende Eingangstür weit auf und kommt hereingestürmt. Ein junger Mann mit hellen, unbekümmerten Augen. Elegant gekleidet. Beginnender Knebelbart.

ERHART *(freudestrahlend, noch in der Tür)* Ach was! Tante Ella ist da? *(Zu ihr, ergreift ihre Hände)* Tante, Tante! Nein, ist das möglich? Du hier?

ELLA RENTHEIM *(umarmt ihn)* Erhart! Mein lieber Junge! Wie groß du geworden bist! Ach, wie schön, dich wieder zu sehen!

FRAU BORKMAN *(scharf)* Was soll das heißen, Erhart? Du versteckst dich draußen in der Diele?

FANNY WILTON *(rasch)* Erhart – Herr Borkman ist mit mir gekommen.

FRAU BORKMAN *(mustert ihn)* Ach so, Erhart? Du kommst nicht als Erstes zu deiner Mutter?

ERHART Ich musste nur kurz zu Frau Wilton – die kleine Frida abholen.

FRAU BORKMAN Ist sie auch mit hier?

FANNY WILTON Ja, sie wartet draußen im Flur.

ERHART *(spricht nach draußen)* Geh ruhig schon hoch, Frida.

Pause. Ella Rentheim betrachtet Erhart. Er wirkt verlegen und etwas ungeduldig; sein Gesichtsausdruck wird angespannter und kühler.
Lene bringt die brennende Lampe ins Gartenzimmer, geht hinaus und schließt die Tür hinter sich.

FRAU BORKMAN *(gezwungen höflich)* Ja, Frau Wilton – wenn Sie also den Abend hier verbringen möchten, dann –

FANNY WILTON Nein, vielen Dank. Das hatte ich nicht vor. Wir haben eine andere Einladung, bei Rechtsanwalt Hinkel.

FRAU BORKMAN *(sieht sie an) Wir?* Wen meinen Sie damit?

FANNY WILTON *(lachend)* Na, eigentlich meine ich nur mich. Aber die Damen des Hauses haben mich beauftragt, den jungen Herrn Borkman mitzubringen – falls ich ihm zufällig begegne.

FRAU BORKMAN Und dann sind Sie ihm zufällig begegnet, wie ich sehe.

FANNY WILTON Ja, zum Glück. Er war so nett, bei mir vorbeizuschauen – wegen der kleinen Frida.

FRAU BORKMAN *(trocken)* Erhart, ich wusste gar nicht, dass du diese Familie kennst – diese Hinkels.

ERHART *(irritiert)* Nein, eigentlich kenne ich sie auch gar nicht. *(Etwas ungeduldig)* Du weißt ja genau, Mutter, wen ich kenne und wen nicht.

FANNY WILTON Ach was! Mit denen schließt man schnell Bekanntschaft! Das sind fröhliche, gastfreundliche Leute. Lauter junge Damen.

FRAU BORKMAN *(mit Nachdruck)* Wenn ich meinen Sohn recht kenne, Frau Wilton, dann ist das nicht unbedingt die richtige Gesellschaft für ihn.

FANNY WILTON Wieso nicht, er ist doch auch jung!

FRAU BORKMAN Ja, zum Glück. Es wäre schlimm, wenn nicht.

ERHART *(bezähmt seine Ungeduld)* Ja, ja, ja, Mutter. Selbstverständlich gehe ich heute Abend nicht mit zu diesen Hinkels. Natürlich bleibe ich hier bei dir und Tante Ella.

FRAU BORKMAN Das habe ich gewusst, mein lieber Erhart.

ELLA RENTHEIM Erhart – wegen *mir* lass dich nicht abhalten –

ERHART Doch, doch, liebe Tante, was anderes kommt nicht in Frage. *(Sieht Fanny Wilton unsicher an)* Aber was machen wir jetzt? Geht das überhaupt? Sie haben ja für mich zugesagt.

FANNY WILTON *(munter)* Na und? Natürlich geht das. Dann komme ich jetzt eben dorthin, in die festlich erleuchteten Salons – einsam und verlassen – ja, und dann, stellen Sie sich vor, dann sage ich eben wieder für Sie ab!

ERHART *(lang gezogen)* Ja, wenn Sie denn meinen, das geht, dann –

FANNY WILTON *(leichthin)* Ich habe schon so oft zu- und abgesagt, für mich selbst. Und Sie wollen doch nicht Ihre

Tante hier allein lassen, wo sie gerade angekommen ist?
Pfui, Monsieur Erhart – handelt so ein guter Sohn?

FRAU BORKMAN *(unangenehm berührt)* Ein Sohn?

FANNY WILTON Na, dann eben ein *Pflege*sohn, Frau Borkman.

FRAU BORKMAN Ja, das trifft es wohl eher.

FANNY WILTON Wissen Sie, ich finde, einer guten Pflegemutter verdankt man mehr als seiner wahren Mutter, wirklich.

FRAU BORKMAN Sprechen Sie da aus Erfahrung?

FANNY WILTON Ach Gott, meine Mutter habe ich kaum kennen gelernt. Aber wenn ich auch so eine gute Pflegemutter gehabt hätte – dann wäre ich vielleicht nicht so – so
unkonventionell, wie die Leute es von mir behaupten.
(Wendet sich an Erhart) Also, schön zu Hause bleiben bei
Mama und Tante – und Tee trinken, Herr Studiosus! *(Zu
den Damen)* Auf Wiedersehen, liebe Frau Borkman, auf
Wiedersehen, Frau Rentheim! *(Die Damen nicken stumm,
um die Verabschiedung zu erwidern. Sie geht zur Tür.)*

ERHART *(folgt ihr)* Soll ich Sie nicht wenigstens ein kleines
Stück begleiten?

FANNY WILTON *(in der Tür, abwehrend)* Nicht einen Schritt
weit! Ich bin daran gewöhnt, meine Wege allein zu gehen.
(Bleibt in der Tür stehen, sieht ihn an und nickt) Aber nehmen Sie sich in Acht, Erhart Borkman – das rate ich
Ihnen!

ERHART Warum soll ich mich in Acht nehmen?

FANNY WILTON *(lustig)* Weil ich, wenn ich jetzt die Straße
hinuntergehe – einsam und verlassen, wie gesagt – weil
ich dann versuchen werde, sie zu behexen.

ERHART *(lacht)* Ach das. Wollen Sie das wieder versuchen!

FANNY WILTON *(halb ernst)* Ja, hüten Sie sich. Wenn ich gehe, werde ich innerlich sagen – mit meiner ganzen Willenskraft werde ich sagen: Herr Student Erhart Borkman – nehmen Sie sofort Ihren Hut!

FRAU BORKMAN Und dann nimmt er ihn, glauben Sie?

FANNY WILTON *(lachend)* Ja, natürlich, sofort! Und dann werde ich sagen: Jetzt ziehen Sie hübsch den Mantel an, Erhart Borkman! Und die Galoschen, vergessen Sie die Galoschen nicht! Und dann folgen Sie mir! Ganz brav, ganz brav!

ERHART *(gezwungen fröhlich)* Worauf Sie sich verlassen können.

FANNY WILTON *(mit erhobenem Zeigefinger)* Brav! Ganz brav! – Gute Nacht! *(Lacht, nickt den Damen zu und schließt die Tür hinter sich)*

FRAU BORKMAN Kann sie wirklich hexen?

ERHART Woher denn. Was du wieder denkst! Sie macht nur Spaß. *(Bricht ab)* Aber reden wir jetzt nicht über Frau Wilton. *(Nötigt Ella Rentheim dazu, sich in den Lehnstuhl beim Ofen zu setzen. Steht dann da und betrachtet sie ein wenig)* Dass du die weite Reise gemacht hast, Tante Ella! Ausgerechnet jetzt im Winter!

ELLA RENTHEIM Es musste sein, Erhart.

ERHART Aha? Warum denn?

ELLA RENTHEIM Ich muss endlich einmal hier die Ärzte konsultieren.

ERHART Das ist gut.

ELLA RENTHEIM *(lächelt)* Das findest du gut?

ERHART Ja, es ist gut, dass du das endlich tust.

FRAU BORKMAN *(auf dem Sofa, kalt)* Bist du krank, Ella?

ELLA RENTHEIM *(blickt sie hart an)* Das sollte dir nicht neu sein.

FRAU BORKMAN Tja, etwas kränklich bist du schon immer gewesen.

ERHART Als ich noch bei dir war, da habe ich immer gesagt, du sollst mit dem Arzt reden!

ELLA RENTHEIM Weißt du, wo ich wohne, da habe ich keinen Arzt, dem ich wirklich vertrauen würde. Außerdem war es damals noch nicht so schlimm.

ERHART Ist es denn schlimmer geworden, Tante?

ELLA RENTHEIM Ja, mein Junge, das ist es.

ERHART Aber doch nichts Ernstes?

ELLA RENTHEIM Wie man's nimmt.

ERHART *(eifrig)* Tante Ella, dann darfst du nicht so bald wieder zurückreisen.

ELLA RENTHEIM Nein, keine Sorge, das werde ich auch nicht.

ERHART Du musst hier bleiben. Hier in der Stadt kannst du zwischen den besten Ärzten wählen.

ELLA RENTHEIM Das war auch der Zweck dieser Reise.

ERHART Und du musst dir eine richtig gute Unterkunft suchen – eine freundliche, ruhige Pension.

ELLA RENTHEIM Ich bin heute Morgen dort abgestiegen, wo ich früher immer war.

ERHART Ja, dort ist es gemütlich.

ELLA RENTHEIM Aber ich werde nicht lange dort bleiben.

ERHART Aha? Warum nicht?

ELLA RENTHEIM Nein, ich habe es mir anders überlegt, als ich hierher gekommen bin.

ERHART *(verwundert)* So –? Anders überlegt –?

FRAU BORKMAN *(häkelt, spricht, ohne aufzuschauen)* Deine Tante will hier bei uns wohnen, Erhart, auf ihrem Gut.

ERHART *(blickt sie abwechselnd an)* Hier! Bei – bei uns! – Stimmt das, Tante?

ELLA RENTHEIM Ja, das habe ich beschlossen.

FRAU BORKMAN *(wie zuvor)* Das Ganze hier gehört schließlich deiner Tante, weißt du.

ELLA RENTHEIM Ja, ich bleibe hier, Erhart. Fürs Erste. Bis auf weiteres. Ich richte mich ein – drüben im Verwalterflügel.

ERHART Ja, stimmt. Dort sind ja immer Zimmer für dich bereit. *(Plötzlich lebhaft)* Aber hör mal, Tante – bist du nicht müde von der Reise?

ELLA RENTHEIM Doch, ziemlich.

ERHART Dann solltest du nicht zu spät ins Bett gehen.

ELLA RENTHEIM *(sieht ihn lächelnd an)* Da hast du Recht.

ERHART *(eifrig)* Wir können uns morgen genauer unterhalten – oder an einem der nächsten Tage. Über alles Mögliche. Über alles, was uns einfällt. Du und Mutter und ich. Wäre das nicht besser, Tante Ella?

FRAU BORKMAN *(platzt heraus, steht auf)* Erhart – ich kann es dir ansehen, du willst mich verlassen!

ERHART *(fährt zusammen)* Wie meinst du das denn?

FRAU BORKMAN Du willst – nach drüben zu Rechtsanwalt Hinkel!

ERHART *(unwillkürlich)* Ach so! *(Fasst sich)* Denkst du, ich sollte hier sitzen und Tante Ella bis tief in die Nacht wach halten? Sie ist krank, Mutter. Vergiss das nicht.

FRAU BORKMAN Du willst hinüber zu Hinkel, Erhart.

ERHART *(ungeduldig)* Mein Gott, ja, Mutter! Ich kann doch nicht anders. Oder was meinst du, Tante Ella?

ELLA RENTHEIM Ich finde, das kannst du ganz frei entscheiden, Erhart.

FRAU BORKMAN *(geht drohend auf sie zu)* Du willst ihn mir wegnehmen!

ELLA RENTHEIM *(steht jetzt ebenfalls auf)* Wenn ich das nur könnte, Gunhild!

Von oben ist Musik zu hören.

ERHART *(windet sich wie unter Schmerzen)* Nein, das halte ich nicht aus! *(Sieht sich um)* Wo ist mein Hut? *(Zu Ella)* Kennst du dieses Stück?

ELLA RENTHEIM Nein. Was ist es denn?

ERHART Das ist die «Danse macabre». Der Totentanz! Kennst du den Totentanz nicht, Tante Ella?

ELLA RENTHEIM *(lächelt schwermütig)* Noch nicht, Erhart.

ERHART *(zu Frau Borkman)* Mutter – bitte – lass mich gehen.

FRAU BORKMAN *(schaut ihn hart an)* Von mir gehen? Das willst du also?

ERHART Ich komme doch wieder – vielleicht gleich morgen!

FRAU BORKMAN *(leidenschaftlich erregt)* Du willst von mir weg! Zu fremden Menschen! Zu – zu – nein, ich will nicht daran denken!

ERHART Dort brennen Kerzen. Dort sind junge, fröhliche Gesichter. Und Musik, Mutter!

FRAU BORKMAN *(deutet nach oben)* Musik hast du hier auch, Erhart.

ERHART Ja, genau diese Musik vertreibt mich.

ELLA RENTHEIM Gönnst du deinem Vater nicht das bisschen Zerstreuung?

ERHART Doch, natürlich. Von Herzen. Solange ich sie nicht hören muss.

FRAU BORKMAN *(sieht ihn ermahnend an)* Sei stark, Erhart! Sei stark, mein Junge! Vergiss nie deine große Mission!

ERHART Ach, Mutter – bleib mir weg mit diesen Redensarten! Ich bin zum Missionar nicht geschaffen. – Gute Nacht, liebe Tante! Gute Nacht, Mutter! *(Geht eilig durch die Diele hinaus)*

FRAU BORKMAN *(nach kurzer Stille)* Du wirst ihn sicher bald wiederhaben, Ella.

ELLA RENTHEIM Wenn ich das nur glauben könnte.

FRAU BORKMAN Aber lange behalten wirst du ihn nicht, du wirst schon sehen.

ELLA RENTHEIM Wegen dir, meinst du?

FRAU BORKMAN Wegen mir, oder – wegen ihr, der anderen.

ELLA RENTHEIM Dann lieber sie als du.

FRAU BORKMAN *(nickt langsam)* Da bin ich deiner Meinung. Das sage ich auch. Lieber sie als du.

ELLA RENTHEIM Wo auch immer es ihn hinführt –

FRAU BORKMAN Das spielt dann keine Rolle mehr, würde ich fast sagen.

ELLA RENTHEIM *(nimmt ihr Überzeug auf den Arm)* Zum ersten Mal sind wir Zwillingsschwestern uns einig. – Gute Nacht, Gunhild. *(Geht durch die Diele hinaus)*

Die Musik oben wird lauter.

FRAU BORKMAN *(steht eine Weile still, zuckt zusammen, krümmt sich und flüstert unwillkürlich)* Der Wolf jault wieder. – Der kranke Wolf. *(Steht einen Augenblick da, wirft sich dann auf den Boden, wo sie sich ächzend windet und verzweifelt flüstert)* Erhart! Erhart – bleib bei mir! Komm nach Hause und hilf deiner Mutter! Ich ertrage dieses Leben nicht mehr!

2. AKT

Der große ehemalige Festsaal im Obergeschoss des Rentheim'schen Hauses. Die Wände sind mit alten, Jagd- und Schäferszenen darstellenden Tapisserien bezogen, alle in matten, ausgeblichenen Farben. In der linken Wand eine Flügeltür, etwas weiter vorn ein Piano. In der linken Ecke der Rückwand eine Tapetentür. An der Mitte der rechten Wand ein großer, geschnitzter Eichenschreibtisch mit vielen Büchern und Papieren. Weiter vorn auf derselben Seite ein Sofa mit Tisch und Stühlen. Das Mobiliar

ist in steifem Empirestil gehalten. Auf dem Pult und dem Sofa-
tisch brennen Lampen.

Die Hände auf dem Rücken verschränkt, steht John Gabriel Bork-
man beim Piano und lauscht den letzten Takten der von Frida Fol-
dal gespielten Danse macabre. Borkman ist ein mittelgroßer, stäm-
miger Endsechziger. Vornehmes Äußeres, gut geschnittenes Profil,
scharfe Augen, Haar und Bart grauweiß gelockt. Er trägt einen
schwarzen, nicht mehr modernen Anzug und ein weißes Halstuch.
Frida Foldal ist eine hübsche, blasse Fünfzehnjährige mit etwas
müdem, angestrengtem Gesicht. Helle Kleidung, eher ärmlich.
Das Stück geht zu Ende. Stille.

BORKMAN Raten Sie mal, Frida, wo ich solche Töne zum ersten Mal gehört habe!

FRIDA FOLDAL *(sieht zu ihm auf)* Ich weiß nicht, Herr Borkman?

BORKMAN Unten in den Minen.

FRIDA FOLDAL *(versteht nicht)* In den Minen?

BORKMAN Mein Vater war Bergmann, wissen Sie das nicht?

FRIDA FOLDAL Nein, Herr Borkman.

BORKMAN Ja, ich bin der Sohn eines Bergmanns. Und mein
Vater nahm mich manchmal mit in die Minen. Dort unten singt das Erz.

FRIDA FOLDAL Es singt?

BORKMAN *(nickt)* Wenn es abgebaut wird. Die Hammer-
schläge, die es aus dem Fels brechen – das ist die Mitter-
nachtsglocke, die schlägt und es befreit. Darum singt das
Erz – aus Freude – auf seine Weise.

FRIDA FOLDAL Warum freut es sich, Herr Borkman?

BORKMAN Es will hoch ans Tageslicht und den Menschen dienen. *(Geht im Saal auf und ab, stets die Hände im Rücken verschränkt)*

FRIDA FOLDAL *(wartet ein wenig, schaut auf ihre Uhr und steht auf)* Verzeihen Sie, Herr Borkman – ich muss jetzt gehen, leider.

BORKMAN *(bleibt vor ihr stehen)* Sie wollen schon gehen?

FRIDA FOLDAL *(steckt die Noten in ihre Mappe)* Ja, ich muss. *(Sichtlich verlegen)* Ich bin heute Abend noch wohin bestellt.

BORKMAN Zu einer Gesellschaft?

FRIDA FOLDAL Ja.

BORKMAN Wo Sie vorspielen sollen?

FRIDA FOLDAL *(beißt sich auf die Lippen)* Nein – ich soll zum Tanz spielen.

BORKMAN Nur zum Tanz?

FRIDA FOLDAL Ja, nach dem Abendessen soll getanzt werden.

BORKMAN *(steht da und schaut auf sie)* Spielen Sie gern zum Tanz? Mal hier, mal da?

FRIDA FOLDAL *(zieht den Mantel an)* Ja, wenn ich engagiert werde, dann –. Dann verdiene ich ja auch ein bisschen was.

BORKMAN *(forschend)* Und daran denken Sie vor allem, wenn Sie zum Tanz spielen?

FRIDA FOLDAL Nein, ich denke vor allem daran, wie traurig es ist, dass ich nicht selbst mittanzen kann.

BORKMAN *(nickt)* Genau das wollte ich hören. *(Geht rastlos auf und ab)* Ja, ja, ja – wenn man nicht mitmachen darf, das ist das Schwerste überhaupt. *(Bleibt stehen)* Aber eins wiegt das alles für Sie wieder auf, Frida.

FRIDA FOLDAL *(schaut ihn fragend an)* Was denn, Herr Borkman?

BORKMAN Dass Sie zehnmal mehr Musik in sich haben als die ganze Tanzgesellschaft zusammen.

FRIDA FOLDAL *(lächelt ausweichend)* Ich weiß nicht.

BORKMAN *(hebt warnend den Zeigefinger)* Zweifeln Sie nie an sich, das wäre ein großer Fehler!

FRIDA FOLDAL Aber Gott, wenn niemand das weiß?

BORKMAN Solange Sie selbst es wissen, genügt das. – Wo wollen Sie heute Abend spielen?

FRIDA FOLDAL Drüben bei Rechtsanwalt Hinkel.

BORKMAN *(blickt sie auf einmal scharf an)* Bei Hinkel, sagen Sie!

FRIDA FOLDAL Ja.

BORKMAN *(mit schneidendem Lächeln)* Es gibt Leute, die dieses Haus betreten? *Dazu* kann er jemanden bewegen?

FRIDA FOLDAL Ja, er hat offenbar viel Besuch, sagt Frau Wilton.

BORKMAN *(heftig)* Was für Leute sind das? Können Sie mir das sagen?

FRIDA FOLDAL *(eingeschüchtert)* Nein, das weiß ich wirklich nicht. Doch – stimmt ja – Ihr Sohn will heute Abend dort hingehen.

BORKMAN *(stutzt)* Erhart! Mein Sohn?

FRIDA FOLDAL Ja.

BORKMAN Woher wollen Sie das wissen?

FRIDA FOLDAL Das hat er selbst gesagt. Vor einer Stunde.

BORKMAN Ist er heute hier draußen?

FRIDA FOLDAL Ja, er war den ganzen Nachmittag bei Frau Wilton.

BORKMAN *(forschend)* Wissen Sie, ob er auch hier im Haus war? Ich meine, hat er unten mit jemandem gesprochen?

FRIDA FOLDAL Ja, er hat bei Ihrer Frau hereingeschaut.

BORKMAN *(bitter)* Aha – hab ich es mir gedacht.

FRIDA FOLDAL Es war noch eine fremde Dame bei ihr, glaube ich.

BORKMAN Ja? Tatsächlich? Nun, sie hat wohl manchmal Besuch.

FRIDA FOLDAL Wenn ich Ihren Sohn treffe, soll ich ihm sagen, er möchte auch zu Ihnen heraufkommen?

BORKMAN *(barsch)* Sie sagen gar nichts! Auf keinen Fall! Wer mich sprechen will, soll aus eigenen Stücken kommen. Ich bitte niemanden.

FRIDA FOLDAL Gut, dann sage ich nichts. – Gute Nacht, Herr Borkman.

BORKMAN *(wandert weiter, brummt)* Gute Nacht.

FRIDA FOLDAL Ach, darf ich die Wendeltreppe nehmen? Das geht schneller.

BORKMAN Sicher! Nehmen Sie jede Treppe, die Sie wollen. Gute Nacht!

FRIDA FOLDAL Gute Nacht, Herr Borkman. *(Geht durch die kleine Tapetentür ab)*

Borkman geht in Gedanken zum Piano, will den Deckel schließen, lässt es dann aber. Blickt in den leeren Raum und wandert dann zwischen dem Piano und der rechten hinteren Ecke hin und her, rastlos, von innerer Unruhe getrieben. Schließlich geht er zum Schreibtisch, lauscht zur Flügeltür hinüber, nimmt rasch einen Handspiegel, in dem er sich betrachtet, dann richtet er sein Halstuch.
Es klopft an der Flügeltür. Borkman hört es, blickt kurz hin, sagt aber nichts.
Es klopft nochmals, diesmal lauter.

BORKMAN *(steht am Schreibtisch, die linke Hand auf die Tischplatte gestützt, die rechte auf Brusthöhe in die Jacke gesteckt)* Herein!

Vilhelm Foldal betritt vorsichtig den Saal. Er ist ein gebeugter, abgearbeiteter Mann mit milden blauen Augen, dünnes graues Haar hängt ihm bis über den Jackenkragen. Eine Mappe unterm Arm. Einen weichen Filzhut in der Hand, eine große Hornbrille, die er sich auf die Stirn schiebt.

BORKMAN *(verändert seine Haltung und sieht ihn halb enttäuscht, halb befriedigt an)* Ach, du bist's bloß.

VILHELM FOLDAL Guten Abend, John Gabriel. Ja, ich bin's.

BORKMAN *(mit einem strengen Blick)* Du kommst reichlich spät, finde ich.

VILHELM FOLDAL Es ist ja auch nicht unbedingt nah, weißt du. Vor allem, wenn man zu Fuß gehen muss.

BORKMAN Warum gehst du auch immer, Vilhelm? Du wohnst direkt neben der Straßenbahn.

VILHELM FOLDAL Gehen ist gesünder. Und ich spare das Fahrgeld. – Na, war Frida mal wieder hier und hat dir was vorgespielt?

BORKMAN Sie ist gerade eben gegangen. Seid ihr euch draußen nicht begegnet?

VILHELM FOLDAL Nein, ich habe sie schon lange nicht mehr gesehen. Seit sie bei dieser Frau Wilton wohnt.

BORKMAN *(setzt sich aufs Sofa und weist mit der Hand auf einen Stuhl)* Setz dich doch auch, Vilhelm.

VILHELM FOLDAL *(setzt sich auf die Stuhlkante)* Danke. *(Sieht ihn schwermütig an)* Du kannst dir nicht vorstellen, wie einsam ich mich fühle, seit Frida nicht mehr im Haus ist.

BORKMAN Wieso – du hast doch noch genug Kinder.

VILHELM FOLDAL Ja, weiß Gott. Fünf! Aber Frida war die Einzige, die mich ein bisschen verstanden hat. *(Schüttelt langsam den Kopf)* Die anderen verstehen mich absolut nicht.

BORKMAN *(schaut finster vor sich hin und trommelt auf den Tisch)* Ja, so ist das. Das ist der Fluch von uns besonderen, uns auserwählten Menschen. Die Masse, die Menge – all die Durchschnittsmenschen – die verstehen uns nicht, Vilhelm.

VILHELM FOLDAL *(resigniert)* Verständnis will man ja nicht mal gleich erwarten. Wenn man etwas Geduld hat, kommt das ja vielleicht noch. *(Tränenerstickt)* Aber es gibt Dinge, die sind noch bitterer!

BORKMAN *(heftig)* Nichts ist bitterer als das!

VILHELM FOLDAL Doch, doch, John Gabriel. Ich hatte eben zu Hause eine Szene.

BORKMAN Aha? Warum?

VILHELM FOLDAL *(es bricht aus ihm heraus)* Weil die zu Hause – mich verachten!

BORKMAN *(fährt auf)* Verachten –!

VILHELM FOLDAL *(wischt sich die Augen)* Ich spüre es schon lange. Aber heute kam es mit voller Wucht.

BORKMAN *(nach einer kurzen Pause)* Deine Ehe war wohl keine so gute Wahl.

VILHELM FOLDAL Ich hatte kaum eine Wahl. Außerdem – wenn man langsam in die Jahre kommt, dann will man eben noch heiraten. Und ich hatte kaum etwas zu bieten damals, ich war ja völlig am Boden –

BORKMAN *(springt wütend auf)* Soll das eine Anspielung sein? Ein Vorwurf?

VILHELM FOLDAL *(ängstlich)* Nein, um Himmels willen, John Gabriel –!

BORKMAN Doch, du denkst an das Unglück, das zu der Zeit über die Bank kam –!

VILHELM FOLDAL *(beruhigend)* Aber ich gebe dir keine Schuld daran! Wirklich nicht!

BORKMAN *(setzt sich brummelnd wieder)* Na, dann ist ja gut.

VILHELM FOLDAL Außerdem klage ich nicht über meine Frau. Gut, die Ärmste ist nicht gerade gebildet, aber sie ist ein guter Mensch. – Nein, es ist wegen der Kinder, weißt du –

BORKMAN Dachte ich mir schon.

VILHELM FOLDAL Wegen der Kinder – die haben mehr Bildung genossen. Und darum auch mehr Erwartungen ans Leben.

BORKMAN *(blickt ihn teilnahmsvoll an)* Und darum verachten sie dich, Vilhelm?

VILHELM FOLDAL *(zuckt mit den Schultern)* Aus mir ist nicht viel geworden. Das muss man schon zugeben.

BORKMAN *(rückt näher und legt ihm die Hände auf den Arm)* Wissen sie nicht, dass du in deiner Jugend ein Trauerspiel geschrieben hast?

VILHELM FOLDAL Doch, natürlich wissen sie das. Aber es beeindruckt sie nicht weiter.

BORKMAN Dann fehlt ihnen wirklich Verständnis. Dein Stück ist gut, da bin ich überzeugt.

VILHELM FOLDAL *(erfreut)* Ja, nicht wahr, John Gabriel, es hat seine Qualitäten? Wenn ich es nur endlich irgendwo unterbringen könnte – *(Öffnet die Mappe und blättert eifrig darin)* Hier – schau mal, ich habe eine Stelle überarbeitet.

BORKMAN Du hast es dabei?

VILHELM FOLDAL Ja. Ich habe es dir so lange nicht mehr vorgelesen. Ich hatte gedacht, es könnte eine Ablenkung für dich sein, etwas daraus zu hören, ein, zwei Akte –

BORKMAN *(abwehrend, steht auf)* Nein, nein, ein andermal.

VILHELM FOLDAL Wie du möchtest.

Borkman geht durch den Saal, auf und ab. Foldal steckt das Manuskript wieder ein. Borkman bleibt vor ihm stehen.

BORKMAN Du hattest Recht vorhin – dass nicht viel aus dir geworden ist. Aber eins verspreche ich dir, Vilhelm, wenn für mich eines Tages die Stunde der Genugtuung schlägt –

VILHELM FOLDAL *(will aufstehen)* Ach, danke, danke –

BORKMAN *(mit einer Geste)* Bleib ruhig sitzen. *(Immer erregter)* Wenn für mich die Stunde der Genugtuung schlägt –. Wenn sie einsehen, dass sie es ohne mich nicht schaffen –. Wenn sie herkommen, hier hoch zu mir in den Saal, und zu Kreuze kriechen und betteln, dass ich die Leitung der Bank wieder übernehme –! Der neuen Bank, die sie gegründet haben – mit der sie überfordert sind – *(Stellt sich an den Schreibtisch wie zuvor und schlägt sich an die Brust)* Hier werde ich stehen und sie empfangen. Und dann wird man nah und fern darüber reden, welche Bedingungen John Gabriel Borkman stellt, damit – *(Hält plötzlich inne und starrt Foldal an)* Du schaust so zweifelnd! Glaubst du vielleicht nicht, dass sie kommen? Irgendwann kommen müssen, müssen! Glaubst du das nicht?

VILHELM FOLDAL Doch, weiß Gott, das glaube ich, John Gabriel.

BORKMAN *(setzt sich wieder aufs Sofa)* Ich glaube fest daran. Ich *weiß* es mit absoluter Gewissheit – dass sie kommen. – Ohne diese Gewissheit – hätte ich mir schon längst die Kugel gegeben.

VILHELM FOLDAL *(erschrocken)* Um Himmels willen!

BORKMAN *(triumphierend)* Aber sie kommen! Die kommen schon noch! Du wirst es erleben! Ich erwarte sie täglich, stündlich. Und wie du siehst, halte ich mich für ihren Besuch bereit.

VILHELM FOLDAL *(seufzend)* Ich hoffe auch, dass sie bald kommen.

BORKMAN *(unruhig)* Ja, du, die Zeit vergeht; die Jahre vergehen; das Leben – ah, ich will nicht daran denken! *(Sieht ihn an)* Weißt du, wie ich mich manchmal fühle?

VILHELM FOLDAL Na?

BORKMAN Wie ein Napoleon, den sie auf seinem ersten Feldzug zum Krüppel geschossen haben.

VILHELM FOLDAL *(legt die Hand auf die Mappe)* Das Gefühl kenne ich.

BORKMAN Na ja, in etwas kleinerem Maßstab.

VILHELM FOLDAL *(still) Mir* bedeutet meine kleine Dichtkunst viel, John Gabriel.

BORKMAN *(heftig)* Ja, aber ich hätte Millionen Werte erschaffen können! All die Bergwerke, über die ich die Kontrolle bekommen hätte! Neue Erzgruben, zahllos! Wasserfälle! Steinbrüche! Handelswege, Schifffahrtslinien über die ganze Welt. Alles, alles hätte ich geschafft, ich ganz allein.

VILHELM FOLDAL Ich weiß, du hättest alles gewagt.

BORKMAN *(ringt die Hände)* Und stattdessen sitze ich hier wie ein Adler mit gestutzten Flügeln und muss mit ansehen, wie die anderen mir zuvorkommen – und mir alles nehmen, Stück für Stück!

VILHELM FOLDAL Ja, so geht es mir auch.

BORKMAN *(ohne ihn zu beachten)* Wenn man bedenkt, wie nah ich schon am Ziel war. Hätte ich nur noch acht Tage Zeit gehabt, um alles zu regeln! Dann wären sämtliche Einlagen wieder an Ort und Stelle gewesen. Alle Werte, die ich mutig in die Hand genommen hatte, wären wieder da gewesen, wo sie hingehörten. Fast, um Haaresbreite wäre die große Aktiengesellschaft zustande gekommen. Niemand hätte auch nur einen roten Heller verloren –

VILHELM FOLDAL Tja, mein Gott – du warst nah am Ziel –

BORKMAN *(mit verbissener Wut)* Und dann kam der Verrat! Ausgerechnet am Tag des Abschlusses! *(Sieht ihn an)* Weißt du, was für mich das infamste Verbrechen ist?

VILHELM FOLDAL Nein, sag.

BORKMAN Nicht Mord. Und auch nicht Diebstahl oder nächtlicher Einbruch. Nicht mal Meineid. All das tut man Menschen an, die man entweder hasst oder die einem vollkommen gleichgültig oder fremd sind.

VILHELM FOLDAL Und, was ist es dann?

BORKMAN *(nachdrücklich)* Das Infamste ist, wenn ein Freund das Vertrauen des Freundes missbraucht.

VILHELM FOLDAL *(etwas bedenklich)* Ja, schon, aber –

BORKMAN *(auffahrend)* Was willst du sagen? Ich kann es dir ansehen. Es stimmt aber nicht. Jeder, der Wertpapiere auf der Bank liegen hatte, hätte alles zurückbekommen. Auf Heller und Pfennig! – Nein, das Infamste ist, die Briefe eines Freundes zu missbrauchen – vor aller Welt auszubreiten, was nur einem selbst anvertraut war, unter vier Augen, sozusagen in aller Stille, hinter verschlossenen Türen. Wer so etwas tut, der ist durch und durch verdorben und verkommen. So einen Freund hatte ich. – Und er hat mich zerstört.

VILHELM FOLDAL Ich ahne, wen du meinst.

BORKMAN Ich war ein offenes Buch für ihn, alles habe ich ihm anvertraut. Und als er seinen Moment gekommen sah, hat er die Waffen, die ich ihm selbst in die Hand gegeben hatte, gegen mich gerichtet.

VILHELM FOLDAL Ich habe nie begreifen können, warum er –. Na, damals gab es die verschiedensten Gerüchte.

BORKMAN Was denn für welche? Sag mir's. Ich weiß ja nichts. Ich kam ja sofort – weg. Was für Gerüchte, Vilhelm?

VILHELM FOLDAL Es hieß, du solltest Minister werden.

BORKMAN Es wurde mir angeboten. Aber ich lehnte ab.

VILHELM FOLDAL Also hast du ihm nicht im Weg gestanden.

BORKMAN Nein, nein, darum hat er mich nicht verraten.

VILHELM FOLDAL Dann verstehe ich wirklich nicht –

BORKMAN Ich kann es dir gern sagen, Vilhelm.

VILHELM FOLDAL Ja?

BORKMAN Es war – eine Frauengeschichte, weißt du.

VILHELM FOLDAL Eine Frauengeschichte? Wirklich, John Gabriel –?

BORKMAN *(unterbricht ihn)* Ja, ja, ja – reden wir nicht mehr von den alten dummen Geschichten. Minister wurden wir jedenfalls beide nicht.

VILHELM FOLDAL Aber er hat es weit gebracht.

BORKMAN Und ich bin in den Abgrund gestürzt.

VILHELM FOLDAL Wirklich, das reinste Trauerspiel –

BORKMAN *(nickt ihm zu)* Ja, fast so tragisch wie deins, wenn ich darüber nachdenke.

VILHELM FOLDAL *(treuherzig)* Stimmt, mindestens so tragisch.

BORKMAN *(lacht stumm)* Aber anders besehen ist es auch eine Art Komödie.

VILHELM FOLDAL Eine Komödie? Deine Geschichte?

BORKMAN Ja, so, wie sie jetzt weitergeht. Man muss sich das mal vorstellen.

VILHELM FOLDAL Nämlich?

BORKMAN Richtig – du bist ja Frida nicht begegnet, als du kamst.

VILHELM FOLDAL Nein.

BORKMAN Während wir hier sitzen, spielt sie bei demjenigen zum Tanz, der mich damals verraten und ruiniert hat.

VILHELM FOLDAL Das wusste ich nicht.

BORKMAN Ja, sie nahm ihre Noten und ging dorthin – zu den Herrschaften.

VILHELM FOLDAL *(entschuldigend)* Ja, das arme Kind –

BORKMAN Und du ahnst ja nicht, vor wem sie da spielt, unter anderem.

VILHELM FOLDAL Na?

BORKMAN Vor meinem Sohn. So.

VILHELM FOLDAL Was!

BORKMAN Wie findest du das, Vilhelm? Mein Sohn ist heute Abend dort einer der Tänzer. Das ist doch wirklich eine Komödie, oder?

VILHELM FOLDAL Er weiß sicher nichts von der Sache.

BORKMAN Was soll er nicht wissen?

VILHELM FOLDAL Er weiß sicher nicht, wie – na, wie dieser –

BORKMAN Sag den Namen ruhig. Es macht mir nichts mehr aus, ihn zu hören.

VILHELM FOLDAL Ich bin sicher, dass Erhart die Zusammenhänge nicht kennt, John Gabriel.

BORKMAN *(finster, haut auf den Tisch)* Er kennt sie, so sicher, wie ich hier sitze!

VILHELM FOLDAL Aber dann würde er doch dieses Haus nicht betreten – oder was glaubst du?

BORKMAN *(schüttelt den Kopf)* Mein Sohn sieht die Sache mit anderen Augen als ich. Ich könnte schwören, dass er auf der Seite meiner Feinde steht! Er findet genau wie sie, dass Hinkel nur seine Pflicht tat, als er mich verriet.

VILHELM FOLDAL Aber mein Lieber, wer sollte ihm das so dargestellt haben?

BORKMAN Wer? Du vergisst, wer ihn großgezogen hat. Erst seine Tante, ab seinem sechsten, siebten Lebensjahr. Und danach – seine Mutter!

VILHELM FOLDAL Ich glaube, jetzt tust du ihnen Unrecht.

BORKMAN *(auffahrend)* Ich tue niemandem Unrecht, nie! Beide haben ihn gegen mich aufgehetzt!

VILHELM FOLDAL *(lenkt ein)* Ja, ja, dann wird es so sein.

BORKMAN *(verbittert)* Diese Frauen! Die machen alles kaputt. Verpfuschen unser Leben – bringen uns um unsere Erfolge.

VILHELM FOLDAL Na ja, nicht alle.

BORKMAN Ach nein? Dann nenn mir eine Einzige, die was taugt!

VILHELM FOLDAL Tja. Das ist das Problem. Die paar, die ich kenne, taugen nichts.

BORKMAN *(prustet höhnisch)* Ja, aber was hilft es, dass es auch andere gibt – wenn man sie nicht kennt!

VILHELM FOLDAL *(warm)* Doch, John Gabriel, das hilft! Es ist Balsam für die Seele, zu denken, dass irgendwo da draußen die Frau unserer Träume lebt.

BORKMAN *(rutscht ungeduldig auf dem Sofa hin und her)* Ach, bleib mir weg mit deinem Dichtergewäsch!

VILHELM FOLDAL *(sieht ihn tief gekränkt an)* Du hältst meinen heiligen Glauben für Dichtergewäsch?

BORKMAN *(hart)* Ja, das tue ich. Das ist genau der Grund, weshalb du es zu nichts gebracht hast. Wenn du diesen ganzen Mist über Bord werfen würdest, dann könnte ich dir vielleicht sogar helfen, dass du wieder auf die Beine kommst – vorankommst.

VILHELM FOLDAL *(in dem es innerlich brodelt)* Ach, das kannst du ja doch nicht.

BORKMAN Natürlich kann ich, wenn ich erst wieder an der Macht bin.

VILHELM FOLDAL Aber das dauert vielleicht noch lange.

BORKMAN *(heftig)* Glaubst du etwa, das wird nie passieren? Antworte!

VILHELM FOLDAL Ich weiß nicht, was ich da sagen soll.

BORKMAN *(steht auf, kalt und vornehm, deutet zur Tür)* Dann kann ich dich nicht mehr brauchen.

VILHELM FOLDAL *(steht vom Stuhl auf)* Nicht mehr brauchen –!

BORKMAN Wenn du nicht daran glaubst, dass mein Schicksal sich noch wendet –

VILHELM FOLDAL Ich kann doch nichts gegen alle Vernunft glauben! – Erst einmal müsstest du rehabilitiert werden –

BORKMAN Weiter, weiter.

VILHELM FOLDAL Das Examen habe ich zwar nicht mehr gemacht, aber so viel weiß ich noch aus meinem Studium –

BORKMAN *(rasch)* Du meinst, es ist unmöglich?

VILHELM FOLDAL Es gibt keinen Präzedenzfall für so etwas.

BORKMAN Das ist für Ausnahmemenschen auch nicht nötig.

VILHELM FOLDAL Das Gesetz kennt keine Ausnahmen.

BORKMAN *(hart und endgültig)* Du bist kein Dichter, Vilhelm.

VILHELM FOLDAL *(faltet unwillkürlich die Hände)* Ist das dein voller Ernst, John Gabriel?

BORKMAN *(abweisend, geht nicht darauf ein)* Wir vergeuden unsere Zeit miteinander. Es ist besser, du kommst nicht mehr.

VILHELM FOLDAL Ich soll gehen? Für immer?

BORKMAN *(ohne ihn anzusehen)* Ich kann dich nicht mehr brauchen.

VILHELM FOLDAL *(sanft, nimmt seine Mappe)* Gut, gut, gut, dann ist das wohl so.

BORKMAN Du hast mich also die ganze Zeit belogen.

VILHELM FOLDAL *(schüttelt den Kopf)* Ich habe nie gelogen, John Gabriel.

BORKMAN Du hast die ganze Zeit so getan, als würdest du an mich glauben und mit mir hoffen.

VILHELM FOLDAL Das war keine Lüge, solange du an mein Talent glaubtest. Solange du an mich glaubtest, habe auch ich an dich geglaubt.

BORKMAN Also haben wir uns gegenseitig betrogen.

VILHELM FOLDAL Ist das nicht das Wesen der Freundschaft, John Gabriel?

BORKMAN *(mit bitterem Lächeln)* Ja, zu betrügen – das ist Freundschaft. Damit hast du Recht. Die Erfahrung habe ich schon einmal gemacht.

VILHELM FOLDAL *(sieht ihn an)* Kein Dichter also. Und das sagst du völlig ungerührt.

BORKMAN *(mit weicherer Stimme)* Na, ich bin auf dem Gebiet kein Fachmann.

VILHELM FOLDAL Vielleicht mehr, als du weißt.

BORKMAN Ich?

VILHELM FOLDAL *(leise)* Ja, du. Ich habe manchmal auch so meine Zweifel, weißt du. Schreckliche Zweifel, den Verdacht, ich hätte mein Leben verpfuscht, wegen einer Einbildung verpfuscht.

BORKMAN Wenn du selbst zweifelst, hast du schon verloren.

VILHELM FOLDAL Darum war es so tröstlich, herzukommen und mich auf deinen Glauben zu stützen. *(Nimmt seinen Hut)* – Aber jetzt bist du ein Fremder für mich.

BORKMAN Du für mich auch.

VILHELM FOLDAL Gute Nacht, John Gabriel.

BORKMAN Gute Nacht, Vilhelm.

Foldal geht nach links ab.

Borkman steht eine Weile da und starrt auf die geschlossene Tür; macht eine Bewegung, als wolle er Foldal zurückrufen, besinnt sich aber anders und beginnt, wieder auf und ab zu gehen, die Hände auf dem Rücken verschränkt. Dann bleibt er beim Sofatisch stehen und macht die Lampe aus. Es wird dämmrig im Saal. Kurz darauf klopft es an der Tapetentür links hinten.

BORKMAN *(am Tisch, zuckt zusammen, dreht sich um und fragt laut)* Wer klopft da?

Keine Antwort, es klopft wieder. Borkman bleibt stehen.

BORKMAN Wer ist da? Herein!

Ella Rentheim erscheint in der Tür, eine brennende Kerze in der Hand. Sie trägt das schwarze Kleid von vorhin, der Mantel liegt über ihren Schultern.

BORKMAN *(starrt sie an)* Wer sind Sie? Was wollen Sie?

ELLA RENTHEIM *(schließt die Tür hinter sich und kommt näher)* Ich bin's, Borkman. *(Stellt die Kerze aufs Piano und bleibt dort stehen)*

BORKMAN *(steht da wie vom Blitz getroffen, starrt sie weiter an und flüstert halblaut)* Bist du – bist du Ella? Ella Rentheim?

ELLA RENTHEIM Ja. – Ich bin «deine» Ella – wie du mich früher genannt hast. Früher. Vor vielen Jahren.

BORKMAN *(wie zuvor)* Ja, Ella, du bist es – jetzt erkenne ich dich.

ELLA RENTHEIM Du erkennst mich?

BORKMAN Ja, ich fange an zu –

ELLA RENTHEIM Alt und welk geworden, findest du nicht, Borkman?

BORKMAN *(gezwungen)* Etwas verändert. So auf den ersten Blick –

ELLA RENTHEIM Die langen dunklen Locken in meinem Nacken, die sind weg. Die du dir früher so gern um die Finger gewickelt hast.

BORKMAN *(rasch)* Genau! Jetzt sehe ich es, Ella. Du hast eine andere Frisur.

ELLA RENTHEIM *(traurig lächelnd)* Genau. Die Frisur ist es.

BORKMAN *(will ablenken)* Ich wusste gar nicht, dass du hier in der Gegend bist.

ELLA RENTHEIM Ich bin gerade erst gekommen.

BORKMAN Warum bist du hergekommen – jetzt im Winter?

ELLA RENTHEIM Das sollst du gleich hören.

BORKMAN Willst du etwas von mir?

ELLA RENTHEIM Von dir auch. Aber wenn wir *darüber* reden wollen, muss ich weit ausholen.

BORKMAN Du bist sicher müde.

ELLA RENTHEIM Ja, das bin ich.

BORKMAN Willst du dich nicht setzen? Hier – aufs Sofa.

ELLA RENTHEIM Ja, danke, ich muss mich wirklich hinsetzen. *(Geht nach rechts und setzt sich in die vordere Sofaecke)*

Borkman steht beim Tisch, die Hände auf dem Rücken, und sieht sie an. Kurzes Schweigen.

ELLA RENTHEIM Unglaublich, wie lange es her ist, dass wir beide uns gesehen haben, Borkman, so von Angesicht zu Angesicht.

BORKMAN *(finster)* Lange, lange her. So viel Schlimmes liegt dazwischen.

ELLA RENTHEIM Ein ganzes Menschenleben. Ein vergeudetes Menschenleben.

BORKMAN *(blickt sie scharf an)* Vergeudet!

ELLA RENTHEIM Ja, ja, vergeudet. Deins und meins.

BORKMAN *(kalt, geschäftsmäßig)* Ich sehe mein Leben noch nicht als vergeudet an.

ELLA RENTHEIM Und meins?

BORKMAN Daran bist du selbst schuld, Ella.

ELLA RENTHEIM *(mit einem Ruck)* Und das sagst *du!*

BORKMAN Du hättest durchaus glücklich werden können – auch ohne mich.

ELLA RENTHEIM Glaubst du?

BORKMAN Wenn du gewollt hättest, ja.

ELLA RENTHEIM *(bitter)* Ich weiß, es stand einer bereit und wartete auf mich.

BORKMAN Aber du hast ihn abgewiesen –

ELLA RENTHEIM Ja, habe ich.

BORKMAN Immer wieder hast du ihn abgewiesen. Jahr um Jahr –

ELLA RENTHEIM *(höhnisch)* – du meinst, Jahr um Jahr habe ich das Glück abgewiesen?

BORKMAN Du hättest auch mit ihm glücklich werden können. Das wäre für *mich* die Rettung gewesen.

ELLA RENTHEIM Die Rettung?

BORKMAN Ja, dann hättest du mich gerettet, Ella.

ELLA RENTHEIM Wie meinst du das?

BORKMAN Er dachte, ich sei der Grund für deine Ablehnung.
Also rächte er sich an mir. Das fiel ihm leicht – er hatte ja
all meine rückhaltlos offenen, vertrauensvollen Briefe.
Die hat er dann benutzt – und mit mir war es aus – jedenfalls vorerst. Ja, Ella, daran bist du schuld!

ELLA RENTHEIM Sieh mal an, Borkman, dann stehst also nicht
du in meiner Schuld, sondern ich in deiner, oder wie soll
ich das verstehen?

BORKMAN Wie man's nimmt. Ich weiß sehr wohl, dass ich dir
viel zu verdanken habe. Du hast das Haus, das ganze Gut
bei der Zwangsversteigerung erworben. Es mir und – und
deiner Schwester zur Verfügung gestellt. Hast Erhart zu
dir genommen und in jeder Hinsicht für ihn gesorgt –

ELLA RENTHEIM – solange ich durfte –

BORKMAN Solange deine Schwester dich ließ, ja. Ich habe
mich in diese Dinge nie eingemischt. – Wie gesagt, ich
weiß, dass du viel für mich und deine Schwester getan
hast. Du konntest es dir aber auch leisten, Ella. Und vergiss nicht, das hattest du wiederum *mir* zu verdanken!

ELLA RENTHEIM *(empört)* Da irrst du dich gewaltig, Borkman!
Das habe ich rein aus Zuneigung zu Erhart – und zu dir
getan!

BORKMAN *(unterbricht sie)* Lassen wir Gefühle und all das
beiseite. Ich meine nur, du hattest mir die Mittel zu verdanken, um zu tun, was du getan hast.

ELLA RENTHEIM *(lächelt)* Hm. Die Mittel, die Mittel –

BORKMAN *(leidenschaftlich)* Ja, die Mittel, genau! Als der große, entscheidende Coup bevorstand, als ich weder Freunde noch Verwandte schonen konnte – als ich die Millionen, die mir anvertraut waren, in die Hand nehmen und benutzen musste – da habe ich alles, was dir gehörte, verschont – dabei hätte ich es genauso benutzen können wie den Rest!

ELLA RENTHEIM *(kalt und ruhig)* Das stimmt, Borkman.

BORKMAN Ja, das stimmt. Und als sie kamen und mich holten, fanden sie alles, was dir gehörte, unversehrt im Tresor.

ELLA RENTHEIM *(sieht ihn an)* Ich habe mich oft gefragt – warum hast du mein Eigentum eigentlich verschont? Und nur meins?

BORKMAN Warum?

ELLA RENTHEIM Ja, warum. Das frage ich dich.

BORKMAN *(hart und höhnisch)* Du denkst vielleicht, ich wollte noch etwas in Reserve haben – falls die Sache schief gehen sollte?

ELLA RENTHEIM Nein, das hast du damals ganz sicher nicht gedacht.

BORKMAN Nie! Ich war felsenfest überzeugt und zuversichtlich.

ELLA RENTHEIM Gut, aber warum dann?

BORKMAN *(zuckt mit den Schultern)* Mein Gott, Ella – wie soll man sich im Alter noch an alle Beweggründe von früher erinnern. Ich weiß nur noch, als ich einsam und allein meine großen Pläne schmiedete, da war mir zumute wie einem Ballonfahrer. In meinen schlaflosen Nächten blies ich einen gewaltigen Ballon auf, für eine Fahrt über ein gefährliches, unsicheres Meer.

ELLA RENTHEIM *(lächelt)* Das sagt der Mann, der nie am Erfolg gezweifelt hat?

BORKMAN *(ungeduldig)* Die Menschen sind nun mal so, Ella. Sie glauben und zweifeln dennoch. *(Vor sich hin)* Und darum wollte ich wohl nicht, dass du mit im Ballon sitzt.

ELLA RENTHEIM *(gespannt)* Warum, frage ich dich? Warum?

BORKMAN *(ohne sie anzusehen)* Auf so eine Reise nimmt man nicht gern das Wertvollste mit, das man hat.

ELLA RENTHEIM Du hattest aber das Wertvollste mit. Deine Zukunft, dein Leben.

BORKMAN Das Leben ist nicht immer das Wertvollste.

ELLA RENTHEIM *(atemlos)* So hast du es damals gesehen?

BORKMAN Es kommt mir so vor.

ELLA RENTHEIM Dass ich dein Wertvollstes war?

BORKMAN Ja, so sieht es für mich aus.

ELLA RENTHEIM Aber damals war es schon lange her, dass du mich verlassen – und eine andere geheiratet hattest!

BORKMAN Dich verlassen, sagst du? Du musst verstehen, dass es höhere Rücksichten gab – nun ja, andere Rücksichten –, die mich dazu zwangen. Ohne *seine* Hilfe hätte ich nichts erreichen können.

ELLA RENTHEIM *(ringt mit sich)* Also mich verlassen um – höherer Rücksichten willen.

BORKMAN Ohne seine Hilfe ging es nicht. Und als Preis für seine Hilfe verlangte er dich.

ELLA RENTHEIM Und du hast gezahlt. Restlos. Ohne zu feilschen.

BORKMAN Ich hatte keine andere Wahl. Musste gewinnen oder untergehen.

ELLA RENTHEIM *(sieht ihn an, mit bebender Stimme)* Stimmt es wirklich, dass ich damals dein Wertvollstes war?

BORKMAN Damals und danach – noch lange danach.

ELLA RENTHEIM Und trotzdem hast du mich verkauft. Hast das Recht deiner Liebe an einen anderen Mann verkauft und meine Liebe weggegeben – für einen Bankdirektorenposten!

BORKMAN *(finster, gebeugt)* Aus Notwendigkeit, Ella, gezwungenermaßen.

ELLA RENTHEIM *(steht zornbebend vom Sofa auf)* Verbrecher!

BORKMAN *(zuckt zusammen, beherrscht sich aber)* Das Wort habe ich schon einmal gehört.

ELLA RENTHEIM Oh, denk bloß nicht, ich meine deine Verbrechen gegen Recht und Gesetz! Oder was du mit all den Aktien und Obligationen gemacht hast oder was das war – das interessiert mich nicht! Wenn ich nur hätte bei dir sein dürfen, als alles über dir zusammenbrach –

BORKMAN *(gespannt)* – was dann, Ella?

ELLA RENTHEIM Glaub mir, ich hätte dir gern beigestanden und alles mit dir getragen. Die Schande, den Ruin – alles hätte ich mitgetragen –

BORKMAN Das hättest du gewollt? Und gekonnt?

ELLA RENTHEIM Gewollt und gekonnt. Damals wusste ich ja noch nichts von deinem schwersten Verbrechen –

BORKMAN Was meinst du damit?

ELLA RENTHEIM Ein Verbrechen, für das es keine Vergebung gibt.

BORKMAN *(starrt sie an)* Bist du verrückt?

ELLA RENTHEIM *(geht ein Stück auf ihn zu)* Du bist ein Mörder! Du hast die schwerste aller Sünden begangen!

BORKMAN *(weicht zum Piano zurück)* Du bist wahnsinnig, Ella!

ELLA RENTHEIM Du hast die Liebe in mir gemordet. *(Näher zu ihm)* Verstehst du, was das bedeutet? In der Bibel ist die Rede von einer geheimnisvollen Sünde, für die es keine Vergebung gibt. Ich konnte mir nie vorstellen, was das sein sollte. Aber jetzt weiß ich es. Die schwerste aller Sünden – das ist, die Liebe in jemandem abzutöten.

BORKMAN Und das habe ich getan?

ELLA RENTHEIM Das hast du getan. Mir war nie ganz klar, was mir widerfahren ist, nie, bis heute Abend. Dass du mich damals fallen gelassen und dich Gunhild zugewandt hast, das schrieb ich nur einfach deiner Wankelmütigkeit zu. Und *ihren* herzlosen Tricks. Ich glaube sogar fast, ich habe dich ein wenig verachtet – trotz allem. – Aber jetzt erkenne ich es! Du hast die Frau verraten, die du liebtest! Mich, mich, mich! Das Wertvollste, das du im Leben hattest, hast du weggegeben, um deines Vorteils willen. Du hast einen Doppelmord auf dem Gewissen! An deiner eigenen Seele und an meiner!

BORKMAN *(kalt und beherrscht)* Ich erkenne dich so gut wieder, Ella. Leidenschaftlich und unbeherrscht. Es passt dir natürlich gut, die Dinge so zu sehen. Schließlich bist du eine Frau. Du willst nichts anderes sehen oder wissen, nichts anderes gelten lassen als deine eigene Sicht.

ELLA RENTHEIM Genau, das will ich auch nicht.

BORKMAN Willst nur hören, was dein Herz dir sagt –

ELLA RENTHEIM Nur das! Nur das! Da hast du Recht.

BORKMAN Du vergisst aber, dass ich ein Mann bin. Als Frau warst du mein Wertvollstes auf der Welt. Doch wenn es nicht anders geht, lässt sich eine Frau durch eine andere ersetzen –

ELLA RENTHEIM *(sieht ihn lächelnd an)* War das deine Erfahrung, als du Gunhild geheiratet hattest?

BORKMAN Nein. Aber meine Lebensaufgabe hat mir geholfen, auch das zu tragen. Alles, was in diesem Land Macht bedeutet, wollte ich mir aneignen. Alle Reichtümer, die Boden und Berge und Wald und Meer zu bieten hatten – die wollte ich beherrschen, sie nutzen und damit für viele, viele Tausende Wohlstand schaffen.

ELLA RENTHEIM *(in Erinnerungen verloren)* Ich weiß. Wir haben an vielen Abenden von deinen Zielen gesprochen –

BORKMAN Ja, mit dir konnte ich reden, Ella.

ELLA RENTHEIM Ich machte Scherze über deine Pläne und fragte, ob du denn alle schlummernden Geister des Goldes wecken wolltest.

BORKMAN *(nickt)* Ich erinnere mich daran. *(Langsam)* Alle schlummernden Geister des Goldes.

ELLA RENTHEIM Aber du hast es nicht als Scherz verstanden. Du hast gesagt: Ja, ja, Ella, genau das will ich.

BORKMAN So war es auch. Aber erst musste ich in den Sattel kommen. – Und das hing damals von diesem einen Mann ab. Er konnte und wollte mir die Leitung der Bank verschaffen – falls ich –

ELLA RENTHEIM Genau! Falls du auf die Frau verzichtest, die du liebst – und die dich auch so unsagbar liebte.

BORKMAN Ich wusste von seiner verzehrenden Leidenschaft für dich. Wusste, dass er sonst niemals –

ELLA RENTHEIM Und dann hast du in den Handel eingewilligt.

BORKMAN *(heftig)* Ja, das habe ich, Ella! Mein Machthunger war so unbezwingbar! Ich willigte ein. Musste einwilligen. Und er ebnete mir den halben Weg hinauf zu den Höhen, die ich erreichen wollte. Und ich stieg immer höher, Jahr um Jahr.

ELLA RENTHEIM Und ich war aus deinem Leben wie ausradiert.

BORKMAN Und dann hat er mich wieder in den Abgrund gestürzt. Deinetwegen, Ella.

ELLA RENTHEIM *(nach einer kurzen, nachdenklichen Pause)* Borkman – findest du nicht, dass unser ganzes Verhältnis unter einem Fluch gestanden hat?

BORKMAN *(sieht sie an)* Unter einem Fluch?

ELLA RENTHEIM Ja. Findest du nicht?

BORKMAN *(unruhig)* Schon. Aber warum eigentlich –? *(Ausbrechend)* Ach Ella – ich weiß bald nicht mehr, wer hier Recht hat – ich oder du?

ELLA RENTHEIM Du hast dich versündigt. Du hast alle Lebensfreude in mir abgetötet.

BORKMAN *(ängstlich)* Sag das nicht, Ella!

ELLA RENTHEIM Alle Liebesfähigkeit auf jeden Fall. Seit der Zeit, als dein Bild in mir verblasste, habe ich gelebt wie unter einer Sonnenfinsternis. In all diesen Jahren ist es mir immer unmöglicher geworden – und am Schluss ganz und gar unmöglich, etwas Lebendes zu lieben. Keine Menschen, keine Tiere, keine Pflanzen. Nur den einen noch –

BORKMAN Wen?

ELLA RENTHEIM Erhart natürlich.

BORKMAN Erhart –?

ELLA RENTHEIM Ja, Erhart, deinen Sohn, Borkman.

BORKMAN Dann hat er dir tatsächlich so sehr am Herzen gelegen?

ELLA RENTHEIM Warum hätte ich ihn sonst zu mir genommen? Und so lange behalten, wie es ging? Warum?

BORKMAN Ich dachte, das hättest du aus reiner Barmherzigkeit getan. Wie alles andere.

ELLA RENTHEIM *(in schwerer innerer Erregung)* Barmherzigkeit, sagst du! Haha! So etwas wie Barmherzigkeit habe ich nie gekannt – seit du mich verraten hast. Ich konnte es nicht mehr. Wenn ein armes Kind frierend und hungrig in meine Küche kam und um etwas zu essen bettelte, dann musste mein Küchenmädchen sich darum kümmern. Ich spürte nie den Drang, es mit in die Stube zu nehmen, damit es sich an meinem Ofen wärmte, oder mit Freude bei ihm zu sitzen und zuzusehen, wie es sich satt aß. In meiner Jugend war ich völlig anders, das weiß ich noch genau! Wegen dir sah es irgendwann so öde und leer in mir aus – und um mich herum.

BORKMAN Außer für Erhart.

ELLA RENTHEIM Außer für ihn, für deinen Sohn. Aber sonst für alle, alles Lebendige. Du hast mich um mein Mutterglück und um mein Lebensglück betrogen. Und auch um die Sorgen und Tränen des Mutterseins. Weißt du, das ist vielleicht der schwerste Verlust von allen.

BORKMAN Tatsächlich, Ella?

ELLA RENTHEIM Wer weiß? Vielleicht hätte ich die Sorgen und Tränen des Mutterseins besonders gebraucht? *(Noch stärker bewegt)* Aber ich konnte den Verlust damals nicht ertragen! Darum nahm ich Erhart zu mir und gewann ihn ganz für mich, sein ganzes warmes, vertrauensvolles Kinderherz – bis –

BORKMAN Bis was?

ELLA RENTHEIM Bis seine Mutter – seine leibliche Mutter ihn mir wieder wegnahm.

BORKMAN Das ging wohl nicht anders. Er musste hier in die Stadt.

ELLA RENTHEIM *(ringt die Hände)* Ja, aber ich kann das Alleinsein nicht ertragen! Die Leere! Den Verlust seines Herzens!

BORKMAN *(mit bösem Ausdruck in den Augen)* Hm. Das hast du sicher nicht verloren, Ella. Man verliert nicht so leicht sein Herz an – an die da unten.

ELLA RENTHEIM Ich *habe* Erhart hier verloren. Und *sie* hat ihn wiedergewonnen. Vielleicht auch noch eine andere. Das höre ich aus den Briefen heraus, die er mir dann und wann mal schreibt.

BORKMAN Du willst ihn dir wieder holen, deshalb bist du hier?

ELLA RENTHEIM Falls es sich irgend machen lässt, ja!

BORKMAN Das lässt sich bestimmt machen, wenn du es wirklich willst. Schließlich hast du die größeren Rechte an ihm.

ELLA RENTHEIM Ach, Rechte, Rechte! Was gelten hier schon Rechte? Er muss freiwillig mit mir kommen – sonst bedeutet es mir nichts. Aber ich brauche ihn! Ich brauche die Nähe meines Kindes, ungeteilt, jetzt!

BORKMAN Vergiss nicht, Erhart ist jetzt über zwanzig. Du kannst ohnehin nicht damit rechnen, dass sein Herz noch lange ungeteilt dir gehört, wie du es nennst.

ELLA RENTHEIM *(mit schwerem Lächeln)* So lange müsste es gar nicht sein.

BORKMAN Nein? Ich dachte, was du da verlangst, verlangst du für den Rest deiner Tage.

ELLA RENTHEIM Das tue ich auch. Aber das bedeutet nicht, dass es für lange sein muss.

BORKMAN *(stutzt)* Was willst du damit sagen?

ELLA RENTHEIM Du weißt doch, dass ich seit etlichen Jahren nicht ganz gesund bin?

BORKMAN Tatsächlich?

ELLA RENTHEIM Du weißt es nicht?

BORKMAN Nein, eigentlich nicht –

ELLA RENTHEIM *(sieht ihn überrascht an)* Hat Erhart dir nichts erzählt?

BORKMAN Nicht, dass ich mich im Augenblick daran erinnern könnte.

ELLA RENTHEIM Hat er gar nicht von mir geredet?

BORKMAN Doch, geredet wird er schon haben. Aber ich sehe ihn äußerst selten. So gut wie nie. Die da unten hält ihn von mir fern. Fern, fern, du verstehst.

ELLA RENTHEIM Weißt du das genau, Borkman?

BORKMAN Natürlich weiß ich das genau. *(Verändert den Ton)* Also du warst nicht ganz gesund, Ella?

ELLA RENTHEIM Ja. Und jetzt im Herbst hat es sich verschlimmert, darum musste ich herkommen, ich will Ärzte konsultieren, die sich besser damit auskennen.

BORKMAN Und, warst du schon bei einem?

ELLA RENTHEIM Ja, heute Vormittag.

BORKMAN Und, was hat er gesagt?

ELLA RENTHEIM Er hat bestätigt, was ich schon seit langem ahne.

BORKMAN Nämlich?

ELLA RENTHEIM *(gelassen und ruhig)* Ich bin unheilbar krank, Borkman.

BORKMAN Oh, so was musst du doch nicht glauben, Ella!

ELLA RENTHEIM Es gibt keine Hilfe. Die Ärzte wissen nicht mehr, was sie tun sollen. Niemand kann es aufhalten. Höchstens etwas lindern. Das wäre schon gut.

BORKMAN Aber es kann noch dauern, glaub mir.

ELLA RENTHEIM Diesen Winter noch, haben sie zu mir gesagt.

BORKMAN *(gedankenlos)* Na ja, der Winter ist lang.

ELLA RENTHEIM *(still)* Lang genug für mich jedenfalls.

BORKMAN *(eifrig, will ablenken)* Woher soll so eine Krankheit überhaupt kommen? Du hast doch immer gesund und maßvoll gelebt –?

ELLA RENTHEIM *(sieht ihn an)* Die Ärzte meinen, ich hätte vielleicht einmal eine schwere seelische Erschütterung erlebt.

BORKMAN *(aufbrausend)* Eine seelische Erschütterung! Daher weht der Wind! Ich soll schuld daran sein!

ELLA RENTHEIM *(mit wachsender innerer Erregung)* Das können wir jetzt nicht mehr feststellen, dafür ist es zu spät. Aber ich *muss* dieses Kind wiederbekommen, bevor ich fort muss! Es ist ein so unerträglicher Gedanke, dass ich alles Lebendige aufgeben soll – Sonne und Licht und Luft, ohne hier auch nur *einen* Menschen zu hinterlassen, der an mich denken wird, warm und voller Wehmut, so, wie ein Sohn an seine Mutter denkt, wenn er sie verloren hat.

BORKMAN *(nach kurzer Pause)* Wenn du ihn dafür gewinnen kannst – nimm ihn mit, Ella.

ELLA RENTHEIM *(lebhaft)* Du gibst dein Einverständnis?

BORKMAN *(finster)* Ja. Es ist kein allzu großes Opfer. Ich habe ihn ja selbst schon so gut wie verloren.

ELLA RENTHEIM Trotzdem danke, danke! – Aber ich muss dich um noch etwas bitten. Um etwas, das für mich sehr wichtig ist, Borkman.

BORKMAN Was denn?

ELLA RENTHEIM Du findest es vielleicht kindisch – und kannst es nicht verstehen –

BORKMAN Sag's mir – sag schon!

ELLA RENTHEIM Ich werde ein gewisses Vermögen hinterlassen –

BORKMAN Das kann ich mir denken.

ELLA RENTHEIM Und ich habe die Absicht, alles Erhart zu vermachen.

BORKMAN Dir steht ja auch niemand näher.

ELLA RENTHEIM *(warm)* Nein, niemand ist mir näher als er.

BORKMAN Niemand deines Namens. Du bist die Letzte.

ELLA RENTHEIM *(nickt langsam)* Ja, so ist es. Wenn ich sterbe – dann stirbt der Name Rentheim mit mir. Dieser Gedanke bedrückt mich sehr. Für immer spurlos zu verschwinden – mitsamt dem Namen –

BORKMAN *(fährt auf)* Ah – ich sehe, worauf du hinauswillst!

ELLA RENTHEIM *(leidenschaftlich)* Lass das nicht zu! Lass Erhart meinen Namen annehmen!

BORKMAN *(sieht sie hart an)* Ich verstehe schon, worum es dir geht. Du willst meinen Sohn vom Namen seines Vaters befreien.

ELLA RENTHEIM Nein, was denkst du! Ich hätte ihn selbst mit Freuden getragen! Aber wenn eine Mutter bald stirbt –. Ein gemeinsamer Name verbindet stärker, als du denkst, Borkman.

BORKMAN *(kalt und stolz)* Nun gut, Ella. Ich bin stark genug, meinen Namen allein zu tragen.

ELLA RENTHEIM *(nimmt seine Hände und drückt sie)* Danke, danke! Jetzt ist alles zwischen uns im Reinen! Doch, doch! Du hast gutgemacht, was du gutmachen kannst. Und wenn ich nicht mehr bin, lebt Erhart Rentheim weiter!

Die Tapetentür wird aufgerissen. Frau Borkman, das große Schultertuch über dem Kopf, steht in der Öffnung.

FRAU BORKMAN *(leidenschaftlich erregt)* Nie und nimmer soll Erhart so heißen!

ELLA RENTHEIM *(weicht zurück)* Gunhild!

BORKMAN *(hart und drohend)* Niemand hat das Recht, hier hochzukommen!

FRAU BORKMAN *(einen Schritt ins Zimmer herein)* Ich nehme mir das Recht!

BORKMAN *(ihr entgegen)* Was willst du von mir?

FRAU BORKMAN Ich will für dich kämpfen. Dir gegen böse Kräfte beistehen.

ELLA RENTHEIM Die bösesten Kräfte sind in dir selbst, Gunhild!

FRAU BORKMAN *(hart)* Wie du meinst. *(Drohend, mit gerecktem Arm)* Aber eins sage ich dir – er behält den Namen seines Vaters! Er soll ihm wieder hohes Ansehen verschaffen! Und seine Mutter bin ich, ich allein! Das Herz meines Sohnes gehört mir. Mir und keiner sonst! *(Geht durch die Tapetentür ab und schließt sie hinter sich)*

ELLA RENTHEIM *(erschüttert und erregt)* Borkman – in diesem Streit wird Erhart aufgerieben. Du *musst* dich mit Gunhild gütlich einigen. Wir müssen sofort zu ihr nach unten.

BORKMAN *(blickt sie an)* Wir? Du meinst, ich auch?

ELLA RENTHEIM Ja, wir beide.

BORKMAN *(schüttelt den Kopf)* Sie ist hart, weißt du. So hart wie das Erz, das ich früher gern dem Berg entrissen hätte.

ELLA RENTHEIM Dann versuch es jetzt!

Borkman antwortet nicht; steht da und sieht sie unschlüssig an.

3. AKT

Frau Borkmans Wohnzimmer. Vorn auf dem Sofatisch brennt immer noch die Lampe; im Gartenzimmer ist es dunkel. Frau Borkman, das Schultertuch überm Kopf, kommt heftig erregt durch die Dielentür herein, dann geht sie zum Ofen und setzt sich daneben, springt aber gleich wieder auf und läutet. Steht beim Sofa und wartet eine Weile. Niemand kommt. Sie läutet nochmals, jetzt heftiger.
Kurz darauf kommt das Zimmermädchen aus der Diele herein, mit verschlafenem, missmutigem Gesicht; offenbar hat sie sich hastig angezogen.

FRAU BORKMAN *(ungeduldig)* Wo bleiben Sie denn, Lene? Ich habe schon zweimal nach Ihnen geläutet!

LENE Ja, ich hab's ja auch gehört.

FRAU BORKMAN Und sind trotzdem nicht gekommen.

LENE *(mürrisch)* Ein bisschen was anziehen wollte ich mir schon erst.

FRAU BORKMAN Dann ziehen Sie sich fertig an und laufen los, meinen Sohn holen.

LENE *(sieht sie erstaunt an)* Den jungen Herrn soll ich holen?

FRAU BORKMAN Ja. Sagen Sie ihm nur, er soll sofort zu mir kommen, ich muss dringend mit ihm reden.

LENE *(verdrossen)* Dann gehe ich wohl am besten zum Verwalter rüber und wecke den Kutscher.

FRAU BORKMAN Warum das?

LENE Damit er den Schlitten anspannt. Bei diesem scheußlichen Schneetreiben draußen.

FRAU BORKMAN Ach, das bisschen. Beeilen Sie sich! Es ist doch gleich um die Ecke.

LENE Entschuldigung, gnädige Frau, aber das ist es nicht.

FRAU BORKMAN Doch, natürlich. Wissen Sie denn nicht, wo Anwalt Hinkels Villa ist?

LENE *(spöttisch)* Stimmt – er ist heut Abend ja *dort* –

FRAU BORKMAN *(stutzt)* Wo sollte er sonst sein?

LENE *(lächelt schief)* Nein, ich hab nur gedacht, er ist da, wo er sonst auch immer ist.

FRAU BORKMAN Nämlich?

LENE Bei dieser Frau Wilton, oder wie die heißt.

FRAU BORKMAN Bei Frau Wilton? So oft ist er bei der gar nicht.

LENE *(halblaut)* Die Leute sagen, er ist jeden Tag dort.

FRAU BORKMAN Das ist Gerede, Lene. Gehen Sie jetzt und holen ihn.

LENE *(wirft den Kopf in den Nacken)* Ja, mein Gott, ich geh ja schon.

Sie will durch die Tür in die Diele hinaus; die öffnet sich aber in diesem Moment, und Ella Rentheim und Borkman erscheinen auf der Schwelle.

FRAU BORKMAN *(wankt einen Schritt zurück)* Was soll das bedeuten?

LENE *(erschrocken, faltet unwillkürlich die Hände)* Jesses!

FRAU BORKMAN *(flüstert ihr zu)* Er soll sofort herkommen!

LENE *(leise)* Ja!

Ella Rentheim und hinter ihr Borkman kommen herein. Lene drückt sich hinter ihnen hinaus und schließt die Tür. Kurze Stille.

FRAU BORKMAN *(wieder beherrscht; wendet sich zu Ella Rentheim)* Was will er hier unten bei mir?

ELLA RENTHEIM Er möchte sich mit dir aussprechen, Gunhild.

FRAU BORKMAN Das hat er noch nie versucht.

ELLA RENTHEIM Heute Abend will er es.

FRAU BORKMAN Zum letzten Mal haben wir einander vor Gericht gegenübergestanden. Man hatte mich vorgeladen, ich sollte eine Erklärung abgeben.

BORKMAN *(geht näher)* Und heute will ich eine Erklärung abgeben.

FRAU BORKMAN *(sieht ihn an)* Du?

BORKMAN Nicht über das, was ich getan habe. Das ist bekannt.

FRAU BORKMAN *(seufzt bitter auf)* Weiß Gott. Allgemein bekannt.

BORKMAN Aber niemand weiß, *warum* ich es getan habe. Warum ich es tun *musste*. Die Leute begreifen nicht, dass ich es tun *musste*, weil ich eben ich selbst war – John Gabriel Borkman – und kein anderer. Das möchte ich dir erklären.

FRAU BORKMAN *(schüttelt den Kopf)* Nützt dir nichts. Gründe und Absichten erwirken keinen Freispruch.

BORKMAN Vor einem selber können sie es.

FRAU BORKMAN *(mit einer wegwerfenden Geste)* Ach, komm mir nicht damit! Ich habe mehr als genug über deine dunklen Machenschaften nachgedacht.

BORKMAN Ich auch. Ich hatte genug Zeit dafür. Fünf endlose Jahre im Gefängnis. Und acht Jahre oben im Saal. Ich habe den ganzen Prozess wieder aufgerollt – allein. Immer wieder aufs Neue. Ich bin mein eigener Ankläger gewesen, mein eigener Verteidiger und mein eigener Richter. Unparteiischer als sonst jemand – das darf ich wohl behaupten. Ich bin da oben auf und ab gegangen und habe jede einzelne meiner Handlungen von allen Seiten betrachtet, so schonungslos, so unbarmherzig, als wäre ich ein Advokat. Und jedes Mal wieder komme ich zu demselben Urteil: Der Einzige, gegen den ich mich vergangen habe – das bin ich selbst.

FRAU BORKMAN Und ich? Und dein Sohn?

BORKMAN Wenn ich sage ich selbst, meine ich euch beide mit.

FRAU BORKMAN Und die Hunderte andere? All die Leute, von denen es heißt, du hättest sie ruiniert?

BORKMAN *(heftiger)* Ich hatte die Macht! Und dazu in mir den unbezwingbaren Drang! Die Millionen lagen im ganzen Land bereit, tief im Berg, und riefen nach mir! Schrien danach, befreit zu werden! Aber niemand hörte sie. Nur ich.

FRAU BORKMAN Ja, und das war für den Namen Borkman ein Verhängnis.

BORKMAN Wer weiß, wenn andere die Macht gehabt hätten, dann hätten sie vielleicht genauso gehandelt wie ich?

FRAU BORKMAN Niemand, kein anderer als du hätte das getan!

BORKMAN Möglich. Aber dann, weil sie nicht meine Fähigkeiten hätten. Und hätten sie es getan, dann nicht mit meinen Zielen vor Augen. Sie hätten anders gehandelt. – Kurz und gut – ich habe mich selbst freigesprochen.

ELLA RENTHEIM *(sanft)* Das sagst du so ganz ohne Zweifel, Borkman?

BORKMAN *(nickt)* Ja. In dieser Sache habe ich mich freigesprochen. Aber es gibt auch eine große, vernichtende Selbstanklage.

FRAU BORKMAN Und die wäre?

BORKMAN Acht kostbare Jahre meines Lebens habe ich da oben im Saal vertan! Gleich an dem Tag, an dem ich entlassen wurde, hätte ich hinausgehen und mich der Wirklichkeit stellen müssen – der stahlharten, traumfernen Wirklichkeit! Ich hätte ganz unten anfangen und mich dann neu hocharbeiten müssen – höher als jemals zuvor, trotz aller Hindernisse.

FRAU BORKMAN Das wäre nur auf eine Wiederholung desselben hinausgelaufen.

BORKMAN *(schüttelt den Kopf und sieht sie belehrend an)* Nichts Neues geschieht. Und das, was geschehen ist, wiederholt sich nicht. Das Auge verändert die Tat. Das wieder geborene Auge verwandelt die alte Tat. *(Bricht ab)* Ach, das verstehst du ja doch nicht.

FRAU BORKMAN *(kurz)* Nein, wohl wahr.

BORKMAN Kein Mensch hat mich je wirklich verstanden, das ist das Furchtbare.

ELLA RENTHEIM *(sieht ihn an)* Niemand, Borkman?

BORKMAN Eine Ausnahme gab es – vielleicht. Das ist lange her. Zu der Zeit, als ich noch dachte, ich bräuchte niemanden, der mich versteht. Seitdem aber niemand mehr! Niemand war aufmerksam genug, mich wachzurütteln – mich zu wecken wie eine Morgenglocke – und mich an die Arbeit zu treiben. Mir klar zu machen, dass ich nichts getan habe, was sich nicht wieder gutmachen ließe.

FRAU BORKMAN *(lacht höhnisch)* Ach, das muss man dir also doch von außen sagen!

BORKMAN *(mit wachsendem Zorn)* Ja, wenn die ganze Welt im Chor zischt, dass ich ein für alle Mal ausgestoßen bin, gibt es Momente, in denen ich es fast selber glaube. *(Hebt den Kopf)* Aber dann setzt sich mein innerstes Bewusstsein wieder durch – und spricht mich frei!

FRAU BORKMAN *(sieht ihn hart an)* Warum hast du das, was du Verständnis nennst, nie bei *mir* gesucht?

BORKMAN Hätte das denn was genützt?

FRAU BORKMAN *(mit abwehrender Geste)* Du hast immer nur dich selbst geliebt – das ist der Kern des Ganzen.

BORKMAN *(stolz)* Ich habe die Macht geliebt –

FRAU BORKMAN Die Macht, ja!

BORKMAN – die Macht, die Menschen weit, weit im Umkreis glücklich zu machen!

FRAU BORKMAN Du hättest die Macht gehabt, mich glücklich zu machen. Hast du sie genutzt?

BORKMAN *(ohne sie anzusehen)* Irgendwer muss eben untergehen – bei einem Schiffbruch.

FRAU BORKMAN Und dein eigener Sohn! Hast du deine Macht genutzt, hast du gelebt und geatmet, um ihn glücklich zu machen?

BORKMAN Ich kenne ihn nicht.

FRAU BORKMAN Nein, das stimmt. Du kennst ihn nicht einmal.

BORKMAN *(hart)* Dafür hast du gesorgt – du, seine Mutter.

FRAU BORKMAN *(sieht ihn hochmütig an)* Du weißt nicht, *wofür* ich gesorgt habe.

BORKMAN Du?

FRAU BORKMAN Ja, ich. Ich allein.

BORKMAN Dann sag es mir.

FRAU BORKMAN Für deinen Nachruhm habe ich gesorgt.

BORKMAN *(lacht kurz trocken auf)* Meinen Nachruhm? Sieh einer an. Das klingt ja, als ob ich schon tot wäre.

FRAU BORKMAN *(nachdrücklich)* Bist du ja auch.

BORKMAN *(langsam)* Damit hast du vielleicht sogar Recht. *(Auffahrend)* Aber nein, nein! Noch nicht! Ich war kurz davor, das ja. Aber jetzt bin ich aufgewacht und voller Tatendrang. Vor mir liegt noch Lebenszeit. Ich kann es sehen, das neue, leuchtende Leben, das ungeduldig auf mich wartet –. Und du wirst es auch noch sehen.

FRAU BORKMAN *(hebt die Hand)* Träum du nicht noch einmal vom Leben! Bleib still liegen, wo du liegst!

ELLA RENTHEIM *(aufgewühlt)* Gunhild! Gunhild – das kannst du nicht wollen –

FRAU BORKMAN *(hört nicht auf sie)* Ich werde auf deinem Grab ein Denkmal errichten.

BORKMAN Ein Schandmal, meinst du wohl.

FRAU BORKMAN *(in steigender Erregung)* Oh nein, nichts aus Stein oder Metall. Und in das Denkmal, das ich errichten werde, wird niemand eine verächtliche Inschrift schreiben. Ich werde eine Hecke um dein Grab pflanzen, ein Dickicht von Büschen und Bäumen, das all das Dunkle von einst zudeckt. John Gabriel Borkman wird vor aller Augen verborgen, bis er in Vergessenheit gerät!

BORKMAN *(heiser, schneidend)* Wirklich, das reinste Liebeswerk!

FRAU BORKMAN Aber nicht aus eigenen Kräften. Ich habe mir einen Helfer herangezogen, dessen Lebensaufgabe das sein wird. Er wird in Reinheit und Erhabenheit und Licht leben und damit dein dunkles Höhlendasein aus der Erinnerung tilgen!

BORKMAN *(dunkel und drohend)* Wenn du Erhart meinst, dann sag es gleich!

FRAU BORKMAN *(sieht ihm fest in die Augen)* Ja, ich meine Erhart. Meinen Sohn. Auf den du verzichten willst, als Sühne für deine Taten.

BORKMAN *(mit einem Blick zu Ella)* Als Sühne für meine schwerste Schuld.

FRAU BORKMAN *(abwehrend)* Schuld einer Fremden gegenüber. Denke lieber daran, was du mir angetan hast! *(Sieht beide triumphierend an)* Aber er gehorcht euch nicht! Wenn ich ihn rufe in meiner Not, dann kommt er! Denn er will bei mir sein! Bei mir und niemandem sonst – *(Lauscht unvermittelt und ruft)* Da, ich höre ihn! Da ist er – da ist er! Erhart!

Erhart Borkman, im Mantel, den Hut auf dem Kopf, reißt die
Eingangstür auf und stürzt herein.

ERHART *(blass und ängstlich)* Mutter – was um Himmels willen –! *(Sieht Borkman, der in der Tür zum Gartenzimmer
steht, zuckt zusammen und nimmt den Hut ab. Sagt einen
Augenblick lang nichts, fragt dann)* Was willst du von mir,
Mutter? Was geht hier vor?

FRAU BORKMAN *(breitet die Arme aus)* Ich will dich sehen,
Erhart! Ich will dich bei mir haben – immer!

ERHART *(stammelt)* Bei dir haben – immer? Was meinst du
damit?

FRAU BORKMAN Ich will dich haben, dich haben, dich haben!
Denn jemand will dich mir wegnehmen!

ERHART *(einen Schritt zurück)* Ach – du weißt es?

FRAU BORKMAN Ja. Weißt du es auch?

ERHART *(stutzt und sieht sie an)* Ob ich es weiß? Natürlich
weiß ich es –

FRAU BORKMAN Aha, ein abgekartetes Spiel! Hinter meinem
Rücken! Erhart, Erhart!

ERHART *(rasch)* Mutter, sag mir, was du weißt.

FRAU BORKMAN Ich weiß alles. Ich weiß, dass deine Tante
hergekommen ist, um dich mir wegzunehmen.

ERHART Tante Ella!

ELLA RENTHEIM Lass es mich erklären!

FRAU BORKMAN *(spricht weiter)* Sie will, dass ich dich ihr
überlasse. Sie will deine Mutter sein, Erhart! Du sollst
ihr Sohn sein, nicht mehr meiner. Du sollst alles von ihr

erben. Du sollst meinen Namen ablegen und ihren dafür annehmen!

ERHART Tante Ella, ist das wahr?

ELLA RENTHEIM Ja, das ist wahr.

ERHART Ich hatte von alldem keine Ahnung. Warum willst du, dass ich jetzt zu dir zurückkomme?

ELLA RENTHEIM Weil ich spüre, dass ich dich verliere, wenn du hier bleibst.

FRAU BORKMAN *(hart)* An mich verlierst du ihn, genau! So, wie es sein muss!

ELLA RENTHEIM *(sieht ihn bittend an)* Erhart, ich darf dich nicht verlieren. Ich bin so einsam – ich will nicht allein sterben.

ERHART Sterben?

ELLA RENTHEIM Ja. Ich bin todkrank. Willst du für meine letzten Monate bei mir sein? Zu mir gehören? Wie mein eigenes Kind?

FRAU BORKMAN *(unterbricht)* – deine Mutter verraten und deine Lebensaufgabe vielleicht auch? Willst du das, Erhart?

ELLA RENTHEIM Mir bleibt nicht mehr viel Zeit. Antworte bitte, Erhart.

ERHART *(warm, bewegt)* Tante Ella – du bist so, so gut zu mir gewesen. Dank dir habe ich so sorglos und glücklich aufwachsen dürfen, wie ein Kind es sich nur wünschen kann –

FRAU BORKMAN Erhart, Erhart!

ELLA RENTHEIM Ich bin sehr froh, dass du das so siehst.

ERHART – aber ich kann mich jetzt nicht für dich opfern. Ich kann nicht ganz und gar dein Sohn sein und sonst nichts.

FRAU BORKMAN *(triumphierend)* Ah, ich hab's gewusst! Du kriegst ihn nicht! Du kriegst ihn nicht, Ella!

ELLA RENTHEIM *(schwer)* Ja. Du hast ihn zurückerobert.

FRAU BORKMAN Ja, ja – er gehört mir, und er wird immer mir gehören! Erhart – nicht wahr, vor uns liegt ein gemeinsamer Weg.

ERHART *(ringt mit sich)* Mutter – ich sage es lieber gleich und ganz klar –

FRAU BORKMAN *(gespannt)* Ja?

ERHART Es wird nur noch ein kurzes Stück Weg, Mutter.

FRAU BORKMAN *(wie vom Schlag getroffen)* Was soll das heißen?

ERHART *(überwindet sich)* Mein Gott, Mutter! Ich bin noch jung! Ich ersticke doch, wenn du mich hier einsperrst!

FRAU BORKMAN Hier – bei mir!

ERHART Ja, Mutter, bei dir.

ELLA RENTHEIM Dann komm mit mir, Erhart!

ERHART Ach, Tante Ella, bei dir ist es nicht besser. Es ist anders, das ja. Aber nicht besser. Nicht besser für *mich*. Es riecht nach Rosen und Lavendel – aber ich kann genauso wenig frei atmen wie bei meiner Mutter.

FRAU BORKMAN *(erschüttert, aber mühsam gefasst)* Du kannst bei mir nicht frei atmen?

ERHART *(immer ungeduldiger)* Ich kann es nicht anders nennen. All diese krankhafte Fürsorge – diese Vergötterung – oder was es ist. Ich halte das nicht mehr aus!

FRAU BORKMAN *(sieht ihn tiefernst an)* Vergisst du die Aufgabe, der du dein Leben geweiht hast, Erhart?

ERHART *(ausbrechend)* Nein, nein, der *du* mein Leben geweiht hast, musst du sagen! Du hast mir immer vorschreiben wollen, wie mein Wille aussehen soll! Einen eigenen Willen durfte ich nie haben. Aber das ertrage ich nicht mehr! Ich bin jung! Sieh das doch ein, Mutter! *(Mit einem höflichen, rücksichtsvollen Blick auf Borkman)* Ich kann mein Leben nicht der Wiedergutmachung für einen anderen widmen. Egal, wer dieser andere ist.

FRAU BORKMAN *(mit wachsender Angst)* Wer hat dich so verwandelt, Erhart?

ERHART *(getroffen)* Wer –? Vielleicht ich selbst, könnte das sein?

FRAU BORKMAN Nein, nein, nein! Du bist unter fremden Einfluss geraten. Nicht mehr den deiner Mutter. Und auch nicht den Einfluss deiner – deiner Pflegemutter.

ERHART *(gezwungen trotzig)* Ich stehe unter meinem eigenen Einfluss, Mutter! Und ich habe meinen eigenen Willen!

BORKMAN *(sieht Erhart an)* Dann ist vielleicht endlich meine Zeit gekommen.

ERHART *(fremd und betont höflich)* Wie meinst du das – Vater?

FRAU BORKMAN *(höhnisch)* Ja, das möchte ich auch gern wissen.

BORKMAN *(unbeirrt)* Erhart – magst du dich dann mir anschließen? Kein Mann kann durch die Lebensführung eines anderen rehabilitiert werden. Das sind nur leere Träume, die sie dir eingeredet haben – hier in dieser stickigen Luft. Du könntest leben wie ein Heiliger, wie alle

Heiligen zusammen – das würde an meinem Leben nicht das Geringste ändern.

ERHART *(respektvoll)* Das sehe ich auch so.

BORKMAN Ja, ich weiß. Und es würde mir auch nichts nutzen, wenn ich in Sack und Asche ginge und mich weiter verstecken würde. Ich habe versucht, mir mit Träumen und Hoffnungen zu helfen – all die Jahre lang. Aber es hat mir nichts genutzt. Jetzt will ich die Träume hinter mir lassen.

ERHART *(mit einer leichten Verbeugung)* Und was möchten – was möchtest du tun?

BORKMAN Ich werde wieder von vorn anfangen. Mich wieder hocharbeiten. Seine Vergangenheit wieder gutmachen kann man nur in der Gegenwart und der Zukunft. Durch Arbeit, unermüdliche Arbeit für die Ziele, die früher den Lebenssinn für mich bedeutet haben und heute sogar ungleich mehr! Erhart – kommst du mit mir und hilfst mir in diesem neuen Leben?

FRAU BORKMAN *(hebt die Hände)* Tu es nicht, Erhart!

ELLA RENTHEIM *(warm)* Doch, doch, tu es, Erhart! Hilf ihm!

FRAU BORKMAN *Du* rätst ihm dazu? Du, die Einsame, die nicht mehr lang zu leben hat?

ELLA RENTHEIM Ich zähle nicht.

FRAU BORKMAN Solange du ihn nicht an mich verlierst.

ELLA RENTHEIM Genau so ist es, Gunhild!

BORKMAN Willst du, Erhart?

ERHART *(peinlich berührt)* Vater – das kann ich jetzt nicht. Es ist vollkommen unmöglich!

BORKMAN Was willst du denn sonst?

ERHART *(glühend)* Ich bin jung! Ich will auch mal leben! Und zwar mein eigenes Leben, meins!

ELLA RENTHEIM Und nicht ein paar wenige Monate opfern, um mir an meinem Ende noch etwas Licht zu spenden?

ERHART Tante, ich *kann* nicht, selbst wenn ich es wollte!

ELLA RENTHEIM Obwohl ich dich so, so liebe?

ERHART Wirklich, Tante Ella – ich kann nicht.

FRAU BORKMAN *(sieht ihn scharf an)* Und deine Mutter kann dich auch nicht mehr zurückhalten?

ERHART Ich werde dich immer lieben, Mutter. Aber ich kann nicht mehr nur für dich leben. Das ist für mich kein Leben!

BORKMAN Dann komm mit mir! Leben heißt arbeiten, Erhart. Komm, gehen wir ins Leben und arbeiten miteinander!

ERHART *(leidenschaftlich)* Ich will jetzt nicht arbeiten! Ich bin jung! Das habe ich noch nie gespürt! *Jetzt* spüre ich es endlich! Ich *will* nicht arbeiten! Nur endlich leben, leben, leben!

FRAU BORKMAN *(ahnt etwas)* Erhart – wofür willst du leben?

ERHART *(mit glänzenden Augen)* Für das Glück, Mutter!

FRAU BORKMAN Und wo willst du das Glück finden?

ERHART Ich *habe* es schon gefunden!

FRAU BORKMAN *(schreit auf)* Erhart –!

ERHART *(geht rasch zur Dielentür, öffnet sie und ruft hinaus)* Fanny – du kannst jetzt kommen!

Auf der Schwelle erscheint Frau Wilton im Mantel.

FRAU BORKMAN *(mit erhobenen Händen)* Frau Wilton –!

FANNY WILTON *(etwas schüchtern, mit fragendem Blick auf Erhart)* Kann ich –?

ERHART Ja, du kannst hereinkommen. Es ist alles gesagt.

Fanny Wilton kommt in das Zimmer. Erhart schließt die Tür hinter ihr. Sie verbeugt sich gemessen vor Borkman, der den Gruß stumm erwidert. Kurze Pause.

FANNY WILTON *(mit gedämpfter, aber fester Stimme)* Dann ist es also ausgesprochen. Und ich stehe hier jetzt wahrscheinlich als eine, die ein großes Unglück angerichtet hat.

FRAU BORKMAN *(langsam, sieht sie steif an)* Sie haben das letzte bisschen kaputtgemacht, für das ich noch gelebt habe. *(Ausbrechend)* Aber das ist doch völlig unmöglich!

FANNY WILTON Ich kann gut verstehen, dass es Ihnen so vorkommen muss, Frau Borkman.

FRAU BORKMAN Sie sagen es also selbst.

FANNY WILTON Ich würde eher sagen, es ist wider alle Vernunft. Aber es ist, wie es ist.

FRAU BORKMAN *(wendet sich von ihr ab)* Ist das tatsächlich dein Ernst, Erhart?

ERHART Das ist mein Glück, Mutter. Ein riesengroßes Glück. Anders kann ich es nicht sagen.

FRAU BORKMAN *(zu Fanny Wilton; ringt die Hände)* Wie haben Sie meinen armen Sohn beredet und verführt!?

FANNY WILTON *(wirft den Kopf stolz in den Nacken)* Das habe ich nicht getan.

FRAU BORKMAN Ach nein?

FANNY WILTON Nein. Ich habe ihn weder beredet noch verführt. Erhart ist freiwillig auf mich zugekommen. Und ich bin ihm freiwillig den halben Weg entgegengegangen.

FRAU BORKMAN *(sieht höhnisch an ihr herunter)* Ja, Sie, ja! Das glaube ich gern.

FANNY WILTON *(beherrscht)* Frau Borkman – es gibt Kräfte im Leben, von denen Sie offenbar nicht viel wissen.

FRAU BORKMAN Und welche wären das, wenn ich fragen darf?

FANNY WILTON Die Kräfte, die zwei Menschen dazu bringen, ihre beiden Leben miteinander zu verbinden – rückhaltlos und rücksichtslos!

FRAU BORKMAN *(lächelt)* Ich dachte, Sie wären schon mit jemandem verbunden – mit einem anderen.

FANNY WILTON *(kurz)* Der hat mich verlassen.

FRAU BORKMAN Aber er lebt, oder?

FANNY WILTON Für mich ist er gestorben.

ERHART *(beschwörend)* Ja, Mutter, für Fanny ist er tot. Und mich interessiert er überhaupt nicht!

FRAU BORKMAN *(sieht ihn streng an)* Du weißt also – von dem anderen?

ERHART Ja, Mutter, natürlich weiß ich das, ich weiß alles!

FRAU BORKMAN Und trotzdem interessiert es dich nicht, sagst du?

ERHART *(abweisend, übermütig)* Ich kann dir nur sagen, ich will das Glück! Ich bin jung! Ich will leben, leben!

FRAU BORKMAN Ja, du bist jung, Erhart. Zu jung für so etwas.

FANNY WILTON *(fest und ernst)* Sie dürfen mir glauben, Frau Borkman, ich habe dasselbe zu ihm gesagt. Ich habe ihm meine Situation klipp und klar erklärt. Und auch, dass ich sieben Jahre älter bin als er –

ERHART *(unterbricht sie)* Ach Fanny, das hatte ich doch längst gewusst!

FANNY WILTON – aber es hat nichts geändert.

FRAU BORKMAN Nein? Tatsächlich? Und warum haben Sie ihn dann nicht abgewiesen? Die Türen vor ihm verschlossen? Das hätten Sie nämlich tun müssen!

FANNY WILTON *(sieht sie an, gedämpft)* Das habe ich einfach nicht gekonnt, Frau Borkman.

FRAU BORKMAN Und warum nicht?

FANNY WILTON Weil es auch für mich das Glück bedeutet.

FRAU BORKMAN *(höhnisch)* Pff, Glück – Glück –

FANNY WILTON Ich habe bislang nicht gewusst, wie es sich anfühlt, glücklich zu sein. Und jetzt, wo es endlich da ist, kann ich das Glück nicht einfach zurückweisen.

FRAU BORKMAN Und was meinen Sie, wie lange wird dieses Glück dauern?

ERHART *(unterbricht)* Ob kurz, ob lang, Mutter, das zählt nicht!

FRAU BORKMAN *(wütend)* Du bist ja blind! Siehst du nicht, wohin das führt?

ERHART Was später wird, ist mir egal. Ich will weder in die Zukunft schauen noch sonst wohin. Ich will nur endlich auch einmal leben dürfen!

FRAU BORKMAN *(schmerzlich berührt)* Das nennst du Leben, Erhart?

ERHART Siehst du denn nicht, wie schön sie ist!

FRAU BORKMAN *(ringt die Hände)* Diese Schande wird mir jetzt auch noch zugemutet!

BORKMAN *(hart und scharf aus dem Hintergrund)* Ha – so was müsstest du doch gewohnt sein, Gunhild!

ELLA RENTHEIM *(begütigend)* Borkman –!

ERHART *(ebenso)* Vater –!

FRAU BORKMAN Ich soll tagein, tagaus mit ansehen, wie mein einziger Sohn mit einer, einer –

ERHART *(unterbricht sie hart)* Nichts musst du mit ansehen, Mutter! Keine Sorge! Ich bleibe nicht hier.

FANNY WILTON *(rasch und bestimmt)* Wir reisen weg, Frau Borkman.

FRAU BORKMAN *(wird blass)* Sie auch? Etwa zusammen?

FANNY WILTON *(nickt)* Ja, ich reise in den Süden. Ins Ausland. Mit einem jungen Mädchen. Erhart begleitet uns.

FRAU BORKMAN Mit Ihnen – und einem jungen Mädchen?

FANNY WILTON Ja. Mit der kleinen Frida Foldal, die ich zu mir genommen habe. Sie soll sich ganz ihrer Musik widmen.

FRAU BORKMAN Darum nehmen Sie sie mit?

FANNY WILTON Ich kann sie ja schlecht allein reisen lassen.

FRAU BORKMAN *(mit unterdrücktem Lächeln)* Und was sagst du dazu, Erhart?

ERHART *(zuckt verlegen mit den Schultern)* Ja, Mutter – wenn Fanny es so möchte, dann –

FRAU BORKMAN *(kalt)* Wann reisen die Herrschaften, wenn man fragen darf?

FANNY WILTON Noch heute Nacht, jetzt gleich. Mein Schlittenwagen steht schon unten auf der Straße – vor Hinkels Villa.

FRAU BORKMAN *(sieht wieder an ihr herab)* Aha – das war also die so genannte Abendeinladung!

FANNY WILTON *(lächelt)* Ja, Erhart und ich waren die einzigen Gäste. Und die kleine Frida natürlich.

FRAU BORKMAN Wo ist sie jetzt?

FANNY WILTON Sie sitzt im Wagen und wartet auf uns.

ERHART *(verlegen)* Mutter – du verstehst das doch –? Ich hätte dir, ich hätte allen das gern erspart.

FRAU BORKMAN *(sieht ihn zutiefst gekränkt an)* Du wolltest wegfahren, ohne dich von mir zu verabschieden?

ERHART Ja, ich hielt es für das Beste. Das Beste für alle. Alles war bereit, die Koffer gepackt. Aber dann kam Lene und bestellte mich her, also – *(Will ihr die Hände reichen)* Also – auf Wiedersehen, Mutter.

FRAU BORKMAN *(schlägt abwehrend nach ihm)* Fass mich nicht an!

ERHART *(zaghaft)* Ist das dein letztes Wort?

FRAU BORKMAN *(hart)* Ja.

ERHART *(wendet sich von ihr ab)* Tante Ella, leb wohl.

ELLA RENTHEIM *(drückt ihm die Hände)* Leb wohl, Erhart! Lebe dein Leben – und werde so glücklich – so glücklich – wie du nur kannst!

ERHART Danke, Tante Ella. *(Verbeugt sich vor Borkman)* Auf Wiedersehen, Vater. *(Flüstert Fanny Wilton zu)* Komm, Fanny, lass uns gehen, je eher, desto besser.

FANNY WILTON *(leise)* Ja, da hast du Recht.

FRAU BORKMAN *(böse lächelnd)* Frau Wilton – halten Sie es tatsächlich für klug, dieses junge Mädchen mitzunehmen?

FANNY WILTON *(erwidert das Lächeln, halb ironisch, halb ernst)* Die Männer sind so unbeständig, Frau Borkman. Und die Frauen ebenso. Wenn Erhart mich über hat – und ich ihn –, dann ist es doch schön, wenn der Ärmste etwas in Reserve hat.

FRAU BORKMAN Und Sie?

FANNY WILTON Ach, ich komme schon zurecht, keine Sorge. Auf Wiedersehen, die Herrschaften!

Sie nickt zum Gruß und geht aus der Tür. Erhart steht kurz wie unschlüssig da, dann dreht er sich um und folgt ihr.

FRAU BORKMAN *(lässt die gefalteten Hände sinken)* Ich habe keinen Sohn mehr.

BORKMAN *(entschlossen, als wäre er aufgewacht)* Also gut, allein hinaus ins Freie! Mein Hut! Mein Mantel! *(Geht rasch zur Tür)*

ELLA RENTHEIM *(ängstlich, hält ihn auf)* John Gabriel, wo willst du hin?

BORKMAN Hinaus in Wind und Wetter! Ins Leben! Lass mich los, Ella!

ELLA RENTHEIM *(hält ihn fest)* Nein, nein, ich lasse dich nicht gehen! Du bist krank! Das sehe ich dir an.

BORKMAN Lass mich los, sag ich! *(Reißt sich los und geht hinaus)*

ELLA RENTHEIM *(in der Tür)* Gunhild, hilf mir, wir müssen ihn zurückhalten!

FRAU BORKMAN *(kalt und hart, steht unbeweglich)* Ich halte niemanden auf der Welt zurück. Sollen sie mich doch alle verlassen. Alle! Wohin sie wollen. So weit weg, wie sie wollen. *(Schreit plötzlich gellend auf)* Erhart, geh nicht! *(Stürzt mit ausgebreiteten Armen zur Tür)*

Ella Rentheim hält sie auf.

4. AKT

Auf dem offenen Hof links vorm Hauptgebäude, von dem eine Ecke mit flacher Steintreppe und Eingangstür vorspringt. Im Hintergrund steile, mit Tannen bewachsene Hänge bis heran an die Gebäude. Links lockerer Niederwald, Gebüsch. Der Schneefall hat sich gelegt, hoher Neuschnee bedeckt den Boden und die Tannen, deren Äste schwer beladen hängen. Dunkle Nacht. Treibende Wolken. Dann und wann schwach erkennbarer Mond. Der Widerschein des Schnees schimmert matt auf der Umgebung.

Borkman, Frau Borkman und Ella Rentheim stehen draußen auf der Treppe. Borkman lehnt müde an der Wand. Er trägt einen altmodischen Umhängemantel auf den Schultern, in der einen Hand einen weichen grauen Filzhut und in der anderen einen

dicken Knotenstock. Ella Rentheim hat ihren Mantel überm
Arm. Frau Borkmans großes Schultertuch ist ihr vom Kopf
gerutscht, ihr Haar ist entblößt.

ELLA RENTHEIM *(hat sich Frau Borkman in den Weg gestellt)*
Geh ihm nicht nach, Gunhild!

FRAU BORKMAN *(aufgeregt und ängstlich)* Lass mich durch! Er
darf nicht wegfahren!

ELLA RENTHEIM Das nutzt nichts, sage ich dir! Du holst ihn
nicht mehr ein.

FRAU BORKMAN Lass mich gehen, Ella! Ich will auf die Straße
runter, hinter ihm herschreien. Den Schrei seiner Mutter
kann er nicht überhören!

ELLA RENTHEIM Er *kann* dich nicht mehr hören. Er sitzt sicher
schon im Wagen.

FRAU BORKMAN Nein, nein – so schnell nicht.

ELLA RENTHEIM Glaub mir, er sitzt im Wagen.

FRAU BORKMAN *(verzweifelt)* Dann sitzt er neben ihr, neben
ihr!

BORKMAN *(lacht unheimlich)* Und dann hört er erst recht
nicht, wenn seine Mutter nach ihm schreit.

FRAU BORKMAN Nein, dann hört er es nicht. *(Lauscht)* Psst!
Was war *das*?

ELLA RENTHEIM *(lauscht ebenfalls)* Klingt wie Schlitten-
glocken –

FRAU BORKMAN *(halblauter Ausruf)* Das ist ihr Wagen!

ELLA RENTHEIM Oder ein anderer –

FRAU BORKMAN Nein, nein, das ist Frau Wiltons Schlittenwagen! Ich kenne diese Silberglocken! Hört nur! Jetzt
fahren sie hier vorbei – unten auf der Straße!

ELLA RENTHEIM *(rasch)* Gunhild, wenn du nach ihm rufen
willst, dann jetzt! Vielleicht hört er dich ja doch – *(Schel-
lenklang ganz in der Nähe, gleich im Wald.)* Schnell, Gunhild, sie sind direkt unter uns!

FRAU BORKMAN *(steht einen Augenblick unschlüssig, dann er-
starrt sie. Hart und kalt)* Nein. Ich rufe nicht. Lasst Erhart
Borkman an mir vorbeifahren. Weit weit fort, hinein in
das, was er jetzt das Leben und das Glück nennt.

Das Geräusch verliert sich in der Ferne.

ELLA RENTHEIM *(kurz danach)* Jetzt ist es nicht mehr zu hören.

FRAU BORKMAN Wie Grabgeläute hat das für mich geklun-
gen.

BORKMAN *(trocken, halblaut lachend)* Hoho, für mich nicht!

FRAU BORKMAN Aber für mich. Und auch für ihn, der mich
verlassen hat.

ELLA RENTHEIM *(schüttelt nachdenklich den Kopf)* Wer weiß, ob
es nicht doch Glück und Lebensfreude für ihn einläutet,
Gunhild.

FRAU BORKMAN *(fährt auf, sieht sie hart an)* Glück und
Lebensfreude, sagst du!

ELLA RENTHEIM Wenigstens für eine Weile.

FRAU BORKMAN Du gönnst ihm Glück und Lebensfreude –
mit *ihr*?

ELLA RENTHEIM *(warm und innig)* Ja, von ganzem Herzen.

FRAU BORKMAN *(kalt)* Dann musst du wirklich zu reicherer Liebe fähig sein als ich.

ELLA RENTHEIM *(blickt lange vor sich hin)* Vielleicht ist es ja die Entbehrung der Liebe, die diese Kraft am Leben hält.

FRAU BORKMAN *(sieht sie an)* Wenn das so ist – dann bin ich bald so reich wie du, Ella. *(Dreht sich um und geht ins Haus)*

ELLA RENTHEIM *(sieht Borkman eine Weile lang besorgt an; legt ihm dann behutsam die Hand auf die Schulter)* John, komm jetzt ins Haus.

BORKMAN *(als würde er aufwachen)* Ich?

ELLA RENTHEIM Ja. Die scharfe, kalte Luft tut dir nicht gut, das sehe ich. Komm ins Warme.

BORKMAN *(ängstlich)* Etwa in den Saal!

ELLA RENTHEIM Am besten nach unten, zu ihr.

BORKMAN *(heftig)* Im Leben setze ich keinen Fuß mehr in dieses Haus!

ELLA RENTHEIM Wo willst du denn sonst hin? So spät in der Nacht, John.

BORKMAN *(setzt sich den Hut auf den Kopf)* Als Erstes will ich jetzt mal nach meinen verborgenen Schätzen sehen.

ELLA RENTHEIM *(sieht ihn ängstlich an)* John – was soll das heißen?

BORKMAN *(hustet lachend)* Keine Sorge, Ella, ich meine kein Diebesgut. Keine Angst. *(Bleibt stehen und deutet ins Dunkle)* Schau mal – wer ist das?

Vilhelm Foldal kommt in einem alten, schneebedeckten Mantel,
mit nach unten geknickter Hutkrempe, einen Regenschirm in der
Hand, um die Ecke des Hauses, mühsam durch den Schnee stap-
fend. Er humpelt stark mit dem linken Fuß.

BORKMAN Vilhelm! Was willst du schon wieder bei mir?

FOLDAL *(blickt auf)* Um Gottes willen, du stehst draußen,
John Gabriel? *(Grüßt)* Und deine Frau auch?

BORKMAN *(kurz)* Das ist nicht meine Frau.

FOLDAL Ach, Verzeihung. Ich habe meine Brille im Schnee
verloren. Du gehst doch sonst nie vor die Tür?

BORKMAN *(frech und lustig)* Es ist Zeit, dass ich mich wieder
an die frische Luft wage, verstehst du. Fast drei Jahre in
Untersuchungshaft, fünf in der Zelle, acht da oben im
Saal –

ELLA RENTHEIM *(besorgt)* Borkman – bitte!

FOLDAL Ach ja, ja, ja –

BORKMAN Also was willst du, sag schon?

FOLDAL *(immer noch unten vor der Treppe)* Ich wollte zu dir,
John Gabriel. Ich dachte, ich *muss* zu dir. In diesen Saal –
mein Gott, diesen Saal!

BORKMAN Obwohl ich dir die Tür gewiesen habe?

FOLDAL Ja, was soll's, das macht nichts.

BORKMAN Was ist mit deinem Fuß? Du humpelst ja?

FOLDAL Ja, stell dir vor – ich bin über den Haufen gefahren
worden.

ELLA RENTHEIM Überfahren!

FOLDAL Ja, von einem Schlittenwagen –

BORKMAN Oho!

FOLDAL – mit zwei Pferden. Er kam den Hügel heruntergerast, ich konnte nicht schnell genug ausweichen, und so –

ELLA RENTHEIM – und so wurden Sie angefahren?

FOLDAL Er kam direkt auf mich zu. Direkt auf mich zu, ich musste mich zur Seite in den Schnee werfen. Dabei habe ich meine Brille verloren, der Schirm ist auch hinüber. *(Reibt sich den Knöchel)* Und der Fuß hat was abbekommen.

BORKMAN *(lacht innerlich)* Weißt du, wer in dem Schlitten drinsaß, Vilhelm?

FOLDAL Nein, woher soll ich das wissen? Es war ein geschlossener Wagen, die Vorhänge waren zu. Und der Kutscher ist einfach weitergefahren, als ich da durch den Schnee gekullert bin. Aber das ist mir alles völlig gleich, denn – *(Ausbrechend)* Ach, ich freue mich so, du!

BORKMAN Du freust dich?

FOLDAL Ja, ich weiß gar nicht, wie ich es sonst nennen soll. Es ist etwas ganz Besonderes passiert! Da hab ich nicht anders gekonnt – ich *musste* einfach zu dir kommen und meine Freude mit dir teilen, John Gabriel.

BORKMAN *(schroff)* Na, dann mal los!

ELLA RENTHEIM Geh doch erst mit deinem Freund ins Haus, Borkman.

BORKMAN *(hart)* Ich will nicht ins Haus, hab ich gesagt!

ELLA RENTHEIM Aber er ist überfahren worden!

BORKMAN Überfahren werden wir alle mal im Leben. Dann muss man eben wieder aufstehen. Und so tun, als ob nichts wäre.

FOLDAL Das ist ein tiefsinniges Wort, John Gabriel. Aber hör, ich kann es genauso gut gleich hier draußen erzählen.

BORKMAN *(milder)* Tu mir den Gefallen, Vilhelm.

FOLDAL Also. Stell dir vor – als ich heute Abend von dir nach Hause komme – liegt da ein Brief. – Rat mal, von wem.

BORKMAN Vielleicht von deiner kleinen Frida?

FOLDAL Genau! Woher du das gleich weißt? Ja – ein langer, wirklich langer Brief. Ein Bote hatte ihn gebracht. Und kannst du dir vorstellen, was sie schreibt?

BORKMAN Wollte sie sich vielleicht von ihren Eltern verabschieden?

FOLDAL Also wirklich, John Gabriel. Ja, sie schreibt, dass Frau Wilton sie ins Herz geschlossen hat. Jetzt will sie Frida sogar ins Ausland mitnehmen. Damit Frida noch besser Klavier spielen lernt, schreibt sie. Außerdem hat Frau Wilton einen guten Lehrer gefunden, der mit ihnen fahren soll, um Frida zu unterrichten! Sie hat ja leider auf ein paar Gebieten einiges nachzuholen, verstehst du.

BORKMAN *(lacht unterdrückt glucksend)* Ja, das verstehe ich ganz ausgezeichnet, Vilhelm.

FOLDAL *(fährt eifrig fort)* Und stell dir vor, sie hat erst heute Abend von der Reise erfahren! Bei der Einladung, du weißt schon, was ich meine. Und trotzdem hat sie sich die Zeit genommen zu schreiben. Der Brief ist so lieb und warm und schön geschrieben, glaub mir's. Und dass sie uns schriftlich auf Wiedersehen sagen wollte, bevor sie fährt, das finde ich auch einen schönen Gedanken. *(Lacht)* Aber das wird ihr nicht gelingen!

BORKMAN *(blickt ihn fragend an)* Warum?

FOLDAL Sie schreibt, dass sie morgen früh fahren, sehr früh.

BORKMAN Schau an, schau an – morgen? Das schreibt sie?

FOLDAL *(reibt sich lachend die Hände)* Ja, aber da hat sie die Rechnung ohne mich gemacht. Ich gehe jetzt sofort zu Frau Wilton hoch –

BORKMAN Jetzt gleich?

FOLDAL Natürlich, so spät ist es noch gar nicht. Und falls alles zu ist, klingele ich eben. Auf jeden Fall. Ich will und ich muss Frida noch einmal sehen, bevor sie fährt. Gute Nacht, gute Nacht! *(Will gehen)*

BORKMAN Wart mal, mein armer Vilhelm – du kannst dir den mühsamen Weg sparen.

FOLDAL So schlimm ist der Fuß nicht.

BORKMAN Aber du wirst bei Frau Wilton nicht reinkommen.

FOLDAL *Natürlich* doch. Ich läute einfach so lange, bis jemand aufmacht. Ich bestehe darauf, Frida zu sehen.

ELLA RENTHEIM Ihre Tochter ist schon abgereist, Herr Foldal!

FOLDAL *(steht da wie vom Schlag getroffen)* Wie, schon abgereist! Sind Sie da sicher? Woher wissen Sie das?

BORKMAN Von ihrem zukünftigen Lehrer.

FOLDAL Ach ja? Und wer ist das?

BORKMAN Ein Student, ein gewisser Erhart Borkman.

FOLDAL *(strahlt erfreut)* Dein Sohn, John Gabriel! *Er* fährt mit?

BORKMAN Ja, er wird Frau Wilton bei Fridas Ausbildung helfen.

FOLDAL Das ist ja ganz wunderbar! Dann ist das Kind wirklich in den besten Händen. Ist es denn sicher, dass sie schon losgefahren sind?

BORKMAN Sie saßen in dem Wagen, der dich angefahren hat.

FOLDAL *(schlägt die Hände zusammen)* Was, meine Frida hat in diesem prachtvollen Wagen gesessen?

BORKMAN *(nickt)* Ja, ja, Vilhelm, deine Tochter hat es weit gebracht. Und der Herr Studiosus auch. Sind dir die silbernen Glöckchen aufgefallen?

FOLDAL Natürlich. – Silberne Glöckchen, sagst du? Das waren Silberglöckchen? Echte Silberglöckchen?

BORKMAN Verlass dich drauf. Alles echt. Draußen – und drinnen.

FOLDAL *(still bewegt)* Ist es nicht ein Wunder, wie sich alles so glücklich fügen kann! Da hat sich mein – mein kleines Talent bei Frida in Musik übersetzt, und so bin ich doch kein ganz erfolgloser Dichter. Sie kann in die weite Welt hinausreisen, wovon ich früher mal so geträumt habe. In einem geschlossenen Schlittenwagen fährt sie. Und mit silbernen Glöckchen am Zaumzeug –

BORKMAN Und fährt ihren Vater über den Haufen –

FOLDAL Ach! Das zählt doch nicht. – Solange das Kind – Na, so komme ich also doch zu spät. Dann gehe ich mal schnell nach Hause und tröste ihre Mutter, die sitzt weinend in der Küche.

BORKMAN Sie weint?

FOLDAL *(lacht kurz)* Ja, stell dir vor – sie hat ganz furchtbar geweint, als ich ging.

BORKMAN Und du lachst, Vilhelm.

FOLDAL Natürlich lache ich! Sie kann nicht anders, die Ärmste. Also auf Wiedersehen! Gut, dass ich die Straßenbahn so nah habe. Auf Wiedersehen, John Gabriel, auf Wiedersehen! *(Zu Ella)* Auf Wiedersehen! *(Geht winkend mühsam ab)*

BORKMAN *(steht eine Weile still und schaut vor sich hin)* Auf Wiedersehen, Vilhelm! Das war nicht das erste Mal, dass du vom Leben überfahren worden bist, alter Freund.

ELLA RENTHEIM *(sieht ihn beklommen an)* Du bist so blass, so blass, John Gabriel –

BORKMAN Das kommt von der Gefängnisluft da oben.

ELLA RENTHEIM Ich habe dich noch nie so gesehen.

BORKMAN Wahrscheinlich, weil du noch nie einen ausgebrochenen Sträfling gesehen hast.

ELLA RENTHEIM Bitte, komm jetzt mit rein, John!

BORKMAN Spar dir die süßen Töne! Ich habe doch gesagt –

ELLA RENTHEIM Bitte, John Gabriel. Um deinetwillen!

LENE *(kommt halb auf die Treppe heraus)* Verzeihung, die gnädige Frau hat gesagt, ich soll jetzt abschließen.

BORKMAN *(leise zu Ella)* Da bitte, jetzt wollen sie mich wieder einsperren!

ELLA RENTHEIM *(zu Lene)* Herrn Borkman ist nicht ganz wohl. Er möchte noch etwas frische Luft schnappen.

LENE Ja, aber Frau Borkman hat gesagt –

ELLA RENTHEIM Ich schließe nachher ab. Lassen Sie den Schlüssel im Schloss, ich kümmere mich darum.

LENE Ja, natürlich. *(Geht wieder ins Haus)*

BORKMAN *(steht einen Augenblick still und lauscht; dann geht er eilig auf den Hof)* Jetzt bin ich aus den Mauern heraus, Ella! Jetzt kriegen sie mich nie wieder!

ELLA RENTHEIM *(ist ihm nachgelaufen)* Aber drinnen bist du doch auch ein freier Mann, John. Du kannst kommen und gehen, wie du willst.

BORKMAN *(leise, wie erschrocken)* Nie wieder in geschlossenen Räumen sein! Es tut so gut hier draußen in der Nacht. Wenn ich jetzt wieder hoch in diesen Saal gehen würde – mir würden Decke und Wände auf den Kopf fallen und mich zerquetschen wie eine Fliege.

ELLA RENTHEIM Wo willst du denn hin?

BORKMAN Ich will nur noch wandern. Sehen, ob ich wieder zu Freiheit und Leben und Menschen zurückfinden kann. Kommst du mit, Ella?

ELLA RENTHEIM Ich? Jetzt?

BORKMAN Ja, ja – jetzt sofort!

ELLA RENTHEIM Aber wie weit?

BORKMAN So weit ich komme.

ELLA RENTHEIM Überleg doch. Jetzt rausgehen in diese nasse, kalte Winternacht –

BORKMAN *(rau, kehlig)* Oho – Madame sind um Ihre Gesundheit besorgt? Na, die ist ja auch angegriffen.

ELLA RENTHEIM Um *deine* Gesundheit mache ich mir Sorgen.

BORKMAN Hohoho! Um die Gesundheit eines Toten! Du bringst mich zum Lachen, Ella! *(Geht weiter)*

ELLA RENTHEIM *(ihm hinterher, hält ihn fest)* Was hast du gesagt, was bist du?

BORKMAN Ein Toter, habe ich gesagt. Weißt du nicht, Gunhild hat gemeint, ich soll schön still im Grab liegen bleiben.

ELLA RENTHEIM *(wirft sich entschlossen den Mantel um)* Ich komme mit, John.

BORKMAN Ja, wir zwei gehören zusammen, Ella, du hast Recht. *(Geht weiter)* Komm!

Mittlerweile haben sie das Gebüsch links erreicht, das sie bald verbirgt. Die Landschaft mit ihren Hängen und Höhen wird immer wilder.

ELLA RENTHEIMS STIMME *(aus dem Wald rechts)* Wohin gehen wir, John? Ich kenne mich hier nicht aus.

BORKMANS STIMME *(von weiter oben)* Folge einfach meiner Spur im Schnee!

ELLA RENTHEIMS STIMME Warum müssen wir so hoch hinauf?

BORKMANS STIMME *(näher)* Wir müssen den steilen Pfad hoch.

ELLA RENTHEIM *(immer noch verborgen)* Ich kann bald nicht mehr.

BORKMAN *(am Waldrand rechts)* Komm, komm! Es ist nicht mehr weit bis zum Aussichtspunkt. Früher hat da eine Bank gestanden –

ELLA RENTHEIM *(kommt zwischen den Bäumen in Sicht)* Erinnerst du dich daran?

BORKMAN Da kannst du ausruhen.

Sie haben eine hoch gelegene kleine Lichtung erreicht, hinter der der Pfad steil weiter hinaufführt. Links liegt tief unter ihnen eine weite Landschaft mit Fjorden und dahinter fernen Bergrücken. Links an der Lichtung eine abgestorbene Kiefer mit einer Bank darunter. Tiefer Schnee liegt auf der Lichtung.
Borkman kommt von rechts, hinter ihm Ella Rentheim, sie waten mühsam durch den hohen Schnee.

BORKMAN *(bleibt links vorm Abgrund stehen)* Komm her, Ella, sieh dir das an.

ELLA RENTHEIM *(bei ihm)* Was willst du mir zeigen, John?

BORKMAN *(weist in die Ferne)* Siehst du, wie frei und offen das Land vor uns liegt? Bis in die Ferne.

ELLA RENTHEIM Auf der Bank haben wir früher oft gesessen – und weit, weit hinausgeschaut.

BORKMAN Damals saßen wir über einem Traumland.

ELLA RENTHEIM *(nickt schwer)* Das war das Traumland unseres Lebens, ja. Und jetzt ist dieses Land tief verschneit. – Und der alte Baum ist tot.

BORKMAN *(ohne auf ihre Worte zu hören)* Siehst du den Rauch von den großen Dampfschiffen auf dem Fjord?

ELLA RENTHEIM Nein.

BORKMAN Aber ich. Sie kommen und gehen. Sie schaffen Verbindungen in die ganze Welt. Sie sorgen dafür, dass die Seelen in vielen tausend Häusern Licht und Wärme haben. Das zu erschaffen, das war mein Traum.

ELLA RENTHEIM *(leise)* Und es blieb ein Traum.

BORKMAN Ja, es blieb ein Traum. *(Lauscht)* Und hör mal, da unten am Fluss! Die Fabriken. *Meine* Fabriken! Die ich erbaut hätte! Hör nur, wie sie lärmen. Die Nachtschicht läuft. Sie arbeiten Tag und Nacht. Hör nur, hör! Die Räder kreisen, die Walzen blitzen – immer rundherum! Kannst du es hören, Ella?

ELLA RENTHEIM Nein.

BORKMAN Ich schon.

ELLA RENTHEIM *(ängstlich)* Ich glaube, du irrst dich, John.

BORKMAN *(immer glühender)* Und weißt du was – all das hier, das sind sozusagen nur die Außenposten um das Reich!

ELLA RENTHEIM Das Reich? Was für ein Reich?

BORKMAN *Mein* Reich natürlich! Das Reich, das ich schon fast errungen hatte, damals, als ich – als ich starb.

ELLA RENTHEIM *(leise, erschüttert)* Ach John, John!

BORKMAN Und jetzt liegt es da – wehrlos, herrenlos den Räubern und den Plünderungen ausgeliefert. – Ella! Siehst du die Gebirgsketten dort hinten? Eine hinter der anderen türmen sie sich auf. Das ist mein tiefes, endloses, unerschöpfliches Reich!

ELLA RENTHEIM John, von dort kommt so ein eisiger Wind!

BORKMAN Auf mich wirkt dieser Wind belebend. Er ist wie ein Gruß dienstbarer Geister. Ich spüre sie, die im Fels eingeschlossenen Millionen; die Erzadern strecken ihre verzweigten Arme lockend nach mir aus. Wie lebende Schatten habe ich sie damals vor mir gesehen – damals, als ich im Tresor der Bank stand, eine Kerze in der Hand.

Sie wollten befreit werden. Ich habe es versucht. Aber es
ist mir nicht gelungen. Der Schatz sank wieder in die
Tiefe zurück. *(Streckt die Hände aus)* Aber ich flüstere es
euch zu, hier in der Stille der Nacht. Ich liebe euch, die
ihr scheintot dort in der Tiefe und Dunkelheit liegt! Ich
liebe euch, ihr nach Leben verlangenden Reichtümer –
mit all der strahlenden Macht und Ehre, die ihr mit euch
bringt. Ich liebe, liebe, liebe euch!

ELLA RENTHEIM *(mit leiser, aber steigender Erschütterung)* Ja,
dort unten liegt immer noch deine Liebe, John. So, wie es
immer war. Aber hier oben am Licht, du – da war ein warmes, lebendiges Herz, das für dich schlug. Und du hast es
gebrochen. Ach, schlimmer als das! Zehnmal schlimmer!
Verkauft hast du es – für – für –

BORKMAN *(zittert, ein kalter Schauer durchläuft ihn)* Für das
Reich – die Macht – die Ehre – meinst du?

ELLA RENTHEIM Ja, das meine ich. Du hast die Liebe getötet in
der Frau, die dich liebte. Und die du wiedergeliebt hast.
Soweit du jemanden lieben konntest. *(Hebt den Arm)*
Und darum prophezeie ich es dir – John Gabriel Borkman – den Preis für diesen Mord wirst du niemals errin-
gen. Du wirst nie als Sieger in dein kaltes, dunkles Reich
einziehen!

BORKMAN *(wankt zu der Bank und setzt sich schwer)* Ich
fürchte fast, da wirst du Recht behalten, Ella.

ELLA RENTHEIM *(geht zu ihm)* Du solltest das nicht fürchten,
John. Ich glaube, das wäre das Beste für dich.

BORKMAN *(schreit auf, greift sich an die Brust)* Ah –! *(Matt)*
Jetzt hat es wieder losgelassen.

ELLA RENTHEIM *(schüttelt ihn)* Was hast du, John?

BORKMAN *(sinkt nach hinten an die Lehne)* Mir hat eine Eishand ans Herz gegriffen.

ELLA RENTHEIM John! Eine Eishand?

BORKMAN *(murmelt)* Nein. – Keine Eishand. – Eine Hand
aus Erz. *(Sinkt der Länge nach auf die Bank)*

ELLA RENTHEIM *(reißt sich den Mantel herunter und deckt ihn
zu)* Bleib ganz still liegen! Ich hole Hilfe. *(Geht ein paar
Schritte nach rechts; dann bleibt sie stehen, geht zurück und
befühlt ihm lange den Puls und das Gesicht. Leise und fest)*
Nein. Besser so, John Borkman. Besser so für dich. *(Hüllt
ihn dichter in den Mantel und setzt sich vor der Bank in den
Schnee)*

Kurze Pause.
*Frau Borkman, in einen Mantel gehüllt, kommt rechts durch den
Wald, hinter Lene her, die eine Laterne trägt.*

LENE *(leuchtet in den Schnee)* Doch, doch, Frau Borkman.
Hier sind ihre Spuren –

FRAU BORKMAN *(sieht sich suchend um)* Ja, da sind sie! Da drüben auf der Bank! *(Ruft)* Ella!

ELLA RENTHEIM *(steht auf)* Suchst du uns?

FRAU BORKMAN *(hart)* Ja, das muss ich ja wohl.

ELLA RENTHEIM *(deutet mit der Hand)* Sieh, da liegt er, Gunhild.

FRAU BORKMAN Er schläft!

ELLA RENTHEIM *(nickt)* Einen langen und tiefen Schlaf, glaube
ich.

FRAU BORKMAN *(ausbrechend)* Ella! *(Beherrscht sich)* Hat er
es – selbst getan?

ELLA RENTHEIM Nein.

FRAU BORKMAN *(erleichtert)* Also nicht von eigener Hand?

ELLA RENTHEIM Nein. Eine eisige Erzhand hat ihm ans Herz gegriffen.

FRAU BORKMAN *(zu Lene)* Holen Sie Hilfe. Wecken Sie alle.

LENE Ja, gnädige Frau. *(Leise)* Jesses, Jesses – *(Geht durch den Wald nach rechts ab)*

FRAU BORKMAN *(steht hinter der Bank)* Also die Nachtluft hat ihn getötet –

ELLA RENTHEIM Wahrscheinlich.

FRAU BORKMAN – diesen starken Mann.

ELLA RENTHEIM *(tritt vor die Bank)* Willst du ihn nicht ansehen, Gunhild?

FRAU BORKMAN *(wehrt ab)* Nein, nein, nein. *(Senkt die Stimme)* Der Sohn eines Bergmanns. Konnte so einen kalten Luftzug nicht ertragen.

ELLA RENTHEIM Wahrscheinlich hat ihn eher die Kälte getötet.

FRAU BORKMAN *(schüttelt den Kopf)* Die Kälte, sagst du? Die Kälte hat ihn schon vor langer Zeit getötet.

ELLA RENTHEIM *(nickt ihr zu)* Und aus uns Schatten gemacht, ja.

FRAU BORKMAN Da hast du Recht.

ELLA RENTHEIM *(lächelt schmerzlich)* Ein Toter und zwei Schatten – das Werk der Kälte.

FRAU BORKMAN Ja, der Kälte des Herzens. – Dann können wir uns jetzt vielleicht die Hände reichen, Ella.

ELLA RENTHEIM Ja, ich denke, das können wir.

FRAU BORKMAN Wir beiden Zwillingsschwestern – über ihm, den wir beide geliebt haben.

ELLA RENTHEIM Wir beiden Schatten – über dem toten Mann.

Frau Borkman, hinter der Bank, und Ella Rentheim, davor, reichen einander die Hände.

NACHWORT

von Hinrich Schmidt-Henkel

Englische Theaterleute pflegen gegenüber deutschen Kollegen gern ihren Neid darüber auszudrücken, dass diese einen immer neuen Shakespeare inszenieren können (den «meistgespielten deutschsprachigen Dramatiker», wie ein Bonmot ihn nennt) – da immer neue Übersetzungen ihnen einen immer neuen Zugang erlauben. Sie selbst seien ans Original gebunden, ja gefesselt, oft zu ihrem Leidwesen. Vielleicht ergeht es ihren norwegischen Kollegen mit Ibsen ganz ähnlich. Und es wäre sicher eine interessante und kuriose Erfahrung, fremdsprachige Übersetzungen deutscher Klassiker ins Deutsche rückzuübersetzen und zu schauen, wie sich auf diesem Weg etwas ändert, das mit keiner Bearbeitung, Aktualisierung etc. in der Originalsprache zu erreichen ist: der Tonfall, der Zungenschlag nämlich, jene sehr individuelle und sozusagen feinstoffliche Qualität, die beim Übersetzen dafür sorgt, dass gleichermaßen brauchbare, gleichermaßen qualitätvolle Übersetzungen desselben Textes in ihrer Wirkung und Ausstrahlung sehr verschieden sind.

Das gilt in verstärktem Maß für Übersetzungen aus verschiedenen Zeiten, und so erschließt sich jede Generation die Klassiker durch Neuübersetzungen erneut – wovon die Originale nicht zuletzt dadurch profitieren, dass sie eben dank dieser stets neuen Anverwandlung zeitloser wirken als die Übersetzungen selbst, denen gern nachgesagt wird, sie alterten schneller als Originale. Aber ist es nicht eher so, dass die Originale erst dank der immer neuen Übersetzungen frisch und jung *scheinen*?

Und schon widerspreche ich mir selbst: Wer einen Blick in

die Ibsen-Übersetzungen von Julius Elias und Paul Schlenther wirft, die Ende des 19. Jahrhunderts entstanden sind (sie waren ihrerseits schon Neuübersetzungen), der wird oft über die heutig wirkende Wortwahl staunen. Insgesamt kommen sie überraschend frisch und lebendig daher, und sie vereinen zwei nicht immer leicht vereinbare Qualitäten: einerseits eine große, oft wortwörtliche Nähe zum Original, andererseits Selbständigkeit, Selbstverständlichkeit im deutschen Duktus – und gerade die Letzteren sorgen für Haltbarkeit und Überzeitlichkeit, scheint mir. Nach meinem Eindruck sind Ibsen-Übersetzungen – egal, ob aus älterer oder jüngerer Zeit – vor allem dann problematisch, wenn sich in ihnen der Redehabitus und die Syntax des Norwegischen zu deutlich abdrücken. Daher rührt die etwas kauzig-umständliche, angestaubte, indirekte Wirkung, die Ibsen auf Deutsch oftmals hat.

Damit hängt auch meine Entscheidung zusammen, als deutschen Untertitel von «Nora» nicht mehr «Ein Puppenheim», sondern «Ein Puppenhaus» zu wählen: Man hörte das Norwegische durch («dukkehjem»); zusätzlich entstanden unerwünschte inhaltliche Konnotationen. Wilhelm Lange, der erste deutsche Übersetzer des Stücks, taufte Ibsens «Et dukkehjem» ohne Absprache mit dem Autor nach der Hauptfigur «Nora», was sich im Deutschen durchgesetzt hat; «Ein Puppenheim» blieb als Untertitel. Von Ibsen selbst erhält man in dieser Frage keinen eindeutigen Hinweis. Einerseits äußert er 1880 in seiner Korrespondenz mit dem Direktor des Königlichen Theaters in Stockholm, «dukkehjem» sei ein neues Wort, er habe es erfunden. Eigentlich kann man es also auf Deutsch ebenso sacht neologistisch mit «Puppenheim» wiedergeben. In einem Brief an einen anderen schwedischen Theatermann wiederum hatte er 1879 geschrieben, der geplante Titel der deutschen Übersetzung sei «Ein Puppenhaus», und näher könne man dem Original nicht kommen.

Ich habe «Puppenheim» schon immer als seltsam tümelnd empfunden; es hat so einen altdeutschen Beiklang, und vor allem wirkt es diffus. Assoziationen von «Puppenstube», aber auch von einer Anstalt (wie in «Kinderheim») mischen sich hier auf eine andere Weise als im Norwegischen, denn dort gebraucht man «hjem» und verwandte Wörter oft da, wo auf Deutsch nicht «Heim», sondern «Haus» und dessen Ableitungen stehen (z. B. «hjem» – «nach Hause»; «hjemme» – «zu Hause»). «Puppenhaus» wirkt nicht mehr wie unwillkürlich vom Norwegischen abgepaust, und Ibsens inhaltliche Absicht mit seinem Titel scheint mir klarer wiedergegeben.

Wichtiger als die Frage von Titelübersetzungen ist natürlich die nach der Sprechweise der Figuren. Ein Beispiel soll verschiedene übersetzerische Herangehensweisen verdeutlichen. Es stammt aus *Rosmersholm*, vom Anfang des 2. Aktes, wo Rebekka West und Johannes Rosmer darüber reden, dass er bislang nicht öffentlich über seine ins Liberale gewandelte politische Haltung gesprochen hat:

Rebekka: Nå, det var da ikke egentlig av feighet –
Rosmer: Å jo, jo, du – når jeg ser til bunns i det, så var det noe feighet med.

Elias / Schlenther:

– Nun, es war doch nicht eigentlich Feigheit –
– Ach, ja, ja, Du – wenn ich der Sache auf den Grund gehe, so war doch auch Feigheit mit dabei.

In der Übersetzung von Hans Egon Gerlach (1964) heißt die Stelle:

– Nun, es war doch wohl nicht eigentlich Feigheit, wenn du –
   O doch, Rebekka, doch! Wenn ich mich genau prüfe, so war es bis zu einem gewissen Grade eben doch Feigheit, was mich zögern ließ.

Meine Version:
– *Aber du hast nicht wirklich aus Feigheit –*
– *Doch, doch. Genau besehen, war Feigheit mit im Spiel.*

Das Beispiel aus den sechziger Jahren gibt Aufschluss über den Übersetzungsstil und das Ibsen-Bild ihrer Entstehungszeit. Es mag ein Extrembeispiel sein (auch Gerlach selbst ist in seinen Übersetzungen oft nüchterner als ausgerechnet hier), aber es ist symptomatisch für die Betulichkeit mancher deutscher Ibsen-Übersetzungen.

Mein Ziel mit diesen Neuübersetzungen ist es, den Text behutsam zu entrümpeln und doch möglichst nah bei ihm zu bleiben, in einer Weise, die das innere Verhältnis der Figuren zueinander freilegt, ohne es platt herauszustellen, so, wie es Ibsen auf seine Weise, mit dem Zungenschlag seiner Zeit, auch gemacht hat. Insgesamt geht es mir um eine möglichst schlichte, möglichst zeitlose, möglichst klare Sprache. Ich behaupte, dass das machbar ist und man damit sehr dicht an Ibsens Original bleiben kann.

Meine Neuübersetzungen sollen nämlich zweierlei *nicht* sein: weder Aktualisierung noch Bearbeitung. Von einer sprachlichen Aktualisierung der Texte habe ich von Anfang an Abstand genommen. Als die Berliner Schaubühne am Lehniner Platz mich im Sommer 2002 mit der Neuübersetzung von *Nora* beauftragte, waren der Regisseur Thomas Ostermeier und die Dramaturginnen Maja Zade und Beate Heine rasch davon überzeugt, dass mein sprachlicher Anteil an der Verortung der Figuren dieser Inszenierung (Yuppies – ein Loft in Berlin-Mitte) nicht in einem zeit- und szenetypischen Jargon bestehen sollte, ja, gar nicht darin zu bestehen brauchte; vielmehr wollte ich ihnen eine zeitlich nicht einzuordnende Fassung liefern, mit dem Argument, dass alles Übrige von Regie, Spiel und Bühne zu leisten sei. Ich wollte eine Übersetzung, die sowohl im Biedermeierkostüm als auch im

Business-Anzug spielbar ist. Dass Regie, Spiel und Bühne das Gewünschte leisten können, hat die Schaubühnen-Nora mitreißend gezeigt. Natürlich steht es Theatern frei – zumindest ist das geläufige Praxis –, jeden Text und also jeden Übersetzung noch weiter zu bearbeiten, und so habe ich in meinen Ibsen-Übersetzungen auf der Bühne das eine oder andere hinzugefügte «cool», «krass» oder «geil» gehört. Mich stört das nicht fundamental, aber ich fand es eigentlich jedes Mal überflüssig. Für diese Inszenierungen mag das die richtige Entscheidung gewesen sein, in meine Übersetzungen, die über eine einzelne Produktion hinausgehen sollen, gehört es nicht. Übrigens würde es sie wieder im Nu altern lassen – nichts ist schneller gestrig als der Mode-Ton von heute.

Ich habe also keine dezidierte sprachliche Aktualisierung gesucht, wohl aber Verknappung, Zuspitzung, immer im Sinne der jeweiligen Replik. Eine Gratwanderung, die strengen philologischen Augen vielleicht riskant oder geradezu fragwürdig erscheinen mag, die aber Ibsen treuer ist als manche Fassungen, die «vom Theater fürs Theater» geschaffen wurden – nota bene, auch die sind legitim, nur ist meine übersetzerische Absicht eine andere.

Es ging mir aber nicht allein um größtmögliche philologische Treue; die könnte auch den Weg der historischen Rekonstruktion beschreiten, der Nachbildung aller zeittypischen Sprechweisen der Ibsen'schen Gesellschaft. Ich wollte vor allem den Kern von Ibsens Menschen und von Ibsens Geschichten wahren und klar hervortreten lassen, mit Texten, die auf Theaterbühnen lebendig werden können. Dazu habe ich gemeinsam mit meinem Verlag hier und da gewisse allzu flagrante, verwässernd wirkende Dopplungen gestrichen (es sei denn, sie dienten der Figurenzeichnung). Mir ist klar, wie leicht ein Ibsen-Experte der Skandinavistik dagegen argumentieren könnte. Und ich habe den Gebrauch von Füllwörtern weitgehend reduziert. Es ist ziemlich frappierend, wie viel zusätzliches Relief das bringt. Die norwegische Sprache verwandte und verwendet im Gespräch sehr viel mehr emphatisch wirkende kleine Nebenwörter, was auf Deutsch in der Häufung leicht etwas putzig wirkt. Und putzig sind Ibsens Stücke wahrhaftig nicht.

Ein Kreis von respektablen norwegischen Ibsen-Fachleuten, die jedes seiner Worte heilig halten, wie es ihres Amtes ist, runzelte deutlich die Stirnen, als ich berichtete, dass ich in *Hedda Gabler* als Experiment sämtliche «Ja», «Nein», «Ach», «Lieber Gott», «Nun ja», «Doch», «Weißt du» etc. pp. an den Anfängen der Repliken gestrichen habe – als Experiment, um sie dann dort wieder einzusetzen, wo sie wirklich nötig erschienen. Natürlich dienen auch diese wie andere Gewundenheiten von Ibsens Bürgerkonversation dazu, das Eigentliche zu verschleiern, wie es ja auch für heutige Dialoge typisch ist, und sorgen dafür, die Verwerfungen dieser Gesellschaft zu bemänteln. Auf der anderen Seite stellt man verwundert fest, wie auch ohne sie der Text in derselben Weise funktioniert, wie insgesamt eine größere Schärfe und Klarheit entsteht – und das, so meine ich, entspricht und dient diesen untergründig scharfen, intriganten, selbstmörderischen und mörderischen Konstellationen, die Ibsen auf die Bühne bringt.

Andere Formen der Verknappung sind denkbar banal, wenn auch nicht weniger wirksam, und eigentlich bedeuten sie oft nicht mehr, als wirklich zu übersetzen und nicht nur das Original abzupausen, wie z. B. statt «Ist es so lange her, dass wir uns das letzte Mal gesehen haben?» zu schreiben: «So lange haben wir uns nicht mehr gesehen?» (in *Nora*). Wieder andere Male ging der Weg oder besser: Umweg über eine letztlich doch zu radikale Verknappung zu einer, die vielleicht gerade noch legitim ist. So zum Beispiel, wenn Nora zu ihrem Mann sagt – da sind die Konflikte zwischen ihnen schon spürbar und sichtbar, sie ist nicht mehr nur das verwöhnte

Vögelchen –: «Mein lieber Torvald, ich möchte dich so sehr von Herzen darum bitten». Meine erste Lösung lautete versuchsweise: ‹Torvald, bitte›. Leicht zu erkennen, dass das zu weit geht. Jetzt heißt es «Bitte, Torvald. Bitte!» – und damit kann eine Schauspielerin bitten, betteln, flehen, aber auch, wenn sie will, drohen. Verdichtungen dieses Ausmaßes sind allerdings Einzelfälle.

Auf eine Bearbeitung der Realien habe ich durchgehend verzichtet, im Wissen, dass auch das Sache der Inszenierungen ist. Es gibt in meiner *Nora* als Weihnachtsgeschenke also weiterhin eine Spielzeugtrompete und einen Holzsäbel, keine Playmobil-Männchen oder Barbiepuppen, es gibt bei *Hedda Gabler* ein Papiermanuskript, kein Laptop. Ebenso bleibe ich in den Regieanweisungen bei Ibsens detaillierten Kleidungs- und Interieurbeschreibungen. Sie geben Auskunft darüber, wie Ibsen seine Figuren sah, und jeder heutige Ausstatter, jede heutige Regisseurin wird das selbst «übersetzen», wenn sie es wollen.

Die Grundentscheidung, die jedes Theater, jede Dramaturgin, jeder Regisseur fällen müssen, wenn sie einen Klassiker auf den Spielplan setzen, lautet doch: Wollen wir das Publikum zu einem Besuch im Theatermuseum einladen, wollen wir es auf Zeitreise schicken in die Epoche, aus der dieses Stück stammt? Oder wollen wir das Stück in unsere Zeit transportieren, es durchkonjugieren mit den Menschen und Konstellationen von heute?

An den klassischen dramatischen Werken lässt sich zeigen, dass die meisten Probleme und Fragen der Gegenwart nichts sind als Variationen über die großen Themen der Menschheit und ihre kleinen Verästelungen – gerade Ibsens Stücke zeigen das, und es ist kein Wunder, dass sie heute, hundert Jahre nach dem Tod ihres Autors, auf so vielen Spielplänen stehen. Ich denke, am tauglichsten und zeitlosesten sind diejenigen Klassikerübersetzungen, die die oben genannte

Grundentscheidung nicht schon im Text vorwegnehmen, sondern sich, am Original und seinen formalen Entscheidungen entlang, auf die Substanz der Aussage konzentrieren und damit den Theaterkünstlern genug Spielraum – Raum zum Spielen – für ihre Lesart des Stücks lassen. Genau das versuchen meine vorliegenden Neuübersetzungen einiger Stücke von Henrik Ibsen zu leisten.

Hinrich Schmidt-Henkel
Berlin, im Frühjahr des «Ibsen-Jahres» 2006